민사소송법

Black Box

civil Procedure law

Black
Box

머리말

민사소송법 black box를 출간하게 되었습니다.

본 사례집은 2024년 변호사시험을 대비한 것으로 민사소송법에서 출제가 가능한 모든 쟁점을 포함하고 있는 것은 아닙니다. 즉 변호사 시험은 법전협 모의고사의 쟁점이 반복하여 출제되는 경향에 있으므로 본 교재는 출제가 유력한 쟁점을 최종점검을 하도록 하는 것에 목적을 두고 있습니다.

시험을 앞두고 최소한 이 정도 사례문제는 대비하고 가야 한다는 생각으로 본 교재를 공부하시기 바랍니다.

본서의 특징은
- 변호사 시험에 출제되었던 쟁점과, 법무부·법전협 모의고사에서 출제된 모든 쟁점을 사실관계를 달리하여 문제화하였습니다.
- 변호사 시험에 맞게 답안은 압축 서술하였으며, 불필요한 설명은 최대한 배제하였습니다.
- 최신판례를 기초로 한 신작 문제와 예상문제를 포함하였습니다.
- 서두에 변호사시험과 법전협 모의고사 사례문제의 쟁점을 진도별로 정리해 두었으니 최종 점검을 하실 때 활용하시면 좋을 것입니다.

본서로 최종 정리를 하시는 분들의 합격을 기원합니다.

2023. 03.

편저자 **이 종훈**

출제문제 정리(23년 12회 기출까지)

제1편 총 론

제1장 민사소송
제1절 민사소송의 목적과 개념
제2절 민사소송과 다른 소송제도와의 관계
제3절 소송에 갈음하는 분쟁해결제도
제4절 민사소송의 이상과 신의칙
제5절 민사소송절차의 분류

제2장 민사소송법
제1절 민사소송법의 의의와 성격
제2절 민사소송법규의 종류
제3절 민사소송법의 적용범위
제4절 개정민사소송법의 주요내용

제2편 소송의 주체

제1장 법 원
제1절 민사재판권
제2절 민사법원의 종류와 구성
제3절 법관의 제척·기피·회피
- 법관의 제척사유(11년 법무부 2차)
- 전심관여법관의 제척(16년 3차)

제4절 관 할
- 토지관할과 변론관할(20년 1차)
- 관련재판적(17년 1차)
- 공동소송과 관련재판적(11회 기출)
- 전속적 관할합의의 효력(1회 기출)
- 특정승계인과 관할합의의 주관적 범위(1회 기출, 22년 1차·2차)
- 약관에 의한 관할합의의 해석(22년 1차)
- 사물관할과 변론관할(16년 3차)
- 이송재판에 대한 불복가부(18년 3차)

제2장 당사자

제1절 총 설

제2절 당사자의 확정
- 제소전 피고가 사망한 경우 보정방법(14년 2차, 18년 1차, 19년 3차, 21년 3차 / 5회 기출)
- 보정방법에 따른 시효중단 효력발생시기(19년 3차)
- 제소전 사망을 간과한 판결의 효력(13년 2차 / 5회·11회 기출)

제3절 당사자의 자격
- 실종선고와 당사자능력(19년 2차)
- 종중의 당사자능력(8회 기출)
- 조합의 당사자능력(법무부 2차)
- 이행의 소에서 당사자적격(3회 기출, 20년 3차)
- 종중의 보존행위에 관한 소송의 당사자적격(19년 2차)
- 말소등기청구의 피고적격(2회 기출, 20년 3차)
- 채권압류 및 추심명령과 당사자적격(11년 1차, 16년 2차, 17년 3차 / 3회 기출)
- 채권자대위소송의 적법요건(11년 1차, 13년 3차, 19년 1차 / 1회 기출)
- 채권자취소소송의 피고적격(13년 1차, 3차, 12년 2차, 11년 1차)
- 단체의 결의부존재확인의 소의 피고적격(12년 2차)
- 소송계속 전 소송능력 흠결의 효과(21년 1차)

제4절 소송상의 대리인
- 소송상 화해의 특별수권이 소송물을 처분할 권한도 부여하는지(12회 기출)
- 파기환송시 원심대리인의 대리권 부활 여부(9회 기출)
- 소송계속중 대표권 상실의 효과(5회 기출, 21년 3차)

제3편 제1심의 소송절차

제1장 소송의 개시

제1절 소의 의의와 종류
- 사해행위취소 반소 확정 전 취소 전제로 본소 심판해야 하는지(22년 2차)

제2절 소송요건
- 소송요건 존부의 판단시기(3회 기출)
- 소송요건과 본안판단의 순서(3회 기출, 21년 2차)
- 부기등기말소등기청구의 소의 이익(2회 기출)
- 승소자의 재소의 취급(15년 2차, 17년 3차, 19년 3차, 21년 1차, 10회 기출)
- 현재이행의 소의 권리보호이익(1회 기출)
- 대위소송과 전부명령의 경합(19년 2차, 21년 2차)
- 소구채권이 압류된 경우 이행의 소의 권리보호이익(19년 2차)

- 소유권이전등기청구권이 가압류 된 후 이행의 소의 취급(1회 기출)
- 장래이행의 소의 적법요건(17년 3차, 20년 1차)
- 물건인도청구와 대상청구(16년 3차)
- 타인간 권리관계 확인(22년 2차)

제3절 소송물
- 말소등기청구와 진정명의회복을 이유로 한 이전등기청구의 소송물(21년 1차)
- 사기취소에 따른 근저당권 말소와 변제를 이유로 한 근저당권 말소의 소송물(22년 3차)
- 일부청구와 기판력(1회 기출)
- 생명·신체 침해에 따른 손해배상청구의 소송물(15년 2차)
- 후유증의 소송물(15년 2차)

제4절 소의 제기

제5절 재판장의 소장심사와 소제기후의 조치
- 대표자의 기재가 잘못된 경우 소장각하명령 가부(21년 3차)
- 무변론판결의 요건(14년 3차, 21년 1차)

제6절 소송구조

제7절 소제기의 효과
- 채권자대위소송제기 중 채무자의 별소와 중복제소(1회 기출 / 12년 2차)
- 채권자대위소송 중 다른 채권자의 대위소송의 취급(15년 1차)
- 채권자취소소송 중 다른 채권자취소소송이 중복제소인지 여부(7회 기출, 18년 3차, 22년 3차)
- 상계항변과 중복제소(13년 2차 / 12회 기출)
- 일부청구와 중복제소(18년 1차)
- 전소가 부적법한 경우에도 후소가 중복제소가 되는지 여부(1회 기출)
- 압류채무자의 소송 중 채권자의 추심의 소의 중복제소여부(16년 2차, 20년 2차)
- 응소와 시효중단(10회 기출)
- 소취하 후 시효중단의 효력(20년 2차)
- 소각하 후 시효중단의 효력(21년 2차)
- 명시적 일부청구와 시효중단(22년 1차)
- 반복된 최고와 시효중단(22년 1차)

제8절 소제기의 특수한 방식 - 배상명령신청

제2장 변 론

제1절 변론의 의의와 종류

제2절 審理에 관한 제원칙
- 신청외 사항의 판단여부와 처분권주의(19년 2차)
- 형식적 형성의 소와 처분권주의(21년 3차)
- 일부청구시 과실상계 방법(14년 2차, 18년 1차)
- 유치권 부존재확인의 소에 대한 판단(6회 기출)

- 동시이행 항변권과 상환이행 판결(20년 1차)
- 건물매수청구권 행사와 상환이행판결 가부(11년 1차, 14년 2차, 22년 1차)
- 현재이행의 소에 장래이행판결 가부(2회 기출 / 14년 1차)
- 처분권주의 위반과 상소이익(19년 2차)
- 주요사실과 간접사실의 구별(16년 1차)
- 사실의 주장책임(12년 3차, 19년 2차)
- 소멸시효기산점의 성질(6회 기출)
- 유권대리 주장에 표현대리 주장의 포함여부(법무부 1차 / 2회 기출)
- 종중의 대표권과 직권조사사항(8회 기출)

제3절 변론의 준비(기일전의 절차)

제4절 변론의 내용
- 시효기간에 대한 주장(20년 3차)
- 부인과 항변의 구별(16년 3차)
- 소송상 형성권 행사(16년 2차)
- 명문의 규정 없는 소송상합의(15년 2차, 17년 1차)
- 소취하합의의 취급(13년 2차)
- 명문의 규정 없는 소송상 합의의 직권판단(15년 2차, 17년 1차, 22년 2차)
- 민법의 의사표시하자와 소송행위 효력(16년 3차, 17년 1차)

제5절 변론의 실시

제6절 변론기일에 있어서 당사자의 결석
- 쌍불취하의 요건(15년 2차)
- 공시송달과 쌍불취하(14년 3차)
- 진술간주로 재판상 자백이 성립하는지 여부(13년 3차)

제7절 기일·기간 및 송달
- 추후보완의 요건과 절차(19년 3차)
- 공시송달과 추후보완(8회 기출, 19년 2차)
- 보충송달의 적법요건(법무부 1차 / 12회 기출)
- 근무장소에서 유치송달(21년 1차)

제8절 소송절차의 정지
- 소송계속중 사망과 대리인이 있는 경우 판결의 확정시기(2회·3회 기출 / 13년 2차, 21년 2차)
- 소송대리인 선임 후 제소전 원고사망의 법리(18년 3차, 22년 3차)
- 일부상속인 누락과 소송대리인의 상소시 이심의 범위(16년 1차)
- 소송계속중 사망의 소송법상 효과(5회 기출, 19년 1차, 19년 3차)
- 중단간과판결의 효력(5회·8회 기출, 22년 1차)

제3장 증 거

제1절 총 설

- 위법수집증거의 증거능력(19년 2차)

제2절 증명의 대상

제3절 불요증사실
- 자백의 성립요건과 자백간주의 효력(17년 1차, 7회 기출)
- 선행자백의 구속력(17년 2차)
- 선결적 법률관계에 대한 자백(14년 1차)
- 자백의 취소요건(3회 기출)
- 공시송달과 자백간주(2회 기출, 20년 3차)

제4절 증거조사의 개시와 실시
- 서증의 형식적 증거력(15년 1차)
- 2단계추정과 진정성립에 대한 자백(7회 기출, 11년 1차, 13년 3차, 22년 3차)
- 1단계추정의 복멸과 날인사실의 증명책임(2회 기출, 19년 1차, 22년 3차)
- 처분문서의 실질적 증거력(22년 3차)
- 녹음테이프 증거조사 방법(19년 2차)

제5절 자유심증주의
- 자유심증주의와 증명도의 경감(9회 기출)

제6절 증명책임
- 등기추정력과 증명책임(법무부 1차, 13년 1차)

제4편 소송의 종료

제1장 총 설
제2장 당사자의 행위에 의한 소송의 종료

제1절 소의 취하
- 소취하에 따른 사법행위 효력(법무부 2차)
- 특정승계인과 재소금지(14년 1차, 18년 1차 22년 1차)
- 채권자대위소송과 재소금지(21년 2차)
- 상계항변 철회와 재소금지(12회 기출)
- 항소심에서 청구변경과 재소금지(14년 2차, 22년 3차)

제2절 청구의 포기·인낙

제3절 재판상 화해
- 소송상 화해의 해제가부(8회 기출)

제3장 종국판결에 의한 소송의 종료

제1절 총 설
제2절 판 결
- 재판누락에 대한 구제책(11년 1차, 15년 2차)

- 일부불복시 판결의 확정시기(13년 2차)
- 기판력의 작용(13년 3차, 20년 2차, 21년 1차·3차, 4회 기출, 10회 기출)
- 선결관계에서 기판력의 작용(15년 2차, 9회 기출)
- 표준시전의 권리관계에 기판력 발생여부(17년 1차, 18년 2차)
- 사정변경의 의미(15년 2차, 18년 2차)
- 표준시 이후의 건매청 행사(14년 2차)
- 변경의 소의 요건(16년 1차, 20년 2차)
- 이유중 판단에 기판력이 발생하는지 여부(12년 3차, 13년 1차, 16년 2차, 18년 2차)
- 상계항변과 기판력(15년 1차, 17년 3차, 22년 2차 / 9회·12회 기출)
- 추심의 소의 기판력이 다른 추심채권자에게 미치는지 여부(12회 기출)
- 변론종결 전 가등기에 따른 변론종결 후 본등기한 자가 변론종결후 승계인인지 여부(16년 2차)
- 변론종결후의 승계인과 기판력의 작용(11년 1차, 13년 3차, 15년 1차,3차, 17년 3차, 18년 2차, 22년 1차 / 9회 기출)
- 변론종결후의 승계인과 추정승계인(9회 기출)
- 추정승계인(8회 기출)
- 채권자대위소송의 기판력이 채무자에게 미치는 범위(19년 1차, 21년 2차)
- 채무자에 승소후 제기한 채권자대위소송의 취급(10회 기출)
- 채무자에 패소후 제기한 채권자대위소송의 취급(4회 기출)
- 채권자취소소송의 상대효와 기판력(18년 3차)
- 허위주소송달형 판결편취의 구제책(17년 2차)
- 공시송달 남용에 대한 소송법상 구제책(13년 3차, 21년 1차)

제5편 병합소송

제1장 병합청구소송

제1절 소의 객관적 병합
- 병합의 태양(16년 1차, 19년 3차, 21년 3차 / 11회 기출)
- 단순병합의 항소심 심판범위(21년 3차)
- 선택적 병합과 판단누락(18년 1차, 19년 3차)
- 선택적 병합의 항소심 심판방법(22년 3차)
- 부진정 예비적 병합의 인정여부(22년 3차)
- 선택적 병합을 예비적 병합으로 제기한 경우의 항소심의 심판범위(19년 3차)
- 예비적 병합의 항소심 심판범위(14년 1차, 17년 2차, 19년 1차, 8회 기출)

제2절 청구의 변경
- 청구변경의 방법(15년 2차)
- 피보전채권의 변경과 사해행위취소소송의 소송물(13년 1차, 18년 3차)

제3절 중간확인의 소

제4절 반 소
- 적극적 내용이 없는 반소의 소의 이익(2회 기출)
- 반소제기에 따른 본소의 소의 이익(9회 기출)
- 예비적 반소의 심판방법(8회 기출)
- 사해행위 취소를 구하는 반소의 소송법상 효과(10회 기출)
- 반소의 적법요건(11년 1차, 15년 3차 / 6회 기출)
- 본소취하 후의 반소의 적법성(1회 기출)

제2장 다수당사자소송(당사자의 복수)

제1절 공동소송(소의 주관적 병합)
- 공동소송인 독립의 원칙(3회, 7회 기출 / 14년 1차, 15년 1차, 16년 3차, 20년 3차)
- 통공의 이심의 범위(12년 3차, 20년 2차)
- 공동소송인 독립의 원칙의 수정(13년 2차 / 11회 기출)
- 공동명의 예금의 단독청구의 공동소송형태(17년 3차)
- 공유자를 상대로 한 인도청구의 공동소송형태(3회 기출)
- 매매예약완결권의 준공동소유의 공동소송형태(5회 기출)
- 합유자의 보존행위 공동소송 형태(22년 2차)
- 조합이 피고인 경우 소송수행방안(12년 2차)
- 채권자대위소송의 공동소송 형태(12회 기출)
- 고유필수적 공동소송에서 일부 소취하(13년 1차)
- 유사필수적 공동소송에서 일부 소취하(12회 기출)
- 필수적 공동소송에서 이심의 범위(12회 기출)
- 통상공동소송에서의 추가가부(5회 기출)
- 예비적 공동소송의 적법요건과 추가(4회, 11회 기출 / 14년 3차, 15년 2차, 19년 1차, 20년 1차·3차)
- 예비적 공동소송의 재판방법(4회 기출 / 17년 2차)

제2절 선정당사자

제3절 소송참가
- 제3자의 소송참가 방법(15년 3차)
- 보조참가의 요건(13년 3차, 18년 2차)
- 이유중 판단의 이해관계로 보조참가 가부(15년 2차)
- 보조참가인의 지위(1회 기출, 12년 3차, 17년 1차·2차, 20년 2차, 10회 기출)
- 참가적 효력의 범위(12년 3차, 18년 2차)
- 참가적 효력의 배제(12년 3차, 10회 기출)
- 사해방지참가의 적법성 여부(6회 기출)
- 독립당사자참가의 심판방법(17년 2차)
- 독립당사자참가의 상소심의 심판방법(18년 1차, 10회 기출)

제4절 당사자의 변경
- 피고경정의 요건(14년 3차, 22년 1차)
- 필수적 공동소송에서 후발적으로 당사자적격이 이전된 경우 보정방법(18년 3차)
- 참가승계의 요건(13년 3차)
- 참가승계의 요건과 참가후의 소송형태(13년 1차, 21년 1차)
- 인수승계의 요건(14년 1차, 15년 1차 / 3차 기출)
- 참칭승계인에 대한 조치(17년 3차, 21년 1차)
- 추가적 인수승계 가부(5회 기출)
- 참가승계와 소송탈퇴의 요건(14년 3차)
- 참가승계 후 피참가인과 공동소송 형태(22년 2차)

제6편 상소심 절차

제1장 총 설
- 전부승소자의 상소이익(14년 2차, 18년 1차)
- 이유중 판단에 불만과 상소이익(19년 2차)
- 위자료에 대한 상소시 재산적 손해에 청구확장 가부(16년 1차)

제2장 항 소
제1절 총 설
제2절 항소의 제기
- 부대항소(18년 1차)

제3절 항소심의 심리
제4절 항소심의 종국판결
- 상계항변과 불이익변경금지원칙(18년 3차 / 11회 기출)
- 예비적 상계항변이 이유 있는 경우 항소기각 가부(18년 3차)
- 소각하판결의 항소심에서 청구기각 가부(21년 2차, 22년 2차)

제3장 상 고
제1절 상고심의 특색
제2절 상고이유
제3절 상고심의 절차
- 환송판결의 기속력의 범위(22년 2차)

제4장 항 고

제7편 재심 및 간이소송 절차

제1장 재심절차
제2장 간이소송절차
- 제1절 소액사건심판절차
- 제2절 독촉절차
- 제3절 공시최고절차

제8편 종국판결에 부수되는 재판
- 제1절 가집행선고
- 제2절 소송비용의 재판

제9편 민사조정절차

목 차

01. 법관의 제척과 기피 ··· 1
  Ⅰ. 제41조 1호의 제척사유(11년 법무부 모의쟁점) ··· 1
  Ⅱ. 전심관여 법관의 제척 요건(16년 3차 모의쟁점) ·· 2
  Ⅲ. 기피신청의 효과 ·· 3
02. 청구병합시 사물관할(16년 3차 모의쟁점) ·· 5
03. 토지관할 ··· 7
  Ⅰ. 공동소송과 관련재판적(17년 1차 모의쟁점 / 1회 기출) ································ 7
  Ⅱ. 지식재산권에 관한 소의 법정토지관할(20년 1차 모의쟁점) ····························· 9
  Ⅲ. 지식재산권에 관한 소송의 이송 ··· 10
04. 합의관할 ··· 12
  Ⅰ. 전속적 토지관할 합의와 재판권(1회 기출, 22년 1차 모의) ····························· 12
  Ⅱ. 약관에 의한 관할합의의 효력(22년 1차) ··· 14
05. 변론관할의 성립요건(16년 3차, 20년 1차 모의쟁점) ·· 16
06. 이송재판에 대한 불복(18년 3차 모의쟁점) ··· 18
  Ⅰ. 문제의 소재 ·· 18
  Ⅱ. 관할위반 제소인지 여부 ··· 18
  Ⅲ. 설문 1. : 관할위반이송신청 기각결정에 즉시항고 가부 ······························ 19
  Ⅳ. 설문 2. : 위법한 이송결정에 대한 즉시항고 ··· 19
07. 제소 전 피고 사망과 소송계속 중 사망의 비교 ·· 20
  Ⅰ. 당사자확정 후 당사자표시를 바로잡는 방법 ·· 20
  Ⅱ. 표시정정을 임의적 당사자변경으로 잘못 판단 시 사후처리 ·························· 21
  Ⅲ. 제소전 피고사망
     (13년 2차, 14년 2차, 18년 1차, 19년 3차, 21년 3차 모의쟁점 / 5회 기출) ············· 23
  Ⅳ. 소송계속 중 사망
     (2회, 3회, 5회 기출 / 13년 2차, 16년 1차, 19년 1차, 21년 2차 모의쟁점) ·············· 26
08. 소제기후 소장부본송달 전에 피고사망시의 법리 ··· 32
  Ⅰ. 문제의 소재 ·· 32
  Ⅱ. 소제기 후 소장부본 송달 전 사망한 경우의 취급 ··· 32

  Ⅲ. 설문의 피고의 확정 ··· 33
  Ⅳ. 항소의 적법여부 ··· 33
  Ⅴ. 대법원의 조치 ··· 34
09. 소송절차 정지의 제문제(18년 3차, 19년 3차 모의. 22년 3차 모의 쟁점) ············· 35
  Ⅰ. 설문 (1) : 제소전 원고 사망의 법리 ··· 35
  Ⅱ. 설문 (2) : 판결의 효력이 미치는 자와 절차에 미치는 영향 ················· 36
  Ⅲ. 설문 (3) : 수계신청 법원 ·· 36
10. 비법인 사단의 소송수행 방법 ··· 38
  Ⅰ. 설문 (1) : 종중의 당사자능력과 당사자적격 ··································· 38
  Ⅱ. 설문 (2) : 종중의 대표자가 단독으로 원고가 될 수 있는지 여부(19년 2차 모의쟁점) ······ 39
11. 조합의 소송수행 방법(11년 법무부 2차 모의쟁점) ·································· 42
  Ⅰ. 조합의 소송수행 방안 ·· 42
  Ⅱ. 조합 소송수행의 간편화 방안 ·· 42
12. 당사자적격의 제문제 ··· 44
  Ⅰ. 이행의 소에서 당사자적격(14년 3차, 20년 3차 모의쟁점 / 3회 기출) ············· 44
  Ⅱ. 말소등기청구에서의 피고적격(2회 기출, 20년 3차) ························· 45
  Ⅲ. 등기명의인이 허무인인 경우 말소등기청구의 피고적격 ····················· 46
  Ⅳ. 단체의 결의무효확인의 소에서 피고적격(12년 2차 모의쟁점) ············ 48
  Ⅴ. 채권자대위소송의 성질과 당사자적격(11년 1차, 13년 3차, 19년 1차 / 1회 기출) ········· 49
  Ⅵ. 채권압류 및 추심명령과 당사자적격
    (11년 1차, 16년 2차. 17년 3차 모의쟁점 / 3회 기출) ························ 51
  Ⅶ. 채권자취소소송과 피고적격(11년 1차, 12년 2차, 13년 1차·3차 모의쟁점) ············ 52
  Ⅷ. 소제기 목적의 권리양수인의 당사자적격 ······································ 53
13. 소송상대리권의 범위(12회 기출) ··· 55
14. 소송계속 중 대표권 상실의 효과(5회 기출, 21년 3차) ····························· 56
15. 사해행위취소의 반소확정 전 본소심판(22년 2차) ·································· 58
16. 소송요건과 본안판단의 순서(3회 기출, 21년 2차 모의) ··························· 60
17. 승소자의 재소 취급(13년 2차, 17년 3차, 19년 3차 모의쟁점) ·················· 61
18. 승소자의 재소 취급 (21년 1차 모의쟁점, 10회 기출) ······························· 63
19. 권리보호이익 ··· 64
  Ⅰ. 금전채권이 압류된 경우의 취급(19년 2차, 21년 2차 모의) ················ 64
  Ⅱ. 소유권이전등기청구권이 가압류된 경우(1차 기출) ··························· 65

20. 장래이행의 소 ··· 68
  Ⅰ. 장래이행의 소의 적법요건(17년 3차, 20년 1차 모의쟁점) ············· 68
  Ⅱ. 물건인도청구와 대상청구의 병합(16년 3차 모의쟁점) ·················· 72

21. 확인의 소의 적법요건 ··· 74
  Ⅰ. 과거의 징계처분 무효확인의 소의 적법여부 ······························ 74
  Ⅱ. 국가 상대 토지소유권확인청구의 적법요건 ································ 75
  Ⅲ. 확인의 소의 보충성 ·· 76
  Ⅳ. 증서진부확인의 소 ··· 77

22. 소송물이론 ·· 79
  Ⅰ. 일부청구와 기판력(1회 기출) ·· 79
  Ⅱ. 말소등기청구의 소송물(22년 3차) ·· 80

23. 소장심사 ··· 82
  Ⅰ. 소장각하명령의 대상(21년 3차) ·· 82
  Ⅱ. 무변론판결(14년 3차 모의쟁점) ·· 83

24. 채무의 일부 부존재확인의 소와 처분권주의 ·· 85
  Ⅰ. 문제의 소재 ·· 85
  Ⅱ. 처분권주의와 심판대상의 특정 ··· 85
  Ⅲ. 각 설문의 해결 ·· 86

25. 중복제소 ··· 87
  Ⅰ. 채권자대위소송과 중복제소 ·· 87
  Ⅱ. 사해행위취소소송과 중복제소여부(7회 기출, 18년 3차, 22년 3차 모의) ······ 88
  Ⅲ. 상계항변과 중복제소 등(13년 2차 모의쟁점, 12회 기출) ················· 89
  Ⅳ. 일부청구 계속 중 잔부청구가 중복제소인지 여부(18년 1차 모의쟁점) ······ 92
  Ⅴ. 전소가 부적법한 경우 중복제소에 해당하는지 여부
    (1회 기출 / 16년 2차, 20년 2차 모의쟁점) ································· 93

26. 소제기의 실체법상 효과 (21년 2차 모의) ·· 95

27. 처분권주의 ·· 96
  Ⅰ. 형식적 형성의 소와 처분권주의(21년 3차) ·································· 96
  Ⅱ. 일부청구와 과실상계(14년 2차, 18년 1차 모의쟁점) ······················ 97
  Ⅲ. 유치권 부존재확인의 소에 대한 판단(6회 기출, 20년 1차 모의쟁점) ······ 98
  Ⅳ. 현재이행의 소에 장래이행판결(2회 기출 / 14년 1차 모의쟁점) ········· 100
  Ⅴ. 건물철거청구에 임차인의 건물매수청구권 행사의 법리
    (11년 1차, 14년 2차, 22년 1차 모의쟁점) ··································· 102
  Ⅵ. 처분권주의 위반과 상소의 이익 (19년 2차 모의쟁점) ···················· 103

28. 변론주의 ··· 106
  I. 주요사실과 간접사실의 구별(16년 1차 모의쟁점) ························· 106
  II. 취득시효기산점의 성질(6회 기출) ·· 108
  III. 사실의 주장책임(12년 3차 모의쟁점) ···································· 109
  IV. 유권대리 주장에 표현대리 주장의 포함여부(11년 법무부 1차 모의쟁점 / 2회 기출) ······ 111
29. 부인과 항변의 구별(16년 3차 모의쟁점) ································ 113
30. 명문의 규정 없는 소송상 합의 ·· 115
  I. 소취하계약 위반의 효과(13년 2차, 15년 2차, 17년 1차 모의쟁점) ········· 115
  II. 부제소합의의 직권판단과 지적의무(15년 2차, 22년 2차 모의쟁점) ········ 117
31. 소송행위의 철회·취소(16년 2차, 17년 1차 모의쟁점) ················· 119
  I. 민법의 의사표시하자 규정으로 소송행위를 취소할 수 있는지 여부 ········ 119
  II. 구속적 소송행위가 무효가 되기 위한 요건 ······························ 120
32. 소송상 형성권 행사(16년 2차 모의쟁점) ································ 122
33. 변론기일에 있어서 당사자의 결석 ····································· 124
  I. 기일해태의 효과(13년 3차, 15년 2차 모의쟁점 / 2회 기출) ··············· 124
  II. 공시송달과 쌍불취하(14년 3차 모의쟁점) ································ 127
34. 기간의 해태와 추후보완 ·· 129
  I. 추후보완 항소의 적법여부(19년 3차 모의) ································ 129
  II. 공시송달과 추후보완(19년 2차 모의) ····································· 131
35. 보충송달의 적법요건 I (12회 기출) ····································· 133
36. 보충송달의 적법요건 II ·· 135
  I. 문제의 소재 ·· 135
  II. 보충송달로서 적법한지 여부 ·· 135
  III. 항소심의 판단 ··· 136
37. 위법수집증거의 증거능력(19년 2차 모의) ······························ 138
38. 재판상 자백 ··· 140
  I. 진정성립에 대한 자백(11년 1차, 13년 3차 모의쟁점, 7회 기출) ·········· 140
  II. 선행자백의 구속력(17년 2차 모의쟁점) ································· 141
  III. 권리자백(14년 1차 모의쟁점) ·· 142
  IV. 자백의 철회 또는 취소(3회 기출) ·· 144
39. 서증의 진정성립(15년 1차 모의쟁점) ··································· 145
  I. 1단계 추정의 복멸 : 인장도용의 항변(11년 1차, 22년 3차 모의쟁점 / 2회 기출) ········ 145
  II. 날인사실에 대한 증명책임 : A의 날인권한에 대한 증명책임(2회 기출, 19년 1차 모의) · 146

III. 2단계 추정의 복멸 : 백지문서 날인의 증명책임 ··················· 146
IV. 진정성립의 증명책임 : 백지 보충권의 증명책임 ··················· 147

40. 진정성립에 대한 자백과 처분문서의 실질적 증거력(22년 3차) ··················· 149

41. 등기추정력과 증명책임 (11년 법무부 1차, 13년 1차 모의쟁점) ··················· 151
I. 결 론 ··················· 151
II. 논 거 ··················· 151

42. 재소금지 ··················· 153
I. 특정승계인과 재소금지(14년 1차, 18년 1차, 22년 1차 모의쟁점) ··················· 153
II. 선결관계에서 재소금지 ··················· 154
III. 새로운 권리보호 이익 ··················· 155
IV. 교환적 변경과 재소금지(14년 2차 모의쟁점) ··················· 156

43. 재판누락과 추가판결(11년 1차, 15년 2차 모의쟁점) ··················· 157
I. 문제의 소재 ··················· 157
II. 불법행위에 손해배상청구권의 소송물 ··················· 157
III. 일부판결의 허용여부와 항소의 대상적격 ··················· 158

44. 기판력의 작용 ··················· 159
I. 선결관계에서 기판력의 작용(15년 2차 모의쟁점 / 4회·9회 기출) ··················· 159
II. 모순관계의 기판력의 작용(13년 3차 모의쟁점 / 4회 기출) ··················· 161
III. 선결관계와 모순관계에서 기판력의 작용(20년 2차, 21년 3차 모의) ··················· 162
IV. 선결관계에서 기판력의 작용(10회 기출) ··················· 164

45. 기판력의 시적 범위 ··················· 166
I. 표준시 전의 권리관계에 기판력의 발생여부(17년 1차, 18년 2차 모의쟁점) ··················· 166
II. 표준시 이후에 기판력이 발생하는지 여부 ··················· 167
III. 표준시 전에 발생한 형성권의 변론종결 후의 행사(14년 2차 모의쟁점, 9회 기출) ··················· 169
IV. 사정변경의 의미(15년 2차 모의쟁점) ··················· 170

46. 기대여명에 대한 판단과 기판력 ··················· 172
I. 후유증의 소송물(15년 2차 모의쟁점) ··················· 172
II. 기대여명 보다 일찍 사망한 경우 ··················· 173

47. 변경의 소와 변론종결후의 승계인(16년 1차, 20년 1차 모의쟁점) ··················· 175
I. 문제의 소재 ··················· 175
II. 정기금 판결의 변경의 소의 적법요건 ··················· 175
III. 설문 (1) : A의 변경의 소에 대한 판단 ··················· 176
IV. 설문 (2) : 甲이 원고적격을 갖추었는지 여부 ··················· 177

48. 기판력의 객관적 범위 ··· 179
    Ⅰ. 선결적 법률관계에 기판력이 생기는지 여부
       (12년 3차, 13년 1차, 16년 2차, 18년 2차 모의쟁점) ······················ 179
    Ⅱ. 상계항변과 기판력(15년 1차, 17년 3차, 22년 2차 모의쟁점, 9회 기출) ········· 181

49. 기판력의 주관적 범위(12회 기출) ·· 184

50. 변론종결 후의 승계인 ·· 185
    Ⅰ. 변론종결 후 승계인의 범위
       (11년 1차, 13년 3차, 15년 1차·3차, 16년 2차, 17년 3차, 18년 2차 모의쟁점) ······ 185
    Ⅱ. 변종전에 가등기가 있는 경우(16년 2차 모의쟁점) ························ 186
    Ⅲ. 기판력의 작용과 변론종결 후의 승계인(22년 1차 모의 쟁점) ······· 187
    Ⅳ. 고유한 방어방법이 있는 경우 ··· 188
    Ⅴ. 처분금지가처분을 한 자가 변종후 승계인인지 여부 ···················· 189

51. 채권자대위소송과 기판력 ·· 191
    Ⅰ. 채권자대위소송의 판결의 효력이 채무자에게 미치는지 여부 ······ 191
    Ⅱ. 채무자의 제3채무자에 대한 판결의 효력이 채권자에게 미치는지 여부 ········· 191
    Ⅲ. 채권자대위소송의 판결의 효력이 다른 채권자에게 미치는지 여부 ········· 192
    Ⅳ. 채권자가 채무자에게 패소한 후 채권자대위소송(4회 기출) ········ 193
    Ⅴ. 채권자가 채무자에게 승소후에 채권자대위소송 ···························· 194
    Ⅵ. 채무자에게 미치는 기판력의 범위(19년 1차, 21년 2차 모의) ········ 195

52. 채권자취소소송의 상대효(18년 3차 모의) ····································· 197

53. 판결편취 ·· 198
    Ⅰ. 소송법상 구제책(17년 2차, 19년 3차 모의) ································· 198
    Ⅱ. 실체법상 구제책 ·· 199
    Ⅲ. 부당집행시의 구제책 ··· 200

54. 단순병합의 주요쟁점(21년 3차) ··· 201
    Ⅰ. 문제의 소재 ·· 201
    Ⅱ. 설문의 병합의 태양 ··· 201
    Ⅲ. 설문 1 : 단순병합에서 항소심의 심판범위 ·································· 202
    Ⅳ. 설문 2 : 단순병합에서 이심의 범위와 심판의 범위 ···················· 203

55. 선택적 병합의 주요쟁점 ··· 204
    Ⅰ. 양립불가한 청구의 선택적 병합가부 ··· 204
    Ⅱ. 선택적 병합의 요건과 위법한 일부판결의 구제책 ······················· 205
    Ⅲ. 선택적 청구 중 하나에 대하여 일부만 인용하고 다른 선택적 청구를 판단하지 않은 경우
       (18년도 1차 모의쟁점) ·· 206

Ⅳ. 어느 한 청구를 인용한 판결에 대해 항소가 제기된 경우(22년 3차) ················ 207
　　Ⅴ. 일부만 기각한 판결에 대해 기각부분만 불복한 경우(19년 3차 모의) ············ 208
56. 예비적 병합의 주요쟁점 ·· 210
　　Ⅰ. 양립가능한 청구의 예비적 병합 ·· 210
　　Ⅱ. 주위적 청구를 배척하면서 예비적 청구를 판단하지 않은 경우 ···················· 212
　　Ⅲ. 주위적 청구인용판결에 대하여 피고가 항소한 경우 ······································ 213
　　Ⅳ. 예비적청구 인용판결에 피고만 항소한 경우(14년 1차, 17년 2차, 19년 1차 모의쟁점) ·· 214
　　Ⅴ. 예비적 병합을 선택적 병합으로 선해한 판례(19년 3차 모의) ······················ 215
57. 청구변경 ·· 217
　　Ⅰ. 청구변경의 요건과 절차(11년 1차, 15년 2차 모의쟁점) ································ 217
　　Ⅱ. 피보전채권의 변경이 채권자취소소송의 청구변경인지 여부
　　　　(13년 1차, 18년 2차 모의쟁점) ··· 219
58. 반소의 주요쟁점 ·· 220
　　Ⅰ. 반소의 적법요건(11년 1차, 20년 1차 모의쟁점 / 2회 기출) ·························· 220
　　Ⅱ. 반소에 따른 본소의 소의 이익 (9회 기출) ·· 221
　　Ⅲ. 주청구인용을 조건으로 한 예비적 반소의 취급 ·· 222
　　Ⅳ. 반소관련성의 의미(11년 1차, 15년 3차 모의쟁점 / 6회 기출) ······················ 224
　　Ⅴ. 사해행위 취소를 구하는 반소(10회 기출) ··· 225
　　Ⅵ. 항소심 반소의 적법성 ·· 226
59. 공동소송형태가 문제되는 경우 ·· 228
　　Ⅰ. 공유건물의 철거청구(13년 3차, 14년 1차 / 3회, 5회 기출) ·························· 228
　　Ⅱ. 공유토지의 경계확정의 소의 성질 ·· 230
　　Ⅲ. 매매예약완결권을 준공유하는 경우(5회 기출) ·· 232
　　Ⅳ. 공동명의예금 반환청구의 공동소송형태(17년 3차 모의쟁점) ······················· 233
　　Ⅴ. 합유자의 보존행위에 관한 소(22년 2차 모의쟁점) ·· 233
　　Ⅵ. 합유관계의 수동소송관계(12년 2차 모의쟁점) ·· 235
　　Ⅶ. 수인의 채권자의 대위소송의 공동소송형태 ·· 236
60. 통상공동소송의 심판방법
(12년 3차, 15년 1차, 16년 3차, 20년 3차 / 3회, 7회 기출) ························· 237
61. 고유필수적 공동소송에서 소취하(13년 1차 모의쟁점) ·································· 240
62. 유사필수적 공동소송의 심판방법(12회 기출) ·· 242
　　Ⅰ. 설문 1 : 유사필수적 공동소송에서 일부 소취하 가부 ·································· 242
　　Ⅱ. 설문 2 : 필수적 공동소송의 항소심 심판방법 ·· 243

63. 예비적 공동소송 244
 Ⅰ. 성립요건(14년 3차, 15년 2차, 19년 1차, 20년 1차·3차 모의 / 4회 기출) 244
 Ⅱ. 예비적 공동소송의 심판방법(4회 기출) 247
 Ⅲ. 항소심의 심판범위(17년 2차, 20년 1차·3차 모의쟁점) 250
 Ⅳ. 예비적 공동소송의 복합형태 251

64. 보조참가 253
 Ⅰ. 참가요건의 구비여부(13년 3차, 15년 2차, 18년 2차 모의쟁점) 253
 Ⅱ. 참가허부 재판 254
 Ⅲ. 보조참가인의 지위(12년 3차, 17년 1차·3차 / 1회·10회 기출) 255
 Ⅳ. 참가적 효력(12년 3차 모의쟁점, 10회 기출) 257
 Ⅴ. 참가적 효력(18년 2차 모의쟁점) 258

65. 독립당사자 참가 260
 Ⅰ. 계약명의신탁 관계에서 권리주장참가 260
 Ⅱ. 부동산 이중매매에서 권리주장참가 가부 262
 Ⅲ. 소송목적의 일부와 양립이 불가능한 경우 263
 Ⅳ. 독립당사자참가의 항소심에서의 심판(17년 2차, 18년 1차 모의쟁점, 10회 기출) ... 264
 Ⅴ. 채권자취소송과 사해방지참가(6회 기출) 266
 Ⅵ. 사해방지참가의 적법성 267
 Ⅶ. 사해방지참가에서 소송탈퇴 268
 Ⅷ. 탈퇴자에게 미치는 판결의 효력 269

66. 피고경정(22년 1차 모의) 270

67. 당사자변경 방법(14년 3차, 18년 3차 모의쟁점) 271

68. 참가승계 273
 Ⅰ. 참가승계의 적법여부(13년 1차·3차 모의쟁점) 273
 Ⅱ. 탈퇴 후의 소송관계(14년 3차 모의쟁점) 274
 Ⅲ. 피참가인과 참가인의 소송관계(22년 2차 모의쟁점) 276

69. 인수승계 277
 Ⅰ. 인수승계의 요건과 참칭승계인에 대한 조치(17년 3차 모의쟁점) 277
 Ⅱ. 추가적 인수승계 가부(14년 1차, 15년 1차 모의쟁점 / 3차·5차 기출) 279

70. 묵시적 일부청구와 상소이익(14년 2차, 18년 1차 모의쟁점) 280

71. 위자료에 대한 상소시 재산적 손해 청구확장 (16년 1차 모의쟁점) 282
 Ⅰ. 문제의 소재 282
 Ⅱ. 생명·신체 손해를 이유로 한 손해배상청구소송의 소송물 282
 Ⅲ. 항소심에서 재산적 손해부분이 심판대상인지 여부 283

  Ⅳ. 전부승소부분의 청구취지 변경가부 ··· 283
  Ⅴ. 사안의 해결 ··· 284

72. 불이익변경금지원칙(18년 3차 모의) ··· 285
  Ⅰ. 설문 1. : 상계항변과 불이익변경금지 ·· 285
  Ⅱ. 설문 2. : 예비적 상계항변이 이유 있는 경우 항소기각 가부 ············· 286
  Ⅲ. 소각하판결에 대한 항소시 청구기각 가부 (21년 2차 모의쟁점) ········ 287

73. 환송판결의 기속력(22년 2차 모의) ··· 289
  Ⅰ. 결 론 ·· 289
  Ⅱ. 이 유 ·· 289

▌ 판례색인 ·· 291

01 | 법관의 제척과 기피

I. 제41조 1호의 제척사유(11년 법무부 모의쟁점)

> 乙종중의 종중원 甲은 乙종중을 피고로 하여 종중 규약을 개정한 종중총회 결의에 대한 무효확인을 구하는 소를 제기하였다. 개정된 규약은 종중원의 재산상·신분상 권리의무 관계에 직접적인 영향을 미치는 것인데, 재판부를 구성한 A판사는 乙종중의 구성원이다.
>
> A판사가 관여하여 甲의 패소로 선고된 판결에 대해 甲은 불복할 수 있는가?

1. 문제점

법관의 제척이라 함은 법관이 구체적인 사건과 법률에서 정한 특수한 관계가 있는 때에 당연히 그 사건에 관한 직무집행에서 제치는 것을 말한다. 제척사유는 법 제41조에 다섯 가지가 규정되어 있다. 1·2·4호의 이유는 사건의 당사자와 관계되는 경우이고, 3·5호의 이유는 사건의 심리에 이미 관여된 경우로서 이러한 제척사유는 열거규정이며, 유추확대해서는 안된다. 설문은 A법관이 제41조 1호에 규정된 제척사유에 해당하는지 문제된다.

2. 민사소송법 제41조 제1호에 해당하는지 여부

(1) 제41조 제1호의 의미

민사소송법은 "법관 또는 그 배우자나 배우자이었던 사람이 사건의 당사자가 되거나, 사건의 당사자와 공동권리자·공동의무자 또는 상환의무자의 관계에 있는 때"를 제척사유의 하나로 규정하고 있다. 여기서 말하는 사건의 당사자와 공동권리자·공동의무자의 관계라 함은 "소송의 목적이 된 권리관계에 관하여 공통되는 법률상 이해관계가 있어 재판의 공정성을 의심할 만한 사정이 존재하는 지위에 있는 관계"를 의미하는 것으로 해석할 것이다.

(2) 법률상 이해관계가 있는지 여부

大法院은 『종중은 종중 소유 재산의 관리방법과 종중 대표자를 비롯한 임원의 선임, 기타 목적사업의 수행을 위하여 성문의 종중 규약을 제정할 수 있고, 종중에 종중 규약이 존재하는 경우에 종중원의 총유로 귀속되는 종중 소유 재산의 사용수익은 종중 규약에 따르고 그 관리·처분도 종중 규약 내지 종중 규약이 정하는 바에 따라 개최된 종중 총회의 결의에 의하며, 종중 임원의 선임권 등 신분상 권리의무 관계에 대하여도 종중 규약에서 정하는 바에 따르게 된다. 따라서 종중의 종중원들은 종중원의 재산상·신분상 권리의무 관계에 직접적인 영향을 미치는 종중 규약을 개정한 종중 총회 결의의 효력 유무에 관하여 공통되는 법률상 이해관계가 있다고 할 것』이라 하여 제척사유에 해당한다는 입장이다 (대법 2010.05.13, 2009다102254).

3. 제척의 효과

당해법관은 법률규정상 당연히 그 사건의 모든 직무집행에서 배제되며, 재판의 심리는 물론 기타 변론준비절차, 증거조사, 기일지정 등 일체의 소송행위에 관여 할 수 없다. 다만, 종국판결의 선고와 긴급을 요하는 행위 등은 할 수 있다(제48조 단서).

4. 설문의 해결

A판사가 관여하여 선고된 판결은 본질적인 절차상의 하자가 있는 것으로 위법하다. 따라서 판결확정 전일 때에는 절대적 상고이유(제424조 1항 2호), 확정 후에는 재심사유(제451조 1항 2호)가 된다.

II. 전심관여 법관의 제척 요건(16년 3차 모의쟁점)

> 항소심의 배석판사 A는 불복사건의 1심에서 증거조사에 관여한 바 있다. A가 항소심에 관여하는 것은 제척사유에 해당하는가?

1. 문제점

하급심에서 증거조사에 관여한 바 있는 법관이 제41조 5호에서 말하는 전심관여에 해당하여 제척되는지 문제된다.

2. 전심관여법관 제척의 요건

(1) 전심관여법관의 제척의 취지

전심에 관여한 법관의 예단을 배제하고, 새로운 법관으로 하여금 재심사시키는 심급제도의 근본취지가 몰각되는 것을 방지하기 위하여 전심관여 법관의 제척이 인정된다(제41조 5호).

(2) 요 건

1) '이전심급'의 의미 : 불복사건의 '이전심급'의 재판이라 함은 그 불복사건의 하급심 재판으로서 상고심에서 간접적으로 불복대상이 된 제1심판결 등도 포함된다. 그러나 파기환송이나 이송되기 전의 원심판결(이 경우는 제436조 3항에 의하여 관여할 수 없다), 재심소송에 있어서 재심의 대상이 된 확정판결(대법 1994.08.09, 94재누94), 청구이의의 소에 있어서 그 대상이 된 확정판결, 본안소송에 대한 관계에서 가압류·가처분에 관한 재판, 집행정지신청사건에 대하여 집행권원을 성립시킨 본안재판 등은 이전심급의 재판에 해당하지 않는다.

2) '재판'의 의미 : 재판에는 직접 불복의 대상이 되어 있는 종국판결뿐 아니라 이와 더불어 상급심의 판단을 받을 중간적 재판도 포함된다. 그러나 본안소송의 재판장에 대한 기피신청사건의 재판은 이전심급의 재판에 해당되지 않는다(대법 1991.12.27, 91마631). 나아가 소송상화해에 관여한 법관이 그 화해내용에 따른 목적물의 인도소송에 관여하는 것은 전심관여라 볼 수 없다(대법 1969.12.09, 69다1232).

3) '관여'의 의미 : 전심에 관여란 재판의 내부적 성립에 관여한 것을 말하는데, 예를 들어 판결의 기본이 되는 최종변론, 실질적으로 사건에 관한 판단을 하는 판결의 합의나 판결의 작성 등에 깊이 있게 관여한 경우를 말한다. 따라서 단지 최종변론전의 변론·증거조사, 기일지정과 같은 소송지휘 또는 판

결의 선고에만 관여하는 것은 이전심급관여의 제척사유가 되지 않는다(대법 1994.08.12, 92다23537). 한편 다른 법원으로부터 촉탁을 받고 전심에 관여한 때에도 제척이유가 되지 아니한다(5호 단서).

 4) 전심에 관여한 사건과 동일한 사건 : 따라서 동일한 전역처분의 취소청구소송과 무효확인소송의 재판에 동일인이 재판장으로 관여하였다 하더라도 전자의 취소청구소송과 후자의 무효확인소송은 동일한 전역처분에 관한 것이긴 하여도 별개의 사건으로서 취소청구사건의 재판을 무효확인청구사건의 전심재판과 같이 볼 수 없다(대법 1983.01.18, 82누473).

3. 설문의 해결

법관 A가 전심의 증거조사에 관여한 것만으로는 실질적으로 사건에 관한 판단을 하는 판결의 합의나 판결의 작성 등에 깊이 있게 관여한 경우로 볼 수 없어 제41조 5호 제척사유에 해당하지 않으므로 항소심에 관여할 수 있다.

Ⅲ. 기피신청의 효과

> 甲이 변론을 종결하기 전에 A법관에 대하여 기피신청을 하였다고 가정한다. 이러한 기피신청이 있음에도 법원은 변론기일을 지정하였고, 甲은 3회에 걸쳐 변론기일에 출석하지 않았고 乙은 출석하였으나 변론하지 않았다. 이후 기피신청에 대한 각하결정이 확정되었다. 甲은 자신의 기피신청이 있었음에도 절차를 정지하지 않고 제268조의 쌍방불출석의 효과를 발생시킨 위법이 있음을 이유로 기일지정신청을 하였으나, 원심은 이러한 위법은 기피신청각하결정이 확정됨으로써 치유된 것으로 보아 소송종료선언을 하였다.
>
> 이에 대하여 甲이 상고하였다면 상고심은 어떠한 판단을 하여야 하는가?

1. 문제점

민사소송법 제48조는 기피신청이 있으면 i) 기피신청이 간이각하된 때, ii) 종국판결을 선고하거나 iii) 긴급을 필요로 하는 행위를 제외하고 기피의 재판이 확정될 때까지 소송절차를 정지하여야 한다고 규정하고 있다. 이러한 규정에 위반함은 위법이나, 뒤에 기피신청이 기각되거나 각하되는 결정이 확정된 경우 이와 같은 하자는 치유될 수 있는지 문제된다.

2. 기피신청의 배척으로 제48조 위반이 치유되는지 여부

(1) 학설의 입장

① 가능한 한 절차의 되풀이를 줄여야 한다는 소송경제의 입장에서 하자가 치유되어 유효로 된다는 입장, ② 하자가 치유된다는 적극설은 제48조의 사문화를 초래하고 또한 제48조의 취지에도 반하기 때문에 하자가 치유되지 않는다는 입장, ③ 기피신청인은 정지 중에는 절차에 관여할 것을 강요당하지 않으며, 관여하지 않은 것에 대하여 불이익을 주는 것은 부당하므로 무조건적으로 치유된다고 풀이할 것은 아니지만, 예외적으로 기피신청인의 소송상 이익을 해치지 않은 때 예를 들어 신청인이 충분한 소송행위를 한 때에는 하자는 치유된다는 입장의 대립이 있다.

(2) 判例의 입장

종래의 判例는 가정적 판단이지만 기피신청을 당한 법관이 그 기피신청에 대한 재판이 확정되기 전에 한 판결의 효력은 그 후 기피신청이 이유 없는 것으로서 배척되고 그 재판이 확정된 때에는 유효한 것으로 된다고 하여 적극설에 의하고 있다고 해석되었다(대법 1978.10.31, 78다1242). 그러나 최근 大法院은 『기피신청에 대한 각하결정 전에 이루어진 원심 제1차 변론기일의 진행 및 위 각하결정이 피고에게 고지되기 전에 이루어진 원심 제2차 변론기일의 진행은 모두 민사소송법 제48조의 규정을 위반하여 쌍방불출석의 효과를 발생시킨 절차상 흠결이 있고, 특별한 사정이 없는 이상, 그 후 위 기피신청을 각하하는 결정이 확정되었다는 사정만으로 절차 위반의 흠결이 치유된다고 할 수는 없다』고 판시하여 하자가 치유될 수 없다는 입장이다(대법 2010.02.11, 2009다78467).

(3) 검 토

생각건대 기피신청인이 충분한 소송행위를 한 경우에 하자가 치유된다고 보는 입장이 타당하다고 본다. 설문에서 甲은 기피신청을 하여 절차가 정지될 것으로 믿었으나, 법원이 변론기일을 지정하여 제268조 소취하 간주의 효과를 발생시킨 것으로 기피신청인의 소송상 이익을 해치지 않은 경우로 볼 수는 없다.

3. 사안의 해결

원심의 판단에는 민사소송법 제48조의 해석을 잘못하여 판결의 결론에 영향을 미친 위법이 있다. 그러므로 상고심은 원심판결을 파기하고, 사건을 다시 심리·판단하도록 하기 위하여 원심법원에 환송하여야 한다.

02 | 청구병합시 사물관할(16년 3차 모의쟁점)

> 甲은 乙에게 부동산을 팔았는데, 乙이 부동산 매매대금 2억 원을 지급하지 않으므로, 지연이자로서 1,000만 원이 발생하였음을 주장하면서, 금 2억 1천만 원의 지급을 구하는 소를 제기하려 한다.
>
> 사건의 배당은 어떻게 이루어 질 것인가?

1. 사물관할의 의의

사물관할이란 제1심 소송사건을 다루는 지방법원 단독판사와 지방법원합의부 사이에서 사건의 경중을 표준으로 재판권의 분담관계를 정해 놓은 것을 말한다.

2. 사물관할의 분배기준

訴價가 2억 원을 초과하는 경우와, 비재산권상의 소, 재산권상의 소로서 소송목적의 값을 산출할 수 없는 경우, 본소가 합의부사건인 경우 이와 관련하여 제기한 관련청구, 합의부에서 심판할 것으로 합의부가 스스로 결정한 사건 등은 합의부관할이다. 이에 대해 소가가 2억 원 이하인 사건, 어음금·수표금 청구 사건, 본소가 단독판사 관할일 때 이와 견련된 관련청구, 또한 합의부가 단독판사관할로 인정한 재정단독사건 등이 단독판사관할이다.

3. 청구병합에 있어서 소송목적의 값의 산정

(1) 합산의 원칙

1개의 소로써 여러 개의 청구를 하는 때에는 그 가액을 합산하여 그에 의하여 사물관할을 정한다(제27조 1항). 원고가 여러 청구를 병합제기하는 경우에 한하며, 여러 개의 청구의 경제적 이익이 각 독립한 별개일 것을 요한다.

(2) 예 외

① 하나의 소로써 여러 개의 청구를 한 경우라도 경제적 이익이 동일하거나 중복되는 때에는 합산하지 않으며, 중복이 되는 범위 내에서 흡수되고 그 중 다액인 청구가액을 소가로 한다. ② 1개의 청구가 다른 청구의 수단에 지나지 아니할 때에는 그 가액은 소가에 산입하지 않고 인도청구만이 소가가 된다. ③ 주된 청구와 그 부대목적인 과실·손해배상금·위약금·비용의 청구는 별개의 소송물이나, 이 두가지를 1개의 소로써 청구하는 때에는 부대청구의 가액은 소가에 산입하지 않는다(제27조 2항). 소가 계산의 번잡을 피하기 위함이다.

4. 사안의 사물관할

사안에서 甲은 매매대금으로 2억 원과 지연이자를 청구하고 있는데, 지연이자는 그 성질이 손해배상금으로서 청구의 단순 병합에 해당한다. 청구의 단순 병합의 경우 소가를 합산하는 것이 원칙이나, 지연손해배상금은 부대청구로서 합산되지 않는다(제27조 2항). 大法院도 『제27조 제2항에 의하여 소송의 목적의 가액에 산입하지 아니하는 소송의 부대목적이 되는 손해배상이라 함은 주된 청구의 이행을 지연하였기 때문에 생기는 지연배상을 의미』하는 것이라고 하였다(대법 1992.01.07, 91마692). 설문의 소가는 여전히 2억 원으로서 단독부에 배당될 것이다.

03 | 토지관할

Ⅰ. 공동소송과 관련재판적(17년 1차 모의쟁점 / 1회 기출)

> 변호사 甲과 乙 사찰이 소송위임계약으로 인하여 생기는 일체 소송은 전주지방법원만을 관할법원으로 하기로 합의하였는데, 甲이 乙 사찰을 상대로 소송위임계약에 따른 성공보수금 지급청구소송을 제기하면서 乙 사찰의 대표단체인 丙 재단을 연대채무자라고 주장하며 공동피고로 하여 丙 재단의 주소지를 관할하는 서울중앙지방법원에 소를 제기하였다. 이에 대하여 乙은 자신과 甲사이에는 전속적 관할합의가 되어 있고, 당해 사안이 연대채무에 해당하지 않음을 甲이 잘 알고 있으므로, 丙을 공동피고로 추가한 것은 실제로는 丙을 상대로는 청구할 의도는 없으면서도 단지 丙의 주소지를 관할하는 서울중앙지방법원에 관할권을 생기게 하기 위함이라고 본안전항변을 하고 있다.
>
> 乙의 주장이 타당할 때 서울중앙지방법원은 어떠한 조치를 취하여야 하는가?

1. 문제점

乙과 丙이 연대채무자에 해당한다면 이들은 의무를 공통으로 하는 것으로 제65조 전문의 주관적 요건을 갖추었으나, 객관적 요건과 관련하여 공통관할권을 갖춘 것인지와 관련하여 공동소송에서도 관련재판적이 인정되는지 문제된다.

2. 공통의 관할권이 있는지 여부

(1) 관련재판적의 의의

원고가 하나의 소로써 여러 개의 청구를 하는 경우에 그 여러 개의 청구 가운데 하나의 청구에 관하여 제2조 내지 제24조 또는 제29조, 제30조의 규정에 따라 토지관할권이 있으면 원래 그 법원에 토지관할권이 없는 나머지 청구에 대해서도 그 법원에 토지관할권이 생기게 되는데(제25조), 이를 관련재판적 또는 병합청구의 재판적이라 한다.

(2) 공동소송에서 관련재판적 인정여부

관련재판적이 소의 객관적 병합의 경우에 적용됨은 별 문제가 없으나, 공동소송의 경우에도 적용될 수 있는지에 대하여, 제25조가 ⅰ) 공동소송에 전면적으로 적용된다는 적극설과, ⅱ) 다른 피고들의 관할규정상의 이익을 해치게 되므로 공동소송에 적용할 수 없다는 소극설, ⅲ) 공동소송 가운데 제65조 전문의 공동소송에만 적용된다는 절충설 등의 대립이 있었고, 判例는 소극설의 입장이었다(대법 1980.09.26, 80마403). 그런데 1990년 개정민소법은 제25조 제2항에서 소송목적이 되는 권리나 의무가 여러 사람에게 공통되거나 사실상 또는 법률상 같은 원인으로 말미암아 그 여러 사람이 공동소송인으로서 당사자가 되는 경우에는 제1항의 규정을 준용한다고 규정하여 절충설을 입법화하였다.

(3) 설문의 경우

설문은 제65조 전문의 공동소송이고, 甲과 乙의 관할합의의 태양이 전속적 합의라 하더라도 이는 임의관할에 해당하므로 법 제31조에 저촉되지 않아 관련재판적이 인정될 수 있다. 서울은 피고 丙의 보통재판적 소재지이고, 따라서 서울지방법원은 甲이 제기한 공동소송에 관할권을 가진다 할 것이나, 이하 甲의 제소가 신의칙에 위반인지 검토한다.

3. 甲의 제소가 신의칙위반인지 여부

(1) 신의칙의 의의

신의칙이란 당사자와 소송관계인은 사회공동생활의 일원으로서 서로 상대방의 신뢰를 헛되이 하지 않도록 성실하게 행동해야 한다는 원칙을 말하는데, 건전한 소송윤리를 확립하고 법의 형식적 적용에 의해 생기는 통념에 반하는 결과의 조정을 위하여 민사소송법에서도 제1조 제2항에서 당사자와 소송관계인은 신의에 따라 성실하게 소송을 수행하여야 한다고 규정하여 신의칙을 명문화하였다.

(2) 사안에서 관련재판적이 인정되는지 여부

1) 소송상태부당형성의 의미 : 당사자 한쪽이 잔꾀를 써서 자기에게 유리한 소송상태나 상대방에게 불리한 상태를 만들어 놓고 이를 이용하는 행위는 신의칙에 위배되므로 허용될 수 없다.

2) 判例의 입장 : 설문의 甲의 행위는 관할선택권의 남용으로서 신의칙상 허용되지 않는다고 할 것이다. 최근 判例도 『乙 사찰은 종단에 등록을 마친 사찰로서 독자적인 권리능력과 당사자능력을 가지고, 乙 사찰의 甲에 대한 소송위임약정에 따른 성공보수금 채무에 관하여 丙 재단이 당연히 연대채무를 부담하게 되는 것은 아니며, 법률전문가인 甲으로서는 이러한 점을 잘 알고 있었다고 보아야 할 것인데, 甲이 위 소송을 제기하면서 丙 재단을 공동피고로 추가한 것은 실제로는 丙 재단을 상대로 성공보수금을 청구할 의도는 없으면서도 단지 丙 재단의 주소지를 관할하는 서울중앙지방법원에 관할권을 생기게 하기 위함이라고 할 것이고, 따라서 甲의 위와 같은 행위는 관할선택권의 남용으로서 신의칙에 위반하여 허용될 수 없으므로 관련재판적에 관한 민사소송법 제25조는 적용이 배제되어 서울중앙지방법원에는 甲의 乙 사찰에 대한 청구에 관하여 관할권이 인정되지 않는다.』고 하였다(대법 2011.09.29, 2011마62).

4. 결론

이행의 소에서 피고적격은 주장자체로 파악하여 채무 없는 자를 상대로 한 소도 적법하다 할 것이나, 사안의 甲의 丙에 대한 제소는 신의칙에 반하는 것으로 부적법 각하하여야 하고, 甲의 乙에 대한 소는 관할위반을 이유로 법 제34조 제1항에 의하여 전주지방법원으로 직권이송하여야 한다.

II. 지식재산권에 관한 소의 법정토지관할(20년 1차 모의쟁점)

> 부산거주 甲이 청주거주의 乙을 상대로 저작권침해의 손해배상청구의 소를 제기하는 경우 토지관할권을 가지는 법원을 검토하라.

1. 토지관할의 의의

토지관할이라 함은 소재지를 달리하는 같은 종류의 법원 사이에 재판권의 분담관계를 정해 놓은 것으로 「각급법원의설치와관할구역에관한법률」과 「재판적」에 의하여 정해진다. 재판적에는 모든 소송사건에 공통적으로 적용되는 보통재판적(제2조)과 특별한 종류·내용의 사건에 대해서 한정적으로 적용되는 특별재판적(법 제7조 이하)이 있으므로, 2016 시행 개정법에 따른 재판적을 검토하여 설문에서의 법정토지관할법원을 검토한다.

2. 설문의 재판적에 따른 토지관할법원

(1) 보통재판적

모든 소송사건에 토지관할권을 생기게 하는 보통재판적은 피고와 관계 있는 곳을 기준으로 해서 정해 놓았다(제2조). 따라서 민사소송법 제3조에 의해 청주가 보통재판적이 되고, 제2조에 의하여 청주지방법원은 토지관할을 가지게 된다.

(2) 특별재판적

1) 의무이행지의 특별재판적 : 재산권에 관한 소는 그 의무이행지 법원에도 제기할 수 있는데, 甲은 금전배상이 원칙인 손해배상청구를 하였고, 민법 제467조 2항 지참채무원칙에 의하여 부산이 의무이행지가 되므로 법 제8조 후단에 의하여 부산지방법원은 토지관할권을 가진다.

2) 지식재산권에 관한 소송의 특별재판적 : 지식재산권 분쟁해결에 관한 전문성 제고를 위하여 2015년 개정을 통해 지식재산권 분쟁에 관한 소를 '특허권, 실용신안권, 디자인권, 상표권, 품종보호권(이하 특허권 등이라 함)'과 '특허권 등을 제외한 지식재산권(저작권과 신지식재산권인 부정경쟁·영업비밀·데이터베이스)'으로 구분하여 규정하고 있다. 설문과 같은 특허권 등을 제외한 지식재산권에 관한 소를 제기하는 경우에는 제2조부터 제23조까지의 규정에 따른 재판적이 있는 곳의 지방법원에 소제기를 할 수 있지만, 그 관할법원 소재지를 관할하는 고등법원이 있는 곳의 지방법원에 제기할 수 있도록 규정하고, 특히 서울고등법원이 있는 곳의 지방법원에 제기하는 경우에는 서울중앙지방법원에 한정하여 제기할 수 있도록 하였다(제24조 1항).

(3) 설문의 법정토지관할법원

설문은 특허권 등을 제외한 지식재산권인 저작권 침해에 따른 손해배상청구이므로 보통재판적 소재지 관할법원인 청주지방법원, 의무이행지 특별재판적 소재지 관할법원인 부산지방법원과 제24조 1항에 따른 대전지방법원이 토지관할을 가지게 된다.

3. 설문의 해결

설문에서 부산·청주·대전지방법원이 토지관할권을 가지며, 보통재판적과 특별재판적이 공존하거나 특별재판적이 여러 개 공존함으로써 토지관할의 경합이 생겨난 경우 특별재판적이 일반재판적에 우선하는 것이 아니므로 원고는 경합하는 관할법원 중 아무데나 임의로 선택하여 소제기할 수 있다.

Ⅲ. 지식재산권에 관한 소송의 이송

> 부산거주 甲이 청주거주의 乙을 상대로 특허권침해에 따른 손해배상청구의 소를 서울중앙지방법원에 제기하였다. 이에 乙이 청주지방법원으로의 이송신청을 하였지만 기각되었다. 이에 대하여 乙은 즉시항고를 할 수 있는가?

1. 문제점

관할위반을 이유로 한 이송신청을 기각한 경우에는 즉시항고를 허용하지 않는 것이 판례이다. 따라서 설문의 서울중앙지방법원이 관할권을 가지는지 검토하고, 관할권이 존재한다면 이에 대한 이송신청이 허용여부와 불복가부를 제36조 3항과 제39조에 비추어 검토한다.

2. 서울중앙지방법원이 토지관할권을 가지는지 여부

(1) 특허권 등의 지식재산권에 관한 소의 특별재판적

특허권 등의 지식재산권에 관한 소를 제기하는 경우에는 제2조부터 제23조까지의 규정에 따른 관할법원 소재지를 관할하는 고등법원이 있는 곳의 지방법원의 전속관할로 하는 규정을 신설하여 특허권 등에 관한 소송의 전문성 및 효율성을 제고하였으며(제24조 2항), 전속관할의 경우에도 당사자의 선택으로 특허권 등의 지식재산권에 관한 소를 서울중앙지방법원에도 제기할 수 있도록 중복관할에 관한 규정을 신설하였다(제24조 3항). 소송당사자가 서울중앙지방법원이 축적해 온 특허권 등의 지식재산권 소송의 전문성을 활용하고자 하는 경우 전속관할법원 외에 서울중앙지방법원에 소송을 제기할 수 있도록 한 것이다.

(2) 설문의 경우

설문은 특허권침해에 따른 손해배상청구이고 제24조 2항에 따라 대전지방법원과 부산지방법원이 전속관할법원이나, 제24조 3항에 따라 서울중앙지방법원 또한 전속관할법원이다. 따라서 甲의 제소는 관할위반의 위법이 없다.

3. 乙의 즉시항고 가부

(1) 이송신청의 가부

설문의 甲의 제소는 관할위반이 아니므로 乙은 재량이송을 신청한 것이다. 원래 전속관할이 정해진 경우에는 재량이송이 허용되지 않지만, 특허권 등에 관한 소의 경우 2016. 1. 1. 시행의 개정법률 제36조 3항에서는 특허권 등에 관한 소에서는 개정 제24조 2항·3항에 의한 특별재판적이 있는 곳의 고등법원 있는 곳의 지방법원의 전속관할로 하면서도, 한편 제2조 내지 제23조 규정에 따른 원래의 지방법원으로 이송할 수 있도록 하였다. 직권 또는 당사자의 신청에 의한 이송이다. 일반재량이송은 전속관할에 적용하지 않는데, 여기에서 예외취급을 하였으며, 현저한 지연을 피하기 위한 경우만이 아니라, 현저한 손해를 피하기 위한 경우까지도 이송가능하도록 하여 일반재량이송의 요건에 맞추었다.

(2) 설문의 경우

乙은 서울과 청주간의 거리등의 관계를 주장하며 서울중앙지방법원에서의 심리가 이루어질 경우 현저한 손해 등의 사유를 주장하여 이송신청을 할 수 있고, 이것이 기각된 경우 제39조에 따른 즉시항고를 할 수 있다.

4. 설문의 해결

乙은 제36조 3항에 따른 이송신청을 할 수 있고, 이것이 기각되면 제39조의 즉시항고를 제기할 수 있다.

04 | 합의관할

Ⅰ. 전속적 토지관할 합의와 재판권(1회 기출, 22년 1차 모의)

> 일본국에 거주하던 채권자 A와 채무자 乙이 돈을 대차하면서 채권자 A 주소지 법원을 제1심 관할법원으로 하는 전속적 관할합의를 하였는데, 그 후 위 채권이 서울에 주소를 둔 내국인 甲에게 양도되어 甲이 서울중앙지방법원에 양수금의 지급을 구하는 소를 제기하자, 乙은 전속적 토지관할에 위반한 제소라 하여 재판권의 흠결을 주장하고 있다.
>
> 법원은 어떠한 판단을 하여야 하는가?

1. 문제점

A와 乙간의 관할합의가 채권의 양수인인 甲에게 미치는지 여부와, 그에 따라 서울중앙지방법원에 재판권이 부정되는지 문제된다.

2. 관할합의의 주관적 범위

(1) 관할합의의 범위

관할의 합의는 당사자간의 소송상 합의이기 때문에 당사자와 그 승계인에 대해서만 미치고 제3자를 구속할 수 없다. 그런데 상속인과 같은 일반승계인에게 미치는 것은 의문이 없으나, 특정승계인일 경우에는 경우를 나누어 보아야 한다.

(2) 특정승계인의 경우

ⅰ) 소송물을 이루는 권리관계가 물권인 경우에는 당사자가 그 내용을 자유롭게 대세적으로 변경할 수 없고(민법 제185조), 그 합의된 바를 등기부상 공시할 수 없는 것이기 때문에 합의에 구속되지 않으나, ⅱ) 소송물을 이루는 권리관계가 당사자 사이에 그 내용을 자유롭게 정할 수 있는 '채권'인 경우에는 채권양수인은 변경된 내용의 채권을 양수받았다고 볼 수 있으므로 합의의 효력이 채권양수인에 미친다고 보아야 한다. 判例도 『관할의 합의는 소송법상의 행위로서 합의 당사자 및 그 일반승계인을 제외한 제3자에게 그 효력이 미치지 않는 것이 원칙이지만, 관할에 관한 당사자의 합의로 관할이 변경된다는 것을 실체법적으로 보면, 권리행사의 조건으로서 그 권리관계에 불가분적으로 부착된 실체적 이해의 변경이라 할 수 있으므로, 지명채권과 같이 그 권리관계의 내용을 당사자가 자유롭게 정할 수 있는 경우에는, 당해 권리관계의 특정승계인은 그와 같이 변경된 권리관계를 승계한 것이라고 할 것이어서, 관할합의의 효력은 특정승계인에게도 미친다』고 한다(대법 2006.03.02, 2005마902).

3. 서울지방법원에 국제재판관할권이 존재하는지 여부

(1) 국제재판관할권의 의의

국제재판관할권이란 섭외적 민사사건이 우리나라 법원의 재판관할이냐 외국법원의 재판관할이냐의 문제로서, 만일 국내민사재판권이 어느 사건에서나 무제한하게 미친다면 ① 외국재판권을 무시하는 결과가 되고, ② 피고의 응소 불편이 따를 수 있고, 경우에 따라서는 ③ 국내법원으로서도 무익하게 재판권을 행사하는 결과가 될 수 있으므로 국내법원과 외국법원의 재판관할권의 한계를 설정할 필요가 생기게 된다.

(2) 국제재판관할권의 결정기준

1) **실질적 관련원칙의 도입** : 2001. 4. 7. 개정된 국제사법 제2조는 제1항에서 "법원은 당사자 또는 분쟁이 된 사안이 대한민국과 실질적 관련이 있는 경우에 국제재판관할권을 가진다. 이 경우 법원은 실질적 관련의 유무를 판단함에 있어 국제재판관할 분배의 이념에 부합하는 합리적인 원칙에 따라야 한다"고 규정하고 있는데, 여기서 실질적 관련이라 함은 우리나라 법원이 재판관할권을 행사하는 것을 정당화할 수 있을 정도로 당사자 또는 분쟁대상이 우리나라와 관련성을 갖게 되는 것을 말한다.

2) **국내법 관할규정의 참작** : 또한 제2항에서는 "법원은 국내법의 관할 규정을 참작하여 국제재판관할권의 유무를 판단하되, 제1항의 규정의 취지에 비추어 국제재판관할의 특수성을 충분히 고려하여야 한다."고 규정하였는데, '국제재판관할의 특수성을 고려한다'라 함은 국내법의 관할규정을 참작하여 국제재판관할권을 우리나라 법원에 인정하는 것이 사안의 적정한 해결에 도움이 되는가, 양당사자에게 공평한가 또는 능률적인 재판을 할 수 있는 가를 종합적으로 고려하여 제1항의 규정의 취지에 비추어 국제재판관할 분배의 이념에 부합하는지를 고려하여야 한다는 것이다.

3) **判例의 입장** : 국제재판관할을 결정함에 있어서는 당사자 간의 공평, 재판의 적정, 신속 및 경제를 기한다는 기본이념에 따라야 할 것이고, 구체적으로는 소송당사자들의 공평, 편의 그리고 예측가능성과 같은 개인적인 이익뿐만 아니라 재판의 적정, 신속, 효율 및 판결의 실효성 등과 같은 법원 내지 국가의 이익도 함께 고려하여야 할 것이며, 이러한 다양한 이익 중 어떠한 이익을 보호할 필요가 있을지 여부는 개별 사건에서 법정지와 당사자와의 실질적 관련성 및 법정지와 분쟁이 된 사안과의 실질적 관련성을 객관적인 기준으로 삼아 합리적으로 판단하여야 할 것이다(대법 2013.07.12, 2006다17539).

(3) 전속적 합의가 다른 나라의 재판권을 배제하는지 여부

判例는『당사자들이 법정 관할법원에 속하는 여러 관할법원 중 어느 하나의 법원을 관할법원으로 하기로 약정한 경우에, 그와 같은 약정은 그 약정이 이루어진 국가 내에서 재판이 이루어질 경우를 예상하여 그 국가 내에서의 전속적 관할법원을 정하는 취지의 합의라고 해석될 수 있지만, 특별한 사정이 없는 한 다른 국가의 재판관할권을 완전히 배제하거나 다른 국가에서의 전속적인 관할법원까지 정하는 합의를 한 것으로 볼 수는 없다. 따라서 채권양도 등의 사유로 외국적 요소가 있는 법률관계에 해당하게 된 때에는 다른 국가의 재판관할권이 성립될 수 있고, 이 경우에는 위 약정의 효력이 미치지 아니하므로 관할법원은 그 국가의 소송법에 따라 정하여진다고 봄이 상당하다』고 판시하여 대한민국의 재판권을 배제하지 않는 것으로 본다(대법 2008.03.13, 2006다68209).

4. 법원의 판단

서울은 의무이행지로서 제8조 후단에 의해 재판적이 있는 곳으로, 甲의 서울지방법원에 제기한 소는 재판권과 관할권을 가지고 있어 적법하다.

II. 약관에 의한 관할합의의 효력(22년 1차)

> 甲은 대한주택보증주식회사(이하 乙이라 한다)와 소외 A회사가 부산지역에 건축중인 아파트의 분양과 관련하여 보증계약을 체결하였는데, 분양보증서에 첨부된 주택분양보증약관에는 보증에 관한 소송은 乙의 관할영업점 소재지(사안은 부산이다) 법원을 전속적 합의관할법원으로 한다고 규정되어 있다. 그 후 A회사가 회생절차에 들어가고 아파트의 분양이 어렵게 되자, 甲은 乙을 상대로 보증채무금의 반환을 구하는 소를 부산지방법원에 제기하였다. 이에 대하여 乙은 위 A회사의 회생절차 개시신청에 의한 보증사고가 발생함에 따라 보증업무가 부산영업소에서 대구영업소로 이관되었으므로, 대구영업소 소재지 지방법원인 대구지방법원에 이 사건 소송에 대한 관할이 있다고 주장하면서 이송신청을 하였다. 이에 부산지방법원은 대구지방법원으로 이송결정을 내렸고, 甲은 즉시항고하였으나 항고가 기각되었다.
>
> 이에 甲이 재항고를 하였다면, 대법원은 어떠한 판단을 하여야 하는가?

1. 문제점

대기업이 작성한 보통거래약관 속에 관할합의조항이 포함되어 남용되는 경우가 있는데, 설문의 약관에 의한 관할합의의 효력과 그 해석방법을 검토하여, 이송결정이 적법하다는 하급심의 입장에 대한 대법원의 판단을 살펴본다.

2. 합의관할의 의의

(1) 의 의

합의관할이란 당사자의 합의에 의하여 생기게 되는 관할을 말한다(제29조). 원래 관할에 관한 규정은 법원간 재판사무의 공평한 분배와 당사자의 편의를 고려한 것으로 당사자 합의에 의하여 법정관할법원과 다른 법원을 관할법원으로 정할 수 있게 하더라도 그것이 법원간의 부담균형을 해할 만큼 빈번한 것도 아니고 당사자편의에 이바지할 수 있으므로 법 제29조에서 허용하는 것이다.

(2) 합의관할의 요건

甲과 乙 사이의 보증계약에 적용되는 약관에 관할합의가 있는 바, ① 제1심법원의 임의관할인 토지관할에 관한 것이고, ② 합의의 대상인 소송이 주택분양보증에 관한 소송으로 특정되어 있으며 ③ 합의의 방식이 약관이라는 서면이고 ④ 관할법원이 乙의 관할영업점 소재지 법원으로 특정되었기 때문에 요건을 갖춘 것으로 보인다.

3. 약관에 의한 관할합의의 유효성과 해석

(1) 약관상의 관할합의조항의 문제점

본래 관할합의를 허용하는 것은 당사자의 편의를 고려한 것인데 약관에 의해 이러한 합의가 이루어진다면 먼 거리에 거주하는 고객에게는 소제기 및 응소에 큰 불편을 줄 수 있고, 특히 고객이 제대로 모르게 이루어짐에 비추어 문제가 있다.

(2) 약관의 규제에 관한 법률상의 규제

1) 입법의 태도 : 약관의 규제에 관한 법률 제14조는 "고객에 대하여 부당하게 불리한 소제기 금지조항 또는 재판관할의 합의조항은 무효로 한다"고 규정하고 있다.

2) 무효가 되기 위한 요건 : 大法院은 사업자와 고객 사이에서 사업자의 영업소를 관할하는 지방법원으로 전속적 관할합의를 하는 내용의 약관조항이 고객에 대하여 부당하게 불리하다는 이유로 무효라고 보기 위해서는 그 약관조항이 고객에게 다소 불이익하다는 점만으로는 부족하고, 사업자가 그 거래상의 지위를 남용하여 이러한 약관조항을 작성·사용함으로써 건전한 거래질서를 훼손하는 등 고객에게 부당하게 불이익을 주었다는 점이 인정되어야 하고, 전속적 관할합의 약관조항이 고객에게 부당한 불이익을 주는 행위인지 여부는, 그 약관조항에 의하여 고객에게 생길 수 있는 불이익의 내용과 불이익 발생의 개연성, 당사자들 사이의 거래과정에 미치는 영향, 관계 법령의 규정 등 제반 사정을 종합하여 판단하여야 한다(대법 2008.12.16, 2007마1328).

(3) 약관에 의한 관할합의 해석

大法院은 『원심의 판단처럼 상대방의 내부적인 업무조정에 따라 위 약관조항에 의한 전속적 합의관할이 변경된다고 볼 경우에는 당사자 중 일방이 지정하는 법원에 관할권을 인정한다는 관할합의조항과 다를 바 없는 결과를 초래하게 되고, 사업자가 그 거래상의 지위를 남용하여 사업자의 영업소를 관할하는 지방법원을 전속적 관할로 하는 약관조항을 작성하여 고객과 계약을 체결함으로써 건전한 거래질서를 훼손하는 등 고객에게 부당하게 불이익을 주는 것으로서 무효인 약관조항이라고 볼 수밖에 없을 것이므로, 다른 특별한 사정이 없는 한 위 약관조항에서 말하는 '상대방의 관할 영업점 소재지 법원'은 위 주택분양보증계약이 체결될 당시 이를 관할하던 상대방의 영업점 소재지 법원을 의미하는 것으로 봄이 상당하다. 따라서 위 약관조항에 근거하여 대구지방법원을 이 사건 소송의 관할법원으로 볼 수는 없다』고 판시하였다(대법 2009.11.13, 2009마1482).

4. 설문의 해결

부산지방법원의 이송결정에 대한 제39조의 즉시항고에 대해 항고심이 기각을 한 것은 약관의 해석이나 전속적 관할합의 등에 관한 법리를 오해하여 재판에 영향을 미친 위법이 있다. 따라서 대법원은 항고심의 결정을 파기하되, 이 사건은 대법원이 직접 재판하기에 충분하므로 민사소송법 제443조 제2항, 제437조에 따라 제1심의 이송결정을 취소하여야 한다. 이 경우 부산지방법원에서는 관할 위반을 이유로 한 이송신청은 단지 법원의 직권발동을 촉구하는 의미밖에 없으므로, 피고의 이 사건 이송신청을 기각하는 재판을 따로 할 필요가 없이 심리를 속행하게 될 것이다.

05 | 변론관할의 성립요건(16년 3차, 20년 1차 모의쟁점)

> 원고 甲은 관할위반의 제소를 하였는데, 피고 乙은 다투는 내용의 답변서만 제출하고 1차 변론기일에 불출석하였으나 甲은 출석하여 변론하였다. 그 후 2차 변론기일에 乙은 출석하여 원고청구의 기각만을 구하고 있다.
>
> 이 경우 수소법원에 변론관할이 성립하였는지와 그 논거를 설명하라.

1. 문제점

1차변론기일에서 피고의 답변서가 진술간주된 경우 변론관할이 성립하는지 문제되고, 2차변론기일에서 청구기각의 신청만을 구한 것도 본안변론으로 보아 변론관할이 성립하는지 살펴본다.

2. 변론관할의 의의와 요건

원고가 관할권 없는 법원에 제소하였음에도 불구하고 피고가 관할 위반의 항변을 제출하지 않고, 본안에 관하여 변론을 하거나 준비절차에서 진술함으로써 인정되는 관할을 변론관할이라고 한다(제30조). 그 요건으로 ① 소가 임의관할을 위반하여 관할권 없는 제1심법원에 제기되었고, ② 피고가 변론이나 변론준비절차에서 본안에 관하여 진술하였어야 하며, ③ 피고의 관할위반의 항변이 없었어야 한다(제31조).

3. 1차 변론기일에서 변론관할의 성부

(1) 진술간주의 효과 발생여부

한 쪽 당사자의 불출석의 경우에 제148조를 적용하여 변론을 진행하느냐 기일을 연기하느냐는 법원의 재량에 속하는 사항이나, 출석한 당사자만으로 변론을 진행할 때에는 반드시 불출석한 당사자가 그 때까지 제출한 준비서면에 기재한 사항을 진술한 것으로 보아야 한다. 사안은 법원이 변론을 진행한 경우로써 乙이 답변서에 기재한 사항은 진술간주의 효과가 있다.

(2) 변론관할의 성부

"본안에 관하여 변론"하였다 하기 위해서는 현실적으로 변론기일에 출석하여 구술로 해야 하며 준비서면만 제출하고 불출석하여 진술간주(제148조)가 되어도 여기서 말하는 본안에 관한 변론이 있다고 할 수 없으므로 결국 위 제1회 변론기일에는 아직 변론관할은 생기지 않았다고 해야 한다(대법 1980.09.26, 80마403).

4. 2차 변론기일에서 변론관할의 성부

(1) 문제점
관할위반제소시 피고가 변론에서 단순히 원고 청구의 기각만을 구하고 청구원인에 관한 답변을 뒤로 미루는 경우에도 본안변론에 나아간 것으로 보아 변론관할이 성립하는지 문제된다.

(2) 견해의 대립
① 이 경우 원고의 청구를 배척한다는 뜻을 명백히 하였기 때문에 본안에 대한 변론으로 볼 수 있다는 긍정설(李)과, ② 피고의 청구기각의 신청이 단지 원고의 청구가 배척되어야 한다는 것을 신청한 것에 불과한 경우에는 본안에 대하여 변론한 것으로 되지 않는다는 부정설의 견해(김홍규)가 대립한다.

(3) 검 토
이에 관해 아직 판례가 없는데, 변론관할이 성립한다고 보는 다수설의 입장은 피고가 청구기각만을 구한 경우 기일의 해태로 취급할 수 있다는 判例의 입장과 배치되는 감이 없지 않으나(대법 1955.07.21, 4288민상59), 현실적으로 피고가 출석을 하였고, 원고의 청구를 배척한다는 의사가 명백하므로 변론관할이 성립한다고 보아도 무방하다고 보인다.

5. 설문의 해결
1차 변론기일에서 乙의 답변서가 진술간주되었다 하여도 변론관할이 성립하는 것은 아니지만, 2차 변론기일에서 乙의 청구기각의 반대신청에 의해 변론관할이 성립한 것으로 보인다.

06 | 이송재판에 대한 불복(18년 3차 모의쟁점)

甲은 A 토지의 적법한 소유권자인데, 乙과 丙이 공동으로 甲으로부터 A 토지를 매수하는 매매계약을 체결한 후 이를 원인으로 하여 A 토지 중 각 1/2 지분에 관한 소유권이전등기를 마쳤다. 甲의 주소와 직장은 인천지방법원 관할 내에 있고, 乙의 주소는 대전지방법원 관할 내에, 직장은 인천지방법원 관할 내에 있으며, 丙의 주소는 부산지방법원 관할 내에, 직장은 울산지방법원 관할 내에 있고, A 토지는 대전지방법원 관할 내에 있다. 甲이 乙, 丙을 공동피고로 A 토지에 관한 소유권(지분)이전등기말소청구 소송을 인천지방법원에 제기하자 丙은 관할위반을 이유로 위 소송을 울산지방법원으로 이송하여 달라고 신청하였다.

1. 법원이 丙의 이송신청을 기각하자 丙이 즉시항고를 하였다. 항고심 법원은 어떻게 결정하여야 하는가?
2. 법원이 丙의 이송신청을 받아들여 위 소송을 울산지방법원으로 이송한다는 결정을 하자 甲이 즉시항고를 하였다. 항고심 법원은 어떻게 결정하여야 하는가?

I. 문제의 소재

甲이 제기한 말소등기청구의 토지관할 법원을 살펴, 관할위반 이송신청을 기각한 결정과 위법한 이송결정에 대해 법 제39조의 즉시항고가 가능한지 검토한다.

II. 관할위반 제소인지 여부

1. 甲의 乙에 대한 말소등기청구의 토지관할법원

보통재판적에 따른 토지관할법원은 대전지방법원이며, 제7조의 특별재판적에 따라 인천지방법원과, 제21조에 따라 대전지방법원에 토지관할권이 있다.

2. 甲의 丙에 대한 말소등기청구의 토지관할법원

보통재판적에 따른 토지관할법원은 부산지방법원이며, 제7조의 특별재판적에 따라 울산지방법원, 제21조에 따라 대전지방법원에 토지관할권이 있으며, 甲이 乙과 丙을 공동피고로 한 말소등기청구는 의무의 발생원인이 동일한 것으로 제65조 전문의 공동소송으로 제25조 2항에 따라 인천지방법원도 토지관할권을 가지고 있다. 따라서 甲의 제소는 관할위반의 위법성은 없다.

Ⅲ. 설문 1. : 관할위반이송신청 기각결정에 즉시항고 가부

1. 判例의 입장

大法院은 당사자가 관할위반을 이유로 한 이송신청을 한 경우, 법원의 직권발동을 촉구하는 의미밖에 없는 것이기에 이에 대하여는 재판을 할 필요가 없고, 설사 법원이 이송신청을 거부하는 재판을 하였다 하여도 항고가 허용될 수 없으며 상고심에서는 이를 각하하여야 한다고 판시하여 당사자의 이송신청권을 부정하는 입장이다(대법(전) 1993.12.06, 93마524). 나아가 특별항고도 허용하지 않는다(대법 1996.01.12, 95그59).

2. 설문의 경우

설문에서 관할위반의 위법이 없음에도 丙이 관할위반을 이유로 한 이송신청을 하였는바, 判例에 따르면 법원이 이에 대하여 재판할 필요가 없음에도 기각결정을 한 것이어서 이는 즉시항고의 대상이 되지 않는 것이며, 항고심 법원은 丙의 항고가 부적법하다는 이유로 항고를 각하하는 결정을 하여야 한다.

Ⅳ. 설문 2. : 위법한 이송결정에 대한 즉시항고

1. 이송결정의 위법성

인천지방법원은 토지관할권이 있으므로 울산지방법원으로 제34조 1항에 따른 이송결정을 내린 것은 위법하다. 한편 제38조는 잘못된 이송결정에 대해서도 구속력을 인정하나 이는 당사자의 불복이 없어 이송이 이루어진 경우를 말하는 것으로, 이송결정에 대해 제39조에 따른 즉시항고가 있는 이상 적용이 없다.

2. 항고심의 판단

甲의 즉시항고에 대해 항고심 법원도 원심의 이송결정을 취소하여 인천지방법원에서 심리가 속행될 수 있도록 하여야 한다.

07 | 제소 전 피고 사망과 소송계속 중 사망의 비교

Ⅰ. 당사자확정 후 당사자표시를 바로잡는 방법

1. 당사자의 동일성이 유지되는 경우

(1) 보정방법

당사자의 동일성을 해치지 않는 범위 내에서 당사자표시를 바로잡는 것을 표시정정이라 한다. 이 경우 소장상의 당사자를 '형식적 당사자'로, 확정된 당사자를 '실질적 당사자', '사실상의 당사자', 내지 '진정한 당사자'라고 부른다. 당사자표시정정은 소송의 모든 단계, 즉 항소심 또는 상고심에서도 가능하다. 判例도 『당사자표시를 정정하는 것은 당사자를 변경하는 것은 아니므로 항소심에서 그러한 정정이 있었다 한들 당사자에게 심급의 이익을 박탈하는 현상이 일어난다고는 할 수 없고, 따라서 상대편의 동의가 있어야 표시정정이 가능한 것이라고 말할 수도 없다.』고 한다(대법 1978.08.22, 78다1205).

(2) 당사자표시정정이 허용되는 경우

1) **당사자의 이름에 오기 내지 누락이 명백한 경우** : 가족관계등록부, 주민등록표, 법인등기부·부동산등기부 등 공부상의 기재에 비추어 당사자의 이름에 잘못 기재나 누락이 있음이 명백한 경우에 표시정정을 허용할 것이다. 判例는 종중의 경우 공동선조의 변경 여부에 따라 표시정정인지 여부를 결정한다. 즉 甲을 공동선조로 하는 종중을 갑의 후손인 乙을 공동선조로 하는 종중으로 표시정정하는 것은 불허하나(대법 2002.08.23, 2001다58870), 공동선조가 동일하고 실질적으로 동일한 단체를 가리키는 종중의 명칭을 변경 또는 정정하는 것은 허용한다(대법 1999.04.13, 98다50722: 파평윤씨 이조참판공파 용정종중 → 파평윤씨 판서공파종중).

2) **명백한 당사자무능력자의 표시** : 점포주인 대신 점포 자체로, 대한민국 대신 관계행정청으로(대법 1953.02.19, 4285민상27), 본점 대신 지점으로, 학교법인 대신 학교로(대법 1978.08.22, 78다1205) 표시한 경우처럼 당사자능력 없는 사람을 당사자로 잘못 표시하였음이 명백한 경우에 바로 소를 각하할 것이 아니라 제59조를 유추하여 그 표시정정의 형태로 당사자능력자로의 보정을 시켜야 한다.

3) **당사자적격이 없는 자를 당사자로 잘못 표시한 경우** : 甲에 대하여 회생절차를 개시하면서 관리인을 선임하지 아니하고 甲을 관리인으로 본다는 내용의 회생절차개시결정이 있은 후 乙 주식회사가 甲을 상대로 사해행위 취소의 소를 제기한 사안에서, 大法院은 『관리인으로서 甲의 지위를 표시하라는 취지로 당사자표시 정정의 보정명령을 내리지 않고 甲이 당사자적격이 없다는 이유로 소를 각하한 원심판결에 대해 원고가 당사자를 정확히 표시하지 못하고 당사자능력이나 당사자적격이 없는 자를 당사자로 잘못 표시하였다면 법원은 당사자를 소장의 표시만에 의할 것이 아니고 청구의 내용과 원인사실을 종합하여 확정한 후 확정된 당사자가 소장의 표시와 다르거나 소장의 표시만으로 분명하지 아니한 때에는 당사자의 표시를 정정보충시키는 조치를 취하여야 하고 이러한 조치를 취함이 없이 단지 원고에게 막연히 보정명령만을 명한 후 소를 각하하는 것은 위법하다.』고 하였다(대법 2013.08.22, 2012다68279).

(3) 절 차

당사자표시정정신청을 불허할 경우에는 불허의 결정을 하여야 하며, 소장에 표시된 당사자가 잘못된 경우에 당사자표시를 정정케 하는 조치를 취함이 없이 바로 소를 각하할 수는 없다(대법 2001.11.13, 99두2017). 당사자표시정정은 소장의 필요적 기재사항의 하나인 당사자 표시를 정정하는 것이므로 소변경신청서에 준하여 당사자에게 송달하고 변론기일에 이를 진술하는 것이 실무례이다.

(4) 효 과

1) 시효중단·기간준수의 효력 : 최초의 소제기시에 발생한 것으로 된다.
2) 당사자 표시정정없이 행한 판결의 효력 : 최근 判例는 『당사자 표시정정이 이루어지지 않아 잘못 기재된 당사자를 표시한 본안판결이 확정되어도 그 확정판결은 당연무효로 볼 수 없을 뿐더러, 그 확정판결의 효력은 잘못 기재된 당사자와 동일성이 인정된 범위 내에서는 적법하게 확정된 당사자에게 미친다』고 한다(대법 2011.01.27, 2008다27615).

2. 당사자의 동일성이 없는 경우

(1) 보정방법

당사자의 동일성이 없는 상태에서 당사자를 변경하는 경우로서, ① 소송계속 중에 소송의 목적인 권리관계의 변동으로 새 사람이 종전 당사자가 하던 소송을 인계인수 받게 되는 소송승계와, ② 당사자적격의 혼동·누락의 경우에 허용되는 임의적 당사자변경의 방법 두 가지가 있다.

(2) 임의적 당사자변경의 범위

명문에 규정된 경우(제68조, 제70조, 제260조)를 제외하고는 判例는 일체의 당사자변경을 불허하고, 이 경우 부적법한 제소라 하여 소를 각하한다.

(3) 효 과

시효중단·기간준수의 효과는 제265조에 의해 피고의 경정신청 시부터 발생한다.

Ⅱ. 표시정정을 임의적 당사자변경으로 잘못 판단 시 사후처리

1. 당사자확정과 보정방법

> 소장의 원고표시란에는 『A교회 대표자 담임목사 B』라고 기재되어 있고, 『A교회당회의인』이라는 날인이 되어 있기는 하나, 그 청구의 내용은 『원고 B 목사와 그의 가족들 및 A교회의 교인』들이 피고의 가처분으로 인하여 B 목사가 6개월 동안 교회에 출입하지 못함으로써 정신적 고통을 입었으므로 그 손해배상을 구한다는 것이고, 소장의 첨부서류로서 『A교회 담임목사 B에게 소송선정당사자로 위임하고 본 소송에 관한 모든 권한을 위임합니다』라는 내용으로 위임자 83명이 기명날인한 소송위임장을 제출하였으며, 그 후 B 등 83명의 이름으로 『B를 소송수행자(원고)로 선정한다』는 내용의 선정당사자(원고) 선정서를 제출하고, 제1심 제7차 변론기일에 이르러 원고(선정당사자)는 A교회의 대표자로 이 사건 소송을 수행하는 것이 아니고, 위 교회 교인들의 선정당사자로 소송을 수행하고 있다고 진술하였다.

> 이 사건의 원고는 누구이며 제1심 법원은 어떠한 조치를 취하여야 하는가?

(1) 문제점

설문에서 특정된 원고는 A교회이나, 원고로서 소송을 수행할 자는 선정당사자 B목사로 보인다. 따라서 원고의 확정이 문제된다.

(2) 설문의 원고 확정

1) **당사자 확정의 기준** : 의사설, 행동설 등의 대립이 있으나, 大法院은 『당사자는 소장에 기재된 표시 및 청구의 내용과 원인 사실을 종합하여 확정하여야 하는 것이며, 당사자표시 변경은 당사자로 표시된 자의 동일성이 인정되는 범위 내에서 그 표시만을 변경하는 경우에 한하여 허용된다』고 하여 표시설(실질적표시설) 입장이다(대법 1996.03.22, 94다61243).

2) **사안의 경우** : 설문에서 청구의 내용, 소장의 첨부서류, 선정서, 제1심 제7차 변론기일에서의 진술 등을 종합하면 원고로 표시된 자는 선정당사자 B라고 보인다.

(3) 당사자를 바로 잡는 방법

당사자의 이름에 잘못 기재나 누락이 있음이 명백한 경우 당사자 표시정정으로 보정한다. 이 사건 원고는 A교회가 아니라 원고 B를 비롯한 교인 83명이 B를 당사자로 선정하여 진행하는 손해배상청구소송으로 보아야 하므로 원고의 표시를 A교회에서 선정당사자 B로 표시정정 하도록 하여야 한다.

2. 표시정정을 임의적 당사자 변경으로 잘못 판단시 사후처리

> 〈추가된 사실관계〉
> 제1심은 이 사건 원고를 A교회가 아니라 원고를 비롯한 교인 83명이 원고를 당사자로 선정하여 진행하는 손해배상청구소송으로 보고 소송을 진행하여 원고 일부승소판결을 선고하였다. 이에 항소가 제기되었는데 항소심은 이 사건의 원고를 A교회로 보고 선정당사자 B로 변경하는 것은 임의적 당사자 변경에 해당하여 허용될 수 없다는 전제 아래 A교회에게 항소장부본을 송달한 후 그를 원고로 취급하여 변론을 진행하여 원판결을 취소하고 청구기각판결을 선고하였다.
>
> 항소심 판결에 대해 B가 상고하였다면 상고심은 어떠한 판단을 하여야 하는가?

(1) 원심판결의 효력

제1심이 이 사건 원고의 표시를 'A교회 대표자 담임목사 B'에서 '원고(선정당사자) B'로 변경한 것은 당사자의 동일성이 인정되는 범위 내에서의 당사자 표시정정에 지나지 않는다고 할 것임에도 불구하고, 원심이 이 사건의 원고를 A교회로 보고 선정당사자 B로 변경하는 것은 임의적 당사자 변경에 해당하여 허용될 수 없다는 전제 아래 A교회에게 항소장부본을 송달한 후 그를 원고로 취급하여 변론을 진행하여 판결을 선고한 것은 소송당사자 아닌 자를 소송당사자로 보고 소송을 진행하여 판결을 한 것이므로 무효에 해당하고 이 사건 원고 B에 대하여는 항소심 판결이 아직 선고되지 않았다고 할 것이다.

(2) 상고의 적법여부

원고 B와 사이의 이 사건은 아직 원심에서 변론도 진행되지 않은 채 계속 중이라고 할 것이므로 원고 B는 상고를 제기할 것이 아니라 원심에 이 사건에 대한 변론기일지정신청을 하여 소송을 다시 진행함이 상당하다고 할 것이며, 원심이 선고한 판결은 원고 B에 대한 관계에 있어서는 적법한 상고대상이 되지 아니한다. 따라서 이 사건 상고는 부적법하다고 할 것이다(대법 1996.12.20, 95다26773).

(3) 사안의 해결

상고심은 B의 상고를 각하하고, B는 항소심에서 기일지정신청을 하여 판결을 구하여야 할 것이다.

III. 제소전 피고사망(13년 2차, 14년 2차, 18년 1차, 19년 3차, 21년 3차 모의쟁점 / 5회 기출)

1. 당사자 확정

제소전 사망했음에도 원고가 이를 모르고 사망자를 피고로 표시하여 소를 제기한 경우 표시설에 의하면 사망자가 당사자가 되고, 의사설에 의하면 상속인이 당사자가 되며, 행위설에 의하면 상속인이 당사자로서 소송수행한 경우에는 상속인이 당사자가 되고, 규범분류설에 의하면 소송개시시에는 피상속인이나 상속인이 분쟁주체로서 소송에 관여한 이후에는 상속인이 당사자가 된다.

2. 소의 적법여부

표시설에 의하면 사망자가 당사자이기 때문에 당사자가 실재하지 않는 소송으로 되어 부적법하게 되며, 법원은 판결로 소를 각하하지 않으면 안 되는 것이 원칙이다.

3. 보정방법

(1) 문제점

제소 전에 이미 사망했음에도 불구하고 이를 모르고 사망자를 피고로 표시하여 제소한 경우, 피고를 변경하는 방법이 문제된다.

(2) 견해의 대립

1) 피고경정설 : ① 민사소송법이 개정됨으로써 이러한 경우 당사자표시정정의 확장해석을 통하지 아니하고 피고경정제도를 통하여 달성할 수 있게 된 점, ② 당사자표시정정의 요건·절차 및 효과에 관하여는 判例의 해석기준 또는 실무해설서에 따라 제도가 운용되고 있는 반면에, 피고경정의 요건·절차 및 효과에 관하여는 민사소송법 제260조, 제261조, 제265조, 민사소송규칙 제66조에서 자세히 규정하고 있음에 비추어 보면 적어도 1990년 개정 민사소송법 이후에는 당사자표시정정은 순수한 의미에서의 오기의 정정에 한하도록 하려는 것이 입법자의 의도로 보이는 점, ③ 피고가 되는 자연인이 실질적으로 변경됨에도 불구하고 이를 당사자표시정정으로서 허용하는 것은 불합리해 보이는 점, ④ 재판상 청구에 의한 소멸시효의 중단시기가 문제되는 경우에 당사자표시정정을 허용하게 되면 뒤늦게

피고로 정정된 후순위 상속인은 실제로 청구를 받지 아니하였음에도 소멸시효가 중단되는 결과를 초래하게 되는 점 등에 비추어 보면, 제260조 피고경정으로 변경하는 것이 타당하다는 입장이다(서울고법 2005.04.20, 2004라693).

2) 표시정정설 : 사망 사실을 모르고 사망자를 피고로 표시하여 소를 제기한 경우에, 청구의 내용과 원인사실, 당해 소송을 통하여 분쟁을 실질적으로 해결하려는 원고의 소제기 목적 내지는 사망 사실을 안 이후의 원고의 피고 표시 정정신청 등 여러 사정을 종합하여 볼 때 실질적인 피고는 처음부터 사망자의 상속자이고 다만 그 표시에 잘못이 있는 것에 지나지 않는다고 인정된다면 사망자의 상속인으로 피고의 표시를 정정할 수 있다는 입장이다(대법 2006.07.04, 2005마425).

(3) 검 토

大法院은 종전의 의사설적 입장을 유지하여 표시정정으로 보정한다는 입장이다. 나아가 수계신청을 한 경우라도 당사자 표시정정신청으로 보아줄 수 있다고 하였다(대법 1983.12.27, 82다146). 그러나 당사자확정에 관하여 표시설에 의하면 피상속인이 당사자로 확정되는 것이고, 상속인은 피상속인과 동일성이 인정되지 않으므로 표시정정으로 당사자를 보정하는 것은 무리라고 할 것이다. 종래 의사설을 취했던 判例는 피고경정이 허용되지 않아 다시 제소해야 하는 번거로움을 피하기 위한 해석이었겠지만, 이제는 제260조에서 피고경정을 허용하고 있고, 이는 당사자적격을 혼동한 경우를 위한 조문이지만 당사자능력을 혼동한 경우에까지 확대적용하는 것이 타당하다고 본다.

판례정리 　제소전 피고사망과 관련한 판례정리

1. 피고경정신청을 한 경우

判例는 변경 전후 당사자의 동일성이 인정됨을 전제로 진정한 당사자를 확정하는 표시정정의 대상으로서의 성질을 지니는 이상 비록 소송에서 피고의 표시를 바꾸면서 피고경정의 방법을 취하였다 해도 피고 표시정정으로서의 법적 성질 및 효과는 잃지 않는다고 본다(대법 2009.10.15, 2009다49964).

2. 피고의 사망사실을 알고 제기한 경우 표시정정

원고가 사망자 乙을 피고로 기재한 소장에 乙의 사망사실이 기재된 주민등록초본을 첨부하여 제1심법원에 제출하였고, 乙의 상속인을 확인할 수 있는 가족관계증명서 등에 관한 사실조회를 신청하였으며, 제1심법원에 도착한 사실조회 결과에 따라 이 사건 피고의 표시를 乙에서 현재의 피고 A로 정정하는 신청서를 제출한 사실이 있으면, 이 사건 청구의 내용과 원인사실, 당해 소송을 통하여 분쟁을 실질적으로 해결하려는 원고의 소 제기 목적, 소 제기 후 바로 사실조회신청을 하여 상속인을 확인한 다음 피고표시정정신청서를 제출한 사정 등을 보면, 이 사건의 실질적인 피고는 당사자능력이 없어 소송당사자가 될 수 없는 사망자 乙이 아니라 처음부터 사망자의 상속인인 피고 A이고 다만 소장의 표시에 잘못이 있었던 것에 불과하므로, 원고는 乙의 상속인 A로 피고의 표시를 정정할 수 있고, 따라서 당초 소장을 제출한 때에 소멸시효중단의 효력이 생긴다고 할 것이다(대법 2011.03.10, 2010다99040).

4. 법원이 간과하고 판결을 선고한 경우(13년 2차 모의쟁점 / 5회 기출)

> 甲은 다른 공유자 乙과 丙을 피고로 하여 공유물분할청구의 소를 제기하였다. 그런데 乙은 甲이 소를 제기하기 이전에 이미 사망하였고, 상속인으로 A·B가 있다. 상고심에 이르러 丙이 乙이 제소전에 사망하였음을 주장하자 甲은 피고 乙을 상속인 A·B로 변경하는 당사자표시정정의 신청하였다.
>
> 이러한 원고의 표시정정신청에 대하여 상고심은 어떠한 조치를 취하여야 하는가?

(1) 표시정정의 시기

당사자표시정정은 소송의 모든 단계, 즉 항소심 또는 상고심에서도 가능하다. 判例도 『당사자표시를 정정하는 것은 당사자를 변경하는 것은 아니므로 항소심에서 그러한 정정이 있었다 한들 당사자에게 심급의 이익을 박탈하는 현상이 일어난다고는 할 수 없고, 따라서 상대편의 동의가 있어야 표시정정이 가능한 것이라고 말할 수도 없다』고 한다(대법 1978.08.22, 78다1205).

(2) 상급심에서 상속인으로 표시정정 가부

大法院은 『사망한 사람을 피고로 하여 제소한 제1심에서 원고가 상속인으로 당사자표시정정을 함에 있어서 일부상속인을 누락시킨 탓으로 그 누락된 상속인이 피고로 되지 않은 채 제1심 판결이 선고된 경우에 원고는 항소심에서 그 누락된 상속인을 다시 피고로 정정추가할 수 없다』고 하였고(대법 1974.07.16, 73다1190), 설문과 같은 사안에서 『공유물분할청구의 소는 분할을 청구하는 공유자가 원고가 되어 다른 공유자 전부를 공동피고로 하여야 하는 필수적 공동소송으로서(대법 2001.07.10, 99다31124) 공유자 전원에 대하여 판결이 합일적으로 확정되어야 하므로, 공동소송인 중 1인에 소송요건의 흠이 있으면 전 소송이 부적법하게 된다. 그리고 민사소송에서 소송당사자의 존재나 당사자능력은 소송요건에 해당하고, 이미 사망한 자를 상대로 한 소의 제기는 소송요건을 갖추지 않은 것으로서 부적법하며, 상고심에 이르러서는 당사자표시정정의 방법으로 그 흠결을 보정할 수 없다』고 하였다(대법 2012.06.14, 2010다105310).

(3) 검 토

생각건대 표시정정이 상급심에서도 가능한 것은 당사자 표시에 오기·누락이 있는 경우이고, 사망자를 상속인으로 표시정정하지 않고 간과판결을 하게 되면 그 효력은 당연무효이므로(대법 1980.05.27, 80다735), 상소나 재심의 대상이 아니다(대법 2000.10.27, 2000다33775). 그렇게 본다면 이 판결은 상속인에게 미치는 것으로 볼 수 없어 상급심에서의 표시정정은 허용되지 않는다.

5. 상속인이 소송에 관여한 경우

판결의 효력은 상속인에게 원칙적으로 미치지 않는다. 다만, 피고가 이미 죽은 사람임을 모르고 선의의 사망자 상대의 소가 제기되고 사망자의 상속인이 현실적으로 소송에 관여하여 소송수행한 경우는 신의칙상 상속인에게 판결의 효력이 미친다고 보아야 할 것이다.

📌 표시정정시 주의점

	오기·누락이 있는 경우	당사자능력이 없는 경우	
		조합, 학교, 행정청 등	제소전 피고사망
시 기	제한 없음, 상고심에서도 가능	제한 없음	1심 변론종결시까지만
간과판결	실질적 당사자에 미침	적법 유효한 판결	무 효

Ⅳ. 소송계속 중 사망(2회, 3회, 5회 기출 / 13년 2차, 16년 1차, 19년 1차, 21년 2차 모의쟁점)

1. 일부상속인의 수계신청

> 甲은 乙을 상대로 매매대금의 지급을 구하는 소송을 제기하였다. 본안심리 계속 중 乙이 사망하였고, 상속인으로 처 A와 자식 B가 있다. 甲은 상속인이 A 혼자인 것으로 알고, A만을 상대로 수계신청하였고 법원은 甲의 청구를 인용하여 A에게 매매대금 5억 원을 지급하라는 판결을 선고하였다.
>
> 이 때 B가 항소할 수 있는지와 관련하여 乙에게 대리인이 없었던 경우, 있었던 경우(상소의 특별수권은 없었다)를 구별하여 설명하라.

(1) 당사자지위의 당연승계여부

1) **학설의 대립** : ① 포괄적 승계가 있으면 당사자의 지위가 법률상 당연히 승계인에게 이전하여 승계인이 새로운 당사자가 된다는 당연승계긍정설(통설)와, ② 당연승계긍정설은 형식적 당사자 개념과는 맞지 않는다고 비판하면서 소송에서 상속인 등 수계인이 수계절차를 밟아서 당사자로 표시되어야 당사자가 변경된다고 보는 당연승계부정설의 대립이 있다.

2) **判例의 태도** : 判例는 『일응 대립당사자구조를 갖추고 적법히 소가 제기되었다가 소송도중 어느 일방의 당사자가 사망함으로 인해서 그 당사자로서의 자격을 상실하게 된 때에는 그 대립당사자구조가 없어져 버린 것이 아니고, 그때부터 그 소송은 그의 지위를 당연히 이어받게 되는 상속인들과의 관계에서 대립당사자구조를 형성하여 존재하게 되는 것이다』라고 판시하여 당연승계긍정설입장이다(대법(전) 1995.05.23, 94다28444).

3) **검토 및 사안의 경우** : 생각건대 ① 당연승계는 실체법상의 승계원인이 그대로 소송에 반영되어 법률상 당연히 당사자의 교체가 일어나는 것으로 보아야 하는 점, ② 소송절차의 중단이 당사자의 수계신청뿐 아니라 법원의 속행명령에 의해서도 해소되는 점(제244조), ③ 소송대리인이 있는 때에는 소송절차가 중단되지 않고(제238조), 이 경우 소송대리인을 승계인의 대리인으로 보는 점에 비추어, 당연승계긍정설이 타당하다. 사안에서 乙이 사망하는 순간 상속인 A와 B에게 피고의 지위가 당연승계된다고 할 것이다.

(2) 乙에게 소송대리인이 없는 경우

1) **소송절차에 미치는 영향** : 소송계속중 당사자가 사망하면 상속인이 없거나, 상속될 수 없는 소송물

이 아닌 한 원칙적으로 소송절차는 중단된다(제233조). 중단이라 함은 당사자에게 소송수행할 수 없는 사유가 발생하였을 경우에 새로운 소송수행자가 나타나 소송에 관여할 수 없을 때에 법률상 당연히 절차의 진행이 정지되는 것으로 쌍방심문주의를 관철시키기 위한 제도이다.

  2) **중단의 해소** : 소송절차의 중단은 수계신청에 의하여 해소되는데 수계신청은 중단사유가 있는 당사자측의 신수행자뿐만 아니라 상대방 당사자도 할 수 있다(제241조). 나아가 법원의 속행명령에 의해서도 중단이 해소된다(제244조).

  3) **중단해소의 범위**

  ① **공동상속인의 소송수행형태**   상속재산의 소유관계는 공유관계이고, 공동상속인의 소송수행형태는 『공동상속인들은 그 공동상속재산에 관하여 저마다 지분권을 가지고 있으므로 공동상속인들을 필수적 공동소송인으로 삼아야 할 이유가 없으므로』 통상공동소송으로 보는 것이 타당하다(대법 1964.12.29, 64다1054).

  ② **통상공동소송의 심리방법**   통상공동소송은 공동소송인 독립의 원칙에 의하여(제66조), 소송진행의 독립성이 있으므로 전원이 함께 수계하여야 하는 것이 아니며, 개별적으로 수계하여도 무방하다. 따라서 상속인 중 한 사람만이 수계절차를 밟아 재판을 받았으면 수계절차를 밟지 않은 다른 상속인의 소송관계는 중단된 채 원심에 그대로 계속된다(대법 1994.11.04, 93다31993).

  4) **사안의 경우** : 수계신청은 상대방 당사자도 할 수 있으므로(제241조) 甲의 수계신청은 적법하고, 절차의 속행은 A에 관한 소송에 한해서 이루어진다. 따라서 B는 원심에 중단된 채 소송이 계속 중이므로 판결에 대하여 항소를 제기할 대상적격과 당사자적격을 구비하지 못하였으므로 상소를 제기할 수 없다고 할 것이다.

(3) 乙에게 소송대리인이 있었던 경우

  1) **소송절차가 중단되는지 여부** : 당사자가 소송계속중 사망하였다 하여도 소송대리인이 있으면 절차는 중단되지 않는다(제238조). 소송대리인이 있으면 당사자가 무방비 상태가 되는 것이 아니어서 상속인의 절차권이 보장되기 때문이다. 이때 소송대리인은 수계절차를 밟지 않아도 상속인의 소송대리인이 된다.

  2) **수계신청 효력** : 소송대리인이 있어 중단되지 아니하는 경우라도 수계신청을 못하는 것은 아니다. 다만 이 경우에는 중단을 해소하는 의미가 없고, 당사자표시정정의 효과만이 존재한다. 따라서 사안과 같이 상속인 전원명의로 수계신청을 하지 않았다 하여도 이는 표시정정을 잘못한 것에 불과하고, 피고는 상속인 전원이 된다.

  3) **판결의 효력이 미치는 당사자** : 당연승계긍정설에 의하면 당사자가 사망하였으나 그를 위한 소송대리인이 있어 소송절차가 중단되지 아니한 경우에는 그 소송대리인은 상속인들 전원을 위하여 소송을 수행하게 되는 것이며 그 사건의 판결은 상속인들 전원에 대하여 효력이 있는 것이라 할 것이다.

  4) **사안의 경우** : 사안에서 1심판결은 상속인 A와 B에게 미치며, 상소의 특별수권이 없었으므로 심급대리원칙상 판결정본송달이 된 때에 대리권이 소멸되어 소송절차가 중단되게 되므로 상소기간이 진행되지 아니한다. 따라서 B는 수계신청을 할 수 있고, 수계신청시 상소기간이 진행하게 되므로 B는 상소기간 내에 상소를 제기할 수 있다.

2. 누락상속인의 취급(16년도 1차 모의쟁점)

〈추가된 사실관계〉
위 사실관계에서 乙의 대리인으로 丙이 있었고, 상소의 특별수권도 있었다고 가정하자. A가 패소 후 丙은 A만을 항소인으로 하여 항소를 제기하였고 항소심 진행 중 상속인으로 B도 존재하는 것을 알게 된 甲이 항소심에 B에 대한 수계신청을 하였다면 적법한가?(B에 대한 항소기간이 도과되었다)

(1) 문제점

이 경우 대리인 丙이 A만을 상소인으로 하여 항소한 경우, B에 대한 소송관계가 분리확정되는지 문제된다.

(2) 상속재산의 공동소송형태

1) **상속재산의 소유형태** : 민법 제1006조에 의하면 '상속인이 수인인 때에는 상속재산은 그 공유로 한다'고 하고 있으며, 判例는 공유자들이 피고가 된 경우 공유물분할청구와 경계확정의 소를 제외하고는 통상공동소송이라고 본다.

2) **통상공동소송의 심판방법** : 통상공동소송은 공동소송인 독립의 원칙상 소송진행이 불통일된다(제66조). 따라서 A만이 항소를 제기하였을 때 상소불가분원칙이 적용되지 않아 상소를 제기하지 않은 상속인의 청구부분은 상소기간 도과로 확정되는 것이 원칙이다.

(3) 설문에서 B에 대한 청구부분이 확정되었는지 여부

1) **원심의 입장** : 소송대리인에게 상소제기에 관한 특별수권이 부여되어 있는 경우에는 그에게 판결이 송달되더라도 소송절차가 중단되지 아니하고 상소기간은 진행하는 것이므로 상속인이나 소송대리인의 상소제기 없이 상소기간이 지나가면 그 판결은 확정되는 것이라는 법리(대법 1992.11.05, 91마342 결정 참조)를 설시한 다음, 제1심판결을 송달받은 망인의 소송대리인이 소송위임장에 부동문자로 인쇄된 형태로 상소제기의 특별수권을 부여받았음에도 그 판결에 대하여 상속인을 위하여 항소하지 아니하였고, 망인의 상속인도 항소를 제기하지 아니한 채 항소제기기간이 지나감으로써 이미 그 판결은 확정되었다고 할 것이므로, 상속인이 제출한 이 사건 소송수계신청은 이미 판결이 확정된 부분에 대한 수계를 구하는 것이어서 기각을 면할 수 없다고 판단하였다(부산고법 2007.02.08, 2005나17334).

2) **大法院의 입장** : 判例는 『망인의 소송대리인에게 상소제기에 관한 특별수권이 부여되어 있는 경우에는, 그에게 판결이 송달되더라도 소송절차가 중단되지 아니하고 상소기간은 진행하는 것이므로 상소제기 없이 상소기간이 지나가면 그 판결은 확정되는 것이지만, 한편 망인의 소송대리인이나 상속인 또는 상대방 당사자에 의하여 적법하게 상소가 제기되면 그 판결이 확정되지 않는 것 또한 당연하다. 그런데 당사자 표시가 잘못되었음에도 망인의 소송상 지위를 당연승계한 정당한 상속인들 모두에게 효력이 미치는 판결에 대하여 그 잘못된 당사자 표시를 신뢰한 망인의 소송대리인이나 상대방 당사자가 그 잘못 기재된 당사자 모두를 상소인 또는 피상소인으로 표시하여 상소를 제기한 경우에는, 상소를 제기한 자의 합리적 의사에 비추어 특별한 사정이 없는 한 정당한 상속인들 모두에게 효력이 미치는 위 판결 전부에 대하여 상소가 제기된 것으로 보는 것이 타당하다』고 판시하여 B에 대한 청구부분도 항소심으로 이심한다고 하였다(대법 2010.12.23, 2007다22859).

(4) 항소심에서 수계신청 가부

수계신청 법원에 대해 견해다툼이 있으나, 설문은 소송대리인이 존재하여 표시정정 의미의 수계신청이므로 심급에 상관이 없다 할 것이다.

(5) 설문의 해결

大法院의 입장에 따르면 이 사건 항소로 인하여 제1심판결 전부에 대하여 확정이 차단되고 항소심절차가 개시되었으며, 따라서 甲의 수계신청은 적법하다. 다만 공동상속인 중 1인의 수계신청이나 항소가 공동상속인 전원에 미친다는 判例의 결론에 대해, 공동상속의 소송관계가 필수적 공동소송관계가 아닌 점, 소송행위의 표시주의의 원칙과도 충돌하는 문제가 있음을 지적하는 견해가 있다.

3. 누락상속인의 구제책

> 〈추가된 사실관계〉
> 위 사실관계에서 丙이 상소의 특별수권이 있었지만 승소의 전망이 없다고 판단하여 항소하지 않고 있는데, A가 스스로 항소장을 제출한 사안이라면 甲의 B에 대한 수계신청의 적법여부와 B는 구제수단을 설명하라.

(1) 甲의 수계신청 가부

피상속인인 乙이 이미 소송대리인 丙에게 상소제기의 특별수권을 하여 소송절차가 중단되지 않은 상태이고, 피고 乙의 지위가 수계신청을 하지 않은 B에게도 당연승계 되어 제1심판결의 효력이 미치며, 항소제기도 하지 않고 항소제기기간이 경과되었으므로 B에 대한 제1심판결은 확정되었다고 할 것이다. B에 대한 소송계속이 소멸되어 버린 이상 그에 대한 소송수계는 허용되지 아니한다.

(2) B의 구제책

1) 문제점 : 당연승계를 인정하는 견해에 의하면 수계신청에서 누락된 상속인은 원심 절차에 관여한 바도 없이 원심의 패소판결의 효력을 받고, 또한 판결이 확정되어 집행될 것이므로 이는 누락된 상속인의 재판청구권을 침해하는 것이어서 극히 부당하다는 비판이 있다. 이러한 문제를 해결하기 위하여 누락된 상속인에 대한 구제책에 대하여 학설의 대립이 있다.

2) 학설의 내용 : ① 상소의 특별수권을 예문이라고 새기자는 견해, ② 누락된 상속인에 대하여는 사실상 절차가 중단되어 절차가 분리된다고 보자는 견해, ③ 사망한 당사자가 수여한 소송대리권의 존속기한을 판결선고시까지로 제한하자는 견해, ④ 당연승계를 부정하는 입장에서 당사자가 사망한 경우에는 당연승계되어 바로 당사자가 되는 것이 아니라 수계절차를 밟아 당사자표시를 상속인으로 고쳐야 비로소 당사자가 변경된다고 보는 것이 타당하다는 견해가 있다.

3) 검토 : 생각건대 당연승계를 긍정하는 입장에서는 누락상속인에 대한 판결은 확정되는 것으로 볼 것이고 누락상속인과 대리인에게 과실이 없다면 누락상속인을 위한 추완상소로 침해된 절차권을 보호할 것이고 아니면 손해배상 등 실체법의 문제로 해결할 수밖에 없을 것으로 본다.

4. 중단간과판결의 효력과 수계신청 법원(5회 기출, 22년 1차 모의)

> 甲이 A 토지의 각 1/2 지분 공유자인 乙과 丙을 상대로 A 토지를 소유의 의사로 평온·공연하게 점유함으로써 취득시효가 완성되었다는 것을 이유로 각 공유지분에 관한 소유권이전등기를 구하는 소를 제기하였다. 2018. 7. 16. 甲의 청구를 모두 기각하는 제1심판결이 선고되었다. 이에 甲이 같은 해 8. 13. 항소를 제기하였고, 같은 해 8. 30. 丙이 항소심 소송대리인을 선임하지 아니한 상태에서 사망하였다. 그런데 丙의 단독 상속인 乙은 그 소송수계절차를 밟음이 없이 丙이 생존하여 있는 것처럼 같은 해 10. 11. 乙과 丙 명의로 변호사 B를 소송대리인으로 선임하여 그 변호사에 의하여 소송절차가 진행되었다. 항소심 법원은 丙이 사망한 사실을 모른 채 변론을 종결한 후 2019. 5. 4. 제1심 판결을 취소하고 甲의 청구를 인용하는 판결을 선고하였으며, 그 판결정본이 B에게 송달되었다. 그러자 乙은 같은 해 5. 30. 丙도 상고인의 한사람으로 표시하여 항소심 판결에 대하여 불복한다는 취지의 상고장을 제출하였다. 乙은 같은 해 7. 5.에 이르러 비로소 丙이 사망하였다고 하면서 대법원에 소송수계신청을 함과 동시에 항소심 판결의 절차상 흠에 관하여는 상고이유로 삼지 아니하고 본안에 관하여만 다투는 내용의 상고이유서를 제출하였다.
> 위 丙의 패소 부분에 관한 상고가 적법한지를 그 논거와 함께 서술하시오.

(1) 문제점

항소심 판결의 효력을 검토하여 상고의 대상적격을 갖춘 것인지, 중단 중에 제기한 상고가 상급심에서 수계신청을 통해서 적법해지는지 살펴본다.

(2) 항소심판결의 효력

무효인 판결은 상고의 대상적격이 없다. 항소심판결은 중단을 간과한 판결인데, 판례는 『소송 계속 중 일방 당사자의 사망에 의한 소송절차 중단을 간과하고 변론이 종결되어 판결이 선고된 경우에는 그 판결은 소송에 관여할 수 있는 적법한 수계인의 권한을 배제한 결과가 되는 절차상 위법은 있지만 그 판결이 당연무효라 할 수는 없고, 다만 그 판결은 대리인에 의하여 적법하게 대리되지 않았던 경우와 마찬가지로 보아 대리권흠결을 이유로 상소 또는 재심에 의하여 그 취소를 구할 수 있을 뿐』이라고 판시하여, 위법설과 견해를 같이함을 명백히 하고 종래의 판결들을 폐기하였다(대법(전) 1995.05.23, 94다28444). 따라서 상고의 대상적격은 구비하였다.

(3) 수계신청 법원

재판이 송달된 뒤에 중단된 소송절차의 수계에 대하여는 그 재판을 한 법원이 결정하여야 한다(제243조 2항). 그러나 소송 계속 중 어느 일방 당사자의 사망에 의한 소송절차 중단을 간과하고 변론이 종결되어 판결이 선고된 후에는 적법한 상속인들이 수계신청을 하여 판결을 송달받아 상고하거나 또는 사실상 송달을 받아 상고장을 제출하고 상고심에서 수계절차를 밟은 경우에도 적법하다고는 것이 판례의 태도이다(대법(전) 1995.05.23, 94다28444).

(4) 설문의 해결

설문에서 사망자에게 판결정본이 송달된 것은 무효이다. 그런데 乙은 丙의 단독상속인으로 상고의 당사자적격은 있으며, 乙이 사실상 송달은 받아 상고하는 것은 법 제396조 1항 단서의 판결정본 송달 전의 상고에 해당하고, 상고제기는 비록 중단 중의 소송행위로서 무효라 할 것이지만, 상고심에서 수계신청을 함으로써 소급하여 적법해진다(대법 1996.02.09, 94다61649).

(3) 丙의 구제책

1) **대리권 흠결을 이유로 한 상소** : 判例는 『소송중단사유를 간과한 판결의 선고 후 승계인이 수계신청을 하여 판결을 송달받아 상소하거나 또는 적법한 승계인들이 사실상 송달을 받아 상소장을 제출하고 상소심에서 수계절차를 밟은 경우에는 그 수계와 상소는 적법한 것이라고 보아야 하며 또한 당사자가 판결 후 명시적 또는 묵시적으로 원심절차를 적법한 것으로 추인하면 그 상소사유 또는 재심사유는 소멸한다』고 한다(대법(전) 1995.05.23, 94다28444). 따라서 설문에서 丙이 사실상 송달을 받아 대리권 흠결을 이유로 상소하는 것은 법 제396조 1항 단서의 판결서 송달전의 항소에 해당하나, 중단중의 소송행위로서 무효라 할 것이지만 추후 수계신청을 함으로써 소급하여 적법해진다. 이 경우 상소기간이 진행하는 것은 아니어서 丙은 재심의 소를 제기할 수 없다.

2) **대리권 흠결을 이유로 한 재심** : 만일 중단을 간과한 판결이 선고된 심급이 상고심 등 선고와 동시에 확정되는 심급이었다면 송달의 적법여부와 관계없이 확정된 판결이므로 丙은 법 제451조 1항 3호의 재심사유를 주장하여 재심을 제기하여 구제받을 수 있다.

● 제소전 사망과 계속중 사망의 비교

	소제기전 사망	계속중 사망	
당사자	당사자확정의 문제	당연승계	
절차	사자상대 소송으로 부적법	대리인 없는 경우	중 단
		대리인 있는 경우	속 행
보정조치	표시정정(判)	대리인 없는 경우	수계신청, 속행명령
		대리인 있는 경우	불요, 수계신청가능
일부보정	표시정정된 상속분에 한해 적법 상급심에서 표시정정 불가	대리인 없는 경우	일부속행, 일부중단
		대리인 있는 경우	모든 승계인에 적법 상급심보정 가능(△)
간과판결	무 효	대리인 없는 경우	승계인 모두에게 위법
		대리인 있는 경우	승계인 모두에게 적법

08 | 소제기후 소장부본송달 전에 피고사망시의 법리

甲은 乙을 상대로 2014.5.1. 대여금반환을 구하는 소를 제기하였다. 이에 제1심법원은 2014.5.20. 피고주소로 소장부본을 송달하였으나 주소 불명으로 송달이 되지 않아 공시송달의 방법으로 송달을 진행하였고 변론을 진행한 끝에 제1심법원은 2014.8.10. 원고 승소판결을 선고하였다. 그러나 피고 乙은 2014.5.10. 이미 사망하였으며 乙의 유일한 상속인 A는 위 판결소식을 듣고 2014.10.31. 제1심 판결에 대해 추후보완항소를 한 후 소송수계신청을 하였으며 원고 또한 당사자를 乙에서 A로 바꿔달라는 당사자표시정정신청을 하였다. 그 후 항소심은 본안에 들어갔고 원고의 청구를 기각하는 판결을 선고하였다.

이에 甲이 상고를 하였다면, 대법원은 어떠한 판단을 하여야 하는가?(20점)

I. 문제의 소재

피고 乙은 소제기 후 소송계속의 효과가 발생하기 직전에 사망하였는데, 이 경우 당사자확정이 문제되며, 乙의 사망을 간과하고 1심 판결이 선고된 후 상속인에 의한 상소가 적법한지, 이에 따른 대법원의 조치가 문제된다.

II. 소제기 후 소장부본 송달 전 사망한 경우의 취급

1. 소송계속의 효력 발생시기

소송계속의 발생시기는 소장부본송달시로 보는 것이 통설이다. 判例도 같은 입장에서 전후소의 판단기준은 피고에게 소장이 송달된 시점에 의할 것이고 소제기에 앞선 보전절차의 경료시가 아니라고 하였다(대법 1994.11.25, 94다12517·12524).

2. 소송계속 직전에 사망한 경우

학설은 소송계속 직전에 사망한 경우도 소송계속 후에 사망한 경우에 준하여 소송은 없어지지 않고 상속인들에게 당연승계되기 때문에 부적법하지 않다는 입장이다. 그러나 최근 判例는 소제기 후 소장부본이 송달되기 전에 피고가 사망한 경우 당사자 확정의 문제로 취급한다(대법 2015.01.29, 2014다34041). 이하 설문의 피고를 확정하고 제소전 사망을 간과한 판결의 효력을 검토하여 대법원의 조치를 본다.

Ⅲ. 설문의 피고의 확정

1. 당사자확정의 의의

현실적으로 계속되어 있는 소송에서 누가 원고이고 누가 피고인가를 명확히 하는 것으로, 이는 당사자능력이나 당사자적격이 있는지 여부를 판단하기에 앞서 선행되어야 하는 문제이다.

2. 당사자확정의 기준

(1) 견해의 대립

① 원고나 법원이 당사자로 삼으려는 사람이 당사자가 된다는 意思說, ② 소송상 당사자로 취급되거나 또는 당사자로 행동하는 사람이 당사자라고 하는 行動說, ③ 소장에 나타난 당사자의 표시를 비롯하여 청구원인 기타의 기재 등 전취지를 기준으로 하여 객관적으로 당사자를 확정하여야 한다는 表示說, ④ 소송이 개시되는 때에는 표시설에 의하되, 소송진행 뒤에는 누가 당사자로서 행동하였는가, 누가 분쟁주체로서 절차보장을 받았는가를 기준으로 정하는 規範分類說의 대립이 있다.

(2) 判例의 입장

大法院은 『당사자는 소장에 기재된 표시 및 청구의 내용과 원인 사실을 종합하여 확정하여야 하는 것이며, 당사자표시 변경은 당사자로 표시된 자의 동일성이 인정되는 범위 내에서 그 표시만을 변경하는 경우에 한하여 허용된다』고 하여 실질적표시설의 입장이다(대법 1996.03.22, 94다61243).

(3) 검 토

의사설은 누구의 의사를 표준으로 하며, 또 어떠한 방법으로 의사내용을 확정할 것인가에 관하여 객관적인 표준이 없으며, 행동설의 경우에는 어떠한 행동을 할 때 당사자다운 행동을 하였다고 볼 것인가 그 기준이 심히 불명확하다. 당사자확정의 객관적·획일적인 기준을 찾자면 소장의 표시에 의할 수밖에 없으며, 이러한 의미에서 표시설이 타당하다. 다만 소장의 당사자란의 기재를 원칙적 기준으로 하되 청구의 취지·원인 그 밖의 일체의 표시사항 등도 기준으로 합리적으로 해석판단하여야 한다. 설문에서 실질적 표시설에 의할 때 피고는 乙로 확정된다.

Ⅳ. 항소의 적법여부

1. 항소의 요건

항소가 적법하기 위해서는 ① 상소의 대상적격을 갖추고, ② 방식에 맞는 상소제기와 상소기간을 준수하여야 하며, ③ 상소권의 포기등 상소장애사유가 없어야 하며, ④ 상소의 이익이 있어야 한다. 사안에서 다른 요건에는 문제가 없으나 1심에서 선고된 판결의 효력이 문제된다.

2. 제소전 당사자 사망을 간과한 판결의 효력

大法院은 원고가 소제기 이전에 이미 사망한 사실이 인정된다면 이를 간과한 채 본안판단에 나아가 원고 청구를 인용한 원심판결은 당연무효라 할 것이나 민사소송이 당사자의 대립을 그 본질적 형태로 하는 것임에 비추어 사망한 자를 상대로 한 상고는 허용될 수 없다 할 것이므로, 이미 사망한 자를 상대방으로 하여 제기한 상고는 부적법하다고 하였다(대법 1994.01.11, 93누9606).

3. A의 항소효력

A가 1심 판결에 대해 추후보완항소를 한 것은 부적법하고 법원은 항소를 각하하였어야 한다. 따라서 항소심에서의 A의 수계신청이나 원고의 표시정정신청도 허용되지 않는다.

V. 대법원의 조치

甲의 상고에 대해 대법원은 항소심의 판결을 파기하고 제437조에 따라 소송수계인 A의 항소를 각하하는 자판을 한다.

09 | 소송절차 정지의 제문제(18년 3차, 19년 3차 모의. 22년 3차 모의 쟁점)

> 甲과 그의 자식인 乙·丙은 변호사 A를 소송대리인으로 선임하여 국가를 상대로 손해배상을 구하는 소를 제기하기로 하여 A가 2012. 6. 21. 甲·乙·丙을 원고로 기재한 소장을 제1심 법원에 제출하였다. 그런데 甲은 2012. 6. 20. 사망하였다.
>
> (1) 甲·乙·丙 명의의 제소는 적법한가?
> (2) 1심 법원이 甲의 사망을 간과하고 내린 판결의 효력은 어떠하며 소송절차에 미치는 영향은 어떠한지를 A가 상소의 특별수권이 있었던 경우와 없었던 경우를 나누어 설명하라.
> (3) 1심 판결이 선고되자 상속인 乙·丙은 새롭게 B변호사를 소송대리인으로 선임하였고, B는 소송수계절차를 취하지 아니한 채 甲·乙·丙 명의로 항소장을 원심에 제출하였으며, 항소심에서 乙·丙을 수계인으로 하는 수계신청을 하였다. 이에 대하여 항소심은 어떠한 조치를 취하여야 하는가?

I. 설문 (1) : 제소전 원고 사망의 법리

1. 문제점

이미 사망한 사람은 당사자능력이 없으며 당사자능력은 소송요건이다. 설문에서 소송대리인 A가 甲 명의로 제기한 소가 적법한지 문제된다.

2. 제소전 원고사망의 취급

우리 判例는 『소장이 제1심법원에 접수되기 전에 공동원고의 한사람이 사망한 경우에는 그 원고명의의 제소는 부적법한 것으로서 그 부분은 각하할 수 밖에 없다』고 하였고(대법 1990. 10. 26, 90다카21695), 『소 제기 당시 이미 사망한 당사자와 그 상속인이 공동원고로 표시된 손해배상청구의 소가 제기된 경우, 이미 사망한 당사자 명의로 제기된 소 부분은 부적법하여 각하되어야 할 것일 뿐』이고(대법 1979. 07. 24, 79마173), 『이와 같은 소의 제기로써 그 상속인이 자기 고유의 손해배상청구권뿐만 아니라 이미 사망한 당사자의 손해배상청구권에 대한 자신의 상속분에 대해서까지 함께 권리를 행사한 것으로 볼 수는 없다』고 하였다(대법 2015. 08. 13, 2015다209002).

3. 소송대리인을 선임한 후 제소전 사망한 경우

大法院은 『당사자가 사망하더라도 소송대리인의 소송대리권은 소멸하지 아니하므로(제95조 제1호), 당사자가 소송대리인에게 소송위임을 한 다음 소 제기 전에 사망하였는데 소송대리인이 당사자가 사망한 것을 모르고 당사자를 원고로 표시하여 소를 제기하였다면 소의 제기는 적법하고, 시효중단 등 소 제기의 효력은 상속인들에게 귀속된다. 이 경우 민사소송법 제233조 제1항이 유추적용되어 사망한 사람의 상속인들은 소송절차를 수계하여야 한다』고 하였다(대법 2016.04.02, 2014다210449).

4. 검 토

기존 판례에서는 피상속인과 상속인이 함께 제기한 소에 있어 망자인 피상속인 명의로 제기된 소 부분은 부적법 각하하였으나, 최근 판례에서는 이미 소송대리인을 선임한 상태에서는 적법하다는 입장이다. 본인의 사망이 대리권 소멸사유가 아니라는 이유인데, 어차피 다른 원고들 역시 동일한 소송대리인을 선임한 경우에는 이를 각하하기보다는 소송수계 문제로 처리하는 것이 소송경제에 부합한다는 취지로 보인다(사견).

II. 설문 (2) : 판결의 효력이 미치는 자와 절차에 미치는 영향

1. 판결의 효력이 미치는 자

(1) 소송절차가 중단되는지 여부

당사자가 소송계속 중 사망하였다 하여도 소송대리인이 있으면 절차는 중단되지 않는다(제238조). 소송대리인이 있으면 당사자가 무방비 상태가 되는 것이 아니어서 상속인의 절차권이 보장되기 때문이다. 이때 소송대리인은 수계절차를 밟지 않아도 상속인의 소송대리인이 된다. 이러한 법리는 소제기 전에 소송대리권을 수여한 상태에서 당사자가 사망한 경우에도 마찬가지로 보는 것이 판례의 태도이다(대법 2016.04.02, 2014다210449).

(2) 판결의 효력이 미치는 당사자

당연승계긍정설에 의하면 당사자가 사망하였으나 그를 위한 소송대리인이 있어 소송절차가 중단되지 아니한 경우에는 그 소송대리인은 상속인들 전원을 위하여 소송을 수행하게 되는 것이며 그 사건의 판결은 상속인들 전원에 대하여 효력이 있는 것이라 할 것이다(대법 2016.04.02, 2014다210449).

2. 절차에 미치는 영향

(1) 상소의 특별수권이 없는 경우

심급대리의 원칙상 판결정본이 소송대리인에게 송달되면 A는 대리권을 잃으므로 소송절차가 중단되므로 항소는 상속인이 소송수계절차를 밟은 다음에 자기명의로 제기하면 된다(대법 2016.04.02, 2014다210449).

(2) 상소의 특별수권이 있는 경우

제1심 소송대리인 A가 상소제기에 관한 특별수권이 있어 상소를 제기하였다면 그 상소제기 시부터 소송절차가 중단되므로 상속인은 항소심에서 소송수계절차를 거치면 된다(대법 2016.04.02, 2014다210449).

III. 설문 (3) : 수계신청 법원

1. 항소의 적법여부

乙·丙은 甲의 지위를 당연승계한 자로서 항소의 당사자적격이 있지만, 乙·丙이 甲명의로 제기한 항소는 중단 중의 소송행위이므로 원칙적으로 부적법하다.

2. 수계신청 법원

(1) 원 칙

민사소송법 제243조 2항에 의해 재판이 송달된 뒤에 중단된 소송절차의 수계에 대하여는 그 재판을 한 법원이 결정한다고 하므로, 중단 당시 소송이 계속된 법원에 하여야 한다.

(2) 종국판결이 송달된 뒤에 중단된 경우

判例는 수계신청을 하여야 할 법원에 관해서 소송 계속중 어느 일방 당사자의 사망에 의한 소송절차 중단을 간과하고 변론이 종결되어 판결이 선고된 후에는 적법한 상속인들이 수계신청을 하여 판결을 송달받아 상고하거나 또는 사실상 송달을 받아 상고장을 제출하고 상고심에서 수계절차를 밟은 경우에도 적법하다고 한다(대법 1963.05.30, 63다123).

3. 검 토

소송절차 중단 중에 제기된 상소는 부적법하지만 상소심법원에 수계신청을 하여 하자를 치유시킬 수 있으므로, 상속인들에게서 항소심소송을 위임받은 소송대리인이 소송수계절차를 취하지 아니한 채 사망한 당사자 명의로 항소장 및 항소이유서를 제출하였더라도, 상속인들이 항소심에서 수계신청을 하고 소송대리인의 소송행위를 적법한 것으로 추인하면 하자는 치유되고, 추인은 묵시적으로도 가능하다(대법 2016.04.02, 2014다210449).

10 | 비법인 사단의 소송수행 방법

> 甲종중(대표자 A)은 국가가 종중명의의 임야를 수용하면서 보상금을 지급하자, 이를 성년의 남자 종원들에게만 분배하였다. 이에 격분한 여성 종중원들은 남녀평등을 지향하는 급진적인 여성인권단체회원들과 함께 甲종중의 사무실을 점거하고, 농성 중이다. 이 과정에서 다수의 종중원이 부상을 입었으며, 종중재산인 사무실의 집기가 파손되어 재산상의 손해가 발생하였다.
>
> (1) 이에 대표자 A는 원고를 甲종중으로 하고, 피고는 위 여성단체의 회원인 B와 C로 하여, 종중원들이 입은 적극적 손해와 소극적 손해로서 총 2,000만 원과 종중재산의 파손으로 3,000만 원의 피해가 생겼다며 이의 지급을 구하는 소를 제기하였다. 이 소는 적법한가?
> (2) 甲 종중은 종중총회의 결의를 통해 대표자 A에게 사무실명도청구를 제기할 권한을 수여하였다. A가 원고로서 소송을 수행할 자격이 있는지 여부를 논하라.

I. 설문 (1) : 종중의 당사자능력과 당사자적격

1. 문제점

소의 적법성과 관련하여 다른 소송요건에는 문제가 없어 보이므로 종중의 당사자자격을 검토한다. 종중은 비법인 사단으로서 민법상 권리능력이 없는데, i) 민사소송에서 당사자능력을 인정할 수 있는지 문제되고, 나아가 ii) 부상당한 종중원들에 대해 제3자에 해당하는 종중이 종중원들이 입은 손해에 대한 배상을 구할 수 있는 당사자적격이 있는지 문제된다.

2. 종중이 당사자능력이 있는지 여부

(1) 당사자능력의 의의

당사자능력이라 함은 소송의 주체가 될 수 있는 일반적 능력, 즉 원·피고, 참가인이 될 수 있는 능력을 말한다. 제51조에 의하면 당사자능력에 관하여 민사소송법상 특별한 규정이 없으면 민법에 의한다고 규정되어 있으므로 민법상 법인은 민사소송법상 당사자능력이 있다. 나아가 제52조는 법인이 아닌 사단이나 재단으로서 대표자 또는 관리인이 있으면 그 이름으로 당사자가 될 수 있도록 하였는데, 이를 형식적 당사자능력자라고 한다.

(2) 종중의 경우

判例는 『종중이라 함은 원래 공동선조의 후손 중 성년 이상을 종원으로 하여 구성되는 종족의 자연발생적 집단이므로 성립을 위하여 특별한 조직행위를 필요로 하는 것이 아니며, 다만 그 목적인 공동선조의 분묘수호, 제사봉행, 종원 상호간의 친목을 위한 활동을 규율하기 위하여 규약을 정하는 경우가 있고, 또 대외적인 행위를 할 때에는 대표자를 정할 필요가 있는 것에 지나지 아니하며 반드시 특정한 명칭의 사용 및 서면화된 종중규약이 있어야 하거나 종중의 대표자가 계속하여 선임되어 있는 등 조직을 갖추어야 하는 것은 아니』라고 하여 비법인사단으로 보면서 대소종중을 막론하고 규약 또는 종친관념에 기한 관습에 의해 선임된 대표자가 있으면 당사자능력이 있다고 하고 있다(대법 1988.11.22, 87다카2810).

(3) 소 결

따라서 甲종중은 비법인 사단에 해당하고, A가 대표자가 정해져 있으므로 법 제52조에 의하여 당사자능력이 있다고 할 것이다.

3. 종중의 당사자적격

(1) 당사자적격의 의의

당사자적격이란 특정의 소송사건에서 정당한 당사자로서 소송을 수행하고 본안판결을 받기에 적합한 자격을 말한다.

(2) 이행의 소에서 당사자적격의 판단

의무이행을 요구하는 이행의 소에서는 자기에게 이행청구권이 있음을 주장하는 자가 원고적격을 가진다. 그러나 제3자의 권리에 대해서 이행의 소를 제기하는 경우는 주장자체로 따지는 것이 아니라 소송수행권을 가지는 자가 당사자적격자가 된다.

(3) 소 결

비법인사단인 종중이 당사자능력이 인정된다고 하여도 그 총유재산이 침해된 경우의 손해배상·부당이득·방해배제청구권에만 당사자적격이 인정된다. 그러므로 사단의 구성원 각자가 갖는 손해배상·부당이득·방해배제청구권 따위는 그 사단에 대해서는 타인의 권리에 해당하고 이 소송을 수행할 소송수행권이 존재하지 않으므로 당사자적격이 인정될 수 없다.

4. 설문 (1)의 해결

설문의 종중의 제소 중 종중원들이 입은 손해배상청구에 대해서는 당사자적격의 흠결을 이유로 소각하판결을 하고, 종중재산의 파손으로 3,000만 원의 청구는 적법하다.

II. 설문 (2) : 종중의 대표자가 단독으로 원고가 될 수 있는지 여부(19년 2차 모의쟁점)

1. 문제점

총유물의 관리·처분권은 민법 제276조에 의해 구성원 전원에 귀속되므로 총유관계의 소송관계는 고유필수적 공동소송이 된다. 그런데 종중의 대표자 A가 단독으로 소를 제기하는 것과 관련하여, ① A는 甲종중 총회의 결의를 얻어 자신의 이름으로 보존행위에 해당하는 사무실 인도청구를 제기할 수 있는지, 나아가 ② 甲종중이 A를 종중대표자로 선임하여 사무실 명도청구를 제기할 권한을 수여하였으므로 A는 임의적 소송담당에 해당하여 원고적격이 있는지 문제된다.

2. A가 단독으로 총유재산에 대한 보존행위를 할 수 있는지 여부

(1) 견해의 대립

1) 긍정설 : 『총유물의 보존에 있어서는 공유물의 보존에 관한 민법 제265조의 규정이 적용될 수 없고, 특별한 사정이 없는 한 민법 제276조 제1항 소정의 사원총회의 결의를 거쳐야 하는 것인 바, 이러한 법리는 비법인사단인 주택조합이 대표자의 이름으로 소송행위를 하는 경우에도 마찬가지이다』라고 판시하여, 총회의 결의를 거친 경우 구성원 개인명의의 제소도 가능하다고 판시한 바 있다(대법 1994.04.26, 93다51591).

2) 부정설 : 『총유재산에 관한 소송은 법인 아닌 사단이 그 명의로 사원총회의 결의를 거쳐 하거나 또는 그 구성원 전원이 당사자가 되어 필수적 공동소송의 형태로 할 수 있을 뿐 그 사단의 구성원은 설령 그가 사단의 대표자라거나 사원총회의 결의를 거쳤다 하더라도 그 소송의 당사자가 될 수 없고, 이러한 법리는 총유재산의 보존행위로서 소를 제기하는 경우에도 마찬가지라 할 것이다』라고 판시하여 법인 아닌 사단의 대표자 개인 또는 구성원 일부가 총유재산의 보존을 위한 소를 제기할 수 있다고 판시한 기존의 判例들을 폐기하였다(대법(전) 2005.09.15, 2004다44971).

(2) 검 토

민법 제276조 제1항과 제2항은 "총유물의 관리 및 처분은 사원총회의 결의에 의한다." "각 사원은 정관 기타의 규약에 좇아 총유물을 사용·수익할 수 있다."라고 규정하고 있을 뿐 공유나 합유의 경우처럼 보존행위는 그 구성원 각자가 할 수 있다는 민법 제265조 단서 또는 민법 제272조 단서와 같은 규정을 두고 있지 아니한 바, 이는 법인 아닌 사단의 소유형태인 총유가 공유나 합유에 비하여 단체성이 강하고 구성원 개인들의 총유재산에 대한 지분권이 인정되지 아니하는 데에서 나온 당연한 귀결이라고 할 것이다. 따라서 이러한 민법의 규정태도로 볼 때 비법인사단의 구성원 개인은 총회의 결의를 얻었다 하여도 보존행위에 관한 소를 제기할 수 없다고 보는 것이 타당하다.

3. A를 선정당사자로 선정할 수 있는지 여부

(1) 선정의 요건

선정당사자제도를 이용하기 위해서는 ① 공동소송을 할 여러 사람(다수자)이 있을 것, ② 여러 사람이 공동의 이해관계(공동의 이익)를 가질 것, ③ 공동의 이해관계를 가진 여러 사람 가운데에서 선정할 것 등을 요한다(제53조). 설문에서 A는 종중원이며, 총유로서 제65조 전문의 권리가 공통되는 경우라고 할 것이나, 공동소송을 할 여러 사람이 비법인 사단을 구성하는 경우에도 선정이 가능한지 문제된다.

(2) 비법인사단의 경우 선정당사자를 선정할 수 있는지 여부

1) 견해의 대립 : ① 선정당사자를 인정하여도 아무런 폐해는 없고, 결국 권리행사수단으로서 당사자의 소송수행방법에 대한 선택의 문제이므로 당사자는 어느 방법을 취할 것인가를 자유롭게 선택할 수 있다는 견해와, ② 제53조에서는 "52조의 규정에 해당되지 아니하는 경우"에만 선정당사자를 선정할 수 있도록 규정하고 있는 바, 여러 사람이 비법인사단을 구성하고 있을 때에는 명문의 규정상 선정의 여지가 없다는 견해가 대립한다.

2) 검 토 : 총유재산에 관한 소송은 법인 아닌 사단이 그 명의로 사원총회의 결의를 거쳐 하거나 또는 그 구성원 전원이 당사자가 되어 필수적 공동소송의 형태로 할 수 있을 뿐, 그 사단의 구성원은 설

령 그가 사단의 대표자라거나 사원총회의 결의를 거쳤다 하더라도 그 소송의 당사자가 될 수 없다는 것이 判例의 입장이며, 제53조에 규정에 의하면 확실히 단체에 당사자능력을 긍정하면서 동시에 단체의 구성원이 대표자에게 소송수행권을 수여하여 선정당사자로 소송수행을 시키는 것은 허용될 수 없다고 본다. 따라서 종중원을 선정당사자로 선정할 수 없다.

4. A를 명문규정이 없는 임의적 소송담당으로 인정할 수 있는지 여부

(1) 허용여부 및 인정요건

소송신탁의 금지(신탁법 제6조), 변호사대리의 원칙(제87조)을 잠탈할 염려가 있어 원칙적으로 임의적 소송담당은 허용되지 않는다. 그러나 ⅰ) 위와 같은 원칙을 잠탈할 염려가 없고, ⅱ) 합리적인 이유가 있으면 허용된다는 것이 다수설과 判例의 입장이다. 이때 합리적 이유는 ⅰ) 권리주체인 자의 소송수행권을 포함한 포괄적 관리·처분권의 수여가 있으며, ⅱ) 소송담당자도 소송을 수행할 고유의 이익이 있는 경우를 말한다.

(2) 사안의 경우

임의적 소송담당을 하는 제3자는 권리주체와 별개의 법인격체여야 한다. 따라서 공유자와 합유자의 경우는 지분권이라는 개념이 존재하여 여기의 제3자에 해당하지만, 총유재산의 구성원은 총유물에 대한 지분권은 없고 사용·수익권만이 인정되어 독자적인 법인격체가 아니므로 여기의 제3자가 될 수 없다. 그 결과 종중 구성원으로서의 A는 종중재산을 환수하기 위한 소를 제기할 수 있는 당사자적격자가 되지 못한다.

5. 설문 (2)의 해결

사안에서 A는 임의적 소송담당자로서 소송을 수행할 수 없으며, 나아가 비록 보존행위에 해당한다 하여도 단독으로 원고가 되어 소를 제기할 수 없다. 따라서 법원은 당사자적격의 흠결을 이유로 A가 제기한 소를 부적법 각하하여야 한다.

11 | 조합의 소송수행 방법(11년 법무부 2차 모의쟁점)

> 甲등 10인으로 구성된 A조합은 사업을 운영하는 과정에서 B 주식회사로부터 물품대금 1억 원을 지급받지 못하고 있어, 그 지급을 구하는 소를 제기하려고 한다.
>
> A 단체가 민법상 조합일 경우 원고가 될 수 있는 자는 누구이며 소송을 간편화하기 위한 방안을 설명하라.

Ⅰ. 조합의 소송수행 방안

1. 조합의 당사자능력 인정여부

조합의 당사자능력을 긍정하자는 견해도 있으나, 判例는 『원호대상자광주목공조합은 민법상의 조합의 실체를 가지고 있으므로 소송상 당사자능력이 없다』고 하여 민법상의 조합의 실체를 갖고 있는 것에 당사자능력을 부인하였다(대법 1991.06.25, 88다카6358). 생각건대 민법상의 조합은 단체가 아니라 계약체에 불과하고, 법 제52조에서는 법인 아닌 사단과 재단만을 규정하고 있으므로 당사자능력을 부정하는 것이 타당하다.

2. 조합의 소송수행방안

조합자체에 당사자능력이 인정되지 않으므로 조합원 전원이 원고가 되어 소를 제기하여야 한다. 이때의 공동소송형태는 민법 제272조에 의해 조합재산은 조합원 전원의 합유관계이므로 소송수행권이 조합원 전원에게 귀속되어 고유필수적 공동소송이 된다. 고유필수적 공동소송은 그 구성원 전원이 당사자가 되지 않으면 당사자적격에 흠이 있어 부적법한 소가 된다. 예외적으로 능동소송 중 보존행위(민법 제272조 단서)에 해당하는 소송은 각자가 소송을 수행할 수 있다.

Ⅱ. 조합 소송수행의 간편화 방안

1. 업무집행조합원을 소송대리인으로 활용하는 방법

(1) 소송위임에 의한 소송대리의 허용여부

소가가 1억 원 이하인 단독사건의 경우라면 친족관계나 고용 등 관계있는 사람이 법원의 허가를 얻어 소송대리인이 될 수 있으므로(제88조, 대법원규칙 제15조 1항), 업무집행조합원은 법원의 서면허가를 얻어 소송위임에 의한 소송대리인이 될 수 있다.

(2) 법률상 소송대리인으로 활용할 수 있는지 여부

이에 대해 ① 민법 제709조는 업무집행조합원에게 업무집행의 대리권이 있는 것으로 추정하고 있으며, 그 대리권의 범위는 업무에 관한 포괄적 대리자일 수밖에 없으므로, 조합의 업무집행조합원을 법률상의 소송대리인으로 보아야 한다는 입장이 있으나, ② 判例는 민법 제709조는 임의규정이므로, 당사자 사이의 약정에 의하여 조합의 업무집행에 관하여 조합원 전원의 동의를 요하도록 하는 등 그 내용을 달리 정할 수 있고, 그와 같은 약정이 있는 경우에는 조합의 업무집행은 조합원 전원의 동의가 있는 때에만 유효하다 할 것이어서, 조합의 구성원이 위와 같은 약정의 존재를 주장·증명하면 조합의 업무집행자가 조합원을 대리할 권한이 있다는 추정은 깨어지고 업무집행자와 사이에 법률행위를 한 상대방이 나머지 조합원에게 그 법률행위의 효력을 주장하기 위해서는 그와 같은 약정에 따른 조합원 전원의 동의가 있었다는 점을 주장·증명할 필요가 있다고 하여 부정하는 입장이다(대법 2002.01.25, 99다62838).

2. 업무집행조합원에게 임의적 소송신탁이 가능한지 여부

(1) 선정당사자로 선정하는 방법

선정당사자라 함은 법률상 허용된 임의적 소송담당의 일종으로(제53조), ① 공동소송을 할 다수자가 존재하여야 하고, ② 다수자가 공동의 이해관계가 있으며, ③ 선정당사자는 공동의 이익을 가진 자 가운데에서 선정되어야 한다. 조합의 경우 재산소유형태가 합유로서 제65조 전문의 권리의무가 공통한 경우에 해당하므로 요건을 모두 갖춘 것으로 보이나, 따로 선정행위를 요하고 서면증명이 필요하며, 수동소송의 경우 적극적으로 선정하지 않을 것이므로 문제가 있다.

(2) 명문의 규정 없는 임의적 소송담당자로 활용하는 방법

1) **명문의 규정이 없는 경우** : ① 원칙적으로 소송신탁금지(신탁법 제6조)와 변호사대리의 원칙(민사소송법 제87조)을 잠탈할 우려가 있기 때문에 임의적 소송담당은 허용되지 않는다. 그러나 예외적으로 ② 변호사대리의 원칙과 소송신탁의 금지를 회피·잠탈할 염려가 없고, 또 이를 인정할 합리적 필요성이 있을 때에는 이를 허용할 수 있는데, 여기서 이를 인정할 합리적 필요란 권리주체의 포괄적 관리처분권의 수권이 있고, 수탁자도 소송을 수행할 고유의 이익이 있을 것을 말한다.

2) **判例의 입장** : 判例는『조합규약에 터잡아 업무집행조합원에게 자기의 이름으로 조합재산을 관리하고 조합재산에 관한 소송을 수행할 권한을 수여하고 있는 경우에는 단순히 소송수행권만이 수여된 것이 아니라 실체법상의 관리권, 대외적인 업무집행권과 함께 소송수행권이 수여되어 있는 것이므로 업무집행조합원에 대한 조합원의 임의적 소송신탁을 변호사대리의 원칙을 회피하거나 신탁법 제6조의 제한을 잠탈하는 것이라 할 수 없다』고 판시하여 명문의 규정 없는 임의적 소송담당자로도 인정하고 있다(대법 1984.02.14, 83다카1815). 이 경우 업무집행조합원은 원고가 될 수 있다.

12 | 당사자적격의 제문제

Ⅰ. 이행의 소에서 당사자적격(14년 3차, 20년 3차 모의쟁점 / 3회 기출)

> 甲은 乙의 대리인이라고 주장하는 丙에게 골동품을 매도하고 그 골동품을 丙에게 인도하였으나 매매대금을 지급받지 못하였다. 이에 甲은 乙을 상대로 매매대금 청구의 소를 제기하였다. 위 소송에서 乙은, 丙에게 위 매매계약에 관한 대리권을 수여한 바 없어 위 매매계약은 자신과 무관하고 따라서 이 사건 소는 의무 없는 자에 대하여 제기된 부적법한 것이라고 주장하였다.
>
> 이에 대하여 법원은 어떤 판단을 하여야 하는가?

1. 당사자적격의 의의

당사자적격이라 함은 특정의 소송사건에서 정당한 당사자로서 소송을 수행하고 본안판결을 받기에 적합한 자격을 말한다. 당사자적격은 소송요건으로서 법원의 직권조사사항이고 조사결과 그 흠이 발견된 때에는 판결로 소를 각하할 것이다.

2. 이행의 소에서 당사자적격

이행의 소에서는 당사자적격은 원칙적으로 자기에게 이행청구권이 있음을 주장하는 자가 원고적격을 가지며 그로부터 이행의무자로 주장된 자가 피고적격을 가진다. 즉 주장자체로 피고적격 여부를 판단한다. 따라서 원고적격 피고적격자의 판단에 있어서 실체로 이행청구권자이거나 이행의무자일 것을 요구하지 않는다. 결국 사안에서 피고 乙이 의무자인지는 본안의 문제이고 소송요건으로서의 당사자적격은 있다고 본다.

3. 법원의 판단

判例는 본안전 항변에 본안의 항변이 포함되어 있다고 하므로(대법 1992.10.27, 92다18597), 乙의 주장은 甲이 주장하여야 할 유권대리 주장에 대한 부인진술에 해당하고, 결국 甲이 유권대리임을 입증하지 못하면 청구기각의 판단을 하게 될 것이다.

II. 말소등기청구에서의 피고적격(2회 기출, 20년 3차)

> 乙은 2008.11. 경 丙으로부터 1억 5,000만 원을 차용하면서 그 담보로 丙에게 X 부동산에 관하여 저당권(이하 '이 사건 저당권'이라 함)을 설정하고 그 등기를 마쳐준 바 있는데, 丙은 2008.12. 경 丁에게 위 대여금 채권을 양도하고 이를 乙에게 통지하는 한편 이 사건 저당권을 양도하고 같은 날 丁에게 이 사건 저당권 이전의 부기등기를 마쳐 주었다. 甲은 2009.03. 乙로부터 X 부동산을 매수하였는데, 2012.10. 경 丁에 대하여는 乙이 丁에게 이 사건 저당권에 의한 피담보채무를 전액 변제하였다고 주장하면서 이 사건 매매계약에 기한 소유권이전등기청구권 보전을 위하여 乙을 대위하여 소유권에 기한 방해배제로서 X 부동산에 관하여 마쳐진 이 사건 저당권 설정등기 및 이 사건 저당권 이전 부기등기의 각 말소등기를 구하였다. 만일 丁이 소재불명으로 판명되어 소장 기타 소송서류 일체가 공시송달의 방법으로 송달되고 변론기일에도 불출석하였으며, 甲이 이 사건 저당권의 피담보채무 변제에 관하여는 별다른 입증자료를 제출하지 아니하였을 경우, 위 각 청구에 대한 결론(각하, 청구전부인용, 청구일부인용(일부 인용되는 경우 그 구체적인 금액 또는 내용을 기재할 것), 청구기각]을 그 논거와 함께 서술하시오.

1. 甲의 丁에 대한 저당권설정등기말소청구에 관하여

(1) 결 론

법원은 청구기각의 판결을 선고한다.

(2) 논 거

1) 피고적격의 구비여부 : 이행의 소에서 피고적격은 주장자체로 파악하는 것이나, 判例는 『실제로 등기의무자가 아닌 자 또는 등기에 관한 이해관계 없는 자를 상대방으로 한 등기말소청구는 피고적격을 혼동한 부적법이 있다』고 한다(대법 2009.10.15, 2006다43903). 이때 저당권 이전의 부기등기를 마쳐진 경우 피고적격자에 대해 判例는 『근저당권 양도의 부기등기는 기존의 근저당권설정등기에 의한 권리의 승계를 등기부상 명시하는 것뿐으로, 그 등기에 의하여 새로운 권리가 생기는 것이 아닌 만큼 근저당권설정등기의 말소등기청구는 양수인만을 상대로 하면 족하고 양도인은 그 말소등기청구에 있어서 피고적격이 없다』고 하였다(대법 2000.04.11, 2000다5640). 따라서 甲이 乙을 대위하여 丁을 상대로 한 저당권설정등기말소청구는 적법하다.

2) 丁의 불출석에 따른 자백간주 성부 : 甲의 변제주장에 대해 丁이 기일에 출석하여 다툰 것이 아니므로 민소법 제150조 제3항에 의한 자백간주가 성립할 것이나, 동조 단서에 의하여 공시송달로 기일통지가 이루어진 경우에는 자백간주의 성립이 부정된다. 나아가 乙이 丁에게 변제하였음은 등기추정력을 법률상 추정으로 보는 判例에 의해 원고가 증명해야할 사항으로 이점에 대한 입증이 없으므로 원고의 청구는 기각된다.

2. 甲의 丁에 대한 저당권이전부기등기의 말소등기청구

(1) 결 론

법원은 소를 각하한다.

(2) 논 거

1) 判例의 입장 : 大法院은 『근저당권 이전의 부기등기는 기존의 주등기인 근저당권설정등기에 종속되어 주등기와 일체를 이루는 것이어서, 피담보채무가 소멸된 경우 또는 근저당권설정등기가 당초 원인무효인 경우 주등기인 근저당권설정등기의 말소만 구하면 되고 그 부기등기는 별도로 말소를 구하지 않더라도 주등기의 말소에 따라 직권으로 말소되는 것』이라는 입장이다(대법 2000.04.11, 2000다5640).

2) 사안의 경우 : 判例에 의할 때 丁을 상대로 한 부기등기 말소청구는 소의 이익이 흠결되어 부적법하다.

Ⅲ. 등기명의인이 허무인인 경우 말소등기청구의 피고적격

> X토지는 원래 일본인 소유이었다가 해방이후 국가에 귀속된 국유재산인데 아직 국유로 등기되어 있지 않음을 기화로 乙은 실체가 없는 단체인 "승덕사" 앞으로 등기를 경료하였다. 이에 국가는 乙을 상대로 말소등기청구를 하였으나 법원은 乙이 허무인 명의의 부실등기를 하게 한 자이나 "승덕사"명의의 등기를 말소할 의무는 없다고 하면서 소를 각하하였다.
>
> 이러한 법원은 판단은 적법한가?

1. 이행의 소에 있어서 당사자적격

(1) 당사자적격의 의의

(2) 이행의 소에서의 당사자적격

2. 말소등기청구에 있어서 피고적격

(1) 判例의 기본적 입장

判例는 『등기의무자가 피고적격자라는 전제 하에 등기의무자가 아닌 자, 등기에 관한 이해관계가 없는 자, 즉 등기명의인이나 그 포괄승계인이 아닌 자를 상대방으로 한 등기말소청구는 피고적격을 그르친 부적법이 있다』고 한다(대법 2009.10.15, 2006다43903). 나아가 진정한 등기명의 회복을 위한 소유권이전등기청구도 현재의 등기명의인을 상대로 하여야 적법하다(대법 2017.12.05, 2015다240645).

(2) 등기명의자가 허무인인 경우

判例는 『등기부상 진실한 소유자인 원고의 소유권에 방해가 되는 부실등기가 존재하는 경우에 그 등기명의인이 허무인인 때에는 원고는 그와 같은 허무인 명의로 등기행위를 한 자에 대하여 소유권에 기한 방해배제로서 등기행위자를 표상하는 허무인 명의 등기의 말소를 구할 수 있다고 보아야 할 것이며, 또한 소유자는 이와 같은 말소청구권을 보전하기 위하여 실제 등기행위를 한 자를 상대로 처분금지가처분을 할 수도 있다」고 판시하였다(대법 2008.07.11, 2008마615; 대법 2019.05.30, 2015다47105).

3. 법원의 판단

원심은 허무인 명의등기의 말소등기청구에서 피고적격에 관한 법리를 오해하여 판결에 영향을 끼친 위법을 저지른 것으로 보인다. 따라서 상고심은 원심을 파기하고 환송하여 본안판결에 나아갈 수 있도록 하여야 한다.

관련판례 당사자적격을 주장자체로 파악하지 않는 경우

1. 말소등기청구에서 피고적격

등기의무자가 아닌 자, 등기에 관한 이해관계가 없는 자, 즉 등기명의인이나 그 포괄승계인이 아닌 자를 상대방으로 한 등기말소청구는 피고적격을 그르친 부적법이 있다(대법 2009.10.15, 2006다43903).

2. 근저당권 이전의 부기등기가 경료된 경우

근저당권설정등기의 말소등기청구는 양수인만을 상대로 하면 족하고 양도인은 그 말소등기청구에 있어서 피고 적격이 없다(대법 2000.04.11, 2000다5640).

3. 말소등기청구에서 등기명의인이 허무인인 경우

등기부상 진실한 소유자인 원고의 소유권에 방해가 되는 부실등기가 존재하는 경우에 그 등기명의인이 허무인인 때에는 원고는 그와 같은 허무인 명의로 등기행위를 한 자에 대하여 소유권에 기한 방해배제로서 등기행위자를 표상하는 허무인 명의 등기의 말소를 구할 수 있다고 보아야 할 것이며, 또한 소유자는 이와 같은 말소청구권을 보전하기 위하여 실제 등기행위를 한 자를 상대로 처분금지가처분을 할 수도 있다(대법 2008.07.11, 2008마615; 대법 2019.05.30, 2015다47105).

4. 경정등기의 승낙청구

등기명의인이 아닌 사람을 상대로 권리변경 등기의 경정등기에 대한 승낙의 의사표시를 청구하는 소는 당사자 부적격자 상대의 부적법한 소이다(대법 2015.12.10, 2014다87878).

5. 말소된 등기의 회복등기절차의 이행을 구하는 소

가등기가 이루어진 부동산에 관하여 제3취득자 앞으로 소유권이전등기가 마쳐진 후 그 가등기가 말소된 경우 그와 같이 말소된 가등기의 회복등기절차에서 회복등기의무자는 가등기가 말소될 당시의 소유자인 제3취득자이므로, 그 가등기의 회복등기청구는 회복등기의무자인 제3취득자를 상대로 하여야 한다(대법 2009.10.15, 2006다43903).

IV. 단체의 결의무효확인의 소에서 피고적격(12년 2차 모의쟁점)

> 乙주식회사의 대표이사인 甲의 업무수행에 불만을 가진 대주주들의 암묵적인 영향으로 乙주식회사는 이사회를 개최하여 甲을 대표이사직에서 해임하고 丙을 乙주식회사의 대표이사로 선임하였다. 이에 甲은 자신이 부당하게 해임되었다고 주장하면서 이사회결의에 대한 무효확인의 소를 제기하고자 한다.
>
> 甲은 누구를 상대로 이사회결의무효확인의 소를 제기하여야 하는가? 수소법원은 甲이 피고로 삼는 자의 당사자적격을 피고가 다투지 않더라도 심사하여 판단할 수 있는가?

1. 문제점

단체의 내부분쟁의 일종인 단체의 대표자선출결의의 무효확인의 소에서 피고적격자가 누구인지 문제되고, 이러한 피고적격의 문제는 피고의 항변이 없어도 심판의 대상으로 삼을 수 있는지 직권조사사항과 관련하여 검토한다.

2. 단체의 내부분쟁의 피고적격

(1) 견해의 대립

① 단체의 내부분쟁의 일종인 단체의 대표자선출결의의 무효·부존재확인의 소에서 피고를 단체로 하지 않고 문제된 결의에 의하여 선출된 대표자 개인을 피고로 함은 확인의 이익이 없다는 단체피고설과, ② 대표적인 이해관계인은 문제의 결의에 의하여 선출된 대표자이기 때문에 그 사람을 상대방으로 하여 소송케 함이 옳다는 대표자피고설, ③ 단체와 당해 대표자를 모두 피고로 하여야 한다는 필수적공동소송설의 대립이 있다.

(2) 判例의 입장

이사회결의의 효력을 다투는 경우에 判例는 『주식회사의 이사회결의는 회사의 의사결정이고 회사는 그 결의의 효력에 관한 분쟁의 실질적인 주체라 할 것이므로 그 효력을 다투는 사람이 회사를 상대로 하여 그 결의의 무효확인을 소구할 수 있다 할 것이나 그 이사회결의에 참여한 이사들은 그 이사회의 구성원에 불과하므로 특별한 사정이 없는 한 이사개인을 상대로 하여 그 결의의 무효확인을 소구할 이익은 없다』고 하여 단체피고설 입장이다(대법(전) 1982.09.14, 80다2425).

(3) 검토 및 사안의 경우

단체 자체를 피고로 하지 않으면 비록 승소판결을 받아도 그 효력이 당해 단체에 미치지 못하여 단체가 그 판결은 자기네와 무관계함을 내세울 수 있어서 법적불안제거에 도움이 안 된다. 따라서 단체를 피고로 삼아야 한다는 判例의 입장이 타당하다. 결국 사안에서 甲은 乙회사를 상대로 이사회결의의 무효확인을 구하는 소를 제기하여야 한다.

3. 당사자적격의 심판

(1) 피고적격이 직권조사사항인지 여부

소송요건의 대부분은 직권조사사항으로, 피고의 항변 유무에 관계 없이 의문이 있을 경우에 법원이 이를 직권으로 조사하여야 하며, 소송절차에 관한 이의권의 포기가 허용되지 않는다. 피고의 항변은 직권발동을 촉구하는 의미에 그친다. 당사자적격은 소송요건으로서 법원의 직권조사사항에 해당한다. 따라서 피고의 항변이 없어도 법원은 심판의 대상으로 삼을 수 있다.

(2) 법원의 지적의무

다만 법원이 당사자 사이에 전혀 논의되지 않았던 피고적격의 흠결로 소를 각하하기 위해서는 이에 관한 지적이 필요하다(제136조 제4항). 우리 判例도 『원심이 피고적격 등의 문제를 재판의 기초로 삼기 위하여는 원고로 하여금 이 점에 관하여 변론을 하게 하고, 필요한 경우 청구취지 등을 변경할 기회를 주었어야 할 것인데도 이에 이르지 아니한 채 이 점을 재판의 기초로 삼아 소를 각하한 것은 원고가 전혀 예상하지 못한 법률적인 관점에 기한 예상 외의 재판으로 원고에게 불의의 타격을 가하였을 뿐 아니라 석명의무를 다하지 아니하여 심리를 제대로 하지 아니한 것이라 할 것이고, 이러한 위법은 판결결과에 영향을 미쳤음이 분명하다』고 판시하였다(대법 1994.10.21, 94다17109).

4. 사안의 해결

甲은 乙을 상대로 이사회결의무효확인의 소를 제기하여야 하고, 만일 이사 개인등을 상대로 한 소를 제기하였다면 법원은 피고의 항변을 기다릴 필요 없이 심판의 대상으로 삼아 소를 각하하여야 하나, 이 경우 원고에게 이러한 법률상 사항을 지적하여 의견진술의 기회를 주어야 한다(제136조 제4항).

V. 채권자대위소송의 성질과 당사자적격(11년 1차, 13년 3차, 19년 1차 / 1회 기출)

> 원고 甲은 소외 乙에게 대전 대덕구 덕암동 임야 1,705㎡ 중 472.96/1,705지분에 관하여 소유권이전등기청구권을 갖고 있다고 주장하며, 그 청구권을 보전하기 위하여 소외 乙을 대위하여 피고 丙을 상대로 이 사건 토지 중 897.03/1,705 지분에 관하여 소유권이전등기절차를 이행할 것을 청구하고 있다. 각 설문에 대한 법원의 주문을 설명하라.
>
> (1) 이미 채무자 乙이 丙을 상대로 소를 제기하여 패소하였다.
> (2) 乙이 소를 제기한 바 없으나, 甲의 乙에 대한 피보전채권이 부존재한다는 판단을 하였다.
> (3) 甲의 피보전채권이 존재한다고 할 때 법원의 판단을 설명하라.

1. 채권자대위소송의 성질

(1) 견해의 대립

1) 병행형 법정소송담당이라는 입장 : 채권자대위소송을 법정소송담당 중 병행형으로 보는 견해로서, 채권자에게 관리처분권이 부여된 결과 채무자와 함께 소송수행권을 가지는 것으로 본다. 이 견해에 의하면 채권자대위소송에서 채권자는 채무자의 권리를 행사하는 것으로 본다.

2) 독립한 대위권을 행사한다는 입장 : 채권자대위소송은 채권자가 채무자를 위하여 소송을 하거나 어

떤 직무를 행사하기 위하여 소송을 하는 것이 아니라 자기 채권의 보전을 위하여 즉, 어디까지나 자신의 이익을 위하여 민법이 자신에게 인정한 대위권이라는 실체법상의 권리를 행사하여 소송을 수행하는 것이므로 소송담당이 아니라는 견해이다.

3) **절충설** : 채권자대위소송에 있어서 채무자가 그 사실을 알기 전에는 채무자와 병행형 법정소송담당이나, 그 사실을 안 후에는 민법 제405조 2항과 비송사건절차법 제49조에 의하여 채무자는 그 권리를 처분할 수 없으므로 갈음형의 법정소송담당이라는 견해이다.

(2) 判例의 態度

大法院은『채권자대위권은 채무자가 제3채무자에 대한 권리를 행사하지 아니하는 경우에 한하여 채권자가 자기의 채권을 보전하기 위하여 행사할 수 있는 것이어서 채권자가 대위권을 행사할 당시 이미 채무자가 권리를 재판상 행사하였을 때에는 설사 패소의 본안 판결을 받았더라도 채권자는 채무자를 대위하여 채무자의 권리를 행사할 당사자적격이 없다』고 판시하여 독립한 대위권설을 배척하고 법정소송담당설 입장이다(대법 1992.11.10, 92다30016).

(3) 검 토

채권자대위소송에서 채권자가 궁극적으로 다투고자 하는 것은 채권자 자신의 실체법상 대위권의 존부가 아니라 채무자의 제3채무자에 대한 권리이며, 그 행사의 효과도 곧바로 채권자에게 귀속되지 않고 직접 채무자에게 귀속하여 총 채권자를 위한 공동담보가 되고, 만일 독립한 대위권설에 의하게 되면 1회적 의무를 지는 제3채무자가 여러 채권자들에 의하여 여러번의 제소를 당하게 되어 너무 가혹하다는 점을 고려할 때 채권자대위소송의 법적성격은 권리의무의 귀속주체와 함께 법률상의 규정에 의하여 제3자에게 소송수행권이 인정된 법정소송담당으로 보는 것이 타당하다.

2. 각 설문의 판단

(1) 설문 (1) : 채무자가 권리를 행사한 경우

채권자대위권은 채무자가 제3채무자에 대한 권리를 행사하지 아니하는 경우에 한하여 채권자가 자기의 채권을 보전하기 위하여 행사할 수 있는 것이어서 채권자가 대위권을 행사할 당시 이미 채무자가 권리를 재판상 행사하였을 때에는 설사 패소의 본안 판결을 받았더라도 채권자는 채무자를 대위하여 채무자의 권리를 행사할 당사자적격이 없다(대법 1992.11.10, 92다30016).

(2) 설문 (2) : 피보전채권의 흠결이 있는 경우

채권자대위소송에 있어서 대위에 의하여 보전될 채권자의 채무자에 대한 권리가 인정되지 아니할 경우에는 채권자가 스스로 원고가 되어 채무자의 제3채무자에 대한 권리를 행사할 당사자적격이 없게 되므로 그 대위소송은 부적법하여 각하할 수 밖에 없다(대법 1988.06.14, 87다카2753).

(3) 설문 (3) : 보전의 필요성이 없는 경우

채권자대위권은 채무자의 채권을 대위행사함으로써 채권자의 채권이 보전되는 관계가 존재하는 경우에 한하여 이를 행사할 수 있으므로, 원고는 乙에게 소유권이전등기청구권이 있다고 주장하는 이 사건 토지 중 472.96/1,705 지분의 범위 내에서만 乙의 피고 丙에 대한 소유권이전등기청구권을 대위하여 행사할 수 있고, 그 범위를 초과하는 지분에 관하여는 보전의 필요성이 있다고 볼 수 없다. 따라서 그 초과 지분에 관한 대위 청구 부분의 소는 부적법하다. 그런데도 원심은 원고가 乙을 대위하여 피고 丙

에 대하여 이 사건 토지 중 472.96/1,705 지분을 초과한 지분에 관하여 소유권이전등기절차의 이행을 구하는 청구 부분을 기각하는 본안판단을 하였다. 이러한 원심판결에는 채권자대위소송의 소송요건에 관한 법리를 오해하여 판결에 영향을 미친 위법이 있다(대법 2012.08.30, 2010다39918).

VI. 채권압류 및 추심명령과 당사자적격(11년 1차, 16년 2차. 17년 3차 모의쟁점 / 3회 기출)

> C는 A에 대하여 3천만 원의 대여금 채권이 있고, A는 B에 대하여 1천 만원의 대여금 채권이 있다. C는 위 3천 만원의 대여금 채권에 대하여 이미 승소확정판결을 받았고 이를 집행권원으로 하여 A를 채무자, B를 제3채무자로 한 채권압류 및 추심명령을 신청하여 법원으로부터 채권압류 및 추심명령을 받았는데 그 후 A가 B를 상대로 대여금반환청구의 소를 제기하였다. 위 사실관계 기재 소송의 제1심 변론종결 전에 C가 위 채권압류 및 추심명령 신청을 취하하고 추심권을 포기한 경우(그 관련 서류가 증거로 법원에 제출되었다) 법원은 어떤 판결 주문(소송비용부담과 가집행 관련 주문은 제외한다)으로 선고하여야 하는지와 그 근거를 서술하시오.

1. 법원의 판결주문

"피고는 원고에게 10,000,000 원을 지급하라."는 판결주문을 선고한다.

2. 논 거

(1) A가 당사자적격이 있는지 여부

1) 당사자적격의 의의 : 당사자적격이라 함은 특정의 소송사건에서 정당한 당사자로서 소송을 수행하고 본안판결을 받기에 적합한 자격을 말하는데, 권리관계의 주체 이외의 제3자가 당사자적격을 갖고 나서는 경우를 제3자 소송담당이라 한다.

2) 채권추심명령을 받은 경우 당사자적격자 : 大法院은 압류 및 추심명령은 압류채권자 C에게 채무자 A의 제3채무자 B에 대한 채권을 추심할 권능만을 부여하는 것일 뿐 A가 B에 대하여 가지는 채권이 C에게 이전되거나 귀속되는 것은 아니지만(대법 2010.12.23, 2010다56067), 채권에 대한 압류 및 추심명령이 발령되면 채무자는 그 채권에 대하여 제3채무자를 상대로 이행의 소를 제기할 당사자적격을 상실하고 압류채권자가 제3채무자를 상대로 압류된 채권의 이행을 청구하는 소를 제기할 수 있는 갈음형 소송담당으로 보고 있다(대법 2000.04.11, 99다23888).

3) 설문의 경우 : 설문의 원고인 채무자 A는 압류 및 추심명령이 발령되면 당사자적격을 상실하는 것으로 소송요건에 흠결이 있다.

(2) 채권압류 및 추심명령 신청의 취하의 경우

1) 소송요건 존부의 판단시기 : 사실심의 변론종결시를 표준으로 한다(대법 2013.01.10, 2011다64607). 따라서 제소당시에는 부존재하여도 사실심의 변론종결시까지 이를 구비하면 된다. 따라서 大法院은 채무자의 이행소송 계속 중에 추심채권자가 압류 및 추심명령 신청의 취하 등에 따라 추심권능을 상실하게 되면 채무자는 당사자적격을 회복한다. 이러한 사정은 직권조사사항으로서 당사자가 주장하지

앞더라도 법원이 직권으로 조사하여 판단하여야 하고, 사실심 변론종결 이후에 당사자적격 등 소송요건이 흠결되거나 그 흠결이 치유된 경우 상고심에서도 이를 참작하여야 한다고 하였다(대법 2010.11.25, 2010다64877).

2) 법원의 주문 : 소를 제기할 당시에는 소송요건에 흠결이 있었지만, 사실심 변론종결 전에 채권자 C가 채권압류 및 추심명령 신청의 취하하고 추심권을 포기하였으므로 A의 당사자적격이 구비되어 법원은 소각하판결을 할 수 없고, C의 추심명령이 인정되었다는 것은 원고의 대여금반환청구권이 인정된다는 것이므로, 수소법원은 원고의 청구를 인용하는 주문을 낸다.

Ⅶ. 채권자취소소송과 피고적격(11년 1차, 12년 2차, 13년 1차·3차 모의쟁점)

> 甲은 丙의 연대보증 하에 乙에게 금 8,000만 원을 변제기 2011. 4. 13.로 정하여 대여하였다. 丙은 乙의 경제적 상황이 나빠지자 甲으로부터 강제집행을 당할 것을 염려하여 2012. 10. 20. 친구인 丁과 짜고 자신의 유일한 재산인 X건물에 대하여 2012. 10. 10. 자 매매를 원인으로 한 소유권이전등기를 丁 명의로 마쳐주었다. 한편 甲은 乙이 위 채무의 변제기일이 지나도 변제를 하지 않자, 연대보증인 丙의 재산관계를 알아보던 중, 丙 소유의 위 X 건물이 丁 앞으로 이전등기된 것을 2015. 1. 9. 알게 되었다.
> 甲이 2015. 2. 4. 채권자취소의 소를 제기하려고 한다면, 누구를 피고로 정하여 제기하여야 하는가?(10점)

1. 문제점

채무자가 채권자를 해하는 법률행위를 함으로써 무자력이 되어 채권의 만족을 줄 수 없는 경우, 채권자가 그 취소 및 원상회복을 법원에 청구할 수 있는 권리가 채권자취소권이다(민법 제406조). 이러한 채권자취소소송의 성질과 효력을 검토하여 피고적격자가 누구인지 살펴본다.

2. 채권자취소소송의 성질과 효력

(1) 채권자취소소송의 성질

1) 견해의 대립 : ① 채권자취소권은 사해행위의 취소를 내용으로 하는 형성권으로서 사해행위취소소송의 성질을 형성의 소로 보는 입장과, ② 채권자취소권을 채무자로부터 일탈한 재산의 반환에 목적을 둔 청구권으로 보아 이행의 소라고 보는 입장, ③ 채권자취소권을 사해행위의 취소와 일탈한 재산의 회복이라는 목적을 동시에 추구하고 있는 것으로 보는 병합설, ④ 일탈재산에 대한 책임법적 무효의 효과를 발생시키는 것으로 보는 책임설의 대립이 있다.

2) 판례의 입장 : 判例는 병합설에 의하여 원칙적으로 재산반환과 함께 사해행위의 취소를 함께 청구하여야 한다고 보고 있다.

3) 검 토 : 생각건대, ① 채권자취소권을 규정하고 있는 민법 제406조 제1항 본문에서 "채무자가 채권자를 해함을 알고 재산권을 목적으로 한 법률행위를 한 때에는 채권자는 그 취소 및 원상회복을 법원에 청구할 수 있다."고 하여 사해행위의 취소와 원상회복을 목적으로 한다는 것을 명백히 하고 있는 점, ② 우리 민사소송법제하에서 강제집행의 수인을 구하는 책임의 소를 인정하고 있지 아니한 점, 또한 ③ 채권자취소권의 행사를 소를 통해서만 할 수 있다고 해석하여야 한다는 점 등에 비추어 通說·

判例인 병합설이 타당하다고 본다.

(2) 채권자취소의 상대효

判例는 채권자가 사해행위의 취소와 함께 수익자 또는 전득자로부터 책임재산의 회복을 명하는 사해행위취소의 판결을 받은 경우 그 취소의 효과는 채권자와 수익자 또는 전득자 사이에만 미치므로, 수익자 또는 전득자가 채권자에 대하여 사해행위의 취소로 인한 원상회복 의무를 부담하게 될 뿐, 채무자와 사이에서 그 취소로 인한 법률관계가 형성되거나 취소의 효력이 소급하여 채무자의 책임재산으로 회복되는 것은 아니라고 하여 상대적 취소이론을 따르고 있다(대법 2007.04.12, 2005다1407).

3. 채권자취소소송의 피고적격

(1) 判例의 입장

大法院은 『채권자가 채권자취소권을 행사하려면 사해행위로 인하여 이익을 받은 자나 전득한 자를 상대로 그 법률행위의 취소를 청구하는 소송을 제기하여야 되는 것으로서, 채무자를 상대로 그 소송을 제기할 수는 없다』는 입장이다(대법 2004.08.30, 2004다21923).

(2) 검 토

채권자취소소송의 성질에 대해 병합설을 따르는 判例에 의하면 丙·丁간의 매매계약을 취소하여야 하므로 채무자 丙도 피고가 되어야 할 것 같지만, 그 취소의 효과가 상대적이므로 채권자가 채무자의 법률행위의 취소를 구하는 것을 전제로 수익자를 상대로 하여 그로부터 목적물을 반환받으면 책임재산을 보전한다는 목적은 충분히 달성되는 것이므로, 굳이 채무자까지 공동피고로 하여 채무자와 수익자간의 법률관계까지 전면적으로 무효로 할 필요는 없다는 것이 判例의 기본취지이다.

4. 설문의 해결

甲은 丁을 피고로 하여 丙·丁간의 매매를 취소하고 원상회복으로 말소등기를 청구하여야 한다.

Ⅷ. 소제기 목적의 권리양수인의 당사자적격

> 甲회사의 채권자들 총 728명으로 구성된 채권단협의회가 설립한 乙회사가 甲회사로부터 제3자에 대한 손해배상청구권을 양수하여 소를 제기한 경우, 乙은 당사자적격이 있는가?

1. 소송행위를 주목적으로 한 채권양도의 경우

(1) 원 칙

신탁법 제6조에 의하면 수탁자로 하여금 소송행위를 하게 하는 것을 주목적으로 하는 신탁은 무효라고 규정하고 있다. 따라서 우리 判例도 A에게 보상금청구소송을 시킬 목적으로 A명의로 소유권이전등기를 옮겨 놓은 경우 무효로 보았고(대법 1970.03.31, 70다55), 부부 사이의 채권양도가 소제기의 목적일 때 무효로 보았으며(대법 1996.03.26, 95다20041), 권리자가 소송에서 제3자로서 증인으로 나서기 위해 다른 사람에게 권리양도를 한 경우를 신의칙에 위반하는 행위로 판단한바 있다(대법 1983.05.24, 82다카1919). 따라서 이 경우 소송상으로도 신의칙에 반하는 것으로 수소법원은 소를 각하한다.

(2) 예 외 : 다수당사자의 권리행사 편리를 위한 경우

그러나 <u>判例</u>는 다수의 채권자가 채권의 효율적인 회수를 위하여 채권자단의 대표에게 자신들의 채권을 양도하고 그 양도된 채권을 피담보채권으로 한 근저당권을 양수인 명의로 설정받은 경우, 제반 사정에 비추어 그 채권양도는 소송신탁에 해당하지 않는다고 하였다(대법 2002.12.06, 2000다4210).

2. 법원의 판단

결국 乙은 당사자적격을 구비한 것으로 적법하다고 볼 것이다.

13 | 소송상대리권의 범위(12회 기출)

甲은 X토지를 소유하고 있는 乙과 X토지에 관한 매매계약을 체결하고 잔금까지 지급하였으나, 매도인인 乙이 이전등기를 마쳐 주지 않자 A변호사를 소송대리인으로 선임하여 乙을 상대로 소유권이전등기청구의 소를 제기하였다. 甲은 A변호사에게 소송위임을 하면서 '소의 취하, 화해, 청구의 포기·인낙'에 관한 특별수권을 하였다. 소송 중에 A변호사는 乙이 甲에게 소유권이전등기를 마쳐 주지 못한 이유가 X토지의 일부를 도로로 사용하고 있는데 甲이 소유권을 취득한 후 그 도로를 없애버리면 곤란해지기 때문이라는 점을 파악하고, 乙과 X토지 전체의 5%에 해당하는 도로 부분을 분할하여 그 부분을 제외한 나머지 부분에 대하여 甲에게 소유권이전등기를 마쳐 주는 내용으로 소송상 화해를 하였다. 이에 대하여 甲은 준재심의 소를 제기하면서 자신이 A변호사에게 화해에 관한 권한은 부여하였으나, X토지 전체의 5%를 처분할 수 있는 권한을 준 것은 아니라고 주장하였다.

甲의 주장이 타당한지 판단하고 근거를 서술하시오. (10점)

1. 결 론

甲의 주장은 부당하므로 준재심의 소를 기각한다.

2. 논 거

(1) 소송대리권의 범위

소송위임에 의한 소송대리인은 위임받은 사건에 대해 일체의 소송행위를 할 수 있고 사법상의 형성권을 포함한 사법행위도 할 수 있는데(제90조 1항), 본인에게 중대한 결과를 미치는 사항에 대하여는 본인의사의 개별적 확인이 필요하기 때문에 본인으로부터 특별히 권한을 따로 받아야 한다. 제90조 2항 2호는 화해를 특별수권사항으로 규정하고 있다. 소송상 화해나 청구의 포기에 관한 특별수권이 되어 있다면 특별한 사정이 없는 한 그러한 소송행위에 대한 수권만이 아니라 그러한 소송행위의 전제가 되는 당해 소송물인 권리의 처분이나 포기에 대한 권한도 수여되어 있다고 봄이 상당하다(대법 2000.01.31, 99마6205).

(2) 검 토

화해와 청구 포기에 관한 특별수권을 받은 소송대리인 A변호사는 X토지 전체의 5%를 처분할 수 있는 권한이 있으므로 대리권 흠결의 재심사유는 존재하지 않는다.

14 | 소송계속 중 대표권 상실의 효과(5회 기출, 21년 3차)

> 종중 A의 대표자 甲은 종중총회의 결의 없이 종중소유의 재산인 부동산의 처분권한을 乙에게 수여하였는 바, 乙은 동 부동산을 임의로 丙에게 처분하여 이전등기를 경료해 주고 그 대금을 착복하였다. 이에 종중대표자 甲은 종중결의를 통해 종중 A를 원고로 하여 丙을 상대로 이전등기말소청구의 소를 제기하였다. 소송진행 중 종중대표자 甲이 乙과 공모하여 종중재산을 착복하려 했다는 것을 알게 된 종중 A의 종중원들은 甲을 해임하고 丁을 종중의 새로운 대표자로 선출하였다. 甲은 대표권이 상실된 사실을 소송상대방인 丙에게 통지하지 아니하고 변론기일에 출석하여 이 사건 소를 취하한다고 진술하였고 상대방인 피고 丙 역시 소취하에 동의하였다. 종중 A의 새로운 대표자 丁은 종전 대표자 甲의 소취하가 무효라고 주장하면서 그 효력을 다투고자 한다.
>
> 적절한 방법은 무엇인지 논하고 아울러 丁의 주장이 인용될 수 있는지 여부에 대하여 논하시오.

1. 문제점

소취하는 법원의 판결에 기하지 않은 소송종료사유로서 이러한 소취하의 효력을 다투는 방법으로 소취하무효확인의 소를 제기할 수 있는지 여부가 문제되고, 나아가 민사소송규칙 제67조에 규정된 기일지정신청을 검토한다. 丁 주장의 인용가부와 관련하여 이미 대표자의 지위에서 해임된 甲의 소취하 행위가 유효한지 검토하여 丁의 기일지정신청에 대한 법원의 판단을 살펴본다.

2. 소취하 효력을 다투는 방법

(1) 소취하무효확인의 소를 제기할 수 있는지 여부

1) 확인의 소의 이익 : 확인의 소는 권리 또는 법률상의 지위에 현존하는 불안·위험이 있고, 그 불안·위험을 제거함에는 확인판결을 받는 것이 가장 유효·적절한 수단일 때에 인정된다.

2) 사안의 경우 : 당해 소송내에서 재판을 받는 것이 예정되어 있는 절차문제에 대해서 별도의 소로 확인을 구하는 것은 소송경제를 해치는 것이고 확인의 이익이 없다. 따라서 소취하무효확인의 소 등의 소송상의 다툼은 당해 소송에서 기일지정신청으로 다툴 수 있으므로 별도의 확인의 소는 부적법하다.

(2) 기일지정신청

소취하의 부존재나 무효임을 다투는 당사자는 별도의 소로써 소취하의 무효확인청구를 할 수는 없고 당해 소송에서 기일지정신청을 하여야 한다(규칙 제67조 1항). 기일지정신청이 있을 때에는 법원은 반드시 변론을 열어 신청이유를 심리하고 그 결과 소의 취하가 유효하다고 인정되면, 종국판결로써 소송종료선언을 하여야 한다. 만일 심리 결과 소의 취하가 무효인 것이 판명되면 취하 당시의 소송정도에 따른 필요한 절차를 계속 진행할 것이고 이를 중간판결(제201조)이나 종국판결의 이유 속에서 판단·표시하여야 한다(규칙 제67조 제3항).

3. 丁 주장의 인용가부

(1) 甲의 대표권의 존부

1) **제63조 제1항 본문의 내용과 그 취지** : 법정대리권 소멸은 이를 통지하지 않으면 대리권소멸의 효과를 주장할 수 없으며, 그 결과 구대리인과 관련한 소송행위는 무효로 되지 아니한다(제63조). 이 경우 상대방이 그 사실을 알았는지의 여부 및 모르는데 과실이 있는가의 여부를 불문한다(대법 1998.02.19, 95다52710). 이는 통지 유무에 의하여 자격상실 여부를 획일적으로 처리함으로써 소송절차의 안정과 명확을 기하기 위한 것이다.

2) **제63조 제1항 단서** : 위 규정의 입법취지에 비추어 대리권이 소멸하였다고 하더라도 그 통지가 있을 때까지는, 그 대리권이 소멸하지 아니한 것으로 의제되므로, 그 대리인의 소송행위는 모두 유효하게 된다. 따라서 자격상실자가 상대방과 통모하여 권리귀속주체에게 해가 되는 소송행위를 한 경우에도 그 효력을 인정하지 않을 수 없다. 이러한 불합리를 막기 위하여 현행법 제63조 제1항 단서에서 법원에 변경사실이 알려진 뒤에는 상대방에게 통지하지 아니한 시점에서도 구대리인은 소의 취하나 청구의 포기·인낙 등의 소송의 목적을 처분하는 제56조 2항의 소송행위를 하지 못하도록 하였다.

3) **적용범위** : 법정대리인에 관한 법 제63조의 규정은 제97조에서 소송대리인에게도 준용되며, 제63조 제2항에서 『제53조의 규정에 의한 당사자의 변경이 있는 경우에는 민사소송법 제63조 제1항의 규정을 준용한다』고 규정하고 있으며, 제64조에서 법인 등 단체의 대표자와 제52조의 대표자 또는 관리인에게도 준용되므로 사안의 종중대표자에게도 적용된다.

(2) 사안의 경우

설문에서 甲의 대표권이 소멸했음이 丙에게 통지되지 않았고, 나아가 피고 丙도 제266조 제2항에 따른 소취하의 동의도 있으므로, 달리 법원에 甲의 대표권소멸사실이 알려지지 않았다면 甲의 소취하는 유효하다. 따라서 법원은 丁의 기일지정신청에 대하여 이미 소송이 유효하게 종료되었음을 확인하는 의미에서 소송종료선언을 하여야 한다.

4. 설문의 해결

丁은 甲의 소취하행위의 효력을 다투는 기일지정신청을 할 수 있으나, 甲의 대표권소멸사실이 달리 법원에 알려지지 않았다면 법원은 소송종료선언을 하여야 한다.

15 | 사해행위취소의 반소확정 전 본소심판(22년 2차)

A는 서울 관악구 신림동 소재 단층 주택을 소유하고 있었다. A는 2018. 4. 1. 乙로부터 1억 원을 차용하면서 위 주택에 채권최고액 1억 2천만 원의 근저당권을 설정하였다. 甲은 2019. 10. 10. A와의 사이에, 甲이 A로부터 위 주택을 3억 원에 매수하는 내용의 매매계약을 체결하였는데, 위 매매계약 이후에도 乙의 근저당권은 계속 유지하면서 A가 乙에 대한 잔존 차용금 채무를 변제하기로 약정하였다. 이후 甲은 A에게 위 매매대금 3억 원을 지급하고, 2019. 11. 1. 甲 명의로 위 주택에 관한 소유권이전등기를 마쳤다. 이후 A는 乙에 대한 잔존 차용금 채무를 변제하지 못하였다. 위 주택의 매매계약 체결 당시 A는 채무 초과 상태에 있었고, 위 매매대금 3억 원은 수령 즉시 기존의 다른 채무변제에 모두 사용되었다. 甲은 2020. 6. 1. 乙을 상대로 위 근저당권의 채권최고액 1억 2천만 원을 변제공탁하였다며 소유권에 기한 방해배제청구로서 위 주택에 관한 乙 명의 근저당권의 말소등기청구의 소를 제기하였다. 이에 乙은 2020. 9. 20. 甲과 A 사이의 2019. 10. 10.자 매매계약이 사해행위에 해당함을 이유로 그 취소와 함께 원상회복으로 위 주택에 관한 甲 명의의 소유권이전등기의 말소등기청구를 반소로 구하였다. 乙의 반소 청구원인에 대하여, 甲은 위 주택매매계약이 사해행위에 해당하지 않는다고 주장하였다. 또한 사해행위 취소소송 중 취소 부분은 형성의 소로서 그 판결이 확정되어야 권리변동의 효력이 발생하므로, 제1심법원이 甲과 A 사이의 위 주택매매계약을 사해행위로 판단하여 취소하는지 여부와는 관계없이 甲의 본소 청구는 인용되어야 한다고 주장하였다. 심리결과 제1심법원은 甲과 A 사이의 위 주택매매계약이 사해행위에 해당한다는 심증을 가지게 되었고, 한편 甲이 乙에 대한 채권최고액 1억 2천만 원을 변제 공탁하였다는 사실도 증거에 의해 확인하였다.

이 경우 제1심법원은 위 본소와 반소 각 청구에 대하여 어떤 판결을 하여야 하는가?

1. 문제점

사해행위취소소송은 형성의 소로서 그 판결이 확정됨으로써 비로소 권리변동의 효력이 생기는 것인데, 반소 청구에 대한 판결이 확정되지 않은 상태에서도 본소 청구의 원인이 된 법률행위가 취소되었음을 전제로 심리하여 판단할 수 있는지 문제된다.

2. 반소에 대한 판단

乙의 반소는 본소의 사실심 계속 중, 청구병합의 요건을 갖추었고, 특별히 소송을 지연시킨다는 사정도 없으며, 반소의 청구원인인 사해행위의 취소 여부는 본소 청구에 대한 방어방법이자, 본소 청구 인용 여부의 선결문제가 되는 것으로 반소관련성도 갖추어 적법하다. 나아가 제1심 법원은 甲과 A 사이의 위 주택매매계약이 사해행위에 해당한다는 심증을 가지게 되었으므로 乙의 청구를 인용하여 매매계약을 취소하고 원상회복으로 甲 명의의 소유권이전등기 말소를 명해야 한다.

3. 본소에 대한 판단

(1) 결 론
甲의 청구를 기각한다.

(2) 이 유
법원이 반소 청구를 이유 있다고 판단하여 사해행위 취소 및 원상회복을 명하는 판결을 선고하는 경우, 비록 반소 청구에 대한 판결이 확정되지 않았다고 하더라도, 원고의 소유권 취득의 원인이 된 법률행위가 취소되었음을 전제로 원고의 본소 청구를 심리하여 판단할 수 있다고 봄이 타당하다. 민법 제406조 제1항도 채권자가 사해행위의 취소와 원상회복을 법원에 청구할 수 있다고 규정함으로써 사해행위취소청구에는 그 취소판결이 미확정인 상태에서도 그 취소의 효력을 전제로 하는 원상회복청구를 병합하여 제기할 수 있도록 허용하고 있다. 이 경우 <u>본소와 반소가 같은 소송절차 내에서 함께 심리, 판단되는 이상, 반소 사해행위 취소 판결의 확정 여부가 본소 청구 판단 시 불확실한 상황이라고 보기 어렵고, 그로 인해 원고에게 소송상 지나친 부담을 지운다거나, 원고의 소송상 지위가 불안정해진다고 볼 수도 없다. 오히려 이로써 반소 사해행위 취소소송의 심리를 무위로 만들지 않고, 소송경제를 도모하며, 본소 청구에 대한 판결과 반소 청구에 대한 판결의 모순 저촉을 피할 수 있기 때문이다</u>(대법 2019.03.14, 2018다277785).

16 | 소송요건과 본안판단의 순서(3회 기출, 21년 2차 모의)

> 甲의 본안청구가 이유없다고 먼저 판명된 경우라면, 수소법원은 당사자적격의 존부에 관하여 판단할 필요없이 바로 본안의 판단으로 들어가 甲의 청구를 기각할 수 있는가?

1. 소송요건과 본안판단의 순서

(1) 견해의 대립

1) **본안판결요건설(소송요건심리의 선순위성 긍정설)** : 소송요건은 본안판결의 요건이므로 본안판결에 앞서 미리 조사하여야 하고, 따라서 소송요건의 존부에 관한 문제를 남겨 놓고 건너뛰어 원고청구의 기각판결을 함은 허용될 수 없다는 견해로 다수설적 입장이다.

2) **판결선고요건설(소송요건심리의 선순위성 부정설)** : 소송요건과 실체법상의 요건은 동일평면의 판결선고요건이므로, 실체법상 이유 없음이 먼저 판명되면 소송요건을 갖추었는가를 가릴 것도 없이 청구기각의 본안판결을 할 수 있다는 견해이다.

3) **절충설** : 소송요건 가운데서 무익한 소송의 배제나 피고의 이익보호를 목적으로 삼는 것과 공적 이익의 확보를 목적으로 한 것을 구별하여, 전자에 해당하는 소송요건은 그 존부를 따질 필요 없이 먼저 청구기각을 할 수 있다는 견해이다.

(2) 判例의 태도

判例는 『본건 중앙토지수용위원회의 수용재결은 행정소송의 대상으로 삼을 수 없다고 할 것임에도 불구하고 원심이 위 피고의 수용재결 취소를 구하는 원고들의 본건 청구를 적법시하여 본안판결을 하였음은 행정소송의 대상에 관한 법리를 오해한 위법을 범하였다고 할 것이니, 본건 소는 부적법하여 각하하기로 한다』라고 하여 본안판결요건설과 같은 태도이다(대법 1983.02.08, 81누420).

(3) 검 토

① 법원에 관한 소송요건에 대해 의문이 있는 경우에 이를 심리하지 않고 원고청구기각을 한다면, 법관의 권한을 박탈하는 결과가 된다. 또한 ② 당사자에 관한 소송요건들을 심리하지 않고 청구기각의 판결을 한다면, 절차보장에 차질을 가져온다. 따라서 소송요건의 존재를 확실히 하고 본안판결을 하여야 한다는 본안판결요건설이 타당하다고 본다. 다만 부제소특약·소의 이익 등 무익한 소송을 배제시킬 목적의 소송요건에 대해서는 그 존부심사를 뒤로 미루어 두고 청구기각의 종국판결로 사건을 종결시켜도 무방하다는 입장이 타당하다고 본다.

2. 결 론

소송요건의 존부가 불명하여 그에 관하여 더 조사할 필요가 있다면 청구가 이유 없는 것이 명백한 경우라 하더라도 청구기각의 본안판결을 할 수는 없다.

17 | 승소자의 재소 취급
(13년 2차, 17년 3차, 19년 3차 모의쟁점)

> 丙은 X 부동산의 소유자인 乙로부터 사해행위로서 이 사건 부동산을 매수하여 소유권이전등기를 마친 다음 A 앞으로 근저당권설정등기를 마쳤는데, 그 후 乙의 채권자인 甲이 丙을 상대로 사해행위 취소 및 원상회복으로서 乙에게로의 소유권이전등기를 청구하여 원고 승소 판결이 확정되었다. 甲이 위 확정 판결에 따른 소유권이전등기를 지체하던 중 사해행위취소의 소 제기 이전에 이미 이 사건 부동산에 설정되어 있던 A의 근저당권이 실행되어 제3자에게 매각됨으로써 乙에게로의 소유권이전등기가 불가능해지자, 甲은 종전 확정 판결에 따른 원물반환이 불가능해졌음을 이유로 다시 가액배상을 구하는 소를 제기하였다.
>
> 법원은 어떠한 판단을 하여야 하는가?

1. 문제점

소가 적법하기 위해서는 공통적인 소의 이익으로서 권리보호자격을 갖추어야 한다. 설문은 甲이 이미 채권자취소소송을 제기하여 승소한 다음에 그 집행이 불가능하자 다시 가액배상을 구한 경우로서 소의 이익이 존재하는지 문제된다.

2. 전소 이전등기청구의 적법성

(1) 채권자취소소송과 원상회복 방법

민법 제406조 제1항에 따라 채권자의 사해행위 취소 및 원상회복청구가 인정되면, 수익자는 원상회복으로서 사해행위의 목적물을 채무자에게 반환할 의무를 지게 되고, 만일 원물반환이 불가능하거나 현저히 곤란한 경우에는 원상회복의무의 이행으로서 사해행위 목적물의 가액 상당을 배상하여야 한다. 여기에서 원물반환이 불가능하거나 현저히 곤란한 경우라 함은 원물반환이 단순히 절대적·물리적으로 불능인 경우가 아니라 사회생활상의 경험법칙 또는 거래상의 관념에 비추어 그 이행의 실현을 기대할 수 없는 경우를 말한다(대법 2006.12.07, 2004다54978).

(2) 목적물에 저당권이 설정된 경우 원상회복방법

사안과 같이 사해행위 후 그 목적물에 관하여 제3자가 저당권을 취득한 경우에는 수익자가 목적물을 저당권 등의 제한이 없는 상태로 회복하여 이전하여 줄 수 있다는 등의 특별한 사정이 없는 한 채권자는 수익자를 상대로 원물반환 대신 그 가액 상당의 배상을 구할 수 있지만, 그렇다고 하여 채권자가 스스로 위험이나 불이익을 감수하면서 원물반환을 구하는 것까지 허용되지 아니하는 것으로 볼 것은 아니며, 채권자는 원상회복 방법으로 가액배상 대신 수익자를 상대로 채무자 앞으로 직접 소유권이전등기절차를 이행할 것을 구할 수도 있다.

3. 후소의 소의 이익을 구비여부

(1) 권리보호자격

소의 이익의 한 형태로 권리보호자격은 청구의 내용이 본안판결을 받기에 적합한 일반적 자격으로서 ① 청구가 소구할 수 있는 구체적인 권리 또는 법률관계이여야 하고, ② 법률상·계약상 제소금지 사유가 없어야 하고, ③ 제소장애사유가 없어야 하고, ④ 이미 승소판결을 받지 않았어야 하며, ⑤ 소의 제기가 신의칙에 반하지 않아야 한다.

(2) 이미 승소후 재소의 소의 이익

채권자취소소송에서 원상회복청구권은 사실심 변론종결 당시의 채권자의 선택에 따라 원물반환과 가액배상 중 어느 하나로 확정되며, 채권자가 일단 사해행위 취소 및 원상회복으로서 원물반환 청구를 하여 승소 판결이 확정되었다면, 그 후 어떠한 사유로 원물반환의 목적을 달성할 수 없게 되었다고 하더라도 다시 원상회복청구권을 행사하여 가액배상을 청구할 수는 없으므로 그 청구는 권리보호의 이익이 없어 허용되지 않는다고 할 것이다(대법 2006.12.07, 2004다54978).

4. 설문의 해결

원고가 이미 승소확정판결을 받아 놓았을 경우 동일청구에 대한 신소의 제기는 원칙적으로 소의 이익이 없다. 채권자취소소송의 소송물은 원상회복청구이고 원물반환이냐 가액배상이냐는 원상회복 방법에 불과한 것으로 어떠한 사유로 원물반환의 목적을 달성할 수 없게 되었다고 하더라도 가액배상을 구하는 것은 별개의 소송물로 볼 수 없다. 따라서 법원은 이미 승소한 채권자의 가액배상청구를 각하하여야 한다.

18 | 승소자의 재소 취급 (21년 1차 모의쟁점, 10회 기출)

> 甲건설회사(이하 '甲회사'라고 함)는 2005. 1. 6. 乙법인과 공사대금 30억 원으로 하여 건물을 신축하는 도급계약을 체결하고 2006. 1. 6. 건물을 완공하였다. 그런데 乙법인이 공사대금을 지급하지 않고 있다. 이에 甲회사는 乙법인을 상대로 공사대금지급청구의 소(이하 '전소'라고 함)를 제기하였고 법원은 이에 대하여 30억 원의 지급을 명하는 판결을 선고하여 2007. 3. 10. 판결이 확정되었다.
>
> 전소 판결이 확정된 후 乙법인이 위 30억 원의 공사대금을 지급하지 않았음에도 甲회사는 강제집행을 진행하지 아니하였다. 이후 甲회사는 2017. 3. 15. 乙법인을 상대로 전소와 동일한 이행청구의 소(이하 '후소'라고 함)를 제기하였다. 이에 乙법인은 '1) 후소가 전소 확정판결 채권의 시효중단을 위한 재소(再訴) 이지만 시효완성 이후에 제기되었으므로 부적법하고, 2) 乙법인은 2017. 2. 10. 甲회사에 공사대금 30억 원을 모두 변제하여 더 이상 甲회사에 지급할 대금이 없다'고 주장하였고 변제사실은 증명되었다. 이때 후소 법원은 甲회사와 乙법인 사이의 채권이 乙법인의 변제로 소멸하였다고 본안판단을 할 수 있는가?[1] (이자 및 지연손해금은 논하지 말 것) (15점)

1. 문제점

전소에서 승소한 바 있어도 소멸시효의 경과가 임박한 경우 시효중단 필요성에 따른 후소는 소의 이익이 인정되지만, 설문은 10년이 지난 후 제기된 것으로 후소의 적법여부가 문제되고, 후소의 본안판단과 관련하여 乙의 변제사실을 고려할 수 있는지 살펴본다.

2. 후소의 적법여부

대법원은 "판결이 확정된 채권의 소멸시효기간의 경과가 임박하였는지 여부에 따라 시효중단을 위한 후소의 권리보호이익을 달리 보는 취지와 채권의 소멸시효 완성이 갖는 효과 등을 고려해 보면, 시효중단을 위한 후소를 심리하는 법원으로서는 전소 판결이 확정된 후 소멸시효가 중단된 적이 있어 그 중단사유가 종료한 때로부터 새로이 진행된 소멸시효기간의 경과가 임박하지 않아 시효중단을 위한 재소(再訴)의 이익을 인정할 수 없다는 등의 특별한 사정이 없는 한, 후소가 전소 판결이 확정된 후 10년이 지나 제기되었다 하더라도 곧바로 소의 이익이 없다고 하여 소를 각하해서는 아니 되고, 채무자인 피고의 항변에 따라 원고의 채권이 소멸시효 완성으로 소멸하였는지에 관한 본안판단을 하여야 한다."는 입장이다(대법 2019.01.17, 2018다24349).

3. 후소의 본안판단

전소와 후소의 소송물은 동일하여 기판력이 작용하고 당사자가 동일하나, 후소에서 밝혀진 乙의 변제사실은 甲이 승소한 전소의 변론종결 후 사정변경에 해당하고, 따라서 甲의 청구를 기각한다.

---

[1] 2021년도 제10회 변호사시험 1문의 1

19 | 권리보호이익

I. 금전채권이 압류된 경우의 취급(19년 2차, 21년 2차 모의)

> 甲은 乙에 대한 2억 원의 대여금채권(이하 'A채권'이라고 한다)을 가지고 있었고, 乙은 丙에 대한 1억 원의 대여금채권(이하 'B채권'이라고 한다)을 가지고 있었는데, A채권과 B채권은 모두 그 이행기가 도래하였다. 乙이 채무초과 상태에 있으면서 B채권을 행사하지 않자, 甲은 乙을 대위하여 丙을 상대로 B채권액인 1억 원의 지급을 청구하는 소를 제기하였고, 그 무렵 乙은 이러한 소제기 사실을 알게 되었다. 그 후 乙의 또 다른 대여금 채권자 丁이 B채권에 대하여 채권압류 및 전부명령을 받아 그 명령이 丙에게 송달된 후 확정되었다.
>
> 제1심 법원은 어떠한 판결을 해야 하는가? (20점)

1. 문제점

丁의 전부명령이 유효하다면 B채권은 乙로부터 丁에게 이전되므로, 甲이 제기한 대위소송은 피대위채권의 부존재를 이유로 청구기각될 것이다. 다만 丁의 전부명령이 대위소송이 제기된 사실을 채무자가 알고 있는 상태에서 이루어진 것으로 그 효력이 문제되고, 만일 전부명령이 무효라도 압류명령은 유효하므로 이 경우 피대위채권에 관한 대위소송에 대한 취급이 권리보호이익과 관련하여 문제된다.

2. 전부명령의 효력

(1) 판례의 입장

채권자대위소송이 제기되고 대위채권자가 채무자에게 대위권 행사사실을 통지하거나 채무자가 이를 알게 되면 민법 제405조 제2항에 따라 채무자는 피대위채권을 양도하거나 포기하는 등 채권자의 대위권 행사를 방해하는 처분행위를 할 수 없게 되므로, 민사집행법 제229조 제5항이 유추적용되어 피대위채권에 대한 전부명령은, 우선권 있는 채권에 기초한 것이라는 등의 특별한 사정이 없는 한, 무효라고 한다(대법 2016.08.29, 2015다236547).

(2) 검 토

대위채권자와 평등한 지위를 가지는 채무자의 다른 채권자가 피대위채권에 대하여 전부명령을 받는 것도 가능하다고 하면, i) 채권자대위소송의 제기가 채권자의 적법한 권리행사방법 중 하나이고 채무자에게 속한 채권을 추심한다는 점에서 추심소송과 공통점도 있음에도 그것이 무익한 절차에 불과하게 될 뿐만 아니라, ii) 대위채권자가 압류·가압류나 배당요구의 방법을 통하여 채권배당절차에 참여할 기회조차 가지지 못하게 한 채 전부명령을 받은 채권자가 대위채권자를 배제하고 전속적인 만족을 얻는 결과가 되어, 채권자대위권의 실질적 효과를 확보하고자 하는 민법 제405조 제2항의 취지에 반하게 되므로 이러한 判例의 입장은 타당하다.

3. 甲의 대위소송에 대한 법원의 판단

(1) 압류명령의 효력

채권압류 및 전부명령이 다른 채권자의 가압류와 경합된 상태에서 전부명령이 발부된 것이므로 그 전부명령은 무효라 할지라도 채권압류의 효력은 유효히 지속된다는 것이 判例의 입장이다(대법 1976.09.28, 76다1145 · 1146).

(2) 소구채권이 압류된 경우의 취급

일반적으로 금전채권에 대한 가압류가 있더라도 이는 채무자가 제3채무자로부터 현실로 급부를 추심하는 것만을 금지하는 것일 뿐이므로, 채무자는 제3채무자를 상대로 그 이행을 구하는 소송을 제기할 수 있고 법원은 가압류가 되어 있음을 이유로 이를 배척할 수는 없는 것이 원칙이다. 왜냐하면 채무자로서는 제3채무자에 대한 그의 채권이 가압류되어 있다 하더라도 집행권원을 취득할 필요가 있고, 시효를 중단할 필요가 있는 경우도 있을 것이며, 또한 소송 계속 중에 가압류가 행하여진 경우에 이를 이유로 청구가 배척된다면 장차 가압류가 취소된 후 다시 소를 제기하여야 하는 불편함이 있는데 반하여 제3채무자로서는 이행을 명하는 판결이 있더라도 집행단계에서 이를 저지하면 될 것이기 때문이다(대법 2002.04.26, 2001다59033).

4. 설문의 해결

甲의 대위소송을 채무자 乙이 안 이후, 다른 채권자 丁의 乙의 丙에 대한 채권에 대해 전부명령을 받은 것은 무효이나 압류명령은 유효하고, 丁의 압류명령이 유효하여 집행이 불가능하더라도 甲의 대위소송에 대해서는 청구인용판결을 내려야 한다.

II. 소유권이전등기청구권이 가압류된 경우(1차 기출)

> 甲의 금전채권자인 A가 2012. 7.25. 甲이 乙에 대한 X토지의 매매를 이유로 한 소유권이전등기청구권에 대하여 가압류 결정을 받아 그 가압류 결정이 같은 달 29. 甲과 乙에게 각 송달되었는데, 甲이 乙을 상대로 무조건의 소유권이전등기청구를 하였고 이에 乙은 이 사건 소의 변론과정에서 위 가압류 때문에 甲에게 이 사건 토지에 관한 소유권이전등기절차를 이행하지 못하겠다는 항변을 하고 있다.
>
> 법원은 이 사건 소에 대하여 어떠한 판결을 선고하여야 하는가?

1. 이행의 소의 이익

현재 이행기가 도래하였으나 이행되지 않은 이행청구권의 존재를 주장하는 것으로서 원칙적으로 권리보호의 이익이 인정된다. 다만 원고가 채무자에게 한번쯤 이행최고를 하였더라면 피고의 임의이행이 되었을 경우라면, 원고의 승소에 불구하고 소송비용을 부담하게 된다(제99조).

2. 집행이 불가능하거나 현저한 곤란이 있는 경우

(1) 소의 이익이 있는지 여부

판결절차는 관념적 분쟁해결절차로서 사실적인 해결절차인 강제집행절차와는 별도로 독자적인 존재의의를 가지고 있고, 집행권원의 보유는 피고에게 심리적 압박이 되므로 소의 이익을 긍정해야 할 것이다.

(2) 判例의 입장

일반적으로 채권에 대한 가압류가 있더라도 이는 채무자가 제3채무자로부터 현실로 급부를 추심하는 것만을 금지하는 것일 뿐이므로, 채무자는 제3채무자를 상대로 그 이행을 구하는 소송을 제기할 수 있고 법원은 가압류가 되어 있음을 이유로 이를 배척할 수는 없는 것이 원칙이다. 왜냐하면 채무자로서는 제3채무자에 대한 그의 채권이 가압류되어 있다 하더라도 집행권원을 취득할 필요가 있고, 시효를 중단할 필요가 있는 경우도 있을 것이며, 또한 소송 계속 중에 가압류가 행하여진 경우에 이를 이유로 청구가 배척된다면 장차 가압류가 취소된 후 다시 소를 제기하여야 하는 불편함이 있는데 반하여 제3채무자로서는 이행을 명하는 판결이 있더라도 집행단계에서 이를 저지하면 될 것이기 때문이다(대법 2002.04.26, 2001다59033).

3. 소유권이전등기청구권이 가압류된 경우

금전채권이 아닌 소유권이전등기청구권이 가압류된 경우에는 가압류의 해제를 조건으로 채무자가 제3채무자 상대의 이전등기청구를 해야 한다. 소유권이전등기를 명하는 판결은 의사의 진술을 명하는 판결로서 이것이 확정되면 채무자는 일방적으로 이전등기를 신청할 수 있고 제3채무자는 금전채권이 압류된 경우와 달리 이를 저지할 방법이 없으므로, 이와 같은 경우에는 가압류의 해제를 조건으로 하지 아니하는 한 법원은 이를 인용하여서는 안된다.

4. 결론

설문의 피고가 가압류 항변을 하였으므로 원고가 가압류 해제를 조건으로 이전등기를 구하는 것으로 청구를 변경하면 수소법원은 이를 인용하고, 변경하지 않는다면 원고청구를 기각한다.

◆ 소유권이전등기청구권이 압류 또는 가압류된 경우의 법리

1. 피고가 가압류 사실을 항변하지 않은 경우

　소유권이전등기청구권이 가압류되어 있다는 사정은 피고측의 항변사유에 해당하는 것이고 직권조사사항은 아닌 만큼, 소유권이전등기 청구소송의 소장에 그와 같은 가압류의 존재 사실이 기재되어 있다고 하더라도 이는 선행자백에 불과하여 피고가 응소하여 그 부분을 원용하는 경우에 비로소 고려될 수 있는 것이므로, 피고가 답변서를 제출하지 아니하고 변론기일에 출석하지도 아니하여 그 사건의 원고가 주장하는 소유권이전등기청구권의 요건 사실에 관하여 의제자백의 효과가 발생한 이상 법원으로서는 전부승소의 판결을 할 것이지 단순히 가압류사실을 알게 되었다고 하더라도 가압류가 해제될 것을 조건으로 한 판결을 할 수는 없는 것이다(대법 1999.06.11, 98다22963).

2. 피고가 가압류 사실을 항변한 경우

　(1) 원고에게 가압류해제를 조건으로 이전등기를 구하는지 석명의무가 있는지 여부

　소유권이전등기청구권에 대하여 가압류가 있는 경우에는 가압류의 해제를 조건으로 이전등기를 구할 수 있으나, 가압류되어 있는 피고 갑의 피고 을에 대한 부동산소유권이전등기청구권을 대위행사하는 원고에 대하여 법원이 가압류의 해제를 조건으로 이전등기를 구하는지 여부에 관하여 석명을 구할 의무가 있는 것이 아니므로, 법원이 원고에 대하여 가압류의 해제를 조건으로 이전등기를 구할 기회를 부여하지 않고 원고의 청구를 기각한 조치에 석명권 불행사 내지 심리미진의 위법이 있다 할 수 없다(대법 1994.10.25, 93다55012).

　(2) 가압류해제를 조건으로 인용

　일반적으로 채권에 대한 가압류가 있더라도 이는 채무자가 제3채무자로부터 현실로 급부를 추심하는 것만을 금지하는 것이므로 채무자는 제3채무자를 상대로 그 이행을 구하는 소송을 제기할 수 있고, 법원은 가압류가 되어 있음을 이유로 이를 배척할 수 없는 것이 원칙이나, 소유권이전등기를 명하는 판결은 의사의 진술을 명하는 판결로서 이것이 확정되면 채무자는 일방적으로 이전등기를 신청할 수 있고 제3채무자는 이를 저지할 방법이 없으므로 이와 같은 경우에는 가압류의 해제를 조건으로 하지 아니하는 한 법원은 이를 인용하여서는 안되고, 제3채무자가 임의로 이전등기의무를 이행하고자 한다면 민사소송법 제577조(현 민사집행법 제244조)에 의하여 정하여진 보관인에게 권리이전을 하여야 할 것이고, 이 경우 보관인은 채무자의 법정대리인의 지위에서 이를 수령하여 채무자 명의로 소유권이전등기를 마치면 된다(대법 1992.11.10, 92다4680).

20 장래이행의 소

Ⅰ. 장래이행의 소의 적법요건(17년 3차, 20년 1차 모의쟁점)

> 국립 乙대학교는 甲소유의 토지를 10여 년 전부터 학교부지의 용도로 점유·사용하여 왔다. 甲이 이 사실을 알고 대한민국을 상대로 위 토지에 대한 임대료 상당의 부당이득금의 반환을 구하는 소를 제기하려고 한다. 위 소송에서 甲은 피고에 대하여 위 소송의 변론종결시까지 임대료 상당의 부당이득금의 반환을 청구하는 외에 피고가 위 토지를 매수할 때까지 매월 임대료 상당의 일정금액의 지급을 구하는 청구를 하고자 한다. 이러한 청구가 적법한지를 검토하라.

1. 문제점

甲의 청구 중에 사실심변론종결시까지 발생한 임료상당금원에 대한 청구는 현재이행의 소에 해당하며, 변론종결 이후 매수시점까지의 부당이득반환청구는 장래이행의 소에 해당한다. 즉 현재이행의 소와 장래이행의 소가 병합으로 현재이행청구부분은 특별한 사정이 없는 한 적법하다고 할 것이나, 장래 매수시까지의 이행청구부분은 변론종결시를 기준으로 청구권의 발생이 확실한지와 관련하여 적법성이 문제된다.

2. 장래이행청구의 의의 및 요건

(1) 의 의

변론종결시를 표준으로 하여 이행기가 장래에 도래하는 이행청구권을 주장하는 소를 장래이행의 소라 하는데 이는 '미리 청구할 필요'가 있는 경우에 한하여 허용된다(제251조). 채무자의 임의이행 거부에 대비하는 것이고, 채무자의 무자력으로 강제집행의 곤란에 대비하기 위한 것이 아니다(이 경우는 가압류, 가처분 사유).

(2) 요 건

1) **장래이행의 소의 청구적격** : 장래이행의 소의 대상인 청구권은, ① 청구기초가 되는 사실상·법률상 관계가 변론종결당시 존재해야 하고, ② 장래의 이행기까지 의무불이행 사유가 계속하여 존속한다는 것을 변론종결당시에 확정적으로 예정할 수 있는 것이어야 한다. 따라서 이러한 책임기간이 불확실하여 변론종결당시에 확정적으로 예정할 수 없는 경우에는 장래이행 소는 부적법하다.

2) **미리 청구할 필요** : 장래의 이행을 청구하는 소는 「미리 청구할 필요」가 있는 경우에 한하여 제기할 수 있는바, 이는 장래이행의 소에 특유한 권리보호의 요건으로서 이것이 없으면 장래이행의 소는 부적법하여 각하하여야 한다. 어떠한 경우에 그러한 필요가 있는가는 이행의무의 성질이나 의무자의 태도를 고려하여 개별적으로 판단해야 한다.

3. 사안의 장래부당이득반환청구의 적법여부

(1) 미리 청구할 필요가 있는지 여부

사안의 부당이득반환 청구는 계속적·반복적 이행청구의 경우로서 현재 이미 이행기도래분에 대해 불이행한 이상, 장래의 분도 자진 이행을 기대할 수 없기 때문에 현재의 분과 합쳐서 미리 청구할 필요는 있다.

(2) 청구적격의 구비여부

사안은 甲은 국가가 토지를 매수할 때까지 임료 상당액의 부당이득반환청구를 하고 있는 바, 이 사건에 있어서 과연 장차 피고가 이 사건 토지를 매수하거나 수용하게 될는지 또는 그 시점이 언제 도래할지 불확실할 뿐만 아니라 피고가 매수하거나 수용하지 아니하고 점유사용을 그칠 수도 있고 원고가 이 사건 토지를 계속하여 소유하지 못할 수도 있는 것이어서 원고가 정한 '피고가 이 사건 토지를 매수할 때까지'라는 장래의 기간한정은 의무불이행의 사유가 그 때까지 계속하여 존속한다는 보장이 성립되지 아니하는 불확실한 시점이라 아니할 수 없을 것이므로 이에 대한 장래의 이행을 명할 수는 없다 (대법 1991.10.08, 91다17139).

4. 설문의 해결

설문의 甲의 청구중 변론종결시까지 임대료 상당의 부당이득금의 반환을 청구하는 것은 주장자체에 의해 적법하나, 피고가 위 토지를 매수할 때까지의 장래부당이득반환청구는 청구적격을 갖추지 못해 부적법하다. 이 경우 종전 판례는 피고의 점유종료일 또는 원고의 소유권상실일까지 장래 부당이득반환청구를 하여야 적법한 것으로 보았으나(대법 1993.03.09, 91다46717), 최근 피고의 점유 상실일은 부당이득반환의무를 부담하는 피고의 임의의 이행과 관련되는 의무자 측의 사정으로서, 장래의 부당이득금의 지급을 명하는 판결의 주문에 그 의무의 종료 시점으로 기재할 수 있는 최소한의 표현에 해당한다고 볼 수 있으나, 원고의 소유권 상실·이전 여부는 권리자인 원고의 영역에 속하는 사정으로서 특별한 사정이 없는 한 의무자인 피고가 이를 좌우할 수 있는 성질의 것이 아니므로, '원고의 소유권 상실일까지'라는 기재는 이행판결의 주문 표시로서 바람직하지 않다고 하였다(대법 2019.02.14, 2015다244432).

◆ 장래이행 청구가 문제되는 경우

1. 선이행청구

원고가 먼저 자기의 채무를 이행하여야 비로소 그 이행기가 도래하는 이행청구권을 대상으로 하는 선이행청구, 즉 저당채무자가 먼저 저당채무를 지급하는 것을 조건으로 한 저당권설정등기말소청구는 원칙적으로 허용되지 않는다. 다만 양도담보 등의 경우 채권자가 그 등기가 담보의 목적이 아님을 다툰다든가 피담보채무의 액수를 다투기 때문에 채무자가 변제하여도 등기의 말소에 즉시 채권자의 협력을 기대할 수 없으면 미리 청구할 필요가 있다. 이 경우 채권자와 채무자 사이에 피담보채무의 소멸 여부에 관하여 다툼이 있고 그 전액 변제가 인정되지 아니할 경우에는 법원은 피담보채무의 잔존액을 확정한 다음 이를 이행한 이후에 담보권이 해제되도록 심리할 필요가 있고(대법 1987.04.14, 86다카981), 심리한 결과 잔존 채무가 있다고 인정되면 청구를 일부 인용하여야 한다고 보고 있다(대법 1983.05.10, 81다548).

2. 대항요건을 갖추지 못한 채권양수의 경우 장래이행의 소의 허부

大法院은 채권을 양수하기는 하였으나 아직 양도인에 의한 통지 또는 채무자의 승낙이라는 대항요건을 갖추지 못하였다면 채권양수인은 현재는 채무자와 사이에 아무런 법률관계가 없어 채무자에 대하여 아무런 권리주장을 할 수 없기 때문에 채무자에 대하여 채권양도인으로부터 양도통지를 받은 다음 채무를 이행하라는 청구는 장래이행의 소로서의 요건을 갖추지 못하여 부적법하다고 보고 있다(대법 1992.08.18, 90다9452). 그러나 피담보채권을 저당권과 함께 양수한 자는 저당권이전의 부기등기를 마치고 저당권실행의 요건을 갖추고 있는 한 채권양도의 대항요건을 갖추고 있지 아니하더라도 경매신청을 할 수 있다고 한다. 이 경우 채무자는 경매절차의 이해관계인으로서 채권양도의 대항요건을 갖추지 못하였다는 사유를 들어 경매개시결정에 대한 이의나 즉시항고절차에서 다툴 수 있고, 이 경우는 신청채권자가 대항요건을 갖추었다는 사실을 증명하여야 한다(대법 2000.10.25, 2000마5110).

3. 관할청의 허가를 조건으로 하는 장래의 이행의 소의 허부

1. 大法院은 "학교법인이 감독청의 허가 없이 기본재산인 부동산에 관한 매매계약을 체결하는 한편 그 부동산에서 운영하던 학교를 당국의 인가를 받아 신축교사로 이전하고 준공검사까지 마친 경우, 위 매매계약이 감독청의 허가 없이 체결되어 아직은 효력이 없다고 하더라도 위 매매계약에 기한 소유권이전등기절차이행청구권의 기초가 되는 법률관계는 이미 존재한다고 볼 수 있고 장차 감독청의 허가에 따라 그 청구권이 발생할 개연성 또한 충분하므로, 매수인으로서는 미리 그 청구를 할 필요가 있는 한, 감독청의 허가를 조건으로 그 부동산에 관한 소유권이전등기절차의 이행을 청구할 수 있다."고 하였다(대법 1998.07.24, 96다27988).
2. 토지거래허가구역 내에서 토지거래허가 없이 체결한 토지거래계약은 유동적 무효이므로 장래 허가를 받을 것을 조건으로 소유권이전등기를 청구하는 것은 허용되지 않는다(대법(전) 1991.12.24, 90다12243). 나아가 大法院은 토지거래계약에 관한 허가를 받을 것을 조건으로 한 소유권이전등기청구권을 피보전권리로 한 부동산처분금지가처분신청도 허용되지 않는다고 하였는데, 유동적 무효의 경우 매매계약은 법률상 미완성의 법률행위로서 적어도 소유권이전등기청구권에 한해서는 토지거래계약에 관한 허가 없이는 그 발생의 기초조차 발생하지 않았다고 볼 수 있고, 그와 같은 소유권이전등기청구권은 조건부·부담부 청구권에도 해당하지 않는다고 보았다(대법 2010.08.26, 2010마818).

4. 제권판결 불복의 소와 그 확정을 조건으로 한 수표금 청구

제권판결 불복의 소와 같은 형성의 소는 그 판결이 확정됨으로써 비로소 권리변동의 효력이 발생하게 되므로 이에 의하여 형성되는 법률관계를 전제로 하는 이행소송 등을 병합하여 제기할 수 없는 것이 원칙이다. 또한 제권판결에 대한 취소판결의 확정 여부가 불확실한 상황에서 그 확정을 조건으로 한 수표금 청구는 장래이행의 소의 요건을 갖추었다고 보기 어려울 뿐만 아니라, 제권판결 불복의 소의 결과에 따라서는 수표금 청구소송의 심리가 무위에 그칠 우려가 있고, 제권판결 불복의 소가 인용될 경우를 대비하여 방어하여야 하는 수표금 청구소송의 피고에게도 지나친 부담을 지우게 된다는 점에서 이를 쉽사리 허용할 수 없다(대법 2013.09.13, 2012다36661).

◆ 장래 부당이득반환, 손해배상청구의 청구적격

1. 토지를 인도하는 날까지 부당이득청구

피고의 계쟁 토지에 대한 점유는 동시이행항변권 또는 유치권의 행사에 따른 것이어서 적법한 것이기는 하나 피고가 토지를 그 본래의 목적에 따라 사용·수익함으로써 실질적인 이득을 얻고 있다는 이유로 임료 상당의 금원의 부당이득을 명하고 있는 경우, 피고가 원고에게 토지를 인도하지 아니하더라도 원심이 이행을 명한 '인도하는 날' 이전에 토지의 사용·수익을 종료할 수도 있기 때문에 의무불이행사유가 '인도하는 날까지' 존속한다는 것을 변론종결 당시에 확정적으로 예정할 수 없는 경우에 해당한다 할 것이어서 그 때까지 이행할 것을 명하는 판결을 할 수 없다(대법 2002.06.14, 2000다37517).

2. 장래의 특정기한까지 부당이득반환청구

이 사건의 경우 이행을 명한 1990년까지라는 장래의 기간한정은 의무불이행의 사유가 그때까지 계속하여 존속한다는 보장이 성립되지 않는 불확실한 시점임을 부인할 수 없다. 그 시기 이전에 피고가 이 사건 토지를 수용하거나 도로폐쇄조치를 하여 점유사용을 그칠 수도 있고 원고가 위 토지를 계속하여 소유하지 못할 수도 있기 때문이다. 이는 가옥명도의 판결을 하면서 그 명도할 때까지 임료상당의 손해배상을 아울러 명하는 경우에 판결의 시점에서 볼 때 명도시기가 불확정하기는 하나 장차 명도라는 사실의 실현을 예정할 수 있어 장래의 이행을 명할 수 있는 것과 그 이치가 다른 것이다(대법 1987.09.22, 86다카2151).

3. 시가 토지를 매수할 때까지 부당이득청구

원고가 장차 피고가 이 사건 토지를 매수할 때까지의 차임상당이득의 반환을 구하고 있는데 대하여 이 사건에 있어서 과연 장차 피고가 이 사건 토지를 매수하거나 수용하게 되는지 또는 그 시점이 언제 도래할지 불확실할 뿐만 아니라 피고가 매수하거나 수용하지 아니하고 도로폐쇄 조치를 하여 점유사용을 그칠 수도 있고 원고가 이 사건 토지를 계속하여 소유하지 못할 수도 있는 것이어서 원고가 정한 '피고가 이 사건 토지를 매수할 때까지'라는 장래의 기간한정은 의무불이행의 사유가 그 때까지 계속하여 존속한다는 보장이 성립되지 아니하는 불확실한 시점이라 아니할 수 없을 것이므로 이에 대한 장래의 이행을 명할 수는 없을 것이라고 하였다(대법 1991.10.08, 91다17139).

4. 도로폐쇄에 의한 점유종료일 또는 원고의 소유권상실일

원심판결이유에 의하면 원심은, 피고가 이 사건 변론종결 무렵까지 이 사건 도로를 점유, 사용하면서도 이에 대한 임료상당의 부당이득금의 반환을 거부하고 있어 위와 같은 계속적,반복적 이행의무에 관하여 현재의 이행기도래분에 대하여 그 이행을 하지 아니한 이상 이 사건 도로의 폐쇄에 의한 피고의 점유종료일 또는 원고의 이 사건 도로에 대한 소유권상실일까지의 이행기 도래분에 대하여도 그 채무를 자진하여 이행하지 아니할 것이 명백히 예견되는 경우라고 봄이 상당하고, 따라서 장래에 이행기가 도래할 위 부분에 관하여는 미리 청구할 필요가 있는 경우라고 판시하면서 원심변론종결 이후인 1991. 10. 24.부터 이 사건 각 토지에 대한 피고의 도로폐쇄 또는 원고의 소유권상실까지 매월 금 198,600원의 비율에 의한 금원의 지급을 명하였는 바, 기록에 대하여 살펴볼 때 위 인정 판단과 그에 따른 조처는 정당한 것으로 수긍할 수 있고 거기에 소론주장과 같은 장래이행의 소에 관한 법리를 오해한 위법이 있다할 수 없다(대법 1993.03.09, 91다46717). 그러나 최근 피고의 점유 상실일은 부당이득반환의무를 부담하는 피고의 임의의 이행과 관련되는 의무자 측의 사정으로서, 장래의 부당이득금의 지급을 명하는 판결의 주문에 그 의무의 종료 시점으로 기재할 수 있는 최소한의 표현에 해당한다고 볼 수 있으나, 원고의 소유권 상실·이전 여부는 권리자인 원고의 영역에 속하는 사정으로서 특별한 사정이 없는 한 의무자인 피고가 이를 좌우할 수 있는 성질의 것이 아니므로, '원고의 소유권 상실일까지'라는 기재는 이행판결의 주문 표시로서 바람직하지 않다고 하였다(대법 2019.02.14, 2015다244432).

II. 물건인도청구와 대상청구의 병합(16년 3차 모의쟁점)

> 甲은 乙을 상대로 "피고 乙은 원고 甲에게 고철 50톤을 인도하라. 만일 위 고철을 인도할 수 없을 때에는 피고는 원고에게 금 5,000만 원을 지급하라."라는 소를 제기하였다.
>
> 이 소송의 병합형태와 적법여부, 법원의 심판방법을 검토하라.

1. 병합의 태양

(1) 주청구가 종류물 인도청구인 경우

종류물의 인도청구는 이행불능이 있을 수 없고, 피고에 대한 인용판결 후 강제집행시에 피고가 목적물을 소지하지 아니하여 강제집행이 불능이 되는 사태만 발생할 수 있다. 따라서 종류물의 인도청구를 하면서 대상청구를 하면 이는 집행불능에 대비한 것으로, 변론종결 후에 이행기가 도래하는 이행청구이므로 장래이행의 소가 된다. 이 때 원고는 주청구와 대상청구 모두의 승소를 바라는 것으로 현재이행의 소로서의 주청구와 장래이행의 소로서 대상청구의 단순 병합에 해당한다.

(2) 주청구가 특정물 인도청구인 경우

특정물의 인도청구시에는 목적물의 멸실을 예상할 수 있으므로 이행불능에 대비한 대상청구를 할 수도 있고, 집행불능에 대비한 대상청구도 할 수 있다. 집행불능에 대비한 대상청구의 경우 위에서 검토한 종류물의 경우와 같은 단순 병합이 되나, 이행불능에 대비한 대상청구는 주청구가 기각되는 경우에만 판단하게 되므로 주청구의 현재이행의 소와 대상청구의 현재이행의 소의 예비적 병합이 된다.

(3) 사안의 경우

사안에서 고철은 종류물로서 강제집행불능을 이유로 한 대상청구로 보인다. 判例도 『종류물의 인도를 구하고 그 집행불능인 경우에 대비하여 금전배상청구를 하는 경우 그 문언을 '인도불능일 때에는' 또는 '인도하지 않을 때는'이라고 기재한 경우에도 이는 '집행불능의 때'의 의미로 보아야 할 것이고, 원심이 주청구를 인용하면서 대상청구를 심리하지 않은 것을 위법』이라 하여 단순 병합이라고 보고 있다(대법 1975.05.13, 75다308).

2. 대상청구가 장래이행의 소로서 적법한지 여부

사안에서 甲의 대상청구권은 장래 집행불능에 대비한 조건부 청구권으로서 청구기초가 성립되어 있고, 조건성취의 개연성이 희박한 경우도 아니므로 청구적격을 갖춘 것으로 보이고, 만일 피고가 고철의 인도를 거부하고 있는 경우라면 집행불능시 대상청구도 거부하겠다는 의사로 볼 수 있어 미리 청구할 필요가 있고, 또한 집행불능이 발생한 후에만 현재이행의 소로서 대상청구를 허용하면 甲의 권리구제에 문제가 있으므로 소송경제차원에서도 장래이행의 소로서의 대상청구를 허용하는 것이 타당할 것이다.

3. 법원의 심판방법

사안은 장래에 집행불능에 대비한 대상청구로서 이는 부진정예비적 병합으로서 단순 병합에 해당한다. 따라서 법원은 주청구의 인용판결을 하는 경우 대상청구도 인용하여야 하며 반대로 주청구가 기각되면 대상청구도 기각하여야 한다.

21 | 확인의 소의 적법요건

I. 과거의 징계처분 무효확인의 소의 적법여부

> 乙회사는 내부의 비밀정보를 유출했음을 이유로 甲에게 "2009.9.21부터 2009.11.20일까지 2개월 정직"의 징계처분을 내렸다. 乙회사의 취업규칙에 의하면 "정직기간은 3개월 이내로 하고, 사원의 신분은 유지하되 직무에는 종사하지 못하며, 정직기간은 임금을 지급하지 아니한다"라고 규정되어 있다.
>
> 이에 甲은 2010년 乙회사를 피고로 하여 징계처분의 무효확인을 구하였다. 적법한가?

1. 확인의 소의 적법요건

(1) 대상적격

① 확인의 대상은 권리·법률관계이어야 하며, ② 확인의 대상은 원칙적으로 현재의 권리·법률관계이어야 한다. ③ 원·피고 당사자간의 권리관계만이 아니라 타인간의 권리관계라 하여도 자기의 권리관계에 영향을 미치는 한 확인의 소의 대상적격은 구비된 것이다.

(2) 확인의 이익

확인의 소는 ① 자신의 법률상의 지위에, ② 현존하는 불안이 있어야 하고, ③ 불안을 해소시킴에 있어서 확인판결을 받는 것 이외에 유효적절한 수단이 없을 것을 요한다.

2. 과거의 법률관계확인의 경우

(1) 원 칙

과거의 법률관계의 존부 확정은 현재의 분쟁해결에 대한 전제가 되는 것에 불과하고 현재의 분쟁해결을 위한 직접적인 방법이 되지 못하므로 현재의 권리관계로 고쳐서 확인을 구하는 것이 직접적이고 간명한 방법이다. 따라서 判例도 근저당권의 피담보채무에 관한 부존재확인의 소는 근저당권이 말소되면 과거의 권리 또는 법률관계의 존부에 관한 것으로서 확인의 이익이 없다고 하였다(대법 2013.08.23, 2012다17585).

(2) 예 외

그러나 判例는 ① 매매계약의 무효확인의 소에 있어서 과거의 법률행위인 매매계약무효확인을 구하는 것으로 볼 것이 아니라 현재 매매계약에 기한 채권채무가 존재하지 않는다는 확인을 구하는 취지를 간결하게 표현한 것으로 선해하여야 한다고 하여 善解適法性의 원칙의 적용을 인정하고(대법 1982.10.26, 82다108), ② 과거의 포괄적 법률관계의 확인이 일체 분쟁의 직접적, 획일적 해결에 유효적절한 수단이 되는 때에는 이를 허용할 것이라고 하여 그 예외를 인정하고 있다(대법 1995.03.28, 94므1447).

3. 설문의 해결

원심은 甲이 무효확인을 구하는 징계처분은 이미 그 징계기간인 2개월이 경과하였음이 명백하므로 그 무효확인을 구하는 소는 확인의 이익이 없어 부적법하다고 판단하였으나, 大法院은『소속 회사의 취업규칙에 따라 甲이 징계처분으로 인하여 정직기간 동안 임금을 전혀 지급받지 못하는 법률상 불이익을 입게 된 이상 징계처분은 정직기간 동안의 임금 미지급 처분의 실질을 갖는 것이고, 이는 甲의 임금청구권의 존부에 관한 현재의 권리 또는 법률상 지위에 영향을 미치고 있으므로, 甲으로서는 비록 징계처분에서 정한 징계기간이 도과하였다 할지라도 징계처분의 무효 여부에 관한 확인 판결을 받음으로써 가장 유효·적절하게 자신의 현재의 권리 또는 법률상 지위에 대한 위험이나 불안을 제거할 수 있어 확인의 이익이 있다』고 보아 적법하다고 판시하였다(대법 2010.10.14, 2010다36407).

II. 국가 상대 토지소유권확인청구의 적법요건

> 현재 미등기 상태인 X토지에 관한 토지대장에는 甲이 소유권을 이전받은 것으로 등재되어 있으나 최초의 소유자는 등재되어 있지 않다. 이에 甲은 보존등기 목적으로 국가를 상대로 X토지의 소유권확인을 구하는 소를 제기하였으나, 원심은 甲이 소유권보존등기를 함에 있어 토지대장등본에 의하여 소유자임을 증명할 수 있다 할 것이서, 이 사건 토지가 원고의 소유임을 확인을 구할 이익이 없음을 이유로 소를 각하하는 판결을 선고하였다.
>
> 이러한 원심판단은 적법한가?

1. 국가상대 토지소유권확인의 확인의 이익

국가를 상대로 한 토지소유권확인청구는 그 토지가 미등기이고 토지대장이나 임야대장상에 등록명의자가 없거나 등록명의자가 누구인지 알 수 없을 때와 그 밖에 국가가 등기 또는 등록명의자인 제3자의 소유를 부인하면서 계속 국가소유를 주장하는 등 특별한 사정이 있는 경우에 한하여 그 확인의 이익이 있다(대법 2009.10.15, 2009다48633).

2. 甲의 소가 적법한지 여부

(1) 소유권보존등기를 신청할 수 있는 자

소유권보존등기는 토지대장등본 또는 임야대장등본에 의하여 자기 또는 피상속인이 토지대장 또는 임야대장에 소유자로서 등록되어 있는 것을 증명하는 자(부동산등기법 제130조 제1호), 판결에 의하여 자기의 소유권을 증명하는 자(동법 제130조 제2호), 수용으로 소유권을 취득한 자(동법 제130조 제3호)가 신청할 수 있는데, 대장(토지대장, 임야대장)등본에 의하여 자기 또는 피상속인이 대장에 소유자로서 등록되어 있는 것을 증명하는 자는 대장에 최초의 소유자로 등록되어 있는 자 및 그 자를 포괄승계한 자이며, 대장상 소유권이전등록을 받았다 하더라도 물권변동에 관한 형식주의를 취하고 있는 현행 민법상 소유권을 취득했다고 할 수 없고, 따라서 대장상 소유권이전등록을 받은 자는 자기 앞으로 바로 보존등기를 신청할 수는 없으며, 대장상 최초의 소유명의인 앞으로 보존등기를 한 다음 이전등기를 하여야 한다.

(2) 사안의 경우

생각건대 대장상 소유권이전등록을 받은 것으로만 등재되어 있음에 불과한 원고 甲으로서는 바로 보존등기를 신청할 수는 없다고 보아야 하고, 사정이 이러하다면 이 사건은 대장에 등록명의자가 없거나 등록명의자가 누구인지 알 수 없을 때에 해당하여 원고에게는 확인의 이익이 있다고 봄이 상당하다. 그럼에도 불구하고, 원심은 이를 간과하고 원고에게 확인의 이익이 없다는 이유로 이 사건 소를 각하하였으니 이러한 원심의 판단에는 토지의 소유권보존등기를 위한 확인청구에서의 확인의 이익에 관한 법리를 오해한 위법이 있다(대법 2009.10.15, 2009다48633).

3. 결 론

원심판단은 위법하므로 상급심으로서는 원심판결을 취소 또는 파기하고, 환송하여야 한다(제425조, 제418조).

Ⅲ. 확인의 소의 보충성

> 甲은 국가를 상대로 위자료청구권이 존재함의 확인을 구하는 소를 제기하였다. 적법한가?

1. 확인의 소의 보충성

(1) 원 칙

이행의 소를 바로 제기할 수 있는데도 이행청구권 자체의 존재확인의 소를 제기하는 것은 적절치 못하므로 원칙적으로 허용되지 않는다. 따라서 확인의 소는 이행의 소를 제기할 수 없을 때 보충적으로 허용된다는 점에서 이를 확인의 소의 보충성이라 한다. 확인판결에는 집행력이 없어 분쟁의 근본적 해결에 실효성이 없고 소송경제에 도움이 안 되기 때문이다.

(2) 예 외

그러나 判例는 ① 목적물이 제3자의 의하여 압류가 된 경우여서 이행판결을 신청할 수 없는 경우, ② 현재 손해액수를 확정할 수 없는 경우, ③ 확인판결만으로도 피고의 임의이행이 기대되는 경우에는 예외적으로 확인의 소를 제기할 수 있다고 하고 있다. 또한 ④ 선결관계에 있는 분쟁으로서, 중간확인의 소로 다툴 수 있는 법률관계에 대하여도 확인의 이익이 있다고 하였다(대법 1971.05.24, 71다519).

2. 임의이행이 기대되는 경우인지 여부

甲은 국가를 상대로 이행의 소를 제기할 수 있으므로 국가를 상대로 한 위자료 청구권의 존재확인의 소는 보충성에 반할 소지가 있으나, 국가를 상대로는 확인의 소만을 제기하더라도 임의이행을 기대할 수 있는 것으로 결국 甲의 소는 적법하다고 본다.

Ⅳ. 증서진부확인의 소

> A 부동산에 관하여 甲 명의로 소유권보존등기가 경료된 다음 乙 명의로 매매를 원인으로 하여 소유권이전등기가 경료되었다. 甲은 위 매매에 관한 매매계약서와 영수증이 위조된 것이라고 주장하면서 각 서면이 진정하지 아니하다는 확인의 소를 제기하였다. 이 소의 사실심 심리 중 甲은 乙이 임의로 소유권이전등기를 경료하였다고 주장하면서 乙을 상대로 소유권이전등기말소등기청구의 소를 별소로 제기하였다.
>
> 甲이 제기한 위 확인의 소는 적법한지 여부에 대하여 설명하시오.

1. 문제점

소는 권리보호자격으로서 소구가능한 법률상의 분쟁을 그 대상으로 한다. 그러나 법률이 사실의 확인소송을 인정하는 예외적인 경우가 있는데, 증서의 진정여부를 확인하는 소이다(제250조). 이것은 법률관계를 증명하는 서면이 진정한지 아닌지를 확정하기 위한 소로서, 법률관계를 증명하는 서면이 분쟁의 해결에 있어서 현실적으로 결정적인 증거가 되므로 이의 진위여부를 신중하게 확정하기 위한 것이다. 설문에서 매매계약서와 영수증이 증서진부확인의 소의 대상이 되는지 문제되고, 나아가 특히 서면에 의하여 증명되어야 하는 법률관계에 관해 나중에 별소가 제기되어 있는 경우에도 먼저 제기된 증서진부확인의 소가 적법한지 검토한다.

2. 증서진부확인의 소의 대상적격 구비여부

(1) 증서진부확인의 소의 대상적격

1) **법률관계를 증명하는 서면** : 여기의 법률관계를 증명하는 서면은 어음·수표 등의 유가증권이나 정관·매매계약서·차용증서 등과 같이 그 내용에 의해 직접적으로 현재의 법률관계의 존재가 증명될 수 있는 경우를 말한다. 따라서 대차대조표나 회사결산보고서와 같은 사실관계의 보고문서나(대법 1967.03.21, 66다2154), 재화·용역을 공급한 과거의 사실을 증명하기 위한 보고문서인 세금계산서 등은 증서진부확인의 소의 대상이 아니다(대법 2001.12.14, 2001다53714).

2) **진정여부** : 진정여부라 함은 서면이 그 작성명의자에 의하여 작성된 것인가 아니면 위조·변조되었는가를 말하는 것이지, 내용의 진정을 뜻하는 것은 아니다. 따라서 그 서면에 기재된 내용이 객관적 진실에 합치하는가 여부는 증서의 진정여부를 확인하는 소의 대상이 될 수 없다(대법 1991.12.10, 91다15317).

(2) 사안의 증서가 대상적격을 구비했는지 여부

1) **매매계약서의 경우** : 매매계약서는 그 기재 내용으로부터 직접 일정한 현재의 법률관계의 존부가 증명될 수 있는 서면으로서 대상적격을 갖추었다고 보인다.

2) **영수증의 경우** : 영수증은 그 기재대로 대금으로 일정한 금원을 받았음을 증명하기 위하여 작성되는 서면에 지나지 아니하여, 특별한 사정이 없는 한 그로부터 원고와 피고들 사이의 법률관계의 성립 내지 존부가 직접 증명되는 것은 아니므로, 증서의 진정여부를 확인하는 소의 대상이 될 수 없다고 하

겠다(대법 2007.06.14, 2005다29290·29306). 그렇다면 위 영수증에 대한 증서진부확인의 소는 부적법하다.

3. 확인의 이익이 있는지 여부

(1) 확인의 이익의 의의와 증서진부확인의 소의 이익

확인의 이익은 권리 또는 법률상의 지위에 현존하는 불안·위험이 있고, 그 불안·위험을 제거함에는 확인판결을 받는 것이 가장 유효·적절한 수단일 때에 인정된다. 증서진부확인의 소도 일반확인의 소와 마찬가지로 확인의 이익을 요하는데, 이 소는 원고의 권리 또는 법률상의 지위의 위험·불안이 오로지 그 서면의 진정여부에 달려 있는 경우에만 소의 이익이 인정된다. 그러므로 서면에 의하여 증명되는 법률관계에 관하여 당사자 사이에 다툼이 없거나 법률관계가 소멸하면 소의 이익이 없고, 증서의 진정여부가 밝혀지더라도 법적불안이 존재하면 증서진부확인의 소를 제기할 수 없다.

(2) 서면에 의하여 증명되어야 하는 법률관계에 관해 별소가 제기된 경우

1) 判例의 입장 : 大法院은 『어느 서면에 의하여 증명되어야 할 법률관계를 둘러싸고 이미 소가 제기되어 있는 경우에는 그 소송에서 분쟁을 해결하면 되므로 그와 별도로 그 서면에 대한 진정여부를 확인하는 소를 제기하는 것은 특별한 사정이 없는 한 확인의 이익이 있다고 볼 수 없다』고 하여 서면에 의하여 증명되어야 할 법률관계에 대해 이미 별소가 제기된 경우 확인의 이익이 없다고 한다(대법 2007.06.14, 2005다29290·29306).

2) 검 토 : 이러한 判例의 입장은 저당권설정등기말소청구의 경우에 별도로 피담보채무부존재확인의 청구는 확인의 이익이 없다는 확인의 소의 보충성을 요구하는 判例와 궤를 같이 하는 것이다. 이에 반해 설문과 같이 증서진부확인의 소가 제기된 후에 법률관계를 다투는 소를 제기하였다면 그로 인하여 증서진부확인의 소가 부적법하게 되는 것은 아니다. 이는 이행의 소와 확인의 소의 선·후관계에 따른 당연한 결론이다.

4. 결 론

甲의 영수증에 대한 증서진부확인의 소는 법률관계를 증명하는 서면이 아니므로 그 대상적격을 결하여 부적법하고, 매매계약서에 대한 증서진부확인의 소는 증서와 관련된 법률관계에 관한 별소가 나중에 제기되었다 하여도 확인의 이익을 인정할 수 있어 적법하다.

22 | 소송물이론

I. 일부청구와 기판력(1회 기출)

> 甲이 乙에 금 1억 원의 대여금채권을 갖고 있는데 그 중 2,000만 원만을 먼저 청구하였으나 패소하였고 확정되었다. 그 후 甲은 재차 잔부 8,000만 원을 구하는 소를 제기할 수 있는가?

1. 일부청구의 허용여부

일부청구라 함은 금전 기타 대체물과 같은 수량적으로 가분인 물건의 지급을 목적으로 하는 채권에 관하여 채권자가 그 임의의 일부를 분할하여 소송상 청구하는 것을 말한다. 소권의 남용임이 명확하지 않는 한 처분권주의에 따라 일부청구 그 자체는 허용되어야 할 것이다. 다만 소액사건심판법의 적용을 목적으로 한 분할청구는 신의칙상 허용되지 않는다(소심법 제5조의 2).

2. 일부청구의 소송물

(1) 견해의 대립

① 그 일부임을 명시한 바 없었다 하여도 잔부와의 관계에서 일부만이 독립의 소송물이 된다는 일부청구긍정설, ② 그 일부가 일정한 표준으로 특정되지 않는 한 일부청구에 불구하고 전부를 소송물로 보아야 하며, 일부청구는 단지 인용한도액을 획정한 것에 그친다는 일부청구부정설, ③ 원고가 일부청구임을 명시한 경우에는 일부만이 독립의 소송물이 되지만, 그렇지 않은 경우에는 전부를 소송물로 보아야 한다는 명시설의 대립이 있다.

(2) 판례의 태도

判例는『전 소송에서 불법행위를 원인으로 치료비청구를 하면서 일부만을 특정하여 청구하고 그 이외의 부분은 별도소송으로 청구하겠다는 취지를 명시적으로 유보한 때에는 그 전소송의 소송물은 그 청구한 일부의 치료비에 한정되는 것이다』라고 판시하여 명시설의 입장이다(대법 1985.04.09, 84다552). 그리고 명시 여부에 관하여『반드시 전체 액수를 특정하여 그 중 일부만을 청구하고 나머지에 대한 청구를 유보하는 취지임을 밝혀야 할 필요는 없고, 일부청구하는 손해의 범위를 잔부와 구별하여 그 심리의 범위를 측정할 수 있는 정도의 표시를 하여 전체 손해의 일부로서 우선 청구하고 있는 것임을 밝히는 것으로 충분하다』고 판시하고 있다(대법 1989.06.27, 87다카2478).

3. 잔부청구의 허용여부

처분권주의 내지 원고의 분할청구의 자유와 분쟁의 일회적 해결을 조화하는 명시설이 타당하므로 분할청구임이 명시하였고 소액사건 심판법의 적용을 받을 목적이 없었다면, 전소에서는 2,000만 원의 대여금반환청구권이 소송물에 해당한다. 따라서 잔부청구인 8,000만 원의 대여금반환청구는 소송물을 달리하므로 기판력에 저촉되지 않는다.

II. 말소등기청구의 소송물(22년 3차)

> A가 乙에 대하여 부담하는 물품대금 채무를 담보하기 위하여 甲이 자신의 소유 부동산에 乙 명의의 근저당권설정등기를 경료해 주었다. 그 후 甲은 乙을 상대로 근저당권설정등기말소등기 청구의 소를 제기하면서 그 청구원인으로서 다음의 1), 2)를 주장하였다.
>
> "1) A가 乙에 대한 채무 외에도 다액의 채무를 부담하여 변제자력이 충분하지 않은 사실을 乙은 알면서도 甲에게 그러한 사실을 숨기고 오히려 A가 충분한 자력이 있는 사람이라고 甲을 기망하여, 이를 잘못 믿은 甲으로 하여금 위 근저당권설정계약을 체결하게 한 것이다. 따라서 위 계약은 乙의 사기에 의한 하자 있는 의사표시에 기한 것이므로 이를 취소하고 그 근저당권설정등기의 말소를 구한다.
>
> 2) 위 근저당의 피담보채무인 A의 乙에 대한 물품대금채무가 모두 변제되어 위 근저당권설정등기는 피담보채무가 존재하지 아니하므로 그 말소를 구한다."
>
> 제1심이 원고 패소 판결을 선고하자 甲은 이에 불복하여 항소를 제기하였고, 항소심 제2차 변론 기일에서 '위 청구원인 1) 부분을 유지하고, 위 청구원인 2) 부분을 철회한다'고 진술하였다. 그 후 甲은 다시 항소심 제3차 변론기일에서 '위 청구원인 2) 부분을 다시 추가한다'고 진술하였다. 항소심 변론 종결시까지 제출된 주장과 증거를 종합해 보면, 사기에 의한 의사표시의 취소를 원인으로 한 근저당권설정등기말소 주장은 이를 인정할 증거가 없고, 피담보채무 부존재를 원인으로 한 근저당권설정등기말소 주장은 인정된다.
>
> 이러한 경우 항소심 법원은 어떠한 판결을 선고하여야 하는가? (15점)

1. 문제점

근저당권 말소를 민법 제110조 사기와, 변제를 이유로 한 경우 청구의 병합인지, 병합이라면 태양이 문제되고, 2번 청구원인을 철회하고 다시 추가한 것이 제267조 2항의 재소금지에 저촉되는지 살펴본다.

2. 청구병합인지 여부

이 사건 근저당권설정계약이 기망에 의하여 체결되었음을 이유로 이를 취소하고 이에 터잡아 경료된 이 사건 근저당권설정등기의 말소를 구한다는 취지이고(물권적 청구권), 피담보채무의 부존재를 원인으로 한 원고의 이 사건 근저당권설정등기의 말소청구는 피담보채무가 없으니 근저당권설정계약을 해지하고, 이에 터잡아 원상회복으로서 근저당권설정등기의 말소를 구한다는 취지임이 명백한 바(채권적 청구권), <u>위 청구들은 각 그 청구원인을 달리하는 별개의 독립된 소송물로서 선택적 병합관계에 있다</u>(대법 1986.09.23, 85다353). 따라서 甲이 패소한 1심 판결에 대해 항소한 경우 모두 이심되고 심판의 대상이 된다.

3. 항소심의 판단

(1) 사기취소에 따른 근저당권설정등기말소청구에 대한 판단

심리 결과 이를 인정할 증거가 없고, 원고 청구를 기각한 제1심판결은 정당하므로, 항소심법원은 항소기각판결을 하여야 한다.

(2) 피담보채무 부존재를 원인으로 한 근저당권설정등기말소청구에 대한 판단

본안에 관하여 종국판결이 있은 뒤에 소를 취하한 사람은 같은 소를 다시 제기하지 못한다(제267조 2항). 설문에서 당사자와 소송물이 동일하며, 피담보채무 부존재를 원인으로 한 근저당권설정등기말소청구는 종국판결인 제1심판결의 선고 후 취하되었다가 다시 제기된 것이고 새로운 권리보호이익을 인정할 여지도 없으므로 재소금지 원칙에 반하는 부적법한 소이다. 따라서 항소심법원은 이 부분 소를 각하하는 판결을 선고하여야 한다.

23 | 소장심사

Ⅰ. 소장각하명령의 대상(21년 3차)

> 甲이 제출한 소장에는 乙 법인의 대표로 A가 기재되어 있으나, 막상 소장에 첨부된 乙 법인의 등기부 등본에는 B가 대표자로 등재되어 있다. 이에 재판장은 甲에게 소장을 보정하도록 명하였다.
>
> 이후 재판장은 보정명령으로 정해진 기간이 지났음에도 甲이 보정하지 않으므로 소장을 각하하였다. 이러한 재판장의 소장각하명령은 적절한가? (10점)

1. 문제점

소장에 피고의 대표자가 잘못 기재된 경우, 이에 대한 보정명령의 적법성과 보정하지 않은 경우 소장각하명령의 대상이 되는지 살펴본다.

2. 보정명령의 적법성 여부

제254조 제1항의 소장심사의 대상은 ① 소장의 필요적 기재사항이 제대로 되어 있는지의 여부, 즉 당사자의 동일성이 제대로 특정되어 있는지, 청구취지나 청구원인이 제대로 기재되어 있는지, 날인 또는 서명이 제대로 되어 있는지와, ② 소장에 인지를 제대로 붙였는지 여부가 심사의 대상이다. 그러나 소송요건의 구비여부나 청구의 당부는 심사대상이 아니다. 법정대리인에 준하는 대표자의 기재는 소장의 필요적 기재사항인데, 대표자의 기재가 잘못된 경우 보정명령의 적법성에 문제가 있으나, 이에 따르지 않는 경우 소장각하명령을 할 수 없다면 적법성 여부를 따지는 것은 무의미하다.

3. 소장각하명령의 위법성

소장에 법정된 필수적 기재사항이 기재되어 있기만 하면 설령 그 표시가 잘못되었다고 하더라도 소장을 각하할 수 없다. 판례도 소장에 일응 대표자의 표시가 되어 있는 이상 설령 그 표시에 잘못이 있다고 하더라도 이를 정정 표시하라는 보정명령을 하고 그에 대한 불응을 이유로 소장을 각하하는 것은 허용되지 아니한다. 이러한 경우에는 오로지 판결로써 소를 각하할 수 있을 뿐이라고 하였다(대법 2013.09.09, 2013마1273).

4. 설문의 해결

소장심사시에 재판장이 적절하지 않은 기재사항을 발견하였다고 하더라도 필수적 기재사항이 기재되어 있는 이상, 보정명령에 따르지 않는다고 하여 소장각하명령을 하는 것은 위법하고, 소각하판결을 하여야 한다.

II. 무변론판결(14년 3차 모의쟁점)

> 甲은 乙을 상대로 소를 제기하면서, 소장의 청구취지 기재란에 「甲은 乙에 대하여 X건물이 자기의 소유임을 확인한다」라고만 기재하고, 따로 청구원인을 기재하지 않았다. 乙은 위 소장부본을 교부송달로 적법하게 송달받고도 30일 이내에 답변서를 제출하지 않았다.
>
> 법원은 무변론판결을 할 수 있는가?

1. 피고의 답변서제출의무와 문제점

소장부본을 송달받은 피고가 원고의 청구를 다투는 경우에는 송달받은 날부터 30일 이내에 답변서를 제출하여야 하고, 법원은 소장부본 송달시에 이러한 취지를 피고에게 알려야 한다(제256조 1항·2항). 또한 답변서의 내용도 '원고의 청구를 전부 부인한다'는 것과 같은 형식적 답변서가 아니라, 준비서면에 준하는 실질적인 내용이 담겨 있어야 한다(제256조 4항·제274조). 사안에서 피고가 30일 이내에 답변서를 제출하지 않고 있는데, 법원은 제257조의 자백간주를 인정하여 무변론판결을 할 수 있는지가 문제된다.

2. 피고가 답변서를 제출하지 않은 경우의 조치

(1) 무변론판결의 의의

법원은, 피고가 소장부본을 송달받은 날로부터 30일 이내에 답변서를 제출하지 아니할 때에는 원고의 청구원인사실에 대하여 자백한 것으로 보고, 변론 없이 판결을 선고할 수 있다(제257조 1항). 피고의 방어의사가 없는 사건이라면 바로 매듭을 지을 것이지 구태여 변론기일까지 지정하여 출석토록 하는 것이 무의미하고 비경제적임을 고려한 것이다.

(2) 무변론판결의 요건

1) 피고가 소장부본송달을 받은 날로부터 30일 이내에 답변서를 제출하지 아니하거나 자백하는 취지의 답변서를 제출하고 항변을 제출하지 아니할 것 : 신법은 소장부본을 송달받은 피고는 공시송달의 경우를 제외하고 그 송달받은 날로부터 30일 이내에 답변서를 제출하도록 하였다(제256조 1항). 따라서 피고가 소장부본송달을 받은 날로부터 30일 이내에 답변서를 제출하지 아니하거나 원고의 주장사실을 모두 자백하는 취지의 답변서를 제출하고 항변을 제출하지 아니한 경우에 법원은 무변론판결을 할 수 있다.

2) 소송요건을 갖추었을 것 : 무변론판결은 원고의 청구에 대한 본안판결이므로 소송요건을 갖춘 경우에만 할 수 있다고 할 것이다. 신법도 제257조 제1항 단서에서 직권으로 조사할 사항이 있는 경우에는 무변론판결을 할 수 없다고 규정하고 있다.

3) 원고의 청구가 법률상 이유가 있을 것 : 원고의 주장사실로 미루어 원고의 청구가 법률상 이유가 있어야 무변론 원고청구인용판결을 할 수 있다.

(3) 무변론판결의 예외

피고가 30일 이내에 답변서를 제출하지 않았다 할지라도, ① 공시송달 사건이나(제256조 1항 단서), ② 직권조사사항이 있는 사건, ③ 판결선고기일까지 피고가 원고의 청구를 다투는 취지의 답변서를 제출하는 사건은 무변론 판결선고를 할 수 없고(제257조 1항 단서), ④ 당사자의 주장에 구속받지 않는 형식적 형성소송이나 자백간주의 법리가 적용되지 아니하는 사건도 답변서 제출여부에 관계없이 같이 볼 것이다.

3. 사안의 경우

사안은 직권조사사항이 있는 사건으로서 무변론판결의 예외가 되는지 문제된다. 즉, 甲이 제기한 확인소송의 경우, 확인의 이익이 필요하며, 이러한 확인의 이익은 소송요건으로서 법원의 직권조사사항이 되기 때문이다. 사안에서 ① 甲은 확인의 이익을 뒷받침 할 수 있는 사실관계와 ② 원고의 주장이 이유 있는 광의의 청구원인을 주장하여야 하고, 이러한 내용이 소장에 기재되었어야 할 것이다. 그러나, 소장의 청구원인에서 이러한 내용이 전혀 기재된 바가 없으므로, 법원은 직권조사사항인 확인의 이익의 존부 문제를 남겨 두고서 무변론판결을 선고할 수는 없다. 또한 무변론원고승소판결을 내리려면 원고청구를 이유 있게 하는 광의의 청구원인의 기재가 있어야 하는데, 사안은 청구원인의 기재가 없고, 더구나 확인의 이익은 직권조사사항으로서 자백간주의 대상이 되지도 않으므로, 무변론판결을 선고하는 것은 불가능하다.

24 | 채무의 일부 부존재확인의 소와 처분권주의

> 甲은 2006. 7. 1. 乙로부터 3,000만원을 차용하였다. 甲은 3,000만원 중 2,000만원을 변제하였다고 주장하고, 반면에 乙은 甲이 1,000만원만 변제하였다고 주장하면서 서로 다투고 있다. 이에 甲은 乙을 피고로 하여 甲과 乙 사이의 2006. 7. 1.자 소비대차계약에 기한 채무는 1,000만원을 초과하여서는 존재하지 않는다는 내용의 채무부존재확인의 소를 제기하였다. 법원이 심리한 결과 위 소비대차계약에 기한 甲의 잔존채무가 각각 다음과 같은 경우 어떠한 판결을 하여야 하는지 논하시오.
>
> (1) 甲의 채무가 2,000만원인 경우
> (2) 甲의 채무가 500만원인 경우

I. 문제의 소재

채무의 일부 부존재확인의 소를 제기한 경우, 청구취지에 상한이 명시되어 있지 않으므로 소송물이 특정된 것인지 문제되며, 설문 (1)에서 원고청구의 일부인용이 가능한지, 설문 (2)에서 원고의 신청사항을 초과하여 인용하는 것이 가능한지 여부를 처분권주의와 관련하여 검토한다.

II. 처분권주의와 심판대상의 특정

1. 처분권주의의 의의

처분권주의는 절차의 개시, 심판의 대상, 소송의 종료를 당사자의 처분에 맡기는 심리원칙으로서, 민사소송에서의 사적자치의 발현이다(제203조). 법원은 당사자가 신청한 범위에 구속되므로, 원고의 신청을 초과하거나 신청내용과 다른 사항을 인정할 수 없다.

2. 채무의 일부 부존재확인의 소에서의 청구취지 기재

채무부존재확인소송에서는 당해 금전채무의 발생사유가 명확하지 않으면 법률관계가 특정되지 않기에 구체적 발생사유와 금액을 청구취지에 명시하여야 한다(예컨대, 피고는 2004.11.15. 원고와의 소비대차계약에 기한 금 1000만 원의 채무 중 300만 원을 넘어서는 원고에게 부존재함을 확인한다). 다만 상한을 명시하지 않았다 하더라도 청구취지 및 청구원인 기타 변론전체의 취지를 참작하여 상한이 표시된 소로 볼 수 있다면 구체적 채무액을 명시함이 없이도 부존재확인을 청구할 수 있다.

Ⅲ. 각 설문의 해결

1. 설문 (1)의 해결

원고는 2,000만 원의 변제를 주장하면서 1,000만 원을 초과하는 채무가 부존재한다는 확인을 구하였으나, 법원의 심리결과 원고의 주장과 달리 1,000만 원만 변제된 것으로 밝혀져 부존재한 금액은 원고가 신청한 금액보다 적은 1,000만 원이다. 처분권주의 원칙상 일부인용판결은 적법하므로 법원은 2,000만 원을 초과해서는 채무가 부존재한다는 일부인용판결을 한다.

2. 설문 (2)의 해결

원고가 존재한다고 하여 제외한 1,000만 원의 채무가 사실은 부존재한 것으로 판명되더라도 법원으로서는 부존재를 확인하는 판결을 할 수 없다. 원고가 신청한 이상으로 원고의 신청범위를 초과하여 판결해 주는 결과가 되어 처분권주의에 반하기 때문이다. 따라서 잔존채무가 500만 원으로 밝혀졌다고 하더라도 500만 원을 초과하는 금액이 부존재한다고 판결할 수 없고, 원고청구를 인용하여야 한다.

25 | 중복제소

Ⅰ. 채권자대위소송과 중복제소

1. 채권자대위소송의 제기 후 채무자의 후소제기(12년 2차 모의쟁점 / 1회 기출)

　채권자대위소송의 성질을 독립한 대위권으로 보면서 중복소송이 아니고, 채무자가 권리를 행사하고 있으니 전소인 채권자대위소송을 기각하여야 한다는 입장도(胡)있으나, 判例는 일관하여 중복소송으로 금지된다는 것이다(대법 1992.05.22, 91다41187). 이러한 判例의 입장에 대해 기판력과 재소금지의 원칙의 적용에 있어서는 채무자가 알았을 때 한하여 이를 인정하고 있는 것에 비추어 채무자가 대위소송이 제기되었음을 알았을 때에 한해 중복제소로 보는 입장도 있다(李).

대위소송의 성질	소송물 동일	기판력 확장여부	중복제소 여부
독립한 대위권설	異	부정설 (胡)	부정설 (胡)-대위소송기각 (권리불행사요건 흠결)
법정소송담당설	同一 (피대위권리)	§218③ (송)	긍정설 (判)
		절충설 (多/判)	절충설 (李)

2. 채무자의 소송계속 중 채권자대위소송의 제기

　채권자대위권 행사의 요건불비로 보아 청구기각하여야 한다는 견해가 있으나(胡), 통설은 중복제소로 보고 있다. 判例도 양 소송은 비록 당사자는 다를지라도 실질적으로 동일소송이라 할 것이므로 후소는 중복소송금지규정에 저촉된다고 보았으나(대법 1981.07.07, 80다2751), 최근에는 채권자는 채무자를 대위하여 채무자의 권리를 행사할 당사자적격이 없다고 한다(대법 2009.03.12, 2008다65839).

대위소송의 성질	소송물 동일	기판력 확장여부	중복제소 여부
독립한 대위권설	異	부정설 (胡)	대위소송기각 (권리불행사요건 흠결)
법정소송담당설	同一 (피대위권리)	기판력 (判)	긍정설, 단 최근 判例는 당사자적격흠결로 봄
		반사효 (李)	

3. 채권자대위소송의 계속 중에 다른 채권자의 대위소송(15년 1차 모의쟁점)

　중복소송이 아니라는 입장이 있으나(胡), 判例는 중복소송으로 보고 있다(대법 1994.02.08, 93다53092). 나아가 채무자가 채권자대위소송을 하는 것을 알았을 때 다시 다른 채권자가 제기한 대위소송은 중복소송이 된다는 입장도 있다(李).

대위소송의 성질	소송물 동일	기판력의 확장여부		중복제소여부
독립한 대위권설	異	부정설 (胡)		부정설 (호)
법정소송담당설	同一 (피대위권리)	채무자 안 경우 채권자는 기판력 받음 (判)		긍정설 (判)
		채무자 안 경우 채권자는 반사효 받음 (李)		절충설 (李)

II. 사해행위취소소송과 중복제소여부(7회 기출, 18년 3차, 22년 3차 모의)

> 채무 초과 상태에 있는 B는 C에게 그의 유일한 재산인 부동산을 증여하고 같은 날 C 앞으로 그 소유권이전등기를 마쳐 주었다. 한편 위 증여계약 당시 B는 A1, A2에 대하여 각 금전채무를 부담하고 있었다. A1이 적법하게 사해행위취소소송을 제기한 것을 알고, 그 소송계속 중에 A2 또한 사해행위취소소송을 제기하였다. A2가 제기한 사해행위취소소송의 변론종결 당시에, A1이 제기한 사해행위취소소송의 결과가 다음과 같다고 할 경우, A2가 제기한 사해행위취소의 소의 적법 여부를 각 설명하시오.
>
> (1) 소송계속 중인 경우
> (2) A1의 청구를 전부 인용하는 판결이 선고되어 확정된 경우
> (3) A1의 청구를 전부 인용하는 판결이 선고되어 확정된 후, 집행까지 완료되어 B 명의의 소유권이전등기가 회복된 경우

1. 설문 (1) : 채권자취소소송과 중복제소

(1) 문제점

A1이 사해행위취소소송을 제기하여 그 소송계속 중에 A2가 같은 대상에 대하여 사해행위취소소송을 제기한 것이 중복제소금지의 원칙(제259조)에 저촉되는 것은 아닌지 문제된다.

(2) 사해행위취소소송의 소송물

채권자대위소송의 경우에는 채권자가 채무자의 권리를 대신 행사하는 것이기 때문에 소송물은 채무자의 제3채무자에 대한 권리가 되는데, 채권자취소소송의 경우에는 채권자가 자신의 권리로서 채권자취소권을 행사하는 것이기 때문에 각 채권자의 채권자취소권은 서로 별개의 권리이다. 判例 또한 "채권자취소권의 요건을 갖춘 각 채권자는 고유의 권리로서 채무자의 재산 처분행위를 취소하고 그 원상회복을 구할 수 있는 것이므로 각 채권자가 동시 또는 이시에 채권자취소 및 원상회복소송을 제기한 경우 이들 소송이 중복제소에 해당하는 것이 아니다"고 판시하였다(대법 2003.07.11, 2003다19558). 그러나 채권자가 피보전권리를 달리하여 또다시 채권자취소소송을 제기하는 것은 소송물을 달리하는 것이 아니므로 중복소송에 해당한다. 이 경우 전·후소 중 어느 하나가 승계참가신청에 의하여 이루어진 경우도 같다 (대법 2012.07.05, 2010다80503).

2. 설문 (2) : 채권자취소소송과 기판력 또는 권리 보호의 이익

(1) 문제점

A1이 제기한 사해행위취소청구를 전부 인용하는 판결이 확정된 후에 A2가 다시 같은 대상에 대하여 사해행위취소소송을 제기한 것이 기판력에 저촉되는 것은 아닌지, 권리 보호의 이익이 없는 것은 아닌지가 문제된다.

(2) 기판력에 저촉되는지 여부

앞서 보았듯이 각 채권자의 채권자취소권은 서로 별개의 권리이기 때문에 A1이 제기한 사해행위취소소송의 기판력이 A2가 제기한 사해행위취소소송에는 미치지 않는다.

(3) 권리보호이익의 구비여부

判例는 "어느 한 채권자가 동일한 사해행위에 관하여 채권자취소 및 원상회복청구를 하여 승소판결을 받아 그 판결이 확정되었다는 것만으로 그 후에 제기된 다른 채권자의 동일한 청구가 권리 보호의 이익이 없어지게 되는 것은 아니다"고 판시하였다(대법 2003.07.11, 2003다19558). 만일 이 경우 A2의 소를 권리 보호의 이익이 없다는 이유로 각하해 버리면, A1이 확정판결만 받아 놓고 강제집행을 하지 않을 경우, A2가 이를 강제할 수 있는 방법이 없어 A2로서는 책임재산의 보전이라는 목적을 달성할 수 없게 되는 부당한 결과가 초래될 수 있다. 따라서 판례의 입장이 옳다.

3. 설문 (3) : 채권자취소소송과 권리 보호의 이익

A2가 제기한 사해행위취소소송은 부적법하다. 사해행위취소소송의 목적은 사해행위를 취소하여 채무자 앞으로 재산을 회복시키는 데 있으므로, 어느 한 채권자가 동일한 사해행위에 관하여 채권자취소 및 원상회복청구를 하여 승소판결을 받아 그 판결이 확정되고, 그에 기하여 재산이나 가액의 회복을 마친 경우에는 다른 채권자의 채권자취소 및 원상회복청구는 그와 중첩되는 범위 내에서 권리 보호의 이익이 없게 된다고 보아야 하기 때문이다(대법 2003.07.11, 2003다19558; 대법 2005.05.27, 2004다67806; 대법 2014.08.20, 2014다28114).

III. 상계항변과 중복제소 등(13년 2차 모의쟁점, 12회 기출)

> 甲은 乙에게 판매한 물품의 대금을 지급받지 못하자, 乙을 상대로 매매대금청구의 소(이하 '선행소송'이라 한다)를 제기하였다. 乙은 선행소송의 제1심에서 甲에 대한 대여금채권을 자동채권으로 하는 상계항변을 하였으나, 선행소송의 제1심은 금전소비대차계약의 존부 등에 관한 증명이 부족하다는 이유로 乙의 상계항변을 배척하고 甲의 전부승소 판결을 선고하였다. 乙은 이에 불복하여 항소하였고, 그 항소심 계속 중 별도로 甲을 상대로 위 대여금을 청구하는 소(이하 '이 사건 소'라 한다)를 제기하였다.
>
> 이 사건 소에서 제기될 수 있는 아래의 쟁점들에 관하여 판단하고 근거를 서술하시오. (30점)
> ① 乙이 선행소송에서 상계항변을 제출한 다음 그 소송계속 중 이 사건 소를 제기한 것이 중복된

> 소제기에 해당하는지
> ② 이 사건 소제기 후 乙이 선행소송의 항소심에서 상계항변을 철회한 경우, 이 사건 소제기가 재소금지 원칙을 위반하는지
> ③ 위 ②의 상계항변 철회 이후, 선행소송의 항소심이 심리를 진행한 뒤 제1심판결을 취소하고 甲의 일부승소 판결을 선고하면서 그 판결 이유에서 乙의 상계항변에 관하여 판단하지 않고 그대로 판결이 확정된 경우, 선행소송 확정판결의 기판력이 이 사건 소에 미치는지

1. 쟁점 ① : 상계항변과 중복제소

(1) 문제점

상계항변으로 제출한 자동채권의 존부에 대해서는 기판력이 발생하는데, 이러한 항변으로 주장한 자동채권을 별소로 또 제기하는 경우 중복제소에 해당하는지 문제된다.

(2) 상계항변과 중복제소

判例는 상계의 항변을 제출할 당시 이미 자동채권과 동일한 채권에 기한 소송을 별도로 제기하여 계속 중인 경우, 사실심의 담당재판부로서는 전소와 후소를 같은 기회에 심리·판단하기 위하여 이부, 이송 또는 변론병합 등을 시도함으로써 기판력의 저촉·모순을 방지함과 아울러 소송경제를 도모함이 바람직하나, 그렇다고 하여 특별한 사정이 없는 한 별소로 계속 중인 채권을 자동채권으로 하는 소송상 상계의 주장이 허용되지 않는다고 볼 수는 없다. 마찬가지로 먼저 제기된 소송에서 상계 항변을 제출한 다음 그 소제기 중에 자동채권과 동일한 채권에 기한 소를 별도의 소로 제기하는 것도 가능하다고 하여(대법 2022.02.17, 2021다275741), 중복제소로 보지 않는다.

(3) 검 토

① 소송상 예비적 항변으로 취급해야 하는 성질을 고려할 때 전소에서 심리가 이루어질지 불명확하고, ② 상계항변은 그 자체가 소송물이 아니고 하나의 방어방법이며, ③ 소송이 지연되는 상황이라면 乙의 반대채권에 대한 조속한 집행의 이익도 있으므로, 상계항변으로 주장한 자동채권을 별소로 청구해도 중복제소가 아니라고 볼 것이다.

2. 쟁점 ② : 상계항변과 재소금지

(1) 문제점

민사소송법 제267조 제2항은 "본안에 대한 종국판결이 있은 뒤에 소를 취하한 사람은 같은 소를 제기하지 못한다."라고 정하고 있다. 이는 소취하로 그동안 판결에 들인 법원의 노력이 무용해지고 다시 동일한 분쟁을 문제 삼아 소송제도를 남용하는 부당한 사태를 방지할 목적에서 나온 제재적 취지의 규정이다. 이러한 재소금지가 상계항변에도 적용될지 문제된다.

(2) 소송행위의 철회가부

상대방이 본안에 관하여 준비서면을 제출하거나 변론준비기일에서 진술 또는 변론을 한 뒤에는 상

대방의 동의를 받아야 효력을 가지는 소의 취하와 달리 소송상 방어방법으로서의 상계 항변은 그 수동채권의 존재가 확정되는 것을 전제로 하여 행하여지는 일종의 예비적 항변으로서 상대방의 동의 없이 이를 철회할 수 있고, 그 경우 법원은 처분권주의의 원칙상 이에 대하여 심판할 수 없다.

(3) 검 토

먼저 제기된 소송의 제1심에서 상계 항변을 제출하여 제1심판결로 본안에 관한 판단을 받았다가 항소심에서 상계 항변을 철회하였더라도 이는 소송상 방어방법의 철회에 불과하여 민사소송법 제267조 제2항의 재소금지 원칙이 적용되지 않으므로, 그 자동채권과 동일한 채권에 기한 소송을 별도로 제기할 수 있다(대법 2022.02.17, 2021다275741).

3. 쟁점 ③ : 상계항변과 기판력

(1) 문제점

민사소송법 제216조 제1항은 "확정판결은 주문에 포함된 것에 한하여 기판력을 가진다."라고 규정함으로써 판결 이유 중의 판단에는 원칙적으로 기판력이 미치지 않는다고 하는 한편, 그 예외로서 제2항에서 "상계를 주장한 청구가 성립되는지 아닌지의 판단은 상계하자고 대항한 액수에 한하여 기판력을 가진다."라고 규정하고 있다. 이미 철회된 상계항변의 경우에도 자동채권 존부에 기판력이 발생하는지 살펴본다.

(2) 상계항변에 기판력이 발생하기 위한 요건

상계의 항변은 청구의 존부를 심판함에 있어서 반대채권의 존부를 실질적으로 판단한 경우에만 기판력이 생긴다. 따라서 시기에 늦게 제출되어 각하된 경우(제149조)나 성질상 상계가 허용되지 않거나(민법 제496조, 제492조 제1항 단서), 상계부적상(민법 제492조 제1항 본문)에 해당하여 배척된 경우는 제외된다.

(3) 검 토

상계 주장에 관한 법원의 판단에 기판력을 인정한 취지는, 만일 이에 대하여 기판력을 인정하지 않는다면 원고의 청구권의 존부에 대한 분쟁이 나중에 다른 소송으로 제기되는 자동채권의 존부에 대한 분쟁으로 변형됨으로써 상계 주장의 상대방은 상계를 주장한 자가 그 자동채권을 이중으로 행사하는 것에 의하여 불이익을 입을 수 있게 될 뿐만 아니라, 상계 주장에 대한 판단을 전제로 이루어진 원고의 청구권의 존부에 대한 전소의 판결이 결과적으로 무의미하게 될 우려가 있게 되므로, 이를 막기 위함이다(대법 2022.02.17, 2021다275741). 그런데 설문은 乙이 선행소송에서 상계항변을 철회함으로써 자동채권을 이중으로 행사하는 것이 아니며, 선행 항소심판결이 1심을 취소하고 일부를 기각한 것은 상계항변과는 관련이 없으므로 乙의 상계항변에 관하여 기판력을 가지지 않는다. 따라서 乙의 후행소송에 기판력이 미치지 않는다.

Ⅳ. 일부청구 계속 중 잔부청구가 중복제소인지 여부(18년 1차 모의쟁점)

> 甲은 총 채권액 1억 원 중 우선 6,000만 원만 일부청구하여 소송계속 중 별소로써 잔부 4,000만 원의 지급을 구하는 소를 제기하였다.
>
> 후소는 적법한가?

1. 문제점

동일채권의 일부청구가 제기되어 소송계속 중 별소로 잔부청구된 경우 그 잔부청구가 중복소송에 해당되어 부적법해지는 것인가 문제된다.

2. 견해의 대립

(1) 중복소송긍정설

일부청구의 계속 중 잔부청구를 하는 것은 동일소송절차에서 청구취지의 변경으로 가능하고, 잔부청구를 별소로 제기하는 것은 기판력이 서로 어긋날 우려가 있으므로 명시 여부를 불문하고 중복제소에 해당한다는 견해이다.

(2) 단일절차 병합설

잔부청구가 중복제소에 해당하지는 않으나, 전소에서 청구취지 확장이 가능함에도 불구하고 별소로 하는 잔부청구는 남소에 해당하므로 우선 이부·이송·병합 등으로 처리하고 불가능하면 소각하해야 한다고 하거나, 남소라고 하면서 변론을 병합하라는 것은 모순이므로 처분권주의에 충실하게 적법한 것으로 인정하고 가능하면 이송 등으로 변론을 병합하는 것이 타당하다는 견해이다.

(3) 명시설

일부청구를 명시적으로 한 경우에는 일부만에 소송계속이 발생해 잔부청구가 중복제소에 해당하지 않고, 묵시적 일부청구의 경우에는 소송계속의 효과가 잔부청구에도 미쳐 소송물이 동일하고 중복제소에 해당한다는 견해이다.

3. 判例의 입장

大法院은 "전 소송에서 불법행위를 원인으로 치료비청구를 하면서 일부만을 특정하여 청구하고 그 이외의 부분은 별도소송으로 청구하겠다는 취지를 명시적으로 유보한 때에는 전 소송의 계속 중에 동일한 불법행위를 원인으로 유보한 나머지 치료비청구를 별도소송으로 제기하였다 하더라도 중복제소에 해당하지 아니한다"고 하여 명시설의 입장이다(대법 1985.04.09, 84다552).

4. 검 토

중복소송설은 일부청구가 계속 중일 때에 청구취지의 확장에 의하여 잔부청구를 하는 것은 i) 상고심에서 허용될 수 없음에 비추어 문제가 있으며, ii) 청구취지 확장은 청구의 변경이므로 일부청구와 잔부청구는 소송물이 다르다는 것인데 이를 중복소제기라고 하는 것은 소송물이 같다는 것이므로 모순이라는 비판이 있으며, 또한 명시설은 일부청구임을 명시하였다는 이유로 잔부를 별소로 해도 좋고 두 개의 절차를 벌일 수 있다는 입장이므로 분쟁의 일회적 해결에 반한다는 비판이 따른다. 따라서 단일절차병합설이 타당하다고 본다.

V. 전소가 부적법한 경우 중복제소에 해당하는지 여부(1회 기출 / 16년 2차, 20년 2차 모의쟁점)

> 甲은 2012. 4. 1. 乙에게 2억 원을 변제기 2013. 4. 1.로 정하여 대여하였으나 乙이 변제기에 위 차용금을 변제하지 아니하였다. 이에 甲은 乙 상대로 서울지방법원에 대여금 청구의 소를 제기하여 위 법원으로부터 2억 원의 지급을 명하는 청구인용 판결을 선고받았고, 위 판결은 2013. 8. 1. 확정되었다. 한편, 친구 사이인, 丙, 丁, 戊 3인은 2013 6. 1. 乙로부터 X토지를 대금 1억 원에 매수한 다음 3인이 1/3지분씩 공유하는 것으로 소유권이전등기를 마쳤다. 그런데 丙, 丁, 戊가 위 토지의 매매대금을 지급하지 아니하자, 乙은 2013. 9. 1. 丙, 丁, 戊를 상대로 X토지 대금 1억 원의 지급을 구하는 소를 서울지방법원에 제기하였고, 2013. 9. 10. 丙, 丁, 戊에게 소장 부본이 송달되었다. 甲은 2013. 10. 1. 乙에 대한 위 확정 판결에 기하여 서울중앙지방법원에 乙을 채무자로, 丙, 丁, 戊를 제3채무자로 하여, 乙이 丙, 丁, 戊에 대하여 가지는 위 1억 원의 매매대금 채권에 관하여 채권압류 및 추심명령을 받았고 위 채권압류 및 추심명령은 2013. 12. 1. 丙, 丁, 戊에게 모두 송달되었다. 그 후 甲은 丙, 丁, 戊를 공동피고로 삼아 1억 원의 추심금의 지급을 구하는 소를 서울중앙지방법원에 제기하였다.
>
> 이에 대하여 피고 丙, 丁, 戊는 이미 乙이 매매대금 청구의 소를 제기하여 별도의 소송이 계속 중인데 다시 甲이 같은 매매대금 채권에 관한 추심의 소를 제기한 것은 부당하다고 다투었다. 피고 丙, 丁, 戊의 주장은 타당한가?

1. 문제점

이미 계속 중인 사건과 동일한 사건에 대하여 당사자는 다시 소를 제기하지 못한다(제259조). 중복제소가 되려면 ① 전소 소송계속 중 후소의 제기가 있을 것, ② 당사자가 동일할 것, ③ 소송물이 동일할 것을 요한다. 설문에서 전후소의 소송물은 모두 乙의 丙·丁·戊에 대한 매매대금 채권으로 소송물이 동일한 것에는 문제가 없으므로, 특히 乙이 원고적격을 잃어서 전소가 부적법한 경우에도 후소가 중복제소가 되는지 문제된다.

2. 당사자가 동일한지 여부

당사자 동일과 관련하여 압류 및 추심명령은 채무자가 제3채무자에 대하여 가지는 채권이 압류채권자에게 이전되거나 귀속되는 것은 아니어서 전·후소의 당사자는 다르지만, 채무자가 제3채무자를 상대로 제기한 소송이 법원에 계속 중인데 채무자의 채권자가 동일한 소송물에 관하여 채권자대위소송을 제기한 경우도 중복제소에 해당한다는 것이 判例이므로(대법 1981.07.07, 80다2751), 기판력이 미치는 경우에는 실질적으로 동일한 당사자로 본다. 문제는 전소가 부적법한 경우에도 후소가 중복제소에 해당할지 이다.

3. 전소가 부적법한 경우 후소가 중복제소인지 여부

(1) 乙이 당사자적격이 있는지 여부

大法院은 압류 및 추심명령은 압류채권자 甲에게 채무자 乙의 제3채무자 丙, 丁, 戊에 대한 채권을 추심할 권능만을 부여하는 것일 뿐 채무자 乙의 제3채무자에 대한 채권이 甲에게 이전되거나 귀속되는 것은 아니지만(대법 2010.12.23, 2010다56067), 채권에 대한 압류 및 추심명령이 발령되면 채무자는 그 채권에 대하여 제3채무자를 상대로 이행의 소를 제기할 당사자적격을 상실하고 압류채권자가 제3채무자를 상대로 압류된 채권의 이행을 청구하는 소를 제기할 수 있는 갈음형 소송담당으로 보고 있다(대법 2000.04.11, 99다23888). 설문의 전소의 원고인 채무자 乙은 압류 및 추심명령이 발령되면 당사자적격을 상실하는 것으로 전소는 부적법하다.

(2) 후소가 중복제소인지 여부

1) 중복제소라는 입장 : ① 압류채권자 甲에게는 채무자 乙이 제3채무자들을 상대로 제기한 이행의 소에 민사소송법 제81조, 제79조에 따라 참가할 수 있는 길이 열려 있고, ② 별도로 추심의 소를 제기하는 것을 허용하는 것은 제3채무자에게 이중 응소의 부담을 지우는 결과가 되며, ③ 전소가 원고적격이 없는 사람이 제기한 부적법한 소라고 하더라도 그 소가 계속되어 있는 이상 후소인 이 사건 소는 여전히 중복된 소제기의 금지 원칙에 위배되어 부적법하다는 입장이다.

2) 중복제소가 아니라는 입장 : ① 압류채권자는 채무자가 제3채무자를 상대로 제기한 이행의 소에 민사소송법 제81조, 제79조에 따라 참가할 수도 있으나, 채무자의 이행의 소가 상고심에 계속 중인 경우에는 승계인의 소송참가가 허용되지 아니하고, 압류채권자가 채무자가 제기한 이행의 소에 참가할 의무가 있는 것도 아니며, ② 전소는 당사자적격이 없어 부적법 각하되어야 할 것으로 제3채무자에게 불합리하게 과도한 이중 응소의 부담을 지우고 본안 심리가 중복되어 당사자와 법원의 소송경제에 반한다거나 판결의 모순·저촉의 위험이 크다고 볼 수 없다. 나아가 ③ 압류채권자가 제3채무자를 상대로 제기한 추심의 소를 중복된 소제기에 해당한다는 이유로 각하한 다음 당사자적격이 없는 채무자의 이행의 소가 각하 확정되기를 기다려 다시 압류채권자로 하여금 추심의 소를 제기하도록 하는 것이 소송경제에 반할 뿐 아니라, 이는 압류 및 추심명령이 있는 때에 민사집행법 제238조, 제249조 제1항과 대법원 판례에 의하여 압류채권자에게 보장되는 추심의 소를 제기할 수 있는 권리의 행사와 그에 관한 실체 판단을 바로 그 압류 및 추심명령에 의하여 금지되는 채무자의 이행의 소를 이유로 거부하는 셈이어서 부당하다. 따라서 중복제소가 아니라는 입장이다(대법(전) 2013.12.18, 2013다202120 판결의 다수견해).

(2) 검 토

생각건대 중복제소를 금하는 이유는 소송경제에 있는데, 만일 후소를 중복제소로 본다면 전소가 각하된 후 다시 甲이 추심의 소를 제기하도록 하면 오히려 소송경제에 반하고, 상고심에서는 참가승계가 불가하므로 파기환송된 후 참가승계 한다는 것 또한 소송을 지연시키는 사유에 해당한다. 따라서 중복제소가 아니라는 大法院의 다수견해가 타당하다고 본다.

4. 설문의 해결

검토한 바 甲의 추심의 소는 중복제소가 아니므로 법원은 피고들의 본안전항변을 배척하고 본안심리에 나아가야 한다.

26 | 소제기의 실체법상 효과 (21년 2차 모의)

> 甲은 소송계속 중 丙에게 위 대여금채권을 양도했다고 주장하면서 소송인수를 신청하였다. 제1심 법원은 2020. 9. 30. 丙을 원고 인수참가인으로 하여 소송인수결정을 하였고, 같은 날 甲은 乙의 승낙을 받아 소송에서 탈퇴하였다. 제1심 법원은 2021. 2. 8. 甲과 丙 사이의 채권양도가 소송행위를 하게 하는 것을 주된 목적으로 이루어져 무효라는 이유로 丙에 대해 소각하 판결을 선고하였다. 위 소각하 판결에 대해 어느 쪽도 항소하지 않아 2021. 3. 7. 판결이 확정되자 甲은 2021. 4. 8. 乙을 상대로 위 2019. 6. 11.자 전소와 동일한 소(후소)를 다시 제기하였다. 이에 후소 법원은 위 대여금 채권은 소멸시효가 완성되었고 원고가 전소를 제기함으로써 발생한 시효중단의 효력도 원고가 전소에서 탈퇴한 2020. 9. 30.에 소멸하였다고 판단하여 甲의 청구를 기각하는 판결을 선고하였다.
>
> 이러한 법원의 판단은 정당한 것인가?

1. 문제점

인수참가인의 소송목적 양수 효력이 부정되어 인수참가인에 대한 소각하 판결이 확정된 날부터 6개월 내이지만 원고의 탈퇴시부터는 6개월이 도과된 상태에서 탈퇴한 원고가 다시 탈퇴 전과 같은 재판상의 청구 등을 한 경우, 탈퇴 전에 원고가 제기한 재판상의 청구로 인하여 발생한 시효중단의 효력이 그대로 유지되는지 문제된다.

2. 판례의 입장

소송목적인 권리를 양도한 원고는 법원이 소송인수 결정을 한 후 피고의 승낙을 받아 소송에서 탈퇴할 수 있는데(제82조 제3항, 제80조), 그 후 법원이 인수참가인의 청구의 당부에 관하여 심리한 결과 인수참가인의 청구를 기각하거나 소를 각하하는 판결을 선고하여 그 판결이 확정된 경우에는 원고가 제기한 최초의 재판상 청구로 인한 시효중단의 효력은 소멸한다. 다만 소송탈퇴는 ① 소취하와는 그 성질이 다르며, ② 탈퇴 후 잔존하는 소송에서 내린 판결은 탈퇴자에 대하여도 그 효력이 미친다(제82조 제3항, 제80조 단서). 이에 비추어 보면 인수참가인의 소송목적 양수 효력이 부정되어 인수참가인에 대한 청구기각 또는 소각하 판결이 확정된 날부터 6개월 내에 탈퇴한 원고가 다시 탈퇴 전과 같은 재판상의 청구 등을 한 때에는, 탈퇴 전에 원고가 제기한 재판상의 청구로 인하여 발생한 시효중단의 효력은 그대로 유지된다(대법 2017.07.18, 2016다35789).

3. 설문의 해결

시효중단·기간준수의 효력은 소의 취하·각하로 소급하여 소멸한다(민법 제170조). 다만 소의 취하·각하에 의하여 소멸되어도 6월 내에 소의 제기, 압류 또는 가압류·가처분을 하면 최초의 소제기 시에 중단된 것으로 본다(민법 제170조 2항). 만약 甲의 탈퇴가 소취하와 같다면 6개월이 도과되어 시효중단이 되지 않겠으나, 소송탈퇴와 소취하는 다르면 소각하판결의 효력이 甲에게도 미치므로 탈퇴 전에 원고가 제기한 재판상의 청구로 인하여 발생한 시효중단의 효력은 그대로 유지된다. 따라서 법원의 판단은 부당하다.

27 | 처분권주의

I. 형식적 형성의 소와 처분권주의(21년 3차)

> 甲과 乙 법인은 2층으로 된 X 건물을 2분의 1 지분씩 공동으로 소유하고 있는데, 건물 구입 당시 함께 추진하기로 한 사업이 여의치 않게 되어 甲은 이 건물을 매각하고 그 자금으로 다른 사업을 하고자 하나, 甲에 비하여 자금사정이 좋은 乙 법인은 시장상황이 좋아지기를 기다리며 매각을 반대하고 있다. 이에 甲은 乙 법인을 상대로 X 건물의 분할청구의 소를 제기하였다. 위 소송을 심리한 법원은 매각분할을 구하는 甲의 청구취지와 1층의 확보를 원하는 乙 법인의 요구를 고려하여, 乙 법인은 1층 전부의 소유권을 취득하고, 2층 전부의 소유권은 甲에게 부여하되, 乙 법인이 甲에게 각 층의 가치의 차액에 상당하는 5억 원을 배상하는 것이 합리적이라고 판단하고 있다.
>
> 법원은 위와 같은 분할판결을 할 수 있는가? (10점)

1. 문제점

처분권주의 원데상 원고 신청과 다른 판결을 선고하는 것은 허용되지 않는다. 이하 매각분할을 구하는 甲의 청구에 불구하고 법원이 현물분할과 가격배상의 혼합방법으로 분할하는 것이 공유물분할청구의 성질에 비추어 허용되는지 살펴본다.

2. 형식적 형성의 소의 취급

(1) 의 의

공유물 분할청구는 형식적 형성의 소로서, 형식은 소송이지만 실질은 비송사건에 해당하여 국가의 후견적 지위에서 어떠한 내용의 권리관계를 형성할 것인지가 법관의 자유재량에 맡겨진 형성의 소를 말한다.

(2) 형식적 형성의 소의 소송상 취급

형식적 형성의 소는 ① 처분권주의·불이익변경금지원칙이 구속되지 않아, 법원은 당사자 사이의 법률관계와 이해관계에 관한 최선의 결과를 도출하며, ② 청구취지를 반드시 명확히 기재할 필요는 없고 법관의 재량권행사의 기초가 나타나 있으면 된다. ③ 법률관계를 기초 짓는 요건사실이 존재하지 않고 그에 관한 진위불명이 있을 수 없기 때문에 원고청구기각이 불가하다.

3. 설문의 해결

법원이 매각분할을 원하는 원고의 청구에도 불구하고 현물분할과 가격배상의 혼합방법으로 배상을 명한 것은 적법하다. 판례도 공유관계의 발생원인과 공유지분의 비율 및 분할된 경우의 경제적 가치, 분할 방법에 관한 공유자의 희망 등의 사정을 종합적으로 고려하여 당해 공유물을 특정한 자에게 취득시키는 것이 상당하다고 인정되고, 다른 공유자에게는 그 지분의 가격을 취득시키는 것이 공유자 간의 실질적인 공평을 해치지 않는다고 인정되는 특별한 사정이 있는 때에는 공유물을 공유자 중의 1인의 단독소유 또는 수인의 공유로 하되 현물을 소유하게 되는 공유자로 하여금 다른 공유자에 대하여 그 지분의 적정하고도 합리적인 가격을 배상시키는 방법에 의한 분할도 현물분할의 하나로 허용된다고 하였다(대법 2004.10.14, 2004다30583).

II. 일부청구와 과실상계(14년 2차, 18년 1차 모의쟁점)

> 乙이 집 앞에 자신의 자동차를 문도 잠그지 아니하고 열쇠를 꽂아둔 채 주차하여 두었는데, 마침 그 옆을 지나가던 15세의 A가 운전면허도 없으면서 호기심에 차를 훔쳐서 몰고 다니다가, 甲을 치는 사고를 내었다. 이에 甲은 乙을 상대로 4,000만원의 손해배상을 구하는 소를 제기하면서, 이것은 잠정적인 청구이며 이후에 추가로 청구를 할 수 있다는 취지를 소장에 기재하여 제출하였다. 이 소송에서 법원이 乙의 배상책임을 인정하면서 손해액을 5,000만원으로 산정한 다음, 사고 후 甲이 의사의 권고에도 불구하고 치료를 소홀히 한 과실이 인정되며, 그 비율이 30%에 달한다는 판단을 하였다.
>
> 乙에게 얼마를 배상하라는 판결을 하여야 하는가?

1. 과실상계가 직권조사사항인지 여부

(1) 직권조사사항의 의의 및 내용

직권조사사항이란 피고의 항변 유무에 관계 없이 의문이 있을 경우에 법원이 이를 직권으로 조사하여야 하는 사항을 말하고, 항변사항에 대응한다. 소송절차에 관한 이의권의 포기가 허용되지 않으며, 피고의 항변은 직권발동을 촉구하는 의미에 그친다.

(2) 과실상계를 직권으로 판단할 수 있는지 여부

判例는 "민법상의 과실상계제도는 채권자가 신의칙상 요구되는 주의를 다하지 아니한 경우 공평의 원칙에 따라 손해의 발생에 관한 채권자의 그와 같은 부주의를 참작하게 하려는 것이므로, 단순한 부주의라도 그로 말미암아 손해가 발생하거나 확대된 원인이 되었다면 피해자에게 과실이 있는 것으로 보아 과실상계를 할 수 있고, 피해자에게 과실이 인정되면 법원은 손해배상의 책임 및 그 금액을 정하면서 이를 참작하여야 하며, 배상의무자가 피해자의 과실에 관하여 주장하지 않는 경우에도 소송자료에 의하여 과실이 인정되는 경우에는 이를 법원이 직권으로 심리·판단하여야 한다."고 하여 직권조사사항으로 보고 있다(대법 2009.08.20, 2008다51120·51137·51144·51151).

2. 일부청구시 과실상계 방법

(1) 처분권주의의 양적상한 초과금지

처분권주의 원칙상 법원의 심판대상은 원고의 신청을 초과할 수 없다. 다만 일부청구시 과실상계에 있어 일부청구액을 초과하여 법원이 심판대상을 삼을 수 있는지 다툼이 있다.

(2) 견해의 대립

1) 외측설 : 判例는 『일개의 손해배상청구권중 일부가 소송상 청구되어 있는 경우에 과실상계를 함에 있어서는 손해의 전액에서 과실비율에 의한 감액을 하고 그 잔액이 청구액을 초과하지 않을 경우에는 그 잔액을 인용할 것이고 잔액이 청구액을 초과할 경우에는 청구의 전액을 인용하는 것으로 풀이하는 것이 일부청구를 하는 당사자의 통상적 의사라고 할 것이다』라고 판시하여, 외측설을 취하고 있는데, 명시의 유무에 따라 결론을 달리하지 않고 있다(대법 1976.06.22, 75다819). 설문의 경우 전체손해액 5천만 원의 70%인 3,500만 원이 청구액 4천만 원에 미달하므로 결과적으로 3,500만 원이 인용될 수 있다.

2) 안분설 : 일부청구액을 기준으로 과실상계해야 한다는 견해이다. 설문의 경우 청구액 4천만 원의 70%인 2,800만 원이 인용될 수 있다.

(3) 검 토

생각건대, 당사자가 자신의 과실을 자인하여 일부청구를 하는 경우가 보통인 점, 일부청구라도 채권전부에 대하여 심리하는 것이 통상적인 점을 고려할 때 외측설이 일응 타당하나, 일부청구의 소송물에 대해 명시설을 일관한다면 외측설을 관철하는 것은 무리라 하겠다.

3. 결 론

判例에 따르면 과실상계는 직권조사사항으로서 乙의 과실상계 주장이 없어도 수소법원은 총 발생한 손해액수를 기준으로 직권으로 과실상계하여 3,500만 원의 배상판결을 내려야 한다.

Ⅲ. 유치권 부존재확인의 소에 대한 판단(6회 기출, 20년 1차 모의쟁점)

> 甲은 주택 신축 등을 목적으로 하는 사업을 하면서 乙 및 친척인 丙에게 각각 1억 원의 대여금채무를 비롯하여 총 합계 3억 원 이상의 채무를 부담하게 되어 채무초과 상태에 이르게 되었다. 甲은 유일한 재산인 X토지를 소유하고 있었는데, 丙에 대한 甲의 대여금 채무를 위한 담보로 제공하는 저당권설정계약(이하 '이 사건 계약'이라 한다)을 丙과 체결하였다. X토지에 대한 저당권설정등기를 경료받은 丙은 변제기가 도래하여도 甲이 피담보채무를 변제하지 않자, X토지를 목적물로 하는 부동산경매신청을 하였다. 이 경매절차에서 X토지의 감정평가액은 2억 원으로 평가되었고, 丙의 청구금액은 1억 원(이자 및 지연손해금은 무시한다)이었다. 그런데 丁은 자신이 X토지의 기반공사를 하였고 이에 따른 공사대금채권 9,000만 원을 피담보채권으로 하는 유치권이 있다고 주장하며 유치권 신고를 하였다. 이에 대해 丙은 丁을 피고로 하여 丁이 X토지에 관한 공사대금채권을 가지고 있지 않음에도 위와 같은 유치권 신고를 하였다면서, 丁의 유치권 부존재 확인을 구하는 소를 제기하였다. 이 소송을 심리한 법원은 丁이 주장하는 유치권의 피담보채권이 7,000만 원의 한도로 존재한다고 판단하였다.
>
> 법원은 丙의 청구에 대해 어떠한 판결을 하여야 하는가?

1. 문제점

우선 丙이 제기한 확인의 소의 적법요건과 관련하여 유치권자 丁은 경락인에 대해 피담보채권의 변제를 청구할 수 없는 것인데도 경매절차에서 근저당자의 법률상 지위에 불안이 존재하여 확인의 이익이 있는지 문제되며, 본안판단과 관련하여 유치권 신고를 한 사람이 유치권의 피담보채권으로 주장하는 금액의 일부만이 경매절차에서 유치권으로 대항할 수 있는 것으로 인정되는 경우에 피담보채권의 범위에 관한 판단의 필요성이 있는지 문제된다.

2. 丙의 확인의 소가 적법한지 여부

(1) 확인의 이익

확인의 소는 원고의 법률상 지위에 현존하는 불안이 있고, 불안제거에 유효·적절한 수단일 때 적법하다. 즉 판결에 의하여 불안을 제거함으로써 원고의 법률상의 지위에 영향을 줄 수 있는 경우이어야 하므로 반사적으로 받게 될 사실적·경제적 이익은 포함되지 않는다.

(2) 법률상 이익이 있는지 여부

민사집행법 제268조에 의하여 담보권의 실행을 위한 경매절차에 준용되는 같은 법 제91조 제5항에 의하면 유치권자는 경락인에 대하여 피담보채권의 변제를 청구할 수는 없지만 자신의 피담보채권이 변제될 때까지 유치목적물인 부동산의 인도를 거절할 수 있어 경매절차의 입찰인들은 낙찰 후 유치권자로부터 경매목적물을 쉽게 인도받을 수 없다는 점을 고려하여 입찰하게 되고 그에 따라 경매목적부동산이 그만큼 낮은 가격에 낙찰될 우려가 있다. 이와 같이 저가낙찰로 인해 경매를 신청한 근저당권자의 배당액이 줄어들거나 경매목적물 가액과 비교하여 거액의 유치권 신고로 매각 자체가 불가능하게 될 위험은 경매절차에서 근저당권자의 법률상 지위를 불안정하게 하는 것이므로 위 불안을 제거하는 근저당권자의 이익을 단순한 사실상·경제상의 이익이라고 볼 수는 없다. 따라서 근저당권자는 유치권 신고를 한 사람을 상대로 유치권 전부의 부존재뿐만 아니라 경매절차에서 유치권을 내세워 대항할 수 있는 범위를 초과하는 유치권의 부존재 확인을 구할 법률상 이익이 있다(대법 2016.03.10, 2013다99409).

(3) 소 결

丙의 丁을 상대로 한 유치권 부존재 확인의 소는 적법하다.

3. 피담보채권의 범위에 관한 판단의 필요성 여부

(1) 견해의 대립

1) 전부기각해야 한다는 입장 : ① 유치권은 불가분성을 가지므로 피담보채무의 범위에 따라 그 존부나 효력을 미치는 목적물의 범위가 달라지는 것은 아닌 점, ② 저당권자가 유치권부존재확인을 구할 법률상 이익이 있더라도 이러한 위험은 다분히 추상적·유동적이다. 즉 임의경매를 신청한 저당권자와 유치권자 사이의 유치권부존재확인의 소에서 피담보채무의 범위를 확정하는 것보다는 ⅰ) 유치권의 부담을 인수한 매수인이 유치권자를 상대로 유치권부존재확인의 소나 채무부존재확인의 소를 통하거나, 만약 ⅱ) 유치권자가 배당을 받을 경우에는 저당권자가 배당이의절차 등을 통하여 피담보채무의 범위를 확정하는 것이 더욱 유효·적절한 방법인 점, ③ 설령 이 사건 소송에서 피담보채무의 범위가

확정되더라도 저당권자나 매수인의 위와 같은 소송에 이 사건 소송의 기판력이 미친다고 할 수는 없는 점, ④ 실제로 직접적인 채권채무관계가 없는 자들 사이의 소송에서 채무의 범위를 확정하는 것은 채권·채무자 사이의 통모가능성 등 때문에 객관적이고도 정확한 심리가 어려우므로 가급적 자제되어야 하는 점 등을 고려하면, 유치권의 피담보채무의 구체적 범위에 관하여 판단할 필요는 없으며 원고 청구를 기각하여야 한다는 입장이다(서울고법 2013.11.15, 2013나13421).

2) 일부패소판결을 한다는 입장 : 大法院의 입장으로서 심리 결과 유치권 신고를 한 사람이 유치권의 피담보채권으로 주장하는 금액의 일부만이 경매절차에서 유치권으로 대항할 수 있는 것으로 인정되는 경우에는 법원은 특별한 사정이 없는 한 그 유치권 부분에 대하여 일부패소의 판결을 하여야 한다고 하였다(대법 2016.03.10, 2013다99409).

(2) 검 토

생각건대 감정평가액은 2억 원으로 평가된 토지에, 丙의 채권액은 1억 원이며, 丁이 공사대금채권 9,000만 원을 피담보채권으로 하는 유치권이 있다고 주장하며 유치권 신고를 한 상태라면 경매가 유찰될 위험이 크다. 이러한 상황에서 원고의 청구를 기각하기 보다는 유치권의 피담보채권의 범위를 명확히 하는 판결을 선고하는 것이 보다 경매절차를 신속히 진행하는 길이 될 것이며, 차후 경락인과 유치권자 사이의 분쟁의 방지에도 도움이 될 것이다.

4. 설문의 해결

丙의 丁을 상대한 한 유치권 부존재확인의 소는 법률상 이익이 있어 적법하며, 수소법원이 7,000만 원 한도에서 유치권이 존재한다고 판단하였다면 일부패소판결은 처분권주의에 반하는 것이 아니므로 전부기각할 것이 아니라 일부패소판결을 하여야 한다.

IV. 현재이행의 소에 장래이행판결(2회 기출 / 14년 1차 모의쟁점)

> 甲이 乙명의의 소유권이전등기는 담보목적으로 경료해 준 것으로서 피담보채무를 전액 변제하였으므로 위 등기의 말소를 구한다고 주장하고, 이에 대하여 乙은 담보목적이 아니라 대물변제에 기하여 경료된 등기라고 다투고 있는데, 심리결과 甲이 대리인인 丙을 통하여 乙로부터 1억원을 차용하면서 담보로 위 등기를 경료해준 사실과 위 채무 중 3,000만원이 잔존하고 있는 사실이 밝혀졌다.
>
> 법원은 어떠한 내용의 판결을 하여야 하는가?

1. 문제점

사안의 甲의 말소등기청구는 피담보채무를 전액 변제하였음을 주장하므로 현재이행의 소인데, 법원의 심리 결과 잔존채무가 존재한다면 이는 청구기각되어야 하는 것이 원칙이다. 그러나 법원이 이를 장래이행청구로 보아 잔존 채무의 선이행을 조건으로 장래이행판결의 허용여부가 처분권주의 원칙상 문제된다.

2. 처분권주의와 일부인용

(1) 처분권주의와 일부인용판결의 허용성

처분권주의라 함은 절차의 개시, 심판의 대상, 그리고 절차의 종결에 대하여 당사자에게 주도권을 주어 그의 처분에 맡기는 입장이다. 법원은 신청한 소송물의 전부를 받아들일 수 없으면 원고의 청구취지의 변경이 없어도 일부 줄여서 받아들이는 일부인용이 가능하다.

(2) 현재의 이행의 소의 경우에 장래의 이행판결가부

判例는 "채무자가 피담보채무 전액을 변제하였다고 하거나, 피담보채무의 일부가 남아 있음을 시인하면서 그 변제와 상환으로 담보목적으로 경료된 소유권이전등기의 회복을 구하고 채권자는 그 소유권이전등기가 담보목적으로 경료된 것임을 다투고 있는 경우, 채무자의 청구 중에는 만약 위 소유권이전등기가 담보목적으로 경료된 것이라면 소송과정에서 밝혀진 잔존 피담보채무의 지급을 조건으로 그 소유권이전등기의 회복을 구한다는 취지까지 포함되어 있는 것으로 해석하여야 할 것이고, 이러한 경우에는 장래 이행의 소로서 미리 청구할 필요가 있다고 보아야 할 것이다"라고 판시하여 장래이행판결을 허용하고 있다(대법 1996.11.12, 96다33938).

(3) 검 토

일부인용판결은 처분권주의에 반하는 것이 아닌데, 일부인용에는 분량적 일부인용과 질적일부인용이 있다. 사안과 같이 현재이행의 소에 장래이행판결을 명하는 것은 질적일부인용이라 할 것이고, 장래이행판결이 원고의 의사에 반하는 것이 아니고 미리청구할 필요성이 있다면 법원은 장래이행판결을 명할 수 있을 것이다.

3. 장래이행의 소의 미리청구할 필요가 있는지 여부

장래이행의 소의 미리청구할 필요는 ① 이행의무의 성질상 미리 청구할 필요가 있거나, ② 의무자의 태도와 관련하여 미리 청구할 필요가 있어야 하는데, 설문에서 甲의 말소등기청구에 乙은 담보목적이 아니라 대물변제에 기하여 경료된 등기라고 다투고 있는 바, 甲이 3,000만원의 잔존채무를 이행하더라도 즉시 말소등기에 협력하지 않을, 즉 임의이행을 거부할 태도를 보이고 있으므로 의무자의 태도를 고려하여 미리청구할 필요가 인정되는 경우이다.

4. 결 론

법원은 甲의 말소등기청구에 대하여, 원고가 반대하지 않는 한 장래 잔존채무를 이행을 조건으로 인용하는 판결을 할 수 있다.

V. 건물철거청구에 임차인의 건물매수청구권 행사의 법리(11년 1차, 14년 2차, 22년 1차 모의쟁점)

> 乙은 지상건물의 소유를 목적으로 하는 甲과의 토지임대차계약에 따라 B건물을 신축하였다. 甲은 임대차기간이 만료한 뒤 乙의 임대차계약의 갱신요청을 거절하고 乙을 상대로 건물철거 및 토지인도를 청구하는 소를 제기하였다. 위 소송절차의 변론에서 乙은 건물매수청구권을 행사하였다.
>
> 이 경우 법원의 조치 및 그에 따른 판결에 대하여 검토하시오.

1. 문제점

甲의 乙을 상대로 한 건물철거 및 토지인도청구에 乙이 건물매수청구권을 행사하며 항변한 경우, 수소법원이 乙에게 甲으로부터 건물대금을 지급받음과 상환으로 건물 및 토지를 인도하라는 상환이행판결을 할 수 있는지 문제되며, 나아가 상환이행판결이 불가능하다면 원고에게 청구변경을 행사하도록 석명하지 않고 바로 원고청구를 기각하는 것이 적법한지 법원의 석명의무의 범위와 관련하여 문제되고 있다.

2. 상환이행판결의 가부

(1) 견해의 대립

1) 긍정설 : 이를 부정하면 당사자간의 분쟁해결이 없어 별소 제기가 불가피하므로 소송경제와 분쟁의 1회적 해결에 반하게 된다는 점, 임대인으로서는 전부패소하는 것보다는 상환이행판결이라도 받는 것이 유리하므로 상환이행청구의 의사가 청구자체에 내포되어 있다고 봄이 타당하고, 지상물매수청구권 행사의 취지는 상환이행판결을 해달라는 것으로 볼 수 있어 임차인의 의사에도 부합한다는 점, 무조건의 토지인도청구와 상환이행청구는 전부청구와 잔부청구의 관계로 볼 수 있다는 점을 이유로 한다.

2) 부정설 : 명도청구와 철거청구는 청구취지도 상이하고, 강제집행방법에도 차이가 있으며, 그 권원에도 차이가 있음을 들어 상환이행판결은 처분권주의에 위반된다는 견해이다.

(2) 判例의 입장

大法院은 임대차 종료시 임대인의 건물철거와 그 부지인도청구에는 건물매수대금지급과 동시에 건물명도를 구하는 청구가 포함되어 있다고 할 수 없으므로 법원으로서는 매매대금지급과 상환으로 건물명도를 명하는 판결을 할 수 없다고 판시하였다(대법(전) 1995.07.11, 94다34265).

(3) 검 토

상환이행판결의 가능성의 문제는 당사자의 의사, 소송경제 등을 고려하여 판단할 문제이나, 생각건대 지상물의 명도를 명하는 것이 반드시 원고의 의사에 부합한다고 할 수는 없고, 소송경제의 문제는 법원이 석명권을 행사함으로써 어느 정도 해결할 수 있으므로 부정하는 것이 타당하다.

3. 법원이 甲에게 적극적으로 소변경을 석명할 의무가 있는지 여부

判例는 원칙적으로 적극적 석명을 인정하지 않으나, 이 사건에서 "임대인으로서는 통상 지상물철거 등의 청구에서 전부패소하는 것보다는 대금지급과 상환으로 지상물 명도를 명하는 판결이라도 받겠다는 의사를 가질 수도 있다고 봄이 합리적이라 할 것이고, 임차인의 처지에서도 이러한 법원의 석명은 임차인의 항변에 기초한 것으로서 그에 의하여 논리상 예기되는 범위내에 있는 것이므로 그러한 법원의 석명에 의하여 임차인이 특별히 불리하게 되는 것도 아니고, 오히려 법원의 석명에 의하여 지상물 명도와 상환으로 대금지급의 판결을 받게되는 것이 매수청구권을 행사한 임차인의 진의에도 부합한다고 할 수 있다. 또한 이와 같은 경우 법원이 석명하지 아니한 채 토지임대인의 청구를 기각하고 만다면 또다시 지상물 명도청구의 소를 제기하지 않으면 안되게 되어 쌍방 당사자에게 다같이 불리한 결과를 안겨줄 수밖에 없으므로 소송경제상으로도 매우 불리하다고 하지 않을 수 없다"고 하여 예외적으로 적극적 석명의무를 인정하였다(대법(전) 1995.07.11, 94다34265).

4. 사안의 해결

수소법원은 상환이행판결을 내릴 수는 없으나, 석명권은 변론주의의 결함을 시정하고 실질적인 당사자 평등을 이루기 위한 것이므로 적극적 석명이라고 하더라도 제한적으로나마 인정하는 것이 타당하다. 그 인정요건으로는 ① 판결의 승패개연성 ② 당사자의 신청의 법적 구성의 난이도 ③ 종전 소송자료와의 합리적 관련성과 ④ 당사자의 공평한 취급 ⑤ 1회적인 분쟁해결의 발본적 취급 등을 들 수 있다. 설문은 청구취지의 변경이 없으면 패소할 것이 거의 확실한 점, 원고의 소변경이 피고의 매수청구권의 행사로부터 법률상·논리상 예견가능하여 종전 소송자료를 이용할 수 있고 피고의 방어권 행사에 문제가 없는 점 등을 고려할 때 법원의 적극적 석명이 필요한 경우라 하겠다.

VI. 처분권주의 위반과 상소의 이익 (19년 2차 모의쟁점)

> 甲 소유인 X 토지에 관하여 乙 앞으로 매매를 원인으로 한 소유권이전등기(이하 '이 사건 등기'라고 한다)가 마쳐졌다. 丙은 "丙은 甲으로부터 X 토지를 매수하였으므로 甲에 대하여 X 토지에 관한 소유권이전등기청구권을 갖는다. 그리고 乙은 甲으로부터 X 토지를 매수하지 않았음에도 등기관련서류를 위조하여 이 사건 등기를 마쳤으므로 이 사건 등기는 원인무효이다. 따라서 丙은 甲에 대한 위 소유권이전등기청구권을 보전하기 위하여 甲을 대위하여 乙을 상대로 이 사건 등기의 말소를 청구할 수 있다."라고 주장하면서, 甲과 乙을 공동피고로 하여, 甲에 대하여는 丙에게 X 토지에 관하여 매매를 원인으로 한 소유권이전등기절차를 이행할 것을 청구하고, 乙에 대하여는 甲에게 이 사건 등기의 말소등기절차를 이행할 것을 청구하는 소를 제기하였다. 소송과정에서 甲, 乙, 丙 중 누구도 "甲이 丙에게 X 토지를 증여하였다."라는 주장을 하지 않았는데, 제1심 법원은 甲이 제출한 증거를 통하여 '甲이 丙에게 X 토지에 관하여 증여를 원인으로 한 소유권이전등기절차를 이행할 것을 명하고, 乙에 대하여는 甲에게 이 사건 등기의 말소등기절차를 이행할 것을 명하는 판결을 선고하였다(乙에 대한 판결에 있어, 법원은 丙의 甲에 대한 증여를 원인으로 한 소유권이전등기청구권을 피보전권리로 인정하였다).

> 1. 제1심 판결 중 甲에 대하여 증여를 원인으로 한 소유권이전등기절차의 이행을 명한 부분은 타당한가? (15점)
> 2. 丙은 甲과 乙을 상대로 하여 제1심 판결에 대하여 항소를 할 수 있는가? (20점)

1. 설문 1 : 처분권주의와 변론주의 위반여부

(1) 문제점

매매를 원인으로 한 이전등기절차를 이행할 것을 청구하였으나, 수소법원이 증여를 이유로 한 이전등기절차를 이행할 것을 명한 것이 처분권주의 위반인지 살펴보고, 만일 처분권주의를 위반한 것이 아니라면 피고 甲이 신청한 증거자료를 기초로 丙의 청구를 인용한 것이 변론주의 위반인지 살펴본다.

(2) 처분권주의 위반인지 여부

1) **처분권주의의 의의** : 법원은 당사자가 신청하지 않은 사항에 대하여는 판결하지 못한다(제203조). 법원의 심판의 한계는 소송물에 한하므로 그 소송물과 다른 소송물이나 그 소송물의 범위를 벗어난 사항에 대하여는 심판할 수 없다. 실체법상 권리마다 별개의 소송물로 보는 判例도 원고가 매매를 원인으로 소유권이전등기청구를 한 것에 대하여, 양도담보계약을 원인으로 소유권이전등기를 명함은 처분권주의에 반한다고 하였다(대법 1992.03.27, 91다40696).

2) **소 결** : 判例에 의하면 1심 판결은 처분권주의에 위반한 위법한 판결이나, 신청을 소송물로 보는 학설에 의하면 이전등기를 청구하는 원인은 공격방법의 차이에 불과한 것으로 이하 변론주의에 위반인지 살펴본다.

(3) 변론주의 위반인지 여부

신소송물이론에 의하면 매매나 증여 사실은 청구원인을 구성하는 요건사실로서 원고 丙이 주장책임을 부담하게 된다. 한편 변론주의하의 민사사건에서 사실자료와 증거자료는 준별된다. 즉 법원이 증거에 의하여 주요사실을 알았다고 하더라도 당사자가 법정변론에서 주장한 바 없으면 이를 기초로 심판할 수 없으며 또한 당사자의 주장과 달리 심판할 수도 없다. 다만 大法院은 사건의 타당한 해결을 위해 변론에서 당사자가 직접적으로 명시적인 주장을 아니하여도 ⅰ) 변론의 전체적인 관찰에 의해서나 (대법 1995.04.28, 94다16083), 혹은 ⅱ) 증거신청을 한 것에 의하여 간접적 주장을 한 것으로 볼 수 있으며 (대법 2002.11.08, 2002다38361), ⅲ) 이익으로 원용한 감정서나 서증에 기재가 있으면 주장을 한 것으로 의제(대법 1996.12.19, 94다22927)하려 하여 사실자료와 증거자료의 구별을 완화하려는 경향을 보이고 있다. 그러나 설문의 증거는 피고 甲이 제출한 것으로 丙이 이를 이익으로 원용한 바도 없으니 증거공통이 인정될 수 있다하더라도 간접적 주장이 인정될 수 없어 판결의 기초로 삼을 수 없다.

(4) 소 결

1심 법원의 판결은 처분권주의에 위반이며, 설사 처분권주의 위반이 아니라도 변론주의에 위반이다.

2. 설문 2 : 상소의 이익

(1) 문제점

항소가 적법하기 위해서는 ① 항소가 허용된 재판에 불복이 있어서, ② 항소의 당사자적격을 가진 자가, ③ 항소기간 내에 법정방식에 따라 제기하여야 한다. 그리고 ④ 항소이익이 있어야 하며, ⑤ 불상소합의, 상소권 포기 등의 항소장애사유가 없어야 한다. 설문에서 丙은 1심에서 전부승소한 자로서 이유중 판단에 대한 불만으로 항소이익이 존재하는지 문제된다.

(2) 판결이유에 대한 불만과 항소이익

1) 상소이익의 의의 : 상소의 이익이란 하급심의 종국판결에 대하여 불복신청함으로써 그 취소를 구하는 것이 가능한 당사자의 법적 지위를 말한다.

2) 판결이유에 대한 불만 : 상소는 자기에게 불이익한 재판에 대하여 자기에게 유리하도록 그 취소·변경을 구하는 것이므로 전부 승소한 원심판결에 대한 상고는 상고를 제기할 이익이 없어 허용될 수 없고, 이 경우 재판이 상고인에게 불이익한 것인지 여부는 원칙적으로 재판의 주문을 표준으로 하여 판단하므로 원심판결의 주문에서 상고인에 대한 전부 승소의 판결이 선고되었다면 판결이유중의 판단에 불만이 있어도 상소의 이익이 없다(대법 2009.06.25, 2008후3384). 기판력은 주문의 판단에 대해서만 생기기 때문에 승소의 법률효과에는 차이가 없기 때문이다.

(3) 乙에 대한 판결에 대한 항소이익 부정

1심 판결의 기판력이 미치는 것은 甲의 乙에대한 말소등기청구권의 존부라 할 것이고 이에 관한 원고 丙의 청구가 인용되어 승소한 이상, 판결이유에서 원고의 피보전권리의 발생원인을 잘못 인정하였다 하더라도 이것은 판결이유에 대한 불만으로 그 사유만으로는 상소의 이익이 있다고 할 수 없다(대법 1992.03.27, 91다40696). 따라서 항소심은 항소를 각하한다.

(4) 甲에 대한 판결에 대한 항소이익 긍정

처분권주의에 위배된 판결은 당연무효라고는 할 수는 없고 이유중 판단에 불만으로는 항소이익을 인정할 수 없지만, 매매를 원인으로 한 소유권이전등기청구에 대해 1심 법원이 증여를 원인으로 인용한 것은 주문상으로는 원고가 전부 승소한 것으로 보이기는 하나, 원고가 주장한 매매를 원인으로 한 소유권이전등기청구에 관하여는 심판을 한 것으로 볼 수 없어 결국 이 부분 원고의 청구는 실질적으로 인용한 것이 아니어서 판결의 결과가 불이익하게 되었으므로 원고가 처분권주의를 위반한 위법을 들어 상고한 것은 상소의 이익이 인정된다(대법 1992.03.27, 91다40696).

28 | 변론주의

Ⅰ. 주요사실과 간접사실의 구별(16년 1차 모의쟁점)

> 甲은 인도를 걸어가다 갑자기 인도로 진입한 乙이 운전하는 차량에 의하여 모두 부상을 당하였다고 주장하며 乙을 상대로 불법행위를 원인으로 한 손해배상청구의 소를 제기하였다. 피고 乙은 자신이 운전하던 자동차가 인도로 진입하게 된 것은 뒤에 있던 확인불명의 다른 차량이 자신의 자동차를 추돌한 사실(A사실) 때문이라고 주장하였다.
>
> 원고 甲이 소송에서 A사실을 인정하였다면, 법원은 이를 기초로 판단하여야 하는가?

1. 문제점

설문에서 인도로 진입하게 된 경위인 다른 차량이 추돌한 사실에 대해 피고 乙의 주장이 있고, 원고 甲이 이에 대하여 인정하고 있다. 이러한 A사실에 대하여 재판상 자백이 성립하여 법원은 이를 기초로 판단하여야 하는지를 변론주의의 적용범위와 관련하여 살펴본다.

2. 변론주의의 의의와 사실의 종류

(1) 의 의

변론주의는 판결의 기초를 이루는 사실의 확정에 필요한 소송자료의 수집·제출을 당사자의 권능 및 책임으로 하는 원칙을 말한다. 구체적으로 ① 사실의 주장책임, ② 자백의 구속력, ③ 증거제출책임을 말한다.

(2) 사실주장의 종류

당사자주장의 사실은 주요사실·간접사실·보조사실로 구별되는데, ① 주요사실이란 실무상 요건사실이라고도 하는 것으로 권리의 발생·변경·소멸이라는 법률효과를 발생시키는 법규의 직접 요건사실을 말한다. ② 간접사실은 주요사실의 존재를 추인하는데 도움이 됨에 그치는 사실이다. ③ 보조사실이란 증거능력이나 증거가치에 관한 사실을 말한다.

3. 주요사실과 간접사실의 구별

(1) 견해의 대립

① 법률효과를 발생시키는 법규의 요건사실이 주요사실이고, 그 이외의 사실은 간접사실로 보는 법규기준설, ② 법규기준설을 버리고 소송의 승패에 영향을 미치는 중요한 사실에 대하여는 변론주의의 적용이 있다고 보는 중요사항주장설, ③ 법규기준설에 입각한 주요사실과 간접사실의 구별은 유지하

되, 과실, 인과관계 등을 요건으로 한 일반규정의 경우만은 일반규정의 요건사실 자체를 변론주의의 적용을 받는 주요사실로 볼 것이 아니라 요건사실을 구성하는 개개의 구체적 사실이 재판에서 중요한 역할을 함에 비추어 이러한 구체적 사실을 주요사실에 준해서 변론주의의 적용을 받게 하자는 준주요사실설, ④ 주요사실은 변론주의가 적용되는 사실로 당사자가 주장하고 법원이 심리해야 할 중요한 사실이고, 요건사실은 법원이 당사자가 구하는 법률효과를 인정하는 데에 필요한 사실이라고 보면서, 일반조항의 경우는 법적 평가인 요건에 해당하지만 사실은 아니므로 개개의 구체적 사실을 주요사실로 보는 요건사실주요사실구별설이 있다.

(2) 判例의 태도

判例는 "민사소송절차에서의 변론주의 원칙은 권리의 발생·변경·소멸이라는 법률효과 판단의 요건이 되는 주요사실에 대한 주장·증명에 적용되는 것으로서, 그 주요사실의 존부를 확인하는 데 도움이 되는 간접사실이나 그의 증빙자료에 대하여는 적용되지 않는다"고 판시하여 법규기준설의 입장에서 구체적인 경우마다 주요사실과 간접사실을 구별하고 있다(대법 2004.05.14, 2003다57697).

(3) 검토

설문에서 법규기준설에 의하면 乙의 과실이 주요사실이 되나, 다른 학설에 의하면 과실은 사실에 대한 평가적 판단인 법률요건이고 차량이 인도로 돌진한 사실이 주요사실 내지 준주요사실이 된다. 따라서 다른 차량의 추돌이 있었다는 사실은 차량이 인도에 진입하게 된 경위에 해당하여 간접사실에 해당한다.

4. 간접사실의 소송상 취급

(1) 사실의 주장책임

주요사실은 당사자의 주장이 있어야 판결의 기초로 삼을 수 있다. 그러나 간접사실은 당사자가 변론에서 진술한 바 없더라도 증언 등의 소송자료에 의하여 변론에 나타나면 판결의 기초로 삼을 수 있다.

(2) 자백의 구속력

간접사실에 대해서는 법관의 자유심증 문제상 자백의 구속력이 부정된다. 다만 문서의 진정성립에 관한 자백은 보조사실에 관한 것이나 자백의 구속력을 인정하는 것이 判例이다.

(3) 유일한 증거

유일한 증거가 주요사실에 관한 것일 때 법원은 그 조사를 거부할 수 없다(제290조 단서). 간접사실에 관한 것일 때에는 그 조사를 거부할 수 있으나, 判例는 채무를 변제하였다는 증거로 제출한 서증이 유일한 증거이면 그 서증의 진정성립을 위하여 증인이 단 한번 출석하지 아니하였다 하여 취소한 다음 항변을 받아들이지 아니한 것은 채증법칙위반이라 하였는데(대법 1962.05.10, 4294민상1510), 주요사실에 대한 증거인 서증의 형식적 증거력에 주목한 判例로 보인다.

(4) 판단누락

주요사실에 대한 판단을 누락하면 제451조 1항 9호에 의해 상고·재심사유가 되나, 간접사실은 판단하지 않아도 판단누락의 위법이 없다.

(5) 증거조사의 필요성

주요사실은 증거에 의하여 인정해야 하나, 간접사실은 주요사실을 인정하기 위한 수단이기에 주요사실과 무관하면 증거조사가 불필요하다.

5. 사안의 해결

결국 원고 甲과 피고 乙 간에 간접사실에 대하여 다툼이 없는 것에 불과하므로 법원은 이러한 A사실에 구속됨이 없이 증거에 의하여 자유심증으로 판단하는 것이 가능하므로 이를 기초로 판단할 필요가 없다.

II. 취득시효기산점의 성질(6회 기출)

〈추가된 사실관계〉
乙의 항변에 대하여 甲은 당초 乙의 점유개시시기를 乙의 주장과 같이 1987.3.17.이라고 하였다가 이후 2006.1.경부터 점유를 하였다고 하면서 그 주장을 변경하였다.

부동산의 시효취득에 있어서 점유기간의 산정기준이 되는 점유개시의 시기에 관한 甲의 위의 주장사실은 어떤 사실인가?

1. 문제점

甲은 피고 乙이 주장한 취득시효 기산점에 대하여 다투지 않다가 이를 번복하였다. 만일 취득시효 기산점이 주요사실이라면 재판상 자백이 성립하여 임의철회할 수 없으므로 기산일의 성질에 대하여 검토한다.

2. 취득시효 기산일의 경우

(1) 학설의 태도

① 법규기준설의 입장에서 취득시효를 규정한 민법 제245조의 규정에 의해 "20년간 부동산을 점유한 사실"이 주요사실이고, 그 기산점에 관한 규정은 없으므로 간접사실에 해당한다고 보는 견해와, ② 요건사실·주요사실 구별설의 입장에서 소멸시효나 취득시효 모두 기산점 자체는 권리의 취득이나 상실의 요건사실이 아니며, 요건사실은 시효기간이 이미 완성되었다는 사실이고, 시효의 기산점은 그것이 정해지면 계산상 바로 시효완성 여부가 정해지므로 주요사실에 해당한다는 견해의 대립이 있다.

(2) 判例의 입장

大法院은 『취득시효의 기산점은 법률효과의 판단에 관하여 직접 필요한 주요사실이 아니고 간접사실에 불과하여 법원으로서는 이에 관한 당사자의 주장에 구속되지 아니하고 소송자료에 의하여 진정한 점유의 시기를 인정하여야 하는 것』이라 하여 간접사실로 보고 있다(대법 1994.04.15, 93다60120).

(3) 검 토

소멸시효에서는 시효기간이 경과함으로써 권리가 절대적으로 소멸하지만, 점유로 인한 부동산취득시효의 경우 점유자가 등기까지 하여야 소유권을 취득하므로 시효기간 완성 후 등기 전 제3자가 소유권이전등기를 마쳤다면 점유자는 소유권을 취득하지 못한다. 만약 취득시효의 기산점을 당사자가 임의로 선택할 수 있도록 하고, 법원이 당사자의 주장에 구속되어야 한다면 제3자가 취득한 이후에 점유기간이 완성된 것으로 기산점을 주장함이 가능하게 되어 등기 없이도 제3자에 대항할 수 있다는 결과가 되므로, 당사자가 주장한 기산점에 법원이 구속되지 않고 객관적인 점유 개시시를 잡을 수 있도록 간접사실로 보는 것이 타당하다고 보인다.

3. 결 론

취득시효의 기산점은 간접사실로 보는 것이 타당하고, 따라서 甲이 피고 乙의 기산일 주장에 다툼이 없었다하여도 재판상 자백이 성립하는 것이 아니므로 甲은 기산일에 대한 새로운 주장이 가능하며, 법원도 이에 구속되는 것이 아니다.

Ⅲ. 사실의 주장책임(12년 3차 모의쟁점)

> 甲은 2009.10.16. 乙에게 600만 원을 변제기를 2010.4.15.로 정하여 대여한 후, 乙이 변제기가 지나도록 이를 변제하지 아니하자, 2010.6.1. 乙을 상대로 대여금 청구의 소를 제기하였다. 乙은 청구기각의 판결을 구하면서 원고의 주장사실을 전부 부인하였는데, 乙이 신청한 증인은 법정에 출석하여, "甲이 乙에게 600만 원을 대여하는 것과 乙이 변제기로부터 한 달이 지난 2010.5.15. 甲에게 600만 원과 5%의 비율로 계산한 1개월간의 지연손해금까지 지급하는 것을 목격하였다."라고 증언하였다.
>
> 위와 같은 증인신문을 마친 후 변론이 종결되었다면 법원은 위 증언을 토대로 하여 甲의 청구를 기각할 수 있는가?

1. 문제점

설문에서 甲의 청구원인 사실은 ① 소비대차계약의 체결사실, ② 대여사실, ③ 이행기가 도과한 사실이다. 이러한 甲의 청구에 대해 乙은 청구기각을 구하면서 요건사실에 대하여 전부 부인하였지만 乙이 신청한 증인의 증언에 의하여 증거공통원칙상 입증되었다. 문제는 乙의 변제주장이 없음에도 불구하고 乙이 신청한 증인의 증언을 통해 법원이 변제사실을 인정하여 甲의 청구를 기각시킬 수 있는지로, 이것은 증거자료로 사실자료를 대체할 수 있는지에 달려 있다.

2. 주장책임의 의의

(1) 주장책임의 의의

권리의 발생소멸이라는 법률효과의 판단에 직접 필요한 요건사실인 주요사실은 당사자의 변론으로서 진술되어야만 법원이 이를 판결의 기초로 할 수 있다는 것을 주장책임이라고 한다. 어느 당사자이든 변론에서 주장하기만 하면 되고, 반드시 주장책임을 지는 당사자가 진술해야 하는 것은 아니다.

(2) 변제사실이 주요사실인지 여부

주요사실과 간접사실의 구별 기준에 대한 법규기준설에 의하면 변제사실은 乙의 채무를 소멸시키는 실체법상 권리멸각규정의 구성요건 해당 사실로 주요사실에 해당한다. 따라서 乙의 주장이 있어야 법원은 판결의 기초로 삼을 수 있다.

3. 변제사실을 판결의 기초로 삼을 수 있는지 여부

(1) 사실자료와 증거자료의 준별

당사자가 변론에서 현출시킨 사실을 사실자료라 하고 증거조사를 통하여 얻은 결과를 증거자료라고 한다. 변론주의에 의할 때 증거자료와 사실자료는 구별되므로 법원이 증거에 의하여 주요사실을 알았다고 하여도 당사자가 변론에서 주장한 바 없으면 이를 기초로 심판할 수 없는 것이 원칙이다. 이는 당사자에게 뜻밖의 재판을 막기 위한 것으로 법원은 증거조사를 통하여 변제사실을 알았더라도 변론에서 주장되지 않았으므로 이를 판결의 기초로 삼을 수 없는 것이 원칙이다.

(2) 사실자료와 증거자료의 구별 완화

1) **간접적 주장의 의의** : 사실자료와 증거자료의 구별을 일관하면 법률문외한인 당사자에게 불리하고, 실체진실주의에 반하므로 완화할 필요가 있다. 이에 따라 사실자료와 증거자료의 구별을 완화하여 당사자의 명시적 주장은 없었지만 일정한 증거신청행위 등에 의하여 주요사실을 간접적으로 주장한 것으로 볼 수 있는지 논의가 있다.

2) **判例의 태도** : 大法院은 "법률상의 요건사실에 해당하는 주요사실에 대하여 당사자가 주장하지도 아니한 사실을 인정하여 판단하는 것은 변론주의에 위배된다고 할 것이나, 당사자의 주요사실에 대한 주장은 직접적으로 명백히 한 경우뿐만 아니라 당사자가 법원에 서증을 제출하며 그 증명취지를 진술함으로써 서증에 기재된 사실을 주장하거나 그 밖에 당사자의 변론을 전체적으로 관찰하여 간접적으로 주장한 것으로 볼 수 있는 경우에도 주요사실의 주장이 있는 것으로 보아야 할 것이다."라는 입장으로 간접적 주장을 인정하고 있다(대법 2002.11.08, 2002다38361·38378).

3) **검토 및 간접적 주장의 인정의 요건** : 사실자료와 증거자료는 구별되어야 하지만, 재판의 구체적 타당성 또는 진실발견의 견지에서 간접적 주장의 개념은 긍정함이 타당하다고 생각된다. 다만 변론주의와의 관계에서 그 요건은 엄격히 함이 타당할 것이다. 간접적 주장이 있다고 인정되기 위해서는 ① 당사자의 일정한 소송행위에 비추어 보아 당연히 주요사실의 주장이 예상되는 경우이어야 하며, ② 상대방의 방어권행사의 지장을 초래함이 없어야 한다. 나아가 ③ 증거자료의 제출 및 증거조사 결과의 원용에 있어서 이러한 행위가 일정한 특정된 주장을 할 수 밖에 없는 명확한 것이어야 한다.

4. 사안의 해결

사안에서 만일 乙이 丙을 증인으로 신청한 증명취지가 변제사실을 증명하기 위한 것이라면 이러한 소송행위에 비추어 변제사실 주장이 예상되는 경우이며, 증인신문과정에서 甲이 반대신문을 함으로써 방어권행사에 불이익이 없다면 변제사실에 대한 간접적 주장을 인정할 수 있다고 할 것이다. 따라서 법원은 丙의 증언을 토대로 甲의 청구를 기각할 수 있다고 본다.

Ⅳ. 유권대리 주장에 표현대리 주장의 포함여부(11년 법무부 1차 모의쟁점 / 2회 기출)

> 甲은 乙의 대리인 A와 乙소유의 건물을 매수하고 乙에게 그 대금을 지급하였음을 이유로 乙을 피고로 이전등기를 구하는 소를 제기하였다. 이 소송에서 A의 대리권 유무가 문제되었는데, 甲은 A에게 대리권이 있었다고 주장하였고, 이에 乙은 A에게 이 사건 건물의 매매에 관한 대리권을 위임하였으나 甲이 이 사건 건물을 매수하기 전에 이미 A에 대하여 대리권을 해지하였다는 사실을 주장·증명하여 무권대리라고 주장하였다. 그러나 甲·乙 누구도 표현대리라는 주장은 하지 않았다.
>
> 법원은 표현대리에 해당한다는 사실을 판결의 기초로 삼을 수 있는가?

1. 표현대리에 의한 계약책임이 별개 소송물인지 여부

大法院은 『변론에서 당사자가 주장한 주요사실만이 심판의 대상이 되는 것으로서 여기에서 주요사실이라 함은 법률효과를 발생시키는 실체법상의 구성요건해당사실을 말하는 것인 바, 대리권에 기한 대리의 경우나 표현대리의 경우나 모두 제3자가 행한 대리행위의 효과가 본인에게 귀속된다는 점에서는 차이가 없다』라고 판시한 바(대법 1983.12.13, 83다카1489), 이는 유권대리나 표현대리는 위 청구규범을 이유 있게 하는 공격방법의 복수에 불과하다고 보아 소송물을 같이하는 것으로 보는 것으로 평가된다.

2. 사실의 주장책임

(1) 의 의

변론주의 하에서 주요사실은 당사자가 변론에서 주장하여야 하며, 당사자에 의하여 주장되지 않은 사실은 판결의 기초로 삼을 수 없다. 따라서 당사자가 자기에게 유리한 사실을 주장하지 아니하면 그 사실은 없는 것으로 취급되어 불이익한 판단을 받게 되는데 이를 주장책임이라고 한다.

(2) 주장책임의 적용범위

변론주의는 주요사실에 대하여만 인정되고 간접사실과 보조사실에는 인정되지 않는다는 것이 통설이다. 주요사실이란 권리의 발생·변경·소멸이라는 법률효과를 가져오는 법규의 직접요건사실을 말하는 바, 이러한 법규기준설에 의하면 표현대리에 관한 사실은 본인에게 법률효과를 발생시키는 실체법상의 구성요건 해당 사실로 주요사실에 해당한다. 따라서 당사자의 주장이 없으면 법원은 이를 판결의 기초로 삼을 수 없다.

3. 법원이 표현대리를 심리할 수 있는지 여부

(1) 유권대리주장에 표현대리주장의 포함여부

1) **判例의 입장** : 大法院은 『유권대리에 있어서는 본인이 대리인에게 수여한 대리권의 효력에 의하여 위와 같은 법률효과가 발생하는 반면 표현대리에 있어서는 대리권이 없음에도 불구하고 법률이 특히 거래상대방 보호와 거래안전 유지를 위하여 본래 무효인 무권대리행위의 효과를 본인에게 미치게 한 것으로서 표현대리가 성립된다고 하여 무권대리의 성질이 유권대리로 전환되는 것은 아니므로, 양

자의 구성요건 해당사실 즉 주요사실은 서로 다르다고 볼 수밖에 없다. 그러므로 유권대리에 관한 주장 가운데 무권대리에 속하는 표현대리의 주장이 포함되어 있다고 볼 수 없으며, 따로 표현대리에 관한 주장이 없는 한 법원은 나아가 표현대리의 성립여부를 심리·판단할 필요가 없다고 할 것이다』라고 하여 유권대리의 주장 속에 표현대리의 주장이 당연히 포함되어 있는 것은 아니라고 본다(대법 1983.12.13, 83다카1489).

2) 검 토 : 사안은 민법 제129조 표현대리의 문제로 그 요건사실은 ① 대리권이 존재하였다가 소멸한 사실, ② 상대방의 선의인 사실이며, 상대방의 과실여부는 민법 제129조 단서에 기술되어 있는 본인의 항변사항이다. 즉 유권대리와 무권대리의 구성요건 해당사실은 서로 다르다고 보아야 하므로, 유권대리의 주장 속에 표현대리의 주장이 당연히 포함되어 있는 것은 아니라고 보는 것이 타당하다고 본다.

(2) 주장공통의 원칙

주요사실은 당사자의 주장이 없으면 판결의 기초로 삼을 수 없으나, 어느 당사자이든 변론에서 주장하였으면 되고 반드시 주장책임을 지는 당사자가 진술하여야 하는 것은 아니다(주장공통의 원칙). 즉 본 사안의 경우 민법 제129조의 표현대리의 요건사실 중 대리권이 존재하였다가 소멸한 사실은 피고에 의하여 주장되었으므로 주장공통의 원칙에 의하여 법원은 표현대리를 심리할 수 있다고 볼 것이다.

4. 결 론

유권대리 주장 속에 표현대리 주장이 포함되어 있는 것으로 볼 수는 없으나, 설문은 주장공통원칙에 의하여 표현대리 요건사실이 전부 현출되어 있으므로 법원은 이를 판결의 기초로 삼을 수 있다.

29 | 부인과 항변의 구별(16년 3차 모의쟁점)

> 甲이 乙과 丙을 상대로 각각 2,000만 원과 3,000만 원의 대여금지급청구의 소를 제기하였다. 이에 대해 乙과 丙은 甲 청구의 기각을 신청하고 각각 다음과 같이 주장하였다. 乙은 甲으로부터 위 금액을 차용한 것이 아니라, 무상으로 증여받았다고 주장하고, 丙은 甲이 자신에게 위 대여금채무를 면제해 주었다고 주장하고 있다.
>
> 증거조사에 의해서도 乙과 丙이 제출한 증여사실과 면제사실의 진위가 밝혀지지 아니할 경우, 법원은 乙과 丙이 주장하는 사실여부를 어떻게 확정할 것인가?

1. 부인과 항변의 개념과 구별기준

(1) 개념과 종류

1) **부인의 개념**: 상대방의 주장사실을 부정하는 진술을 부인이라고 한다. 이에는 단순히 소극적으로 상대방주장을 부인하는 단순부인과, 양립 불가능한 이유를 붙여 부인하는 적극부인 내지 이유부 부인이 있다.

2) **항변의 개념**: 이에 대해 본안의 항변이란 원고청구를 배척하기 위해 원고청구가 진실임을 전제로 그와 양립 가능한 별개의 사항에 대해 피고가 하는 사실상의 진술을 말한다. 즉 반대규정의 요건사실의 주장을 항변이라 한다. 이러한 항변도 원고주장을 확정적으로 인정하면서 양립 가능한 사실을 진술하는 제한부 자백과 일응 다투면서 주장하는 가정항변이 있다. 또한 반대규정의 성질에 따라 권리장애사실·권리멸각사실·권리저지사실의 주장으로 나누어진다. 또한 재항변이란 피고의 항변에 대해 원고가 항변사실에 기한 효과의 발생에 장애가 되거나 또는 일단 발생한 효과를 멸각·저지하는 사실을 주장하는 것을 말한다.

(2) 간접부인과 항변의 구별기준

간접부인은 원고의 주장사실과 양립 불가능한 별개의 사실을 진술하는 것인데, 항변은 원고의 주장사실이 진실임을 전제로 이와 논리적으로 양립 가능한 사실을 진술하는 것이다. 따라서 원고의 주장사실과 양립가능한지 여부가 그 구별기준이 된다.

2. 증명책임과 그 분배

(1) 의 의

증명책임이란 변론주의의 원칙상 요건사실을 주장할 책임과, 제출한 주장을 상대방이 다투는 경우 증명하여야 하는 책임을 말한다. 증명책임의 분배란 주장·제출한 사실에 대하여 증명이 불가능할 경우에 주장·제출된 사실을 어느 쪽 당사자의 불이익으로 할 것인가를 정하는 기준을 말한다.

(2) 증명책임분배의 기준

1) **법률요건분류설의 일반적 기준** : 법률요건분류설은 증명책임의 분배를 법규의 구조에서 찾아 각 당사자는 자기에게 유리한 법규의 요건사실의 존부에 대해 증명책임을 지는 것으로 보는 견해로, 법규를 기준으로 함으로써 쉽게 설명될 수 있고 당사자에게도 공평하다는 장점이 있어 현재의 通說·判例이다(규범설이라고도 함).

2) **구체적 검토** : 법률요건분류설에 따르면 권리근거규정의 요건사실은 권리의 존재를 주장하는 사람, 즉 원고에게 증명책임이 있고, 항변사실인 반대규정의 요건사실은 권리의 존재를 다투는 상대방, 즉 피고에게 증명책임이 있다(권리장애·멸각·저지사실). 그러나 권리부존재의 소극적 확인소송이나 청구이의의 소, 배당이의소송에서는 통상의 경우와 달리 증명책임이 그 역으로 바뀌게 된다.

3. 사안의 해결

(1) 증여주장

사안에서 무상으로 증여받았다는 乙의 주장은 (이유부) 부인에 해당한다. 甲이 주장하여야 할 요건사실은 乙에게 돈을 빌려주었다는 사실인데, 乙은 이 요건사실과 양립하지 아니한 별도의 사실을 부가하면서 甲의 주장을 부정(nein, denn)하였기 때문이다. 乙은 결국 甲의 대여사실을 부정하는 이유를 밝혔을 뿐이다. 이에 따라 乙이 돈을 빌리지 않았다는 증명을 하여야 하는 것이 아니라, 甲이 돈을 빌려주었다는 사실을 증명하여야 한다.

(2) 면제주장

丙의 면제주장은 항변에 해당한다. 따라서 甲의 대여사실은 丙에 의하여 재판상 자백이 성립하였고, 丙은 甲이 면제의 의사표시를 하였음을 증명하여야 한다.

30 | 명문의 규정 없는 소송상 합의

I. 소취하계약 위반의 효과(13년 2차, 15년 2차, 17년 1차 모의쟁점)

> 甲은 乙을 상대로, 주위적으로 乙에게 A자동차를 4천만 원에 매도하고 인도해 주었으나 그 대금을 지급받지 못하였다며 매매대금 4천만 원의 지급을 청구하고, 예비적으로 위 매매계약이 무효라면 A자동차의 인도를 청구하는 소(이하 '이 사건 소'라 한다)를 제기하였다. 위 소송계속 중 2차 변론기일 후에 甲과 乙은 다음과 같이 합의서를 작성하였다.
>
>> 乙은 甲에게 3천만 원을 지급한다. 甲은 乙로부터 3천만 원을 지급받은 후 곧바로 이 사건 소를 취하한다. 甲과 乙은 원만히 합의하였으므로 더 이상 A자동차와 관련된 민·형사상 이의를 제기하지 않는다.
>
> 위 합의 이후 乙은 甲에게 3천만 원을 지급하였으나 甲은 이 사건 소를 취하하지 않았다. 그러자 乙은 위 소송의 3차 변론기일에 甲과 乙 사이에 소취하 합의가 있었다고 주장하며 그 증거로 위 합의서를 제출하였다.
>
> 법원의 심리결과, 甲과 乙 사이에 A자동차에 대해 대금 4천만 원의 매매계약이 체결되었으나 乙이 매매대금을 지급하지 않은 사실, 위 합의서가 진정하게 작성된 사실, 위 합의서 작성 이후 乙이 甲에게 3천만 원을 지급한 사실 등이 인정되었다. 이러한 경우 법원은 어떤 판결을 하여야 하는가?

1. 문제점

소송상 합의란 현재 계속중이거나 또는 장래 계속될 특정의 소송에 대해 직접·간접으로 어떠한 영향을 미치는 법적 효과의 발생을 목적으로 한 당사자간의 합의를 말한다. 여기에는 관할의 합의나(제29조), 불항소합의(제390조 1항 단서) 같은 명문의 규정이 있는 경우가 있지만, 법률상 명문의 정함이 없는 경우에도 이를 허용할 것인지 그 성질은 무엇인지 검토하여 설문에 답한다.

2. 명문의 규정없는 소송상 합의의 허용여부

(1) 견해의 대립

1) **부적법설**: 임의소송금지의 원칙과 소송상 인정된 권능은 공권이기에 자의로 처분할 수 없다는 것을 근거로 부인하는 입장이다.

2) **제한적 허용설**: 전속관할에 관한 합의·증거력계약·소송절차변경의 합의와 같이 공익과 직결되는 강행법규를 변경하거나 배제하려는 합의는 무효로 보더라도, 당사자의 의사결정의 자유가 확보된 소송행위에 관한 계약까지 그 적법성을 부정할 이유는 없다는 입장이다. 따라서 부제소 특약이나 소취

하의 합의, 부집행계약, 증거계약 등은 허용할 것이다.

(2) 허용요건

① 특약 자체가 불공정한 방법으로 이루어지지 않아야 하고 합의시에 예상할 수 있는 상황에 관한 것이어야 하고, ② 당사자가 자유로이 처분할 수 있는 권리관계일 것, ③ 특정한 권리관계에 관한 것일 것을 요한다.

3. 명문의 규정없는 소송상 합의의 성질

(1) 견해의 대립

1) 소송계약설 : 소송에 관한 합의는 소송상의 사항이므로 직접 소송법상의 효과를 발생하게 하는 소송계약이라고 보는 입장이다.

2) 사법계약설 : 그 요건이나 효과가 모두 소송법에 규정되어 있지 않으므로 소송행위가 아니라 사법계약이며 이에 의해 사법상의 권리의무가 발생한다는 입장이다.

3) 발전적 소송계약설 : 소송상의 합의를 소송계약으로 보아 소송법적의 효과 뿐 아니라 당사자의 이익보호를 위해 의무 부과적 효과, 즉 작위·부작위의무도 발생한다는 입장이다.

(2) 검토

소송계약설은 당사자간의 합의가 전형적인 소송행위와 차이가 없게 되어 명문의 규정이 없이 소송행위의 범위가 지나치게 확대되는 난점이 있고, 발전적 소송계약설은 소송계약에서 어떻게 사법상의 의무가 생기는지를 설명할 수 없기에 사법계약설이 타당하다고 본다.

4. 합의 위반시의 효과

(1) 견해의 대립

1) 의무이행소구설 : 불이행의 경우에 강제집행을 할 수 있고, 집행불능시 손해배상을 청구할 수 있다는 견해이다.

2) 항변권발생설 : 의무이행소구설은 간접적·우회적이므로 의무불이행의 경우에 항변권이라는 구제수단을 주자는 견해로서 소취하계약위반시 항변하면 법원은 권리보호의 이익이 없다는 이유로 소를 각하하게 된다.

(2) 判例의 입장

判例는 강제집행취하계약의 경우에 그 취하이행의 소구는 허용되지 않는다고 판시하여 의무이행소구설을 배척하였으며(대법 1966.05.31, 66다561), 부제소특약과(대법 1993.05.14, 92다21760) 소취하계약을 위반한 경우(대법 1982.03.09, 81다1312) 권리보호의 이익이 없다고 하여 항변권 발생설을 취하였다.

5. 설문의 해결

설문에서 피고의 소취하합의 사실에 대한 항변이 있고 이유도 있으므로 수소법원은 소를 부적법 각하하여야 한다.

II. 부제소합의의 직권판단과 지적의무(15년 2차, 22년 2차 모의쟁점)

> 일본 동경에 주소를 두고 음식점을 운영하던 甲은 동경에 주소를 두고 있는 乙에게 2004. 7. 4. 500만 엔을 변제기 2004. 9. 4.로 정하여 대여하였다. 그 차용증서는 일본의 문구점에서 그 내용의 대부분이 인쇄된 상태로 판매되고 있는 것으로서, '만일 본건에 관하여 분쟁이 생긴 때에는 채권자의 주소지 법원을 제1심 관할법원으로 하기로 합의한다'는 취지가 부동문자로 인쇄되어 있었다. 그런데 甲은 2013. 3.27. 서울 서초구 서초동에 주소를 두고 있는 丙에게 기존의 채무를 청산하려고 위 대여금채권을 양도하였고, 채권을 양도받은 丙은 乙을 상대로 서울중앙지방법원에 양수금청구의 소를 제기하였다. 서울중앙지방법원이 乙의 관할위반 항변을 판단하기 위해 위 사건의 차용증서 및 채권양도통지서 등을 검토하는 도중 '이 사건 소비대차계약과 관련하여 어떠한 분쟁이 있더라도 제소하지 아니한다'는 문구를 발견하였다. 법원은 당사자들이 부제소 합의의 효력이나 그 범위에 관하여 쟁점으로 삼아 소의 적법여부를 다투지 아니하는데도 직권으로 소를 부적법 각하하였다.
>
> 이에 대한 법원의 판단이 적법한지 설명하시오.

1. 직권으로 판단할 수 있는지 여부

(1) 신의칙의 보충적 적용여부

1) 견해의 대립 : ① 일반조항으로의 도피나 남용은 바람직하지 않기에, 다른 법규나 법해석에 의해서 해결할 수 없는 경우에만 예외적으로 적용하자는 견해와, ② 법규나 법해석에 의해 해결이 가능하더라도 신의칙에 의하는 것이 보다 직접적이고 용이하다고 생각되는 경우에는 선택적으로 신의칙을 적용할 수 있다는 견해의 대립이 있다.

2) 검 토 : 생각건대, 신의칙을 선택적으로 적용하더라도 법적 안정성에 반한다고 할 수는 없고 신의칙의 도입취지가 법의 형식적 적용에 의해 생길 수 있는 통념에 반하는 결과의 조정에 있다고 본다면 신의칙의 적용범위가 부당하게 좁아지는 경우 구체적 타당성을 해할 우려가 있기에 선택적 적용설이 타당하다고 본다.

(2) 설문의 경우

부제소특약의 존재는 피고의 항변사항이나, 선택적 적용설에 의하면 법원은 신의칙상 모순거동금지원칙을 적용할 수 있다. 우리 判例도 부제소특약에 위반하여 제기한 소는 권리보호이익이 없고, 또한 신의칙에도 반한다고 하였다(대법 1993.05.14, 92다21760). 신의칙은 직권조사사항이므로 피고의 항변이 없는 경우에도 법원은 직권으로 부제소특약이 있음을 이유로 소를 각하할 수 있다. 다만 이러한 각하판결은 甲에게 의외의 재판이 될 수 있으므로 甲의 절차권을 보장하기 위한 조치를 검토한다.

2. 甲의 절차보장을 위한 법원의 조치

(1) 지적의무의 의의

지적의무는 당사자가 간과하였음이 분명하다고 인정되는 법률상의 사항에 관하여 당사자에게 의견을 진술할 기회를 주는 것으로, 법원의 권능인 동시에 의무이다(제136조 제4항). 법원은 당사자가 소송수행 능력의 부족으로 패소하지 않도록 신청·주장·증명에 협력하고 명백히 간과한 법률사항에 대해 의견진술기회를 줄 필요가 있다. 이는 변론주의를 형식적으로 적용하는 데서 발생하는 불합리를 시정해 적정·공평한 재판을 하기 위한 것이다.

(2) 지적의무의 행사요건

1) **당사자가 간과하였음이 분명한 사항일 것** : 이는 통상인의 주의력을 기준으로 당연히 변론에서 ⅰ) 고려 또는 ⅱ) 주장되어야 할 사항을 빠뜨린 경우를 이른다고 할 것이다. 나아가 ⅲ) 당사자의 주장이 법률적 관점에서 모순이 있거나 불명료한 점이 있는 경우도 같다. 다만 간과하였음이 분명함을 판단하는 기준은 당사자의 법률지식을 고려해야 하므로, 본인소송의 경우는 변호사소송의 경우와 달리 보아야 할 것이다.

2) **법률상의 사항일 것** : 이는 사실관계에 대한 법률적용사항인 법률적 관점을 뜻한다. 즉 직권조사사항, 당사자의 주장·증명에 의하여 확정된 사실에 대한 법적 평가 내지 법적 개념을 말한다.

3) **재판의 결과에 대해 영향이 있을 것** : 우리 법에는 규정되어 있지 않으나, 독일민소법 제278조 제3항과 같은 해석을 한 것이다. 따라서 판결결과에 영향이 없는 방론은 지적의무의 대상이 되지 아니한다.

(3) 설문의 경우

법원이 직권으로 부제소 합의에 위배되었다는 이유로 소가 부적법하다고 판단하기 위해서는 그와 같은 법률적 관점에 대하여 당사자에게 의견을 진술할 기회를 주어야 하고, 부제소 합의를 하게 된 동기 및 경위, 그 합의에 의하여 달성하려는 목적, 당사자의 진정한 의사 등에 관하여도 충분히 심리할 필요가 있다. 법원이 그와 같이 하지 않고 직권으로 부제소 합의를 인정하여 소를 각하하는 것은 예상 외의 재판으로 당사자 일방에게 불의의 타격을 가하는 것으로서 석명의무를 위반하여 필요한 심리를 제대로 하지 아니하는 것이어서 위법하다(대법 2013.11.28, 2011다80449).

3. 설문의 해결

부제소합의가 있다는 피고의 항변이 있다면 법원은 권리보호자격의 흠결을 이유로 소를 각하한다. 그러나 이 경우 신의칙에 반하여 법원이 직권으로 각하할 수 있고, 이 경우 부제소특약이 문제가 된다는 것을 모르고 있는 당사자에게 법원은 지적의무를 행사하여 의견진술기회를 주어야 한다.

31 | 소송행위의 철회·취소(16년 2차, 17년 1차 모의쟁점)

I. 민법의 의사표시하자 규정으로 소송행위를 취소할 수 있는지 여부

> 甲은 乙 회사를 상대로 건축주 명의 변경을 구하는 소를 제기하여 무변론에 의한 승소판결을 받았고, 피고 乙 회사는 항소를 제기하여 변론을 진행하다가 당시 피고의 대표이사이던 소외 A 명의로 항소취하서가 법원에 제출되었다.
>
> 이에 피고 乙은 착오에 의한 항소취하서 제출임을 주장하며 변론기일 지정신청을 하였다면 법원은 어떠한 판단을 하여야 하는가?

1. 문제점

소취하나 항소취하는 여효적 소송행위로서, 재판의 개입 없이 직접적으로 소송법상 효과가 발생하는 구속적 소송행위이므로 임의철회가 허용되지 않는다. 따라서 구속적 소송행위에 민법상의 의사표시하자 규정을 유추하여 취소할 수 있는지 이에 따른 기일지정신청에 대한 법원의 판단을 살펴본다.

2. 민법의 의사표시하자와 소송행위효력

(1) 견해의 대립

1) 하자불고려설 : i) 소송행위는 법원에 대하여 하는 것이 보통이고, 연속하는 소송절차를 조성하는 것이므로 절차의 안정을 꾀할 필요가 있고, 또 공적인 진술로서 명확을 기하기 위하여 표시주의·외관주의를 관철하여야 한다는 이유로 소송행위에 대하여는 민법의 의사의 하자에 관한 규정을 유추적용할 수 없다고 한다. 또한 ii) 사기·강박·배임 등에 의한 소송행위는 민사소송법 제451조 제1항 제5호를 유추하여 소송절차 내에서 취소할 수 있으므로(재심사유의 소송내 고려원칙) 소송행위에 대하여는 굳이 의사의 하자에 관한 사법규정을 유추적용할 필요가 없다고 한다. 이때 유죄 확정판결은 필요하지 않다고 보는 것이 소송경제상 타당하다고 한다.

2) 하자고려설 : 각 소송행위에 관하여 개별적으로 그 특성을 고려하여 소취하, 청구의 포기·인낙 등의 절차를 종료시키는 행위는 그 뒤에 연속되는 다른 소송행위가 없으므로 소송절차의 안정을 해하지 않는다는 이유로 민법규정을 유추적용하여 취소할 수 있다는 견해이다.

(2) 判例의 입장

大法院은 『원래 민법상의 법률행위에 관한 규정은 민사소송법상의 소송행위에는 특별한 규정 기타 특별한 사정이 없는 한 적용이 없는 것이므로 소송행위가 강박에 의하여 이루어진 것임을 이유로 취소할 수는 없다 할 것이고』(대법 1997.10.10, 96다35484), 또는 『소송행위는 일반 사법상의 행위와는 달리

내심의 의사보다 그 표시를 기준으로 하여 그 효력 유무를 판정할 수밖에 없는 것인 바』라고 하여(대법 1997.10.24, 95다11740) 통설과 같이 일반적으로 소송행위에는 의사표시의 하자에 관한 민법규정이 적용되지 않는다고 한다.

(3) 검 토

사안에서 하자고려설에 의할 경우 민법규정이 유추적용되어 항소취하의 효력이 무효가 되므로 법원은 종전 변론절차를 속행할 수 있다. 그러나 하자고려설에 대해서는 ① 청구의 포기·인낙, 소송상화해의 경우 준재심의 대상이 되는 것 이외에 그 하자의 구제책을 인정하지 아니하는 것이 우리 법제(제461조)라는 점, ② 그 밖의 소송행위에 있어서 사기·강박으로 인한 취소가 문제될 때에도 민법의 규정보다도 제451조 제1항 5호를 유추하는 것이 옳다는 점에서 하자불고려설이 타당하다고 본다.

3. 기일지정신청에 대한 법원의 조치

기일지신청에 대해 법원은 변론을 열어 그 효력유무를 심리하고 ① 심리결과 하자가 없어 소취하가 유효하다고 인정되면 소송종료선언을 하여야 하며 ② 심리결과 하자가 있는 것으로 판명되어 소취하가 무효인 것으로 인정되면 본안에 관한 원래의 절차를 속행하여야 하고 이를 중간판결이나 종국판결의 이유 속에서 판단해 준다(규칙 제63조 3항). 설문에서 민법의 의사표시하자 규정으로 소송행위의 효력을 부인할 수는 없으므로 법원은 소송종료선언을 내려야 한다.

II. 구속적 소송행위가 무효가 되기 위한 요건

> 〈추가된 사실관계〉
> 법원이 소송종료선언을 내리자 乙은 재심의 소를 제기하면서, 乙의 대표이사인 A는 소외 C로부터 10억 원을 받기로 약정하고 위 항소취하서를 제출하였던 것이고, 이러한 사실에 대하여 유죄가 인정되어 A는 업무상 배임죄로 형사처벌을 받았으므로 재심대상판결인 소송종료선언에는 민사소송법 제451조 제1항 제5호 소정의 재심사유가 존재하고, 위와 같은 재심사유가 존재하는 이상 재심의 원인이 된 소송행위인 항소취하는 무효이므로, 재심대상판결 및 제1심 판결은 취소되어야 한다고 주장한다.
>
> 법원은 어떠한 판결을 내려야 하는가?

1. 문제점

소송종료선언도 소송판결로서 종국판결이므로 재심의 대상적격이 있다. A의 항소취하가 무효가 되기 위한 요건을 검토하여 재심대상판결인 소송종료선언이 취소되어야 하는지 살펴본다.

2. 재심사유에 해당하는 소송행위를 절차 내 취소하기 위한 요건

(1) 형사상 처벌할 수 있는 다른 사람의 행위로 인하여 한 소송행위

이 경우는 제451조 1항 5호를 유추하여 그 소송절차내에서 당연히 효력이 부정된다고 할 것이다. 예컨대 문맹자를 속여서 항소취하서에 날인케 하거나, 대리인의 배임행위에 의한 항소취하, 다른 사람의 폭행이나 강요에 의하여 작성된 소취하서를 제출한 경우로서 형사책임이 수반되는 경우 등이다(대법

2001.10.26, 2001다37514). 그러나 判例는 이러한 재심규정유추설에 의하면서도 ① 유죄판결의 확정, ② 그 소송행위에 부합되는 의사없이 외형만이 존재 등 두 가지 요건을 갖추었을 때 무효라고 보는데(대법 2001.01.30, 2000다42939·42946), 구제의 길을 지나치게 좁힌 것이라는 비판이 있다.

(2) 배임죄의 경우

判例는 형사상 처벌을 받을 다른 사람의 행위에는 당사자의 대리인이 범한 배임죄도 포함될 수 있으나, 이를 재심사유로 인정하기 위해서는 단순히 대리인이 문제된 소송행위와 관련하여 배임죄로 유죄판결을 받았다는 것만으로는 충분하지 않고, 위 대리인의 배임행위에 소송의 상대방 또는 그 대리인이 통모하여 가담한 경우와 같이 대리인이 한 소송행위의 효과를 당사자 본인에게 귀속시키는 것이 절차적 정의에 반하여 도저히 수긍할 수 없다고 볼 정도로 대리권에 실질적인 흠이 발생한 경우라야 한다고 하였다(대법 2012.06.14, 2010다86112).

3. 재심절차에서 항소취하를 무효로 보기 위한 요건

(1) 원심의 입장

원심은 재심대상판결에는 민사소송법 제451조 제1항 제5호에 준하는 재심사유가 있다고 판단하면서도, 피고의 법률상 대표이사가 위 항소취하서를 작성하여 제출한 것은 그들의 자유로운 의사결정에 기한 것으로 보아야 하므로, 비록 A가 항소취하서를 제출한 것이 오로지 자기의 이익을 도모하기 위한 목적에서 한 것이라고 하더라도 이는 그의 내부적 주관적 동기에 불과할 뿐 겉으로 드러난 소송행위에 부합되는 항소 취하의 의사는 실제로 존재하였으므로 위 소송은 이미 종료되었다고 하여 재심청구를 기각하였다(서울고법 2010.09.10, 2009재나440).

(2) 大法院의 입장

大法院은 어떠한 소송행위에 민사소송법 제451조 제1항 제5호의 재심사유가 있다고 인정되는 경우 그러한 소송행위에 기초한 확정판결의 효력을 배제하기 위한 재심제도의 취지상 재심절차에서 해당 소송행위의 효력은 당연히 부정될 수밖에 없고, 그에 따라 법원으로서는 위 소송행위가 존재하지 않은 것과 같은 상태를 전제로 재심대상사건의 본안에 나아가 심리·판단하여야 하며 달리 위 소송행위의 효력을 인정할 여지가 없다고 하였다(대법 2012.06.14, 2010다86112).

4. 결 론

소송행위의 효력을 부인하기 위해서는 그 소송행위에 부합되는 의사 없이 외관만이 존재할 것을 요구하고 있는데, 이러한 요건은 기일지정신청이 있어 재심사유를 절차 내에서 고려하여 구속적 소송행위를 취소할 때 필요한 요건이고, 大法院은 그러한 소송행위의 하자를 이유로 한 재심절차에서는 해당 소송행위의 효력이 당연히 부정된다고 하였다. 즉 원심은 기일지정신청에서의 판단과 재심의 소에서의 판단기준을 혼동한 위법이 있다. 결국 乙의 항소취하는 무효이고, 이것이 유효함을 전제로 내려진 소송종료선언은 취소되어야 하며 항소심절차를 속행하여 항소심 본안에서 제1심판결이 취소될 수 있다.

32 | 소송상 형성권 행사(16년 2차 모의쟁점)

> 甲의 대여금반환 청구에 피고 乙은 상계항변을 제출하였으나, 실기한 방어방법으로 각하되었다.
>
> 이 경우 乙의 반대채권은 어떠한 영향을 받는가?

1. 문제점

상대방의 권리주장에 대항하여 사법상의 형성권을 행사하는 방법으로는, 첫째 형성권을 소송전 또는 소송외에서 행사한 후 그 사법상의 효과를 소송에서 주장하는 경우와, 둘째 소송상 비로소 형성권을 행사하여 동시에 항변하는 경우가 있다. 전자의 경우 소송외에서의 사법행위와 소송 내에서의 소송행위가 명백히 구별되어 그 요건·효과를 私法 또는 소송법에 의하여 판단할 수 있기 때문에 특별한 문제가 없다. 그러나 후자의 경우에는 소송에서 하나의 행위만 나타나기 때문에 사안과 같이 상계항변이 실기각하된 경우 상계권행사의 사법상 효과에 미치는 영향이 문제된다. 따라서 이하에서 소송상 형성권 행사의 법적 성질을 살펴볼 필요가 있다.

2. 소송상 형성권 행사의 법적 성질

(1) 견해의 대립

1) 사법행위설(병존설) : 외관상 한 개의 행위이나 법적으로는 형성권행사라는 사법행위와 그러한 의사표시가 있었다는 법원에 대한 진술이라는 두 개의 행위가 병존한다는 입장이다. 따라서 사법행위 부분에 대해서는 실체법이, 소송행위 부분에 대해서는 소송법에 따라 그 요건·효과가 규율된다.

2) 양성설 : 사법행위와 소송행위 두 가지 성질을 모두 갖춘 한 개의 법률행위라고 보는 입장이다. 이에 따르면 실체법상의 효과와 소송법상의 효과가 서로 의존관계에 있게 되어, 상계의 항변이 각하되어 소송행위가 無로 돌아가면 사법상의 효과도 소멸된다고 본다.

3) 소송행위설 : 소송상 공격방어방법으로 행사한 것이기 때문에 순수한 소송행위이고 따라서 그 요건·효과는 전적으로 소송법의 규율을 받는다는 견해이다.

4) 신병존설 : 기본적으로는 병존설에 따르되 상계권에 기한 항변에 포함된 의사표시는 그 항변이 취하·각하되지 않고 유효하게 법원의 판단을 받게 될 때에만 그 사법상의 효과를 발생하게 하려는 조건부 의사표시로 파악하는 견해이다.

(2) 判例의 입장

상계항변에 관한 判例는 아직 없지만, 소의 제기로써 계약해제권을 행사한 후 그 소송을 취하한 사건에서 大法院은 "해제권은 형성권이므로 그 행사의 효력에는 영향이 없다"고 하여 병존설의 입장을 따르고 있다(대법 1982.05.11. 80다916). 다만 최근 소송상 방어방법으로서의 상계항변은 수동채권의 존재가 확정되는 것을 전제로 하여 행하여지는 일종의 예비적 항변으로서 당사자가 소송상 상계항변으로 달성하려는 목적, 상호양해에 의한 자주적 분쟁해결수단인 조정의 성격 등에 비추어 볼 때, 당해 소송절차 진행 중 당사자 사이에 조정이 성립됨으로써 수동채권의 존재에 관한 법원의 실질적인 판단이 이루어지지 아니한 경우에는 그 소송절차에서 행하여진 소송상 상계항변의 사법상 효과도 발생하지 않는다고 봄이 타당하다고 하여 신병존설의 입장이 아닌가 하는 判例가 나왔다(대법 2013.03.28, 2011다3329).

(3) 각 학설의 검토

① 사법행위설에 따를 경우 피고가 반대채권을 갖고 상계항변을 하고 그것이 실기한 공격방어방법이라고 하여 각하된 경우나 소의 취하에 불구하고 상계의 사법상 효과는 유효하게 남게 되므로 피고의 반대채권이 소멸된다. 그러나 소송법상 상계항변은 각하되었기 때문에 항변이 없는 것이 되어 원고의 소구채권의 소멸의 효과는 생기지 않고 그 결과 피고의 반대채권만이 대가없이 소멸하는 불합리가 발생한다. ② 양성설은 현행법은 실체법과 소송법을 준별한다는 점을 무시하고 있고, 특히 가정적 상계항변의 경우 민법 제493조 1항 상계의 조건금지규정에 위배된다. ③ 소송행위설에 따를 경우 상계가 실체법상 권리임에도 불구하고 그 요건·효과가 전적으로 소송법에 의해서 규율되는 것은 부당하다. 특히 상대방 당사자가 결석했을 때도 법원에 대한 소송행위로서 이와 같은 항변이 가능하게 되는데 이는 민법 제493조 제1항 전문의 "상계는 상대방에 대한 의사표시로 해야한다"는 규정에 어긋난다. ④ 신병존설은 민법이 금지한 조건부 상계의 의사표시를 인정하는 점에 문제가 있지만 구체적 타당성을 기할 수 있어 합리적이다.

3. 결 론

소송상 상계권 행사에 병존설의 논리를 일관하여 적용시키면 설문에서 乙의 반대채권만 대가없이 소멸하는 부당한 결과가 되므로 신병존설에 의하여 상계항변이 각하되면 상계의 사법상의 효과도 발생하지 않은 것으로 취급되어 乙의 자동채권이 소멸하지 않고 존속한다고 보는 것이 타당하다.

33 | 변론기일에 있어서 당사자의 결석

Ⅰ. 기일해태의 효과(13년 3차, 15년 2차 모의쟁점 / 2회 기출)

> 甲이 乙을 피고로 하여 소를 제기하였고 甲이 제출한 소장부본과 법원의 변론기일통지서는 乙에게 적법하게 송달되었다. 다음의 각 경우에 변론기일의 진행방법에 대하여 간략히 설명하시오(변론준비기일은 없었고 당사자 본인이 소송을 수행하는 것으로 한다).
>
> (1) 甲은 변론기일에 출석하여 준비서면에서 예고한 주요사실을 주장하였으나, 乙은 답변서·준비서면 등을 제출하지 아니한 채 변론기일에도 불출석한 경우
> (2) 甲은 변론기일에 출석하였으나 乙은 부인하는 취지의 답변서를 제출하고 출석하지 않은 경우
> (3) 乙이 기일 내에 답변서를 제출하였으나 甲·乙 모두 변론기일에 불출석한 경우

1. 문제점

소송의 심리에 있어서 당사자의 변론과 증거조사는 구술로 하여야 함이 원칙이며, 이것은 판결을 위한 재판자료가 된다. 그런데 당사자가 적법한 기일통지를 받고서도 필요적 변론기일에 불출석하거나 출석하였어도 변론하지 아니하는 경우가 있는데 이를 기일해태라 한다. 민사소송의 심리원칙인 구술주의를 관철한다면 이 경우에 소송심리를 진행하지 못하는 결과가 되므로 신속한 사건해결을 위한 심리진행상의 법적 장치가 필요하다. 이런 이유로 민사소송법은 양쪽당사자의 기일 해태의 경우에는 소의 취하간주, 한쪽 당사자의 기일 해태의 경우에는 진술간주와 자백간주의 효과를 주어 이러한 경우에 대비하고 있다. 이하 각 설문에 답한다.

2. 기일해태의 요건

(1) 필요적 변론기일에 한해 문제된다.

필요적 변론기일에 한해 문제된다. 임의적 변론에 있어서는 그 적용이 배제된다. 판결선고기일은 포함되지 않으나, 법정외에서 한다는 특별한 사정이 없는 한 증거조사기일도 여기의 변론기일에 포함된다. 본 사안에는 甲이 임차인 乙을 상대로 건물명도청구의 소를 제기한 경우인데, 본안판결절차이므로 필요적 변론기일은 이미 충족되었다고 본다.

(2) 적법한 기일통지를 받고 불출석한 경우라야 한다.

기일통지서의 송달불능·송달무효이면 기일해태가 아니다. 공시송달의 경우 명문상으로는 자백간주의 효과가 발생하지 않음을 규정하고 있다(제150조 3항 단서). 사안에서 甲이 제출한 소장부본과 제1회 변론기일통지가 乙에게 적법하게 송달되었기 때문에 甲 또는 乙이 불출석한 경우에는 기일해태의

효과가 발생하게 된다.

(3) 사건호명 이후 변론이 끝날 때까지 불출석 또는 출석무변론

당사자나 대리인 중 누구라도 출석한 경우에는 출석한 것이 된다(대법 1982.06.08, 81다817). 다만 당사자가 출석하였으나 진술금지의 재판(제144조) 또는 퇴정명령을 받았거나 임의퇴정의 경우에는 불출석으로 간주된다. 또한 출석하고도 무변론이면 기일의 해태가 되는데, 당사자가 변론기일에 출석하였음에도 변론에 들어가지 않고 법원에서 당해 기일을 연기하였다면 이는 당사자가 출석하고서도 변론하지 아니한 때에 해당하지 않으므로 기일의 해태라고 할 수 없다(대법 1993.10.26, 93다19542).

3. 설문 (1) : 자백간주

(1) 의 의

공시송달에 의하지 않은 방법으로 기일통지를 받은 당사자 한쪽이 답변서·준비서면 등을 제출하지 않은 채 불출석한 경우에는 마치 출석하여 명백히 다투지 않은 것처럼 자백으로 간주된다(제150조 3항). 이를 당사자의 불출석으로 인한 자백간주라고 한다.

(2) 요 건

① 출석한 당사자는 준비서면을 미리 제출하였을 것을 요한다(제276조 규정상). ② 불출석한 당사자는 준비서면을 제출하지 아니하였어야 한다(제148조 규정상). ③ 기일통지는 공시송달에 의하지 않은 것이어야 한다. 다만 일단 자백간주의 효과가 발생한 후에는 그 이후의 기일통지 또는 출석요구서가 송달불능으로 되어 공시송달로 진행되었다 하더라도 그 자백간주의 효과는 그대로 유지된다. ④ 책임 없는 사유에 의해 불출석한 경우에는 쌍방심문주의의 원칙상 자백간주의 성립이 부정된다.

(3) 효 과

피고 乙은 원고 甲의 주장사실에 대하여 적극 방어하고 다투기 위해서는 변론기일에 나와서 주장하고 입증하여야 한다. 그러나 피고 乙은 답변서도 제출하지 않은 채, 변론기일에 불출석하였기 때문에 마치 출석하여 원고 甲의 청구원인사실을 명백히 다투지 않은 것처럼 취급하여 자백간주의 효과가 있다(제150조 제3항). 따라서 이후 乙이 적극적으로 다투지 아니하면 甲의 주장사실은 판결의 기초가 된다.

4. 설문 (2) : 진술간주

(1) 의 의

한쪽 당사자가 소장, 준비서면 등의 서면을 제출하고 불출석하거나 출석무변론일 경우에 그가 서면에 기재한 사항을 진술한 것으로 간주하고 출석한 상대방에 대하여 변론을 명하는 것을 말한다(제148조).

(2) 요 건

1) 일방이 변론기일에 불출석 하였을 것 : 첫 기일이든 속행기일이든 불문하고 적용된다. 원고 불출석의 경우에 피고는 무변론에 의한 양쪽 불출석을 유도하므로, 사실상 피고 불출석의 경우에 이 조항이 적용된다.

2) 불출석자가 서면을 제출하였을 것 : 소장, 답변서 기타의 준비서면으로 명칭에 상관없이 실질적인

준비서면으로 인정되면 그 기재사항은 진술한 것으로 간주된다.

(3) 효 과

진술간주의 규정을 적용하느냐 기일을 연기하느냐의 여부는 법원의 재량사항이다. 그러나 출석한 당사자만으로 변론을 진행할 때에는 반드시 불출석한 당사자가 그때까지 제출한 준비서면에 기재한 사항을 진술한 것으로 보아야 한다(대법 2008.05.08, 2008다2890). 서면에 기재된 내용을 구술로 진술한 것으로 간주하고, 나머지는 양쪽 당사자가 출석한 경우와 동일한 취급을 한다. 따라서 상대방의 주장사실에 대하여 서면에서 ① 자백한 경우에는 재판상의 자백이 성립되고, ② 명백히 다투지 않은 경우에는 자백간주가 되어 증거조사 없이 변론을 종결할 수 있고, ③ 주장사실을 다투는 경우에는 증거조사를 하여야 하므로 속행기일의 지정이 필요하게 된다.

5. 설문 (3) : 쌍불취하

(1) 취하간주의 의의

적법한 기일통지를 받고도 양쪽 당사자가 모두 결석한 경우에 독일은 ① 판결을 하기에 성숙되었으면 기록에 의한 재판, ② 연기, ③ 휴지명령 등 세 가지 중 어느 하나를 법원이 선택하도록 하였으나, 우리 법제는 양쪽 당사자가 2회 불출석하고도 1개월 이내에 기일지정신청이 없거나 기일지정신청에 따라 정한 변론기일에 양쪽이 모두 불출석한 경우에 소의 취하간주의 효력이 생기도록 하였다(제268조).

(2) 취하간주의 요건

1) **양쪽 당사자의 1회 불출석이거나 출석무변론이 있을 것** : 이 경우 첫 기일이든 속행기일이든 가리지 않으며, 변론기일에 양쪽 당사자가 1회 불출석 한 때에는 반드시 재판장은 속행기일을 정하여 양쪽 당사자에게 통지하여야 한다(제268조 제1항). 나아가 판결하기에 성숙하였다 하여도 변론을 종결하고 소송기록에 의하여 판결할 수 없다는 입장이 있으나, 단순히 기록검토만을 위하여 변론기일을 잡는 경우도 있으므로 긍정하는 것이 타당하다.

2) **양쪽 당사자의 2회 불출석** : 변론종결 또는 새기일지정도 없이 당해 기일을 종료시키는 것이 통례이다(사실상의 휴지). 판결하기에 성숙한 경우 변론종결을 하여 기록에 의한 판결이 가능하다는 입장도 있으나, 2회 쌍방 불출석 후 1월내에 기일지정신청이 없으면 소의 취하간주가 됨에 비추어 법원의 판단에 의해 판결을 선고하는 것은 불가하다는 입장이 타당하다.

3) **기일지정신청이 없거나 또는 기일지정신청 후 양쪽 결석** : ① 양쪽 당사자의 2회 불출석 이후에 1개월 내에 당사자가 기일지정신청을 하지 않으면 소의 취하가 있는 것으로 본다(제268조 제2항). ② 기일지정신청을 하면 소송은 속행되나, 기일지정신청에 의해 정한 기일 또는 그 후의 기일에 양쪽 당사자가 불출석한 경우에도 소의 취하가 있는 것으로 본다(제268조 제3항). ③ 한편 원칙적으로 당사자 쌍방이 2회에 걸쳐 변론기일에 출석하지 아니한 때에는 당사자의 기일지정신청에 의하여 기일을 지정하여야 할 것이나, 법원이 직권으로 신기일을 지정한 때에는 당사자의 기일지정신청에 의한 기일지정이 있는 경우와 마찬가지로 보아야 할 것이고, 그와 같이 직권으로 정한 기일 또는 그 후의 기일에 당사자 쌍방이 출석하지 아니하거나 출석하더라도 변론하지 아니한 때에는 소의 취하가 있는 것으로 보아야 한다(대법 2002.07.26, 2001다60491).

4) **2회 내지 3회 불출석의 모습** : ① 결석이 단속적이어도 무방하나, 동일심급의 동종기일에 2회 내지 3회 불출석일 것을 요한다. 변론준비기일과 변론기일은 동종기일이 아니다(대법 2006.10.27, 2004다

69581). ② 같은 소가 유지되는 상태이어야 하므로 소의 교환적 변경 전에 한 번, 변경 후에 한 번 불출석한 때에는 2회 결석이 아니다.

(3) 취하간주의 효과

1) 제1심의 경우 : 취하간주의 효과는 법률상 당연히 발생하는 것이므로 당사자나 법원의 의사로 그 효과를 좌우할 수는 없다. 소가 취하된 것으로 간주되므로 소송계속의 소급적 소멸의 효과가 발생한다(제267조 제1항). 소의 취하간주가 있었음에도 이를 간과한 채 본안판결이 있었으면 상급법원은 소송종료선언을 하여야 한다.

2) 상소심의 경우 : 상소심에서 기일해태인 경우에는 상소의 취하로 보아 상소심절차는 종결되고 원판결이 그대로 확정되게 된다(제268조 제4항).

II. 공시송달과 쌍불취하(14년 3차 모의쟁점)

> 甲의 乙을 상대로 한 소의 제기에 따른 소장부본이 피고 乙의 주소로 발송되었으나 폐문부재를 이유로 송달불능 되었다는 송달보고서가 법원에 도달하였다. 이에 법원은 더 이상의 조치를 취하지 않고 바로 직권으로 공시송달을 명하였고, 이 명령이 있은 날부터 2주가 지난 뒤에 열린 변론기일에 원고 甲과 피고 乙은 불출석하였다. 그러자 법원은 쌍방불출석에 의하여 민사소송법 제268조 제1항에 따라 다음 변론기일을 정하여 양쪽 당사자에게 통지하였다면 법원의 이러한 행위는 적법한가?

1. 문제점

설문에서 공시송달의 요건을 갖춘 적법한 송달인지 문제되며, 만일 위법한 공시송달이라면 변론기일에 쌍방이 불출석한 경우 민소법 제268조의 쌍불취하의 효과가 발생할 수 있는지 문제된다.

2. 공시송달의 적법여부

(1) 공시송달의 의의

공시송달이란 당사자의 행방을 알기 어려워 송달장소의 불명으로 통상의 송달방법에 의해서는 송달을 실시할 수 없게 되었을 때 하는 송달을 말한다. 이는 소재불명 기타 사유로 송달할 장소를 알 수 없는 때 원활한 송달을 위한 제도이다.

(2) 요 건

① 공시송달은 당사자의 주소, 거소 또는 근무장소를 알 수 없을 것을 그 요건으로 한다(제194조). 그리고 ② 수송달자는 송달의 내용을 현실적으로 알기 어렵기 때문에 공시송달은 최후적이고 보충적인 수단으로 이용되어야 한다.

(3) 사안의 공시송달의 효력

공시송달은 보충성의 요건을 갖추어야 하는데, 우편집배원이 우편송달통지서의 '배달 못한 사유란'에 기재한 송달불능의 사유가 폐문부재인 경우에는 송달받을 자의 주소 자체가 불명인 것은 아니므로 제187조의 등기우편에 의한 발송송달을 할 것이지 공시송달은 할 수 없다.

3. 공시송달과 쌍불취하

(1) 적법한 공시송달의 경우

1) 견해의 대립 : ① 공시송달은 적법한 송달이지만 제150조의 자백간주의 효과는 발생하지 않는데, 학설은 나아가 진술간주, 소취하간주 등의 기일불출석의 효과도 생기지 않는다고 한다. 이에 대해 ② 大法院은 "법인인 소송당사자가 법인이나 그 대표자의 주소가 변경되었는데도 이를 법원에 신고하지 아니하여 2차에 걸친 변론기일소환장이 송달불능이 되자 법원이 공시송달의 방법으로 재판을 진행한 결과 쌍방불출석으로 취하 간주되었다면, 이는 그 변론기일에 출석하지 못한 것이 소송당사자의 책임으로 돌릴 수 없는 사유로 인하여 기일을 해태한 경우라고는 볼 수 없다"고 하여 공시송달에 의한 기일에도 제268조가 적용된다는 입장이다(대법 1987.02.24, 86누509).

2) 검 토 : 민소법은 제150조 3항에서 공시송달이 이루어진 경우 자백간주의 효과를 배제하는 규정만을 두고 있다. 이를 확대하여 쌍불취하의 효과까지 생기지 않는다고 보는 것은 해석론을 넘어선 입법론으로 보인다. 따라서 判例의 입장이 타당하다고 본다.

(2) 위법한 공시송달의 경우

부적법한 공시송달에 의해 열린 기일에 양쪽당사자가 출석하지 아니한 경우 쌍불의 효과가 발생하는지 여부가 문제된다. 이러한 사안에 대해 大法院은 "법 제268조 1항, 2항에서 변론의 기일에 당사자 쌍방이 출석하지 아니한 때란 당사자 쌍방이 적법한 절차에 의한 송달을 받고도 변론기일에 출석하지 않는 것을 가리키는 것이고, 변론기일의 송달절차가 적법하지 아니한 이상 비록 그 송달이 유효하고 그 변론기일에 당사자 쌍방이 출석하지 아니하였다고 하더라도 쌍방 불출석의 효과는 발생하지 않는다"고 하였다(대법 1997.07.11, 96므1380).

4. 사안의 해결

당사자의 주소, 거소, 기타 송달할 장소를 알 수 없는 경우가 아님이 명백함에도 재판장이 당사자에 대한 변론기일 통지서를 공시송달의 의할 것으로 명함으로써 당사자에 대한 변론기일 통지서가 공시송달된 경우 그 당사자는 각 변론기일에 적법한 절차에 의한 송달을 받았다고 볼 수 없으므로, 위 공시송달의 효력이 있다 하더라도 각 변론기일에 그 당사자가 출석하지 아니하였다고 하여 쌍방 불출석의 효과가 발생한다고 볼 수 없다. 따라서 법원의 행위는 위법하다.

34 | 기간의 해태와 추후보완

I. 추후보완 항소의 적법여부(19년 3차 모의)

> A가 사망하자 A 명의의 X 토지를 乙(妻)과 丙(子, 27세)이 공동상속하여 그에 관한 상속등기를 마쳤다. 乙과 丙이 상속재산의 분배·관리 등과 관련하여 갈등을 겪던 중, 乙은 X 토지를 丙의 동의 없이 甲에게 매도하였다. 乙은 X 토지를 甲에게 매도할 당시 丙의 인감도장, 인감증명서, 위임장 등을 제시하지 않은 채 甲과 매매계약을 체결하였다. 甲은 乙과 丙을 상대로 위 매매를 원인으로 한 소유권이전등기절차의 이행을 구하는 소를 제기하였다. 그 소제기 당시 丙은 해외에 근무하고 있었는데, 丙은 해외에 근무하기 전까지 乙과 주소를 함께 하면서 같은 곳에서 생활하였다. 乙은 丙에 대한 소송서류를 수령한 다음 丙에게 그 수령사실을 알리지 아니하여 丙은 甲이 자신을 상대로 소를 제기한 사실을 알지 못하였다. 법원은 甲의 청구를 인용하는 판결을 선고하였다. 乙은 2019. 5. 10. 위 판결정본을 송달받고도 丙에게 그 사실을 알리지 않았고, 항소를 제기하지도 아니하였다. 甲은 그 판결에 기해 그의 명의로 소유권이전등기를 마쳤다. 丙은 휴가차 집에 돌아와 있던 중, 2019. 6. 10.경 X 토지에 관한 등기기록을 열람해 보고 甲 명의로 소유권이전등기가 되어 있는 것을 발견하고, 乙에게 확인해 본 결과 甲이 소를 제기한 사실, 乙이 소장부본 이하 판결정본을 송달받은 사실을 알게 되었다.
>
> 위와 같은 사실을 알게 된 丙은 2019. 6. 17. 자신의 지분에 관한 판결에 대하여 항소장을 제1심 법원에 제출하였다. 丙은 항소장에 자신은 소제기 사실은 물론 판결이 송달된 사실을 전혀 몰랐으므로 2019. 6. 17.에 이르러서야 비로소 항소를 제기하게 되었다고 기재하였다. 丙의 항소는 적법한가? (15점)

1. 문제점

항소가 적법하기 위해서는 ① 항소가 허용된 재판에 불복이 있어서, ② 항소의 당사자적격을 가진 자가, ③ 항소기간 내에 법정방식에 따라 제기하여야 한다. 그리고 ④ 항소이익이 있어야 하며, ⑤ 불상소합의, 상소권 포기 등의 항소장애사유가 없어야 한다. <u>설문은 항소기간의 준수여부가 문제되는데, 丙은 소가 제기된 사실 및 2019. 5. 10.에 판결정본이 송달된 사실 등을 2019. 6. 10. 알게 된 丙이 2019. 6. 17. 제기한 항소가 추후보완항소로서 적법한지 문제된다.</u>

2. 추후보완의 요건

(1) 추후보완의 의의

당사자가 책임을 질 수 없는 사유로 말미암아 불변기간을 지킬 수 없어, 하여야 할 행위를 할 수 없었던 경우에 그 사유가 없어진 날부터 2주 이내에 게을리 한 소송행위를 보완할 수 있는 것을 말한다(제173조).

(2) 추후보완의 요건

1) 추후보완의 대상은 불변기간으로 정해진 것 : 불변기간이 아닌 나머지 기간은 늘이거나 줄일 수 있는 것이 원칙으로(제172조 1항·3항) 추후보완의 대상이 되지 않는다.

2) 불귀책사유 : 불변기간의 도과가 당사자가 책임질 수 없는 사유로 말미암은 경우, 즉 귀책사유가 없는 경우여야 한다. 이것은 불가항력에만 한하는 것이 아니고 일반인의 주의와 능력을 다하여도 피할 수 없었던 사유를 말한다.

(3) 소 결

무권대리인이 소송을 수행하고 판결정본을 송달받은 경우, 당사자는 과실 없이 소송계속 사실 및 그 판결정본의 송달 사실을 몰랐던 것이라는 이유로 그 당사자의 추완항소는 적법하다(대법 1996.05.31, 94다55774). 설문에서 乙이 丙에 대한 소송서류를 수령(제186조 1항)한 후 이를 丙에게 전달하지 않아 丙이 소송계속사실을 알지 못하였고 판결정본이 송달된 사실도 몰랐으므로, 이로 인해 항소기간을 지키지 못한 것은 丙에게 책임을 돌릴 수 없는 경우에 해당될 것이다.

3. 추후보완의 절차

(1) 추후보완의 기간

추후보완은 당사자가 불변기간을 준수할 수 없었던 사유가 종료한 후 2주일 내에 해야 한다. 다만 외국에 있는 당사자의 추후보완기간은 30일이다(제173조). 판결의 송달을 과실없이 알지 못한 경우에는 당사자나 소송대리인이 판결이 있었던 것을 안 때 그 사유가 종료하였다고 볼 수 있다.

(2) 추후보완의 방식

추후보완사유가 있는 사람은 불변기간을 지키지 못한 소송행위를 관할하는 법원에 그 소송행위의 방식대로 하면 된다. 따라서 항소를 추후보완하려면 항소장을 제1심 법원에 제출하면 된다. 당사자가 항소를 제기하면서 추후보완항소라는 취지의 문언을 기재하지 아니하였더라도 그 전체적인 취지에 비추어 항소를 추후보완한다는 주장이 있는 것으로 볼 수 있는 경우에는 추후보완사유에 대하여 심리·판단하여야 하고, 증거에 의하여 항소기간의 경과가 당사자가 책임질 수 없는 것으로 말미암은 것으로 인정되는 이상, 그 항소는 처음부터 추후보완에 의하여 제기된 항소라고 보아야 한다(대법 2008.02.28, 2007다41560).

4. 설문의 해결

丙의 2016.06.17. 원심에 제출한 항소장은 추후보완 항소로 적법하다.

II. 공시송달과 추후보완(19년 2차 모의)

> 甲은 2010. 4. 10. 이래 그 생사를 알 수 없게 되었다. 법원은 2018. 12. 10. 甲에 대한 실종선고를 하였고, 이는 2018. 12. 29. 확정되었다. 한편 乙은 2018. 1. 22. 甲을 상대로 甲 소유의 X 토지에 관한 소유권이전등기청구의 소를 제기하고 甲에 대한 소장 등의 소송서류를 공시송달되게 하여 2018. 11. 15. 제1심에서 청구인용 판결을 선고받았는데, 그 판결정본은 2018. 11. 16. 甲에게 공시송달되었다(이상의 공시송달은 모두 유효하다). 甲의 유일한 상속인인 丙은 2019. 1. 17. 위 소제기 및 판결선고 사실을 알게 되었다.
>
> 2019. 1. 17. 현재 丙은 추후보완 항소를 할 수 있는가? (20점)

1. 문제점

항소가 적법하기 위해서는 ① 항소가 허용된 재판에 불복이 있어서, ② 항소의 당사자적격을 가진 자가, ③ 항소기간 내에 법정방식에 따라 제기하여야 한다. 그리고 ④ 항소이익이 있어야 하며, ⑤ 불상소합의, 상소권 포기 등의 항소장애사유가 없어야 한다. 설문에서 나머지 요건은 문제가 없으나 대상적격과 관련 1심 판결이 유효여야 하는데, 실종선고가 확정되어 소제기 이전에 부재자가 사망한 것으로 간주되는 경우 판결의 효력이 문제되고, 항소제기 기간과 관련하여 공시송달과 추후보완이 문제된다.

2. 항소의 대상적격 구비여부

(1) 1심 판결의 효력

제소전에 사망한 자를 상대로 한 판결은 무효이고, 무효의 판결의 경우 항소는 부적법하다는 것이 判例이다(대법 2015.01.29, 2014다34041). 그러나 실종자를 당사자로 한 판결이 확정된 후에 실종선고가 확정되어 그 사망간주의 시점이 소 제기 전으로 소급하는 경우에는 위 판결이 소급하여 당사자능력이 없는 사망한 사람을 상대로 한 판결이 되어 무효가 되는 것은 아니라는 것이 判例의 입장이다(대법 1992.07.14, 92다2455).

(2) 소 결

2018. 12. 29. 확정된 실종선고에 의해 甲은 2010. 4. 10.부터 실종기간이 만료되었을 때 사망한 것으로 간주되어, 乙의 제소시점인 2018. 1. 22.에는 이미 사망자로 간주된 상태이나, 실종기간이 아무리 오래되었다 하여도 실종선고가 내려지기 전까지는 甲은 생존추정 상태였으며, 따라서 이러한 판결이 사망자를 상대로 한 판결로 무효로 볼 수는 없으므로 항소의 대상적격은 갖추었다.

3. 항소기간 도과와 추후보완 항소

(1) 추후보완의 의의

법 제173조 제1항은 당사자가 그 책임질 수 없는 사유로 인하여 불변기간을 준수할 수 없었던 경우에는 그 사유가 없어진 후 2주일 내에 게을리 한 소송행위를 보완할 수 있다고 규정하고 있다.

(2) 공시송달과 추후보완

공시송달제도의 기능과 과실 없는 수송달자에게 불이익을 방지를 고려하여, 우리 判例는 수송달자의 공시송달에 대한 부지와, 그 부지에 대한 무과실을 추완의 요건으로 삼고 있다(대법 1999.06.11, 99다9622). 한편 수송달자의 부지에 대한 무과실의 판단에 대해서 判例는 당사자가 소송계속 사실을 알고 있었는지를 중요한 요소로 하고 있어, 소장부본 기타의 서류가 공시송달의 방법에 의하여 피고에게 송달되고 그 판결 역시 공시송달의 방법으로 피고에게 송달된 경우에 피고가 이러한 사실을 그 후에야 알게 되었다면 특별한 사정이 없는 한 피고가 상소제기의 불변기간을 준수치 못한 것이 피고에게 책임을 돌릴 수 없는 사유에 인한 것이다(대법 1987.03.10, 86다카2224).

(3) 추완보완 기간

추완은 장애사유가 종료된 후 2주일 내에 하여야 한다. 공시송달에 의하여 판결의 송달사실을 과실 없이 알지 못한 경우에는 당사자나 대리인이 단순히 판결이 있었던 사실을 안 때가 아니라, 그 판결이 공시송달의 방법으로 송달된 사실을 안 때, 즉 당해 사건기록의 열람을 한 때 또는 새로이 판결정본을 영수한 때이다(대법 2013.01.10, 2010다75044).

4. 설문의 해결

판결정본은 2018. 11. 16. 甲에게 공시송달되었고, 그 익일부터 기산하여 2주가 도과하는 날 1심 판결은 확정되었다고 할 것이나(제196조 1항 단서), 甲의 유일한 상속인인 丙은 2019. 1. 17. 위 소제기 및 판결선고 사실을 알게 되었으므로, 그날 현재 丙은 실종선고 확정 후의 실종자의 소송수계인으로서 위 확정판결에 대하여 소송행위의 추완에 의한 상소를 하는 것이 적법하다(대법 1992.07.14, 92다2455).

35 | 보충송달의 적법요건 Ⅰ(12회 기출)

> 甲은 乙을 상대로 이혼의 소를 제기하였다. 甲이 이혼의 소를 제기할 당시 甲, 乙과 그들의 성년 자녀인 丙은 모두 주소지인 송달장소에서 주민등록상 동일 세대를 구성하며 동거하고 있었고, 乙은 위 송달장소에서 소장 부본 등을 직접 송달받았다. 법원은 甲과 乙이 이혼한다는 내용의 화해권고결정을 하였다. 그 결정 정본은 위 송달장소로 송달되었는데, 丙이 甲에 대한 결정 정본과 乙에 대한 결정 정본을 동시에 송달받았다. 甲과 乙은 모두 위 결정 정본이 송달된 날로부터 2주 이내에 이의신청을 하지 않았다. 丙은 지적 능력과 관련한 장애는 없다. 丙은 위 각 결정 정본을 송달받을 무렵 甲과 乙의 혼인 파탄의 책임이 乙에게 있다며 甲에게 乙과 이혼하고 자신과 평화롭게 살아갈 것을 제안하기도 하였다. 乙은 자신에 대한 위 결정 정본이 적법하게 송달되지 않았으며, 위 결정 정본의 송달 당시 병원에 입원 중이어서 위 결정이 내려진 사실을 알 수도 없었다고 주장하고 있다.
>
> 丙이 甲에 대한 결정 정본과 乙에 대한 결정 정본을 동시에 송달받은 것이 적법·유효한지 판단하고 근거를 서술하시오. 만약 甲에 대한 결정 정본은 甲이 위 송달장소에서 직접 수령하였지만, 乙에 대한 결정 정본은 丙이 우연히 우체국 창구에서 송달받았다면 丙에게 이루어진 송달이 적법·유효한지 판단하고 근거를 서술하시오. (15점)

1. 문제점

근무장소 외의 송달할 장소에서 송달받을 사람을 만나지 못한 때에는 그 사무원, 피용자 또는 동거인으로서 사리를 분별할 지능이 있는 사람에게 서류를 교부할 수 있다(제186조 1항). 설문에서 乙이 입원 중에 결정정본의 송달을 동거하는 가족인 丙이 보충송달 받은 것과 관련하여. 첫째 <u>동일한 수령대행인이 이해가 대립하는 소송당사자 쌍방을 대신하여 소송서류를 동시에 수령할 수 있는지, 둘째 송달장소가 아닌 곳에서 보충송달이 적법한지</u> 살펴본다.

2. 소송당사자 쌍방을 대신하는 보충송달

<u>보충송달제도는 본인 아닌 그의 사무원, 피용자 또는 동거인, 즉 수령대행인이 소송서류를 수령하여도 그의 지능과 객관적인 지위, 본인과의 관계 등에 비추어 사회통념상 본인에게 소송서류를 전달할 것이라는 합리적인 기대를 전제로 한다.</u> 동일한 수령대행인이 이해가 대립하는 소송당사자 쌍방을 대신하여 소송서류를 동시에 수령하는 경우 ① 수령대행인이 원고나 피고 중 한 명과도 이해관계의 상충 없이 중립적인 지위에 있기는 쉽지 않으므로 소송당사자 쌍방 모두에게 소송서류가 제대로 전달될 것이라고 합리적으로 기대하기 어렵다. 또한 ② 이익충돌의 위험을 회피하여 본인의 이익을 보호하려는 데 취지가 있는 민법 제124조 본문에서의 쌍방대리금지 원칙에도 반한다. 따라서 소송당사자의 허락이 있다는 등의 특별한 사정이 없는 한, 동일한 수령대행인이 소송당사자 쌍방의 소송서류를 동시에

송달받을 수 없다(대법 2021.03.11, 2020므11658). 丙은 위 각 결정 정본을 송달받을 무렵 甲과 乙의 혼인 파탄의 책임이 乙에게 있다며 甲에게 乙과 이혼하고 자신과 평화롭게 살아갈 것을 제안하기도 한 사실을 볼 때 중립적인 지위에 있다고 볼 수 없고, 소송당사자의 허락도 보이지 않으므로 이러한 보충송달은 무효라고 봄이 타당하다.

3. 송달장소 아닌 곳에서의 보충송달

송달은 원칙적으로 민사소송법 제183조 제1항에서 정하는 송달을 받을 사람의 주소, 거소, 영업소 또는 사무소 등의 '송달장소'에서 하여야 한다. 만일 송달장소에서 송달받을 사람을 만나지 못한 때에는 그 사무원, 고용인 또는 동거자로서 사리를 분별할 지능 있는 사람에게 서류를 교부하는 보충송달의 방법에 의하여 송달할 수는 있지만, 이러한 보충송달은 위 법 조항에서 정하는 '송달장소'에서 하는 경우에만 허용되고 송달장소가 아닌 곳에서 사무원, 고용인 또는 동거자를 만난 경우에는 사무원 등이 송달받기를 거부하지 아니한다 하더라도 그 곳에서 사무원 등에게 서류를 교부하는 것은 보충송달의 방법으로서 부적법하다(대법 2018.05.04, 2018무513). 결국 우체국 창구에서 丙에게 이루어진 보충송달은 무효이다.

36 | 보충송달의 적법요건 II

A에 대해 집행권원이 있는 甲이 A의 乙회사에 대한 임금 및 퇴직금채권에 대하여 채권압류 및 추심명령을 신청하였고 그 결정정본이 乙회사의 본점 소재지로 송달되자, 이 사건 채권압류 및 추심명령의 채무자이자 乙회사의 사무원인 A가 이를 수령하여 乙의 대표이사 B에게 전달하지 않았다. 甲은 이 사건 채권압류 및 추심명령을 근거로 乙을 상대로 추심금청구의 소를 제기하였는데, A가 피고의 사무원으로서 위 장소에서 위 소장부본을 송달받고 마찬가지로 대표이사 B에게 전달하지 않아, 제1심법원은 피고가 소장부본 송달일로부터 30일 이내에 답변서를 제출하지 않았음을 이유로 변론 없이 원고 승소판결을 선고하였다. 피고의 본점 소재지로 송달된 판결정본도 소외인 A가 2013. 7. 22. 피고의 사무원으로서 이를 수령하여 피고의 대표이사 B에게 전달하지 아니하였다. 한편 이러한 추심의 소가 제기되었음을 인지하고 있던 피고 乙의 대표이사 B는 2013. 8. 30. 이 사건 제1심 기록을 열람하였고, 2013. 9. 3. 乙회사 명의의 추완항소장을 제1심법원에 제출하였다.

乙회사가 제기한 추후보완항소장에 대해 항소심 법원은 어떠한 판단을 하여야 하는지 설명하라.

I. 문제의 소재

설문의 항소심의 판단과 관련하여 우선 乙에 대한 송달을 A가 보충송달 받을 수 있는지 검토하여, 乙의 항소제기는 항소기간이 도과된 것으로 보이는데 이것이 추후보완항소로서 또는 일반항소로서 적법한지 살펴보고, 나아가 甲이 추심의 소를 제기할 당사자적격이 있는지와 관련한 항소심의 판단을 살펴본다.

II. 보충송달로서 적법한지 여부

1. 법인에 대한 송달장소

송달이라 함은 당사자와 기타 소송관계인에게 소송상 서류의 내용을 알 수 있는 기회를 주기위해 법정의 방식에 따른 통지행위이며, 재판권의 한 작용이며 당사자의 입장에서는 절차적 기본권의 보장이라는 기능을 가진다. ① 송달을 받을 사람은 원칙적으로 소송서류의 명의인인 당사자이나, 설문처럼 당사자가 회사인 경우 회사는 무능력자로 취급되므로 법정대리인에 준하는 대표자 B에게 송달하여야 한다(제179조, 제64조). ② 법인에 대한 송달은 제183조 제1항 본문에 의하여 대표자의 주소·거소·영업소 또는 사무소에 하여야 하는데, 다만 동조 단서에 의하여 법정대리인에 대한 송달은 무능력자 본인의 영업소 또는 사무소에서도 할 수 있다.

2. 보충송달의 적법요건

(1) 의 의

송달장소에서 송달받을 자를 못 만났을 때에 다른 사람에게 대리송달하는 경우로서, 이러한 보충송달은 제183조에서 정하는 '송달장소'에서 하는 경우에만 허용되고, 송달장소가 아닌 곳에서 사무원, 고용인 또는 동거자를 만난 경우에는 그 사무원 등이 송달받기를 거부하지 아니한다 하더라도 그 곳에서 그 사무원 등에게 서류를 교부하는 것은 부적법하다. 判例도 우체국 창구에서 송달받을 자의 동거자에게 송달서류를 교부한 것은 부적법하다고 하였다(대법 2001.08.31, 2001마3790).

(2) 근무장소에서의 보충송달

근무장소에서 송달받을 사람을 만나지 못한 때에는 송달받을 사람의 고용·위임, 그 밖에 법률상 행위로 취업하고 있는 다른 사람 또는 그 법정대리인이나 피용자 그 밖의 종업원으로서 사리를 분별할 지능이 있는 사람이 서류의 수령을 거부하지 아니하면 그에게 서류를 교부할 수 있다(제186조 2항). 이는 개정법에서 신설한 것으로서 그 수령을 거부하지 아니하는 경우에 한한다는 점에서 주소 등에서의 보충송달과 다르다. 보충송달은 송달의 의의를 이해하고 송달을 받을 사람에게 교부를 기대할 수 있을 정도의 능력을 갖춘 사람을 말하기 때문에 반드시 성년자임을 요하지 아니한다.

3. 설문의 송달의 적법성 여부

보충송달은 소송서류가 교부된 때에 송달의 효력이 생기는 것이지 송달받을 사람의 손에 들어갔는지 여부는 송달의 효력에 관계없다(대법 1992.02.11, 91누5877). 그러나 최근 大法院은 보충송달제도는 본인 아닌 그의 사무원, 피용자 또는 동거인, 즉 수령대행인이 서류를 수령하여도 그의 지능과 객관적인 지위, 본인과의 관계 등에 비추어 사회통념상 본인에게 서류를 전달할 것이라는 합리적인 기대를 전제로 한다. 그런데 본인과 수령대행인 사이에 당해 소송에 관하여 이해의 대립 내지 상반된 이해관계가 있는 때에는 수령대행인이 소송서류를 본인에게 전달할 것이라고 합리적으로 기대하기 어렵고, 이해가 대립하는 수령대행인이 본인을 대신하여 소송서류를 송달받는 것은 쌍방대리금지의 원칙에도 반하므로, 본인과 당해 소송에 관하여 이해의 대립 내지 상반된 이해관계가 있는 수령대행인에 대하여는 보충송달을 할 수 없다고 하였다(대법 2016.11.10, 2014다54366). 결국 설문에서 A에게 보충송달된 채권압류 및 추심명령 결정정본과 소장부본, 제1심 판결정본의 송달은 모두 무효이다.

III. 항소심의 판단

1. 추후보완항소로서 적법한지 여부

추후보완은 당사자가 책임질 수 없는 사유로 말미암아 불변기간을 지킬 수 없었던 경우에는 그 사유가 없어진 날부터 2주 이내에 게을리 한 소송행위를 보완하는 것을 말한다(제173조). 설문에서 소장부본의 보충송달은 위법하지만 이의권의 포기·상실에 의하여 하자가 치유되지만 1심판결 정본의 송달의 하자는 치유되지 않는다. 따라서 제1심법원이 소송서류 및 판결정본을 소외인에게 보충송달의 방법으로 송달한 것은 부적법하고, 이에 따라 항소기간은 진행하지 아니하므로 피고의 이 사건 추완항소는 일반항소로서 피고에게 책임질 수 없는 사유가 있는지 여부와 관계없이 적법하다.

2. 항소심의 주문
(1) 추심명령을 받은 압류채권자의 지위

大法院은 압류 및 추심명령은 압류채권자에게 채무자의 제3채무자에 대한 채권을 추심할 권능만을 부여하는 것일 뿐 채무자가 제3채무자에 대하여 가지는 채권이 압류채권자에게 이전되거나 귀속되는 것은 아니지만(대법 2010.12.23, 2010다56067), 채권에 대한 압류 및 추심명령이 발령되면 채무자는 그 채권에 대하여 제3채무자를 상대로 이행의 소를 제기할 당사자적격을 상실하고 압류채권자가 제3채무자를 상대로 압류된 채권의 이행을 청구하는 소를 제기할 수 있는 갈음형 소송담당으로 보고 있다(대법(전) 2013.12.18, 2013다202120).

(2) 甲이 당사자적격자인지 여부

추심명령은 제3채무자와 채무자에게 송달하여야 하고, 추심명령이 제3채무자에게 송달됨으로써 그 효력이 발생한다(민사집행법 제229조 제4항, 제227조 제2항, 제3항). 이 사건 채권압류 및 추심명령 결정정본이 제3채무자인 피고에게 적법하게 송달되지 아니하여 이 사건 채권압류 및 추심명령의 효력이 발생하지 아니한 이상, 채권자인 원고는 피고를 상대로 직접 이 사건 추심금청구의 소를 제기할 권능이 없다. 그렇다면 이 사건 소는 당사자 적격이 없는 자에 의하여 제기된 것으로서 부적법하므로 각하되어야 한다.

37 | 위법수집증거의 증거능력(19년 2차 모의)

> 甲은 친구인 乙에게 1억 원을 대여하였다. 약정 반환기일이 지났음에도 乙이 위 1억 원을 반환하지 않자, 甲은 乙을 상대로 위 1억 원의 지급을 청구하는 소를 제기하였다. 乙은 변론기일에서 甲의 주장에 대하여 "자신은 甲으로부터 돈을 차용한 적이 없다."라고 진술하였다. 제1심 소송이 진행되던 중, 乙은 법정 밖에서 甲을 만나 대화를 나누면서 "내가 너한테서 1억 원을 차용한 것은 인정한다. 내가 요즘 경제사정이 너무 어려워서 어쩔 수 없이 법정에서 거짓말을 했다. 미안하다."는 말을 하였는데, 甲은 乙이 알지 못하는 사이에 이러한 乙의 말을 테이프에 녹음하여, 위 녹음테이프를 증거로 제출하였다.
>
> 제1심 법원이 위 녹음테이프를 甲의 대여사실을 인정하기 위한 증거로 채택할 수 있는지 여부와 만일 증거로 채택할 수 있다면 어떠한 방법으로 증거조사를 하여야 하는 지를 논하시오. (15점)

1. 문제점

통신비밀보호법 제14조 1항은 '누구든지 공개되지 아니한 타인간의 대화를 녹음하거나 전자장치 또는 기계적 수단을 이용하여 청취할 수 없다.'고 규정하고, 동조 2항과 제4조는 이를 위반한 녹음 또는 청취의 내용은 재판 또는 징계절차에서 증거로 사용할 수 없다고 규정하고 있다. 그러나 상대방과 대화를 하면서 동의 없이 녹음한 경우는 위법의 적용이 없으므로 이 경우 녹음테이프의 증거능력과 증거조사 방법으로서 검증을 살펴본다.

2. 녹음테이프의 증거능력

(1) 판례의 입장

대법원은 "자유심증주의를 채택하고 있는 우리 민사소송법 하에서 상대방 부지 중 비밀리에 상대방과의 대화를 녹음하였다는 이유만으로 그 녹음테이프나 이를 속기사에 의하여 녹취한 녹취록이 증거능력이 없다고 단정할 수 없고, 그 채증 여부는 사실심 법원의 재량에 속하는 것"이라고 하여 증거능력을 인정하고 있다(대법 2009.09.10. 2009다37138 · 37145).

(2) 검 토

이에 대해 자신이 상대방과의 대화를 비밀녹음한 경우에도 헌법 제18조의 통신의 비밀보호를 위하여 통신비밀보호법의 규정을 유추하여 증거능력을 부인하여야 한다는 견해와(이시윤), 원칙적으로 증거능력을 인정하되 인격권 침해 등의 경우에는 예외적으로 증거능력을 부정하자는(김홍규) 학설의 입장이 있다. 생각건대 보험회사 직원이 보험회사를 상대로 손해배상청구소송을 제기한 교통사고 피해자의 장해 정도에 관한 증거자료 수집을 목적으로 피해자의 일상생활을 촬영한 행위가 불법행위에 해당한다고 본 판례(대법 2006.10.13. 2004다16280)등을 참조할 때 이러한 위법수집증거의 증거능력을 부정하는 것이 타당해 보이나, 판례에 의하여 증거능력이 긍정된다 할 것이다.

3. 증거조사 방법

(1) 그 밖의 증거의 증거조사 방법

민소법 제374조는 "도면·사진·녹음테이프·비디오테이프·컴퓨터용 자기디스크, 그 밖에 정보를 담기 위하여 만들어진 물건으로서 문서가 아닌 증거의 조사에 관한 사항은 제3절 내지 제5절의 규정에 준하여 대법원규칙으로 정한다."고 규정하고 있다.

(2) 녹음테이프의 검증

민소규칙 제121조는 제2항에서 녹음테이프등에 대한 증거조사는 녹음테이프등을 재생하여 검증하는 방법으로 한다고 규정하고 있다. 검증이란 법관이 오관의 작용에 의하여 직접적으로 사물의 성질이나 상태를 검사하여 그 결과를 증거자료로 하는 증거조사를 말한다. 녹음테이프에 대한 증거조사를 신청하는 때에는 녹음등이 된 사람, 녹음등을 한 사람 및 녹음등을 한 일시·장소를 밝혀야 한다(동조 1항). 나아가 녹음테이프등에 대한 증거조사를 신청한 당사자는 법원이 명하거나 상대방이 요구한 때에는 녹음테이프등의 녹취서, 그 밖에 그 내용을 설명하는 서면을 제출하여야 한다(동조 3항).

4. 사안의 해결

判例에 의할 때 수소법원은 위 녹음테이프를 증거로 채택할 수 있고, 증거조사는 검증방법에 의한다.

38 | 재판상 자백

Ⅰ. 진정성립에 대한 자백(11년 1차, 13년 3차 모의쟁점, 7회 기출)

> 원고 甲은 乙을 상대로 한 대여금반환청구에서 차용증을 증거로 제출하였다. 그 차용증에는 乙이 甲으로부터 2억 원을 빌렸다는 내용이 적혀 있고 乙 명의의 도장이 날인되어 있다.
>
> 변론기일에서 乙은 위 차용증에 날인한 것을 인정한다고 진술하였는데 그 후의 변론기일에서 위 진술을 번복할 수 있는가?

1. 재판상 자백의 적용범위

(1) 재판상 자백의 의의

재판상 자백이란 변론이나 변론준비기일에서 소송행위로 상대방의 주장과 일치하고 자신에게 불리한 사실상의 진술을 말한다.

(2) 적용범위

자백은 상대방 주장의 사실상 진술에 대하여 성립하는 것이 원칙이며, 자백의 대상이 되는 사실은 주요사실에 한하며, 간접사실이나 보조사실에 대하여는 자백이 성립하지 않는다. 간접사실이나 보조사실 등에 자백을 인정하면 주요사실을 판단함에 있어서 법관의 전권인 자유심증을 제약하기 때문이다.

2. 날인의 인정과 진정성립

문서가 증거로 제출되면 상대방이 그 문서의 진정성립 여부를 인정할 것인지에 답변하게 하는데 이를 인부절차라고 한다. 원고가 제출한 甲호증은 피고에게 문서의 작성자로 기재된 사람이 작성한 문서임을 인정하는지의 답변을 구한다. 이때 피고가 날인이 진정한 것임을 인정하여도 진정성립이 추정된다(제358조).

3. 문서의 진정성립에 대한 자백의 구속력

(1) 判例의 입장

判例는 『문서의 성립에 관한 자백은 보조사실에 관한 자백이기는 하나 그 취소에 관하여는 다른 간접사실에 관한 자백취소와는 달리 주요사실의 자백취소와 동일하게 처리하여야 할 것이므로 문서의 진정성립을 인정한 당사자는 자유롭게 이를 철회할 수 없다고 할 것이고, 이는 문서에 찍힌 인영의 진정함을 인정하였다가 나중에 이를 철회하는 경우에도 마찬가지이다』라고 하여 진정성립에 대한 자백의 구속력을 인정한다(대법 2001.04.24, 2001다5654).

(2) 검 토

원고가 제출한 차용증은 처분문서에 해당하고, 처분문서의 경우 그 진정성립이 인정되면 작성자는 이에 기재된 법률행위를 일단 증명하게 되는 등 진정성립이 갖는 의미는 주요사실이 갖는 의미와 매우 유사하고, 서증성립에 관한 자백에 구속력을 인정하면 임의 철회가 제한되어 심리를 촉진할 수 있으며, 당사자에 대한 예측가능성이 보장된다는 점에서 구속력을 인정함이 타당하다고 생각한다. 이 경우 자유심증주의와의 관계가 문제될 수 있는데 서증의 진정성립은 형식적 증거력에 관한 문제이고 실질적 증거력까지 인정되는 것은 아니므로 법관은 진정성립이 인정된 서증이라도 자유심증에 의해 그 증거력을 배척할 수 있으므로 자유심증을 제약한다고 볼 수 없다.

4. 결 론

乙이 차용증의 날인사실을 인정하면 제358조에 의해 진정성립이 추정되는 것이고, 진정성립은 비록 보조사실이나, 주요사실에 대한 자백과 마찬가지로 구속력이 생겨, ① 甲의 동의, ② 자백이 제3자의 형사상 처벌할 행위에 의하여 이루어진 때, ③ 제288조 단서에 의한 반진실과 착오를 모두 입증하지 못하는 한 이를 철회할 수 없다고 할 것이다.

II. 선행자백의 구속력(17년 2차 모의쟁점)

> 甲은 乙을 상대로 계약의 이행을 구하는 소를 제기하면서, 자진하여 자신의 권리는 조건부 권리라고 하였다. 이러한 진술은 乙의 동의 없이 철회될 수 있는가? 나아가 법원은 원고의 주장에 구속받아 조건부권리임을 인정하여야 하는가?

1. 선행자백의 의의

(1) 학설의 입장

재판상 자백은 상대방의 진술이 먼저 이루어진 뒤에 이를 인정하는 것이 보통이나 그 양쪽 진술의 시간적 선후는 불문하므로 일방이 먼저 자진하여 불리한 진술을 하는 경우를 선행자백이라고 하고, 상대방이 이를 원용하면 마찬가지로 재판상 자백이 된다.

(2) 判例의 입장

大法院은 "재판상 자백의 일종인 소위 선행자백은 당사자 일방이 자기에게 불리한 사실상의 진술을 자진하여 한 후 상대방이 이를 원용함으로써 그 사실에 관하여 당사자 쌍방의 주장이 일치함을 요하므로 그 일치가 있기 전에는 이를 선행자백이라 할 수 없다."라고 하여 선행자백 개념이 학설과 다르다(대법 1986.07.22, 85다카944).

2. 학설에 따른 선행자백의 효력

(1) 당사자에 대한 구속력

상대방이 원용하기 전에는 자백이 아니기 때문에 자유롭게 철회하고 이와 모순된 사실상의 진술을 함으로써 제거할 수 있으며, 이러한 의미에서 당사자에 대한 구속력은 없다.

(2) 법원에 대한 구속력

선행자백도 법원에 대한 구속력은 있는 것이기 때문에 법원이 그와 반대심증에 불구하고 이를 기초로 하여 판단해야 한다는 것이 다수설이다. 이에 대해 문제가 되는 것은 당사자가 스스로에게 불리한 진술을 하여도 상대방이 아무런 반응을 보이지 않는 경우로서, 원고가 선행자백한 경우 그러한 진술로 인하여 바로 원고의 청구자체가 이유 없다고 판단되면 일관성의 결여로 청구기각 사유가 될 것이고, 피고가 선행자백한 경우에는 이에 대하여 원고가 아무런 반응이 없으면 결국 다툼 없는 사실로 처리될 것이므로 법원에 대한 구속력은 별도로 언급이 필요 없다는 견해도 있다.

3. 결 론

조건부 권리라는 것은 피고가 주장할 권리저지사실의 항변으로, 학설에 따르면 甲이 선행자백한 조건부 권리라는 진술을 乙의 동의 없이도 철회할 수 있으나, 법원은 甲의 진술에 구속받아 재판받아야 한다는 입장이다.

III. 권리자백(14년 1차 모의쟁점)

> 각 설문에서 자백의 구속력이 인정되는가?
>
> (1) 원고가 "매매계약체결"을 주장한 것에 피고가 매매계약을 체결한 것은 사실이라고 진술하였다.
> (2) 유언이 법률상 방식을 갖추지 못하였는데도 변론준비기일에서 적법한 유언이라고 시인하는 진술을 하였다.
> (3) 원고의 잘못된 법정변제충당순서 주장에 피고가 자백하였다.
> (4) 원고의 가옥명도청구에 피고는 원고의 소유권을 자백하였다.

1. 설문 (1) : 법률적 사실의 진술에 대한 자백

(1) 의 의

법률상 개념을 사용하여 사실진술한 경우인데, 그 내용을 이루는 사실에 대한 압축진술로 보고, 매매·소비대차와 같이 상식적으로 널리 알려진 것이고 진술자가 이해했으면 재판상 자백으로서의 구속력을 인정하여야 할 것이다. 判例도 당사자가 법률적 용어로써 진술한 경우에 그것이 동시에 구체적인 사실관계의 표현으로서 사실상의 진술을 포함하고 있을 때에는 그 범위에서 자백이 성립한다고 하였다(대법 1984.05.29, 84다122).

(2) 사안의 경우

원고가 매매를 청구원인사실로 하는 경우 "원고는 피고에게 어떤 재산권을 이전하여 주기로 하고, 피고는 일정액의 대금을 지급하기로 약정한 사실"을 주장해야 하는데, 설문은 법률상 개념인 매매를 사용하여 사실진술한 것이다. 이것은 매매계약의 내용을 이루는 사실에 대한 압축진술이라 할 수 있고, 이에 대한 피고의 자백은 상식적으로 널리 알려진 것에 대한 자백으로서 자백의 구속력을 인정하여야 할 것이다.

2. 설문 (2) : 사실에 대한 평가적 판단에 관한 자백

(1) 의 의

과실, 정당한 사유, 증거의 가치평가 등의 진술이 해당되는데, 권리자백의 대상일지언정 재판상 자백으로 법원을 구속하지 못한다. 判例도 당사자가 채권계약인 특수한 무명계약을 가리켜 물권계약인 담보설정계약의 취지로 자인하였다 하여도 권리자백으로 구속력이 없다고 한다(대법 1962.04.26, 4294민상1071).

(2) 사안의 경우

유언이 법률상 방식을 갖추지 못했으면 무효이다. 그러나 이러한 유언에 대해 丙이 적법성을 인정한 것은 법원을 구속하지 못하는 평가적 판단에 관한 자백이라 할 것이다(대법 2001.09.14, 2000다66340).

3. 설문 (3) : 법규의 존부·해석에 관한 진술

(1) 의 의

법규의 존부·해석에 관한 진술은 법원이 직책상 스스로 판단해야 할 전권사항이므로 자백하더라도 구속력이 생기지 않는다.

(2) 사안의 경우

判例도 법정변제충당의 순서를 정함에 있어 기준이 되는 이행기나 변제이익에 관한 사항 등은 구체적 사실로서 자백의 대상이 될 수 있으나, 법정변제충당의 순서 자체는 법률 규정의 적용에 의하여 정하여지는 법률상의 효과여서 그에 관한 진술이 비록 그 진술자에게 불리하더라도 이를 자백이라고 볼 수는 없다고 하였다(대법 1998.07.10, 98다6763).

4. 설문 (4) : 선결적 법률관계에 대한 자백

(1) 견해의 대립

① 소유권에 기한 건물명도청구에 있어서 소유권문제는 소전제를 이루고 있는 점에서 사실관계와 다를 바 없다는 이유로 자백으로서의 효력을 긍정하여야 한다는 견해, ② 권리자백은 법원의 전권에 속하는 법률판단에 관한 자백이므로 재판상 자백의 대상이 되지 아니한다는 견해, ③ 당사자에 대한 구속력을 긍정하여 자백한 당사자에 의한 임의철회는 금지시키되, 법원에 대한 구속력은 부정하여 법원이 자백에 반하여 판단할 수 있다는 견해의 대립이 있다.

(2) 判例의 태도

甲이 乙을 상대로 한 소유권에 기한 등기말소 또는 명도청구에서 甲 주장의 소유권을 乙이 시인하는 경우 判例는 소유권의 내용을 이루는 사실에 대한 재판상의 자백으로 볼 수 있다고 판시하여 긍정설을 취하고 있다. 선결적 법률관계는 그 자체로는 자백으로서 구속력이 없더라도 그 내용을 이루는 사실에 대해서는 자백이 성립될 수 있다는 취지이다(대법 1989.05.09, 87다카749).

(3) 검 토

생각건대 소유권에 기한 가옥명도청구소송에서 소유권문제는 선결적 법률문제를 이루는 것인 바 그

것이 중간확인의 소의 대상이 되었을 때에 피고로서 청구의 인낙도 가능할 수 있는 것이라면 그보다 유리한 피고의 자백은 긍정하는 것이 옳을 것이라고 보인다.

IV. 자백의 철회 또는 취소(3회 기출)

> 甲이 주장한 주요사실에 대해서 乙이 인정하는 진술을 하여 재판상 자백이 성립하였다. 乙은 어떠한 경우에 자백의 철회 내지 취소가 가능한가?

1. 자백의 효력

자백한 당사자는 원칙적으로 임의철회가 불가능하다. 그러나 다음의 경우에는 자백의 철회 내지 취소가 가능한데, 재판상 자백의 취소도 소송상 방어방법의 일종이기에 제149조의 적용을 받고, 준비절차에서 한 자백을 변론기일에서 취소하려면 제285조의 적용을 받는다.

2. 자백의 철회 내지 취소가 가능한 경우

(1) 상대방의 동의가 있는 경우

상대방의 동의가 있을 때 임의철회가 가능하다. 이 경우 반드시 명시의 방법으로 하여야 하는 것은 아니고 묵시적으로 취소하는 것도 가능하다(대법 1990.06.26, 89다카14240). 判例도 종전의 자백에 배치되는 주장을 하고 이에 상대방이 이의를 제기함이 없이 그 주장내용을 인정한 때에는 종전의 자백은 취소된 것으로 볼 것이라 하였다(대법 1990.11.27, 90다카20548). 그러나 자백취소에 대하여 이의를 제기하지 않았다는 점만으로는 취소에 동의하였다고 할 수 없다(대법 1994.09.27, 94다22897).

(2) 자백이 제3자의 형사상 처벌할 행위로 인한 때(제451조 1항 5호)

단 이 경우 유죄판결이 확정되어야 한다는 것이 判例이다(대법 2001.01.30, 2000다42939·42946).

(3) 자백이 진실에 반하고 착오로 인한 것임을 증명한 때(제288조 단서)

이 때 취소하려면 반진실과 착오 두 가지를 아울러 증명하여야 하며, 반진실의 증명만으로 착오에 의한 자백으로 추정되지 않는다(대법 2010.02.11, 2009다84288·84295). 이때 진실에 부합하지 않는다는 사실에 대한 증명은 그 반대되는 사실을 직접증거에 의하여 증명함으로써 할 수 있지만 자백사실이 진실에 부합하지 않음을 추인할 수 있는 간접사실의 증명에 의하여도 가능하다(대법 2004.06.11, 2004다13533). 그러나 자백이 반진실임이 증명된 경우라면 변론의 전취지만으로 착오로 인한 것임을 인정할 수 있다는 것이 判例이다(대법 2004.06.11, 2004다13533).

(4) 자백이 실효되는 경우

① 소송대리인의 자백을 당사자가 경정할 때(제94조)는 철회가 허용된다. 단 이 경우는 자백이 무효가 되므로 엄격한 의미에서 철회라고 할 수 없다. ② 재판상 자백의 성립 후 청구를 교환적으로 변경하여 원래의 주장사실을 철회한 경우 재판상 자백의 효력은 소멸한다(대법 1997.04.22, 95다10204).

39 │ 서증의 진정성립(15년 1차 모의쟁점)

Ⅰ. 1단계 추정의 복멸 : 인장도용의 항변(11년 1차, 22년 3차 모의쟁점 / 2회 기출)

> 甲은 乙을 상대로 연대보증금 채무의 이행을 구하는 소를 제기하면서 그 증거로 乙명의의 '연대보증계약서'를 제출하였다. 이에 乙이 印影의 동일성을 인정하였으나, 자기가 날인한 사실은 부인하면서 주채무자 A가 자신의 인장을 도용하여 날인한 것이라고 주장하였다. 법원은 A가 乙의 인장을 가지고 날인한 것이 아닌가 하는 의심은 들었으나 확신을 얻지는 못하였다.
>
> 법원은 계약서의 진정성립을 인정할 수 있는지 결론과 논거를 서술하라.

1. 결 론

인장이 도용된 것에 확신을 얻지 못한 수소법원은 계약서의 진정성립을 인정할 수 있다.

2. 논 거

(1) 1단계 추정의 복멸

大法院은 "인영이 동일할 때 날인행위가 작성명의인의 의사에 기한 것이라는 추정은 사실상 추정이므로, 인영의 진정성립을 다투는 자 乙이 반증을 들어 인영의 진정성립 즉 날인행위가 작성명의인 乙에 의사에 기한 것임에 관하여 법원으로 하여금 의심을 품게 할 수 있는 사정을 입증하면 그 진정성립의 추정은 깨어진다"고 판시하여 <u>1단계 추정은 반증으로 복멸된다</u>고 한다(대법 1997.06.13, 96재다462).

(2) 복멸방법 : 인장도용의 항변

1) 判例의 입장 : 大法院은 "문서에 찍혀진 작성명의인 乙의 인영이 그 인장에 의하여 현출된 인영임이 인정된 경우에는 특단의 사정이 없는 한 그 인영의 성립 즉 작성명의인 乙에 의하여 날인된 것으로 추정되고 일단 그것이 추정되면 민사소송법 제358조에 의하여 그 문서전체의 진정성립이 추정되는 것이므로, 그 문서가 작성명의인 乙의 자격을 모용하여 A가 작성한 것이라는 것은 그것을 주장하는 자 <u>乙이 적극적으로 입증하여야 하고 이 항변사실을 입증하는 증거의 증명력은 개연성만으로는 부족하다</u>"고 판시하여(대법 1987.12.22, 87다카707), 실무상으로는 이것을 "本證"에 의한 "立證"을 요구하는 것으로 받아들이고 있다.

2) 검 토 : <u>判例는 이를 간접반증으로 해석하고 있다고 보여진다. 간접반증이란 상대방이 주장하는 사실에 대해 일응의 추정이 생긴 경우에 직접적이 아니라 그 추정의 전제되는 사실과 양립하는 별개의 사실을 증명하여 일응의 추정을 복멸시키는 것을 말한다. 이러한 간접반증은 추정된 날인사실에 대해서는 반증이나, 그 별개의 간접사실인 인장도용 사실에 대해서는 본증이 되므로 법관에 확신을 주어야</u> 한다.

II. 날인사실에 대한 증명책임 : A의 날인권한에 대한 증명책임(2회 기출, 19년 1차 모의)

〈추가된 사실관계〉
乙이 A에 의해 자신의 인장이 도용된 사실을 입증하자, 甲은 A에게는 乙을 대행할 권한이 있었다고 주장하였고 乙은 A에게 자신을 대행할 권한을 수여한 사실이 없다고 주장하였다.

법원은 A에게 乙을 대행할 권한이 있는지 없는지 확신을 얻지 못하고 있다면 계약서의 진정성립을 인정할 수 있는지 결론과 논거를 서술하라.

1. 결론

제358조의 추정이 성립하기 위하여서는 날인자 A가 乙의 대리인이라는 점을 서증제출자인 甲이 증명하여야 하나 법원이 확신을 얻지 못하여 진정성립이 추정되지 않는다.

2. 날인사실의 증명책임

大法院은 "문서에 날인된 작성명의인의 인영이 그의 인장에 의하여 현출된 것이라면 특별한 사정이 없는 한 그 인영의 진정성립, 즉 날인행위가 작성명의인의 의사에 기한 것임이 사실상 추정되고, 일단 인영의 진정성립이 추정되면 민사소송법 제358조에 의하여 그 문서전체의 진정성립이 추정되나, 위와 같은 사실상 추정은 날인행위가 작성명의인 이외의 자에 의하여 이루어진 것임이 밝혀진 경우에는 깨어지는 것이므로, 문서제출자 甲은 A의 날인행위가 작성명의인 乙로부터 위임받은 정당한 권원에 의한 것이라는 사실까지 입증할 책임이 있다"고 한다(대법 1995.06.30, 94다41324).

III. 2단계 추정의 복멸 : 백지문서 날인의 증명책임

〈추가된 사실관계〉
甲이 A가 乙의 대리인임을 입증하자, 乙은 A가 백지문서에 날인한 사실을 주장하였다.

법원은 乙이 백지문서에 날인한 것인지 확신을 얻지 못하였다면 계약서의 진정성립을 인정할 수 있는지 결론과 논거를 서술하라.

1. 결론

백지문서 날인 사실은 제358조의 추정을 복멸하기 위한 乙의 간접반증의 대상으로 법원에 확신이 들게 입증하지 못하였다면 법원은 진정성립을 인정하여야 한다.

2. 논 거

(1) 제358조 추정의 성격에 대한 견해대립

제358조의 추정을 법률상의 추정으로 보고 이를 다투는 자가 본증으로 깨뜨릴 수 있다는 입장이 있으나, 多數說은 법률상의 추정이 아니고 법관의 자유심증의 작용으로서 경험칙을 사용하여 행하여지는 사실상의 추정을 규정한 것이기 때문에 증명책임이 전환되지 아니하므로 상대방은 위 추정을 간접반증으로 깨뜨릴 수 있다고 본다.

(2) 백지문서에 날인한 경우 진정성립이 추정되는지 여부

大法院은 이에 대해 "문서에 날인된 작성명의인의 인영이 작성명의인의 인장에 의하여 현출된 것임이 인정되는 경우에는 특단의 사정이 없는 한 그 인영의 진정성립 및 그 문서 전체의 진정성립까지 추정되는 것이기는 하나, 이는 어디까지나 먼저 내용기재가 이루어진 뒤에 인영이 압날된 경우에만 그러한 것"이라며 추정을 부정하고 있고(대법 2000.06.09, 99다37009), 일반적으로 문서의 일부가 미완성인 상태로 서명날인을 하여 교부한다는 것은 이례에 속하므로 그 문서의 교부 당시 백지상태인 공란 부분이 있었고 그것이 사후에 보충되었다는 점은 작성명의인이 증명하여야 한다고 하였다(대법 2013.08.22, 2011다100923).

(3) 검 토

백지문서에 날인했다는 주장은 2단계 추정을 복멸하기 위한 주장으로서, 본증인지 간접반증인지 다툼이 있으나 어떻게 보든 작성명의인은 법관으로 하여금 백지문서에 날인한 사실을 확신하게 할 수 있을 정도로 증명해야 하므로 구별의 실익이 없다.

Ⅳ. 진정성립의 증명책임 : 백지 보충권의 증명책임

> 〈추가된 사실관계〉
> 乙이 백지문서에 날인한 사실을 증명하자, 甲은 乙로부터 백지보충권의 수여를 받았음을 주장하였으나 법원이 확신을 가지지 못하고 있다.
>
> 진정성립을 인정할 수 있는가?

1. 결 론

백지문서 날인사실이 인정되면 2단계 추정은 복멸되므로, 거증자 甲이 乙로부터 백지보충권을 수여받았음을 입증하지 못하는 한 문서의 진정성립을 인정할 수 없다.

2. 논 거

(1) 判例의 입장

大法院은 이에 대해 "작성명의인의 날인만 되어 있고 그 내용이 백지로 된 문서를 교부받아 후일 그 백지 부분을 작성명의자가 아닌 자가 보충한 문서의 경우에 있어서는 문서제출자는 그 기재 내용이 작성명의인으로부터 위임받은 정당한 권원에 의한 것이라는 사실을 입증할 책임이 있으며, 이와 같은 법리는 그 문서가 처분문서라고 하여 달라질 것은 아니다"고 하여 서증제출자의 입증을 요구하고 있으며(대법 2000.06.09, 99다37009), 최근에도 일단 문서의 내용 중 일부가 사후 보충되었다는 사실이 증명이 된 다음에는 그 백지부분이 정당하게 위임받은 권한에 의하여 보충되었다는 사실은 그 백지부분의 기재에 따른 효과를 주장하는 당사자가 이를 증명할 책임이 있다고 하였다(대법 2013.08.22, 2011다100923).

(2) 학설의 입장

위와 같은 判例의 태도에 대해 백지날인 문서를 교부한 것이 틀림없다면 백지보충권을 준 것으로 보아 문서의 진정성립을 추정해도 좋을 것이라는 반대견해가 있다.

(3) 검 토

判例는 백지부당보충의 의심이 있는 경우에는 추정의 도움을 받을 수 없고 사문서의 진정에 대해 거증자가 그 성립의 진정을 증명하여야 하는 원칙으로 돌아가 문서제출자가 그 보충한 기재 내용이 작성명의인으로부터 위임받은 정당한 권원에 의한 것이라는 사실을 입증해야 한다는 것이다. 진정성립의 추정은 ① 인영명의인 乙에게 불이익하므로 넓게 인정하면 악용의 우려가 있고, ② 작성자 甲은 명의인 乙로부터 그 진정성 확보를 위한 다른 수단을 강구하는 것이 크게 곤란하지 않다는 점 등에 비추어 判例의 태도가 타당하다고 생각한다. 다만 判例는 백지약속어음의 경우 발행인이 수취인 또는 그 소지인으로 하여금 백지부분을 보충케 하려는 보충권을 줄 의사로 발행하였는지 여부에 관하여는 불완전어음으로서 무효라는 점에 관한 증명책임이 발행인에 있다는 입장이다(대법 1984.05.22, 83다카1585).

40 | 진정성립에 대한 자백과 처분문서의 실질적 증거력 (22년 3차)

> 甲은 의류판매업을 하는 乙로부터 丙에 대한 4억 원의 매매대금 채권을 양수하였다고 주장하면서, 丙을 상대로 양수금 청구의 소를 제기하였다. 甲이 소장에 첨부한 乙과 丙 명의의 매매계약서(이하 "갑제1호증"이라고 한다)에 의하면, "乙은 丙에게 티셔츠 40,000매를 인도하고, 丙은 乙에게 대금으로 금 4억 원을 지급한다."고 기재되어 있었으며, 乙과 丙의 인장이 각각 날인되어 있었다. 제1차 변론기일에서 진행된 성립인부절차에서 丙은 갑제1호증에 대해서 성립을 인정하였으나, 제2차 변론기일에서는 이를 번복하여 갑제1호증의 성립을 부인하였다. 丙은 갑제1호증의 기재내용도 거짓이라고 주장하였으나 이를 뒷받침할 만한 증거를 제출하지 못하였다. 법원이 갑제1호증의 진정 성립을 인정하면서도, 그 기재내용을 신뢰할 수 없다며 갑제1호증을 배척하면서, 별다른 배척사유를 설시하지 아니한 채 매매계약의 체결사실을 인정하지 않고 원고 청구를 기각하였다.
>
> 이러한 판결은 적법한가? (15점)

1. 문제점

법원 판결의 적법성과 관련하여 첫째, 丙의 자백 철회를 인정하지 아니하고 문서의 진정성립을 인정한 것이 허용되는지 문제되고, 나아가 처분문서의 실질적 증거력을 합리적 이유설시 없이 함부로 배척할 수 있는지 살펴본다.

2. 갑제1호증의 진정성립을 인정한 판단

(1) 문서의 진정성립에 대한 자백의 구속력 인정여부

자백의 대상이 되는 구체적 사실은 주요사실에 한하며, 간접사실과 보조사실에 대해서는 자백이 성립되지 않는다. 다만 判例는 『문서의 성립에 관한 자백은 보조사실에 관한 자백이기는 하나 그 취소에 관하여는 다른 간접사실에 관한 자백취소와는 달리 주요사실의 자백취소와 동일하게 처리하여야 할 것이므로 문서의 진정성립을 인정한 당사자는 자유롭게 이를 철회할 수 없다고 할 것이고, 이는 문서에 찍힌 인영의 진정함을 인정하였다가 나중에 이를 철회하는 경우에도 마찬가지이다』라고 하여 진정성립에 대한 자백의 구속력을 인정한다(대법 2001.04.24, 2001다5654).

(2) 소 결

설문에서 丙이 제1차 변론기일에서 갑제1호증에 대한 진정성립을 인정한 이상, 그러한 진정성립의 자백이 진실에 반하고 착오에 의한 것임을 증명하지 않는 한 제2차 변론기일에서 자유로이 철회할 수는 없다. 따라서 갑제1호증의 진정성립을 인정한 법원의 판단은 타당하다.

3. 처분문서의 실질적 증거력을 배척하는 판단

(1) 실질적 증거력의 의의

어떤 문서가 요증사실을 증명하기에 얼마나 유용한가의 증거가치를 말하는 것으로, 이러한 실질적 증거력의 판단은 법관의 자유심증에 일임되어 있어서 재판상의 자백이 이루어지지 않는다.

(2) 처분문서의 실질적 증거력

증명하고자 하는 법률적 행위가 그 문서 자체에 의하여 이루어진 경우의 문서를 처분문서라고 하는데, '계약서'는 사법상의 의사표시가 포함된 법률행위서로서 처분문서에 해당한다. 처분문서는 그 진정성립이 인정되는 이상 기재 내용대로 법률행위의 존재 및 내용을 인정하여야 한다. 그 문서로서 처분 등 법률행위가 이루어졌기 때문이다. 즉 이 한도에서 자유심증주의가 제한된다. 그러나 이와 같은 처분문서의 증거력은 상대방의 반증에 의하여 부정될 수도 있는 강력한 사실상의 추정이지 반증의 여지가 없는 완전한 증명력으로 볼 것은 아니다(대법 2010.11.11, 2010다56616).

(3) 소 결

처분문서의 진정성립이 인정되면 반증에 의하여 그 기재 내용과 다른 특별한 명시적 또는 묵시적 약정이 있었다는 사실이 인정되지 아니하는 한 법원은 그 문서의 기재 내용에 따른 의사표시의 존재와 내용을 인정하여야 하고, 합리적인 이유 설시도 없이 이를 배척하여서는 아니된다(대법 2000.01.21, 97다1013).

4. 설문의 해결

갑제1호증은 문서로서 진정성립의 자백에 구속력이 인정되므로 丙이 자유로이 철회할 수 없으며, 한편으로는 처분문서이므로 반증이 없는 한 법원은 매매계약의 체결사실을 인정하여야 한다. 따라서 매매계약 체결사실을 인정하지 않고 원고청구를 기각한 법원의 판단에는 채증법칙 위배의 위법이 있다.

41 | 등기추정력과 증명책임
(11년 법무부 1차, 13년 1차 모의쟁점)

> 甲명의로 소유권이전등기가 경료되어 있던 B토지에 관하여 매매를 원인으로 하는 乙명의의 소유권이전등기가 경료되었다. 그러자 甲이 乙을 상대로 乙명의의 소유권이전등기의 말소를 구하는 소를 제기하였다. 이 소송에서 甲은 乙에게 B토지를 매도한 사실이 없다고 주장하였고, 증거조사결과 甲과 乙사이에 직접 매매계약이 체결된 것이 아니라 甲의 대리인이라고 칭하는 소외 丙과 乙사이에 매매계약이 체결된 사실이 밝혀졌다. 이에 乙은 丙이 甲으로부터 위 매매에 관한 대리권을 수여받았다고 주장하고, 甲은 丙에게 대리권을 수여한 사실이 없다고 주장하였다.
>
> 乙의 위 주장의 성격이 항변인지 여부를 먼저 밝히고, 그 근거를 간략하게 설명하시오.

I. 결 론

사안에서 乙의 유권대리주장은 등기추정력에 의하여 부인에 해당하고, 따라서 법원은 원고의 청구를 인용하면서 피고 乙의 등기가 무권대리인에 의하여 경료된 것으로 무효임을 설시하면 족하고, 乙의 유권대리주장을 배척하는 판단은 불필요하다.

II. 논 거

1. 문제점

甲과 乙사이의 계약이 대리인 丙에 의하여 체결된 것임이 밝혀진 상태이고, 다툼이 있는 부분은 丙의 대리권 유무이다. 이 때 乙의 유권대리주장이 부인인지 항변인지가 문제되는데, 이점은 원고가 주장하는 청구원인의 요건사실과 양립이 가능한지의 문제이다.

2. 부인·항변·재항변의 구별

(1) 개념과 종류

1) **부인의 개념** : 상대방의 주장사실을 부정하는 진술을 부인이라고 한다. 이에는 단순히 소극적으로 상대방주장을 부인하는 단순부인과, 양립 불가능한 이유를 붙여 부인하는 적극부인 내지 이유부 부인이 있다.

2) **항변의 개념** : 이에 대해 본안의 항변이란 원고청구를 배척하기 위해 원고청구가 진실임을 전제로 그와 양립 가능한 별개의 사항에 대해 피고가 하는 사실상의 진술을 말한다. 즉 반대규정의 요건사실의 주장을 항변이라 한다. 이러한 항변도 원고주장을 확정적으로 인정하면서 양립 가능한 사실을 진술하는 제한부 자백과 일응 다투면서 주장하는 가정항변이 있다. 또한 반대규정의 성질에 따라 권리장애사실·권리멸각사실·권리저지사실의 주장으로 나누어진다. 또한 재항변이란 피고의 항변에 대해

원고가 항변사실에 기한 효과의 발생에 장애가 되거나 또는 일단 발생한 효과를 멸각·저지하는 사실을 주장하는 것을 말한다.

(2) 간접부인과 항변의 구별기준

간접부인은 원고의 주장사실과 양립 불가능한 별개의 사실을 진술하는 것인데, 항변은 원고의 주장사실이 진실임을 전제로 이와 논리적으로 양립 가능한 사실을 진술하는 것이다. 따라서 원고의 주장사실과 양립가능한지 여부가 그 구별기준이 된다.

3. 乙의 주장이 항변인지 여부

(1) 甲의 말소등기청구의 요건사실

甲의 말소등기청구는 민법 제214조 소유권에 기한 방해배제청구로서 그 요건사실은 ① B토지가 甲의 소유에 속한다는 사실, ② 소유권이 방해받고 있는 사실이다. 그런데 사안과 같은 말소등기청구는 피고명의의 소유권이전등기가 존재하는 경우로서 우리 判例는 등기의 추정력을 사실상 추정이 아닌 증명책임의 전환을 초래하는 법률상 추정으로 보고 있다. 이러한 법률상 추정에 의하여 등기명의인이 실제의 처분행위를 한 자를 전소유자의 대리인이었다고 주장하는 경우, 원래 대리권의 존재에 대한 주장·입증책임은 이를 주장하는 자에게 있다고 보아야 할 것이지만 이러한 입증책임 분배에 관한 일반원칙도 등기의 추정력보다는 우선할 수 없기 때문에 원고 甲이 증명책임을 부담한다. 判例도 대리권의 부존재 내지는 등기서류를 위조하였다는 등의 무효사실에 대한 입증책임이 전소유자에게 있다고 한다 (대법 2009.09.24, 2009다37831). 결국 사안에서 원고 甲은 ③ 원인없는 등기임을 주장하고 이를 입증하여야 할 것이다.

(2) 乙의 유권대리주장의 성질

사안에서 乙이 주장한 丙에 대한 대리권 수여사실은 매매계약이 유효이어서, 더 이상 B토지에 대하여 甲의 소유권이 존재하지 않는다는 것이므로 원고 甲의 청구원인의 요건사실인 원고의 소유권존재사실과 등기원인이 무효라는 사실과는 양립이 불가능하다. 따라서 부인이라고 보여진다. 그러나 만일 乙의 유권대리주장에 표현대리주장도 포함되어 있다면, 丙이 표현대리인에 해당한다는 사실은 원고의 주장과 양립이 가능하므로 항변에 해당할 것이나 유권대리주장에 표현대리주장이 포함되어 있지 않다는 우리 判例의 입장에 의하면 항변으로 볼 여지는 없다.

42 | 재소금지

Ⅰ. 특정승계인과 재소금지(14년 1차, 18년 1차, 22년 1차 모의쟁점)

> A와 甲은 공유건물을 乙에게 매각하고 인도하였는데, 乙이 매매대금을 지급하지 않자 계약을 해제하고, 그 명도를 구하는 소를 제기하였다. 1심에서 원고들이 승소하자 乙이 항소를 제기하였다. 항소심계속 중 A는 이 사건 부동산의 자신의 공유지분을 원고 甲에게 양도하고 甲의 명의로 지분소유권이전등기를 경료한 다음 소를 취하하였다. 甲은 소변경신청서를 통하여 A로부터 양도받은 공유지분에 기한 건물명도청구를 추가하고 청구취지를 변경하였다.
>
> 이러한 甲은 청구취지변경은 적법한가?

1. 문제의 소재

사안에서 甲의 청구취지변경이 그 요건을 갖추었는지 문제되고, 1심에서 전부 승소한 甲이 항소심에서 청구변경이 허용되는지가 항소의 이익과 관련하여 문제된다. 나아가 부대항소로서 적법한 경우, A의 항소심에서의 소취하 후에 특정승계인에 해당하는 甲의 청구변경이 제267조 제2항 재소금지에 저촉되는 것은 아닌지 문제된다.

2. 항소심에서 추가적 변경의 적법성

(1) 청구변경의 요건

청구의 변경은 ① 동종절차와 공통관할이 있을 것, ② 사실심 변론종결 전일 것, ③ 신·구청구 간에 청구기초의 동일성이 있을 것, ④ 절차를 현저히 지연시키지 않을 것을 요한다. 사안에서 나머지 요건은 문제가 없고, 원고 甲의 추가적 변경의 신청은 양 청구 간에 매매계약해제사실이라는 사실자료가 공통되며, 청구원인은 같은데 청구취지만 달리 한 것으로 청구의 기초에 동일성이 있다고 할 것이다.

(2) 원고 甲의 항소심에서의 청구취지변경의 성질

判例는 일관되게 『원고가 전부 승소하였기 때문에 원고는 항소하지 아니하고 피고만 항소한 사건에서 청구취지를 확장 변경함으로써 그것이 피고에게 불리하게 된 경우에는 그 한도에서 부대항소를 한 취지로 볼 것이다』라고 판시하고 있다(대법 1995.06.30, 94다58261). 사안에서 원고의 소변경은 부대항소로서 비항소이므로 항소의 이익이 필요 없고, 따라서 전부 승소한 당사자인 원고도 적법하게 할 수 있다고 본다.

3. 재소금지에 저촉되는지 여부

(1) 재소금지의 의의

제267조 제2항에 의하여 재소로 금지되기 위해서는 ① 당사자가 동일할 것, ② 소송물인 권리관계가 동일할 것, ③ 권리보호의 이익이 동일할 것, ④ 본안의 종국판결 후의 소취하일 것 등의 요건을 갖추어야 한다. 사안에서 특정승계인 甲에게도 재소금지의 효과가 미치는지, 미친다면 새로운 권리보호이익이 있는 경우인지 문제된다.

(2) 재소금지가 특정승계인에게 미치는지 여부

大法院은『민사소송법 제267조 제2항 소정의 '소를 취하한 자'에는 변론종결 후의 특정승계인을 포함된다』라고 판시하여(대법 1981.07.14, 81다64·65) 승계인은 일반승계인·특정승계인을 가리지 않고 모두 재소금지의 효과를 받는다는 입장인 것으로 보인다.

(3) 새로운 권리보호이익이 있는지 여부

大法院은『재소금지는 소취하로 인하여 그 동안 판결에 들인 법원의 노력이 무용화되고 종국판결이 당사자에 의하여 농락당하는 것을 방지하기 위한 제재적 취지의 규정이므로, 본안에 대한 종국판결이 있은 후 소를 취하한 자라 할지라도 이러한 규정의 취지에 반하지 아니하고 소제기를 필요로 하는 정당한 사정이 있다면 다시 소를 제기할 수 있다고 봄이 상당하다』고 판시하면서 사안과 같은 경우『이 사건부동산에 관한 명도청구소송 중 소송당사자 상호간의 지분 양도·양수에 따라 소취하 및 재소가 이루어진 경우 그로 인하여 그 때까지의 법원의 노력이 무용화된다든가 당사자에 의하여 법원이 농락당한 것이라 할 수 없고, 소송계속 중 이 사건 부동산의 공유지분을 양도함으로써 그 권리를 상실한 A가 더 이상 소를 유지할 필요가 없다고 생각하고 소를 취하한 것이라면 그 지분을 양도받은 원고 甲에게 소취하에 대한 책임이 있다고 할 수 없을 뿐만 아니라, 원고 甲으로서는 자신의 권리를 보호하기 위하여 양도받은 공유지분에 기하여 다시 소를 제기할 필요도 있어 추가된 건물명도청구는 A가 취하한 전소와는 권리보호의 이익을 달리하여 재소금지의 원칙에 위배되지 아니하는 것으로 보아야 할 것이다』라고 판시하여 재소금지에 저촉되지 않는 것으로 본다(대법 1998.03.13, 95다48599·48605).

4. 사안의 해결

설문의 청구취지 확장은 부대항소로서 적법하며, 새로운 권리보호이익도 있으므로 재소금지에 저촉되지 않는다.

II. 선결관계에서 재소금지

> 甲은 면직처분무효확인을 구하다가 항소심에서 취하한 후 다시 면직무효를 전제로 임금상당의 부당이득 반환청구를 하였다. 적법한가?

1. 判例의 입장

大法院은『후소가 전소 소송물을 선결적 법률관계로 할 때에는 비록 소송물은 다르지만 원고는 전소의 목적이었던 권리·법률관계의 존부에 대해서는 다시 법원의 판단을 구할 수 없는 관계상 위 제도의 취지에 비추어 후소에 대하여도 동일한 소로써 판결을 구할 수 없다』고 하여 선결관계에서도 재소금지가 적용된다는 입장이다(대법 1989.10.10, 88다카18023).

2. 검 토

이러한 判例의 입장에 대해, ① 양소의 소송물이 엄연히 다르고, 전소의 소송물이 확정되어 후소의 선결문제인 경우에도 선결 문제의 한도에서 전소의 기판력이 있는 판단에 구속될 뿐 후소 제기 자체가 불허되는 것은 아니라는 점, ② 기판력은 법적 안정성을 위한 것이지만 재소금지는 판결의 농락방지를 위한 것으로서 양자의 취지가 상이하다는 점을 논거로 선결관계에서는 재소금지가 적용되지 않는다는 유력설이 있다.

Ⅲ. 새로운 권리보호 이익

> 증여로 인한 소유권확인의 소의 본안판결 후에 소를 취하한 자가 상속으로 인한 지분소유권확인을 구하는 소를 재차 제기하였다면 적법한가?

1. 소유권확인의 소의 소송물

(1) 기판력이 문제되는 경우

大法院은 『특정토지에 대한 소유권확인의 본안판결이 확정되면 그에 대한 권리 또는 법률관계가 그대로 확정되는 것이므로 그 사건의 변론종결전에 그 확인원인이 되는 다른 사실이 있었다 하더라도 그 확정판결의 기판력은 거기까지도 미치는 것』이라 하여 동일한 소송물로 본다(대법 1987.03.10, 84다카2132).

(2) 재소금지가 문제되는 경우

大法院은 『원고가 위 소송에서는 소유권보존등기가 되지 않은 이 사건 부동산이 원래 자기의 아버지인 소외 망 한○○의 소유로서 그가 1970.10.13. 자기에게 이를 증여하였으므로, 이 사건 부동산이 자기의 소유라고 주장하면서 피고에 대하여 그 확인을 구하였던바, 위 법원은 이 사건 부동산이 원래 위 소외 망인의 소유이었는지의 여부에 대하여는 아무런 판단도 하지 아니한 채, 원고의 주장 자체에 의하더라도 원고가 자기의 명의로 위 증여를 원인으로 한 소유권이전등기를 넘겨 받지 않았음이 명백한 이상, 이 사건 부동산이 원고의 소유라고는 할 수 없다는 이유로, 원고의 청구를 기각하였음을 알 수 있는데, 이 사건 소송에서는 원고가 이 사건 부동산의 소유자이던 위 소외 망인이 사망함에 따라 이 사건 부동산에 대한 21분의6 지분이 자기에게 상속되었으므로, 그 지분이 자기의 소유라고 주장하면서 피고에 대하여 그 지분이 자기의 소유임의 확인을 구하고 있는 것이므로, 이 사건 소와 원고가 소를 취하한 전소가 민사소송법 제267조 제2항 소정의 "동일한 소"라고는 볼 수 없을 것』이라고 하여 별개의 소송물로 보고 있다(대법 1991.05.28, 91다5730).

2. 검토

기판력에 관한 判例의 입장을 일관하면 재소금지가 문제되는 경우도 소송물이 같다고 하여야 함에도 判例는 기판력의 범위보다 재소금지의 범위를 좁게 보아 동일한 소가 아니라고 하고 있다. 생각건대 기판력은 법원의 확정판결의 효력이므로 법적 안정성을 위하여 사실관계를 고려하지 않고 그 효력의 범위를 넓게 잡을 필요가 있지만 소취하 후의 재소의 경우는 법원의 확정적 판단이 없으므로 범위를 기판력처럼 넓게 잡을 필요가 없다. 또한 재소금지는 소제기 자체를 금지하는 것이므로 기판력보다 당사자에게 미치는 제재가 훨씬 가혹하므로, 원칙적으로 확인의 소의 소송물에 관하여는 일원설을 취하되, 재소금지효의 적용에 있어서는 기판력보다 그 범위를 좁게 해석하는 判例의 입장이 타당할 것이다.

Ⅳ. 교환적 변경과 재소금지(14년 2차 모의쟁점)

> 원고는 항소심에서 교환적 변경을 하였으나 다시 재변경에 의하여 본래의 구청구를 되살리려고 한다. 적법한가?

1. 判例의 입장

大法院은 청구의 교환적 변경을 구소취하 신소제기의 결합형태로 보므로, 본안에 대한 종국판결이 있은 후 구청구를 신청구로 교환적 변경을 한 다음 다시 본래의 청구로 교환적 변경을 한 경우에는 『종국판결이 있은 후 소를 취하하였다가 동일한 소를 다시 제기한 경우여서 부적법하다』고 보고 있다(대법 1987.11.10, 87다카1405).

2. 검토

본래 재소를 금지하는 규정의 취지는 원고의 법원판결에 대한 농락을 방지하기 위함에 있는 것인바, 소송절차 중에 소의 교환적 변경을 하고 자신이 철회하였던 구청구를 다시 하는 것은 원고가 승소하기 위한 방편 중의 하나이지 법원을 농락할 의도가 전혀 없다고 보아야 한다는 점에서 이러한 경우에는 재소금지의 제한을 적용하지 말아야 한다는 견해도 있지만, 항소심에서 교환적 변경이 이루어 질 때 석명권을 행사하거나, 당사자의 의사를 엄격히 해석하면 예상 밖의 결과는 방지할 수 있으므로 재소금지에 저촉된다고 보는 것이 타당하다.

43 | 재판누락과 추가판결(11년 1차, 15년 2차 모의쟁점)

> 甲은 자신의 소유 차량을 운전하던 중 乙이 운전하던 차량에 의해 추돌 당함으로써, 두 달간의 입원치료를 요하는 중상을 입게 되었다. 이에 甲은 乙을 상대로 도합 금 8천만원의 손해배상을 구함에 있어 일실수익 금 3천만원, 치료비 금 2천만원, 위자료 금 3천만원 등으로 손해항목을 나누어 청구하였다. 1심 법원이 판결을 선고함에 있어 원고 甲의 청구 중 위자료 청구 부분에 대해서는 아무런 판단을 하지 않은 채, 일실수익과 치료비 청구 중 일부에 대해서만 인용하는 판결을 하였다고 하자.
>
> 이 때 원고 甲이 이 판결에 대해 전부 불복하는 항소를 제기한 경우, 원고 甲의 위자료 청구 부분에 대한 항소가 적법한 것인지를 검토하시오.

I. 문제의 소재

항소가 적법하기 위해서는 ① 항소의 대상적격이 있어야 하며, ② 적식의 항소 제기가 있어야 하고, ③ 항소의 이익이 있을 것을 요건으로 한다. 설문은 위자료청구에 대해서 1심 법원의 아무런 판단이 없음에도 이에 대해서 항소를 제기하였으므로 항소의 대상적격이 없어 위법한 것은 아닌지 문제된다. 이를 판단하기 위해서는 불법행위에 손해배상청구권의 소송물이 복수인지 단일청구인지 여부와 일부판결의 허용여부를 검토한다.

II. 불법행위에 손해배상청구권의 소송물

1. 견해의 대립

① 권리내용과 근거법조가 다르다고 보아 재산적 손해와 비재산적 손해로 대별하는 2분설과, ② 재산상의 손해를 보다 세분화하여 손해산정의 과정에서 증거에 의한 엄밀한 인정이 요구되는 적극적 손해와 예측에 의한 평가적 요소가 강한 소극적 손해로 나누는 3분설, ③ 손해의 총액이 피해자의 주된 관심사이자 분쟁의 핵심이라는 점을 근거로 손해의 각 항목은 손해액 산출의 내역에 불과하여, 소송물은 손해의 총액으로 특정되어 하나의 소송물이라고 보는 견해의 대립이 있다.

2. 判例의 태도

大法院은 『불법행위로 인한 손해배상청구의 소송물인 손해는 통상의 치료비 따위와 같은 적극적 재산상 손해와 일실수익 상실에 따르는 소극적 재산상 손해 및 정신적 고통에 따르는 정신적 손해의 3가지로 나누어진다.』고 판시하여(대법 1976.10.12, 76다1313) 손해 3개설을 취하고 있다.

Ⅲ. 일부판결의 허용여부와 항소의 대상적격

1. 일부판결의 의의

일부판결이란 동일소송절차에 의해 심판되는 사건의 일부를 다른 부분에서 분리하여 그것만 먼저 끝내는 종국판결을 말한다. 일부판결은 판결하기에 성숙한 일부만이라도 먼저 판결함으로써 소송심리의 정리·집중과 신속한 권리구제에 이바지 하는 반면에, 일부판결에 대하여 독립하여 상소할 수 있기 때문에 도리어 재판의 모순과 소송불경제를 가져올 수 있는 문제점이 있다.

2. 일부판결의 허용범위

(1) 원 칙

법 제200조 제1항에서는 법원은 소송의 일부에 대한 심리를 마친 경우 그 일부에 대한 종국판결을 할 수 있다고 규정하고 있다. 이때 일부판결을 할 것인가의 여부는 법원의 재량에 속하나, ① 일부판결을 한 뒤 잔부판결이 법률상 허용될 수 없는 경우나 ② 일부판결과 잔부판결간에 내용상 모순이 생길 염려가 있을 때에는 일부판결이 허용될 수 없다.

(2) 관련적 병합의 경우

이에 대하여 단순병합 중 관련적병합의 경우 청구간에 공통된 사실이 주요쟁점이 되므로 일부판결을 할 수 없다는 견해가 다수입장이나, 단지 부적합할 뿐이라는 견해도 있다.

3. 사안에의 적용

일부판결이 허용된다고 볼 경우	일부판결이 불허된다고 볼 경우
일부판결이 허용되는 경우에 ① 청구의 일부에 대하여 의도적으로 일부판결을 한 경우에 나머지 청구에 대하여는 잔부판결로서 완결하여야 하지만, ② 법원이 청구의 전부에 대하여 재판할 의사로 재판을 하였지만, 객관적으로는 청구의 일부에 대하여 재판을 누락하였을 때(제212조) 즉 모르고 일부판결을 하였을 때에 그 나머지 부분은 추가판결로서 완결하여야 한다. 따라서 누락된 부분의 상소는 상소의 대상적격이 없어 부적법하다. 사안의 제1심에서 위자료청구에 대해서 판결하지 않고 나머지만 판결한 것은 가분적 청구 중 수액이 일부 확정된 경우로서 일부판결이 허용된다. 따라서 위자료청구부분은 제1심에서 잔부판결이나 추가판결의 대상이 되는 것으로서 이에 대한 항소는 항소의 대상적격, 즉 불복의 대상이 부존재하여 부적법하다(대법 2005.05.27, 2004다43824).	일부판결을 할 수 없는 경우임에도 일부판결을 한 경우에는 이 일부판결은 위법한 판결이다. 이때 그 형식은 일부판결이라도 전부판결로 취급하며 판결하지 않은 부분은 판단누락에 준하여 취급된다. 따라서 판결하지 않은 부분도 판결한 것으로 취급되므로 항소의 대상적격이 있다. 그러므로 이러한 일부 판결에 대해서는 확정 전에는 상소로서 구제받을 수 있으며 상소에 의하여 사건 전체가 상소심에 이심되며 상소심은 그 위법을 이유로 원심판결 전체를 취소하여야 한다.

44 | 기판력의 작용

I. 선결관계에서 기판력의 작용(15년 2차 모의쟁점 / 4회·9회 기출)

甲은 乙 명의의 대지 위에 건물을 건축하여 점유하고 있다. 甲은 丙이 위 대지를 시효취득하였으며 자신은 丙으로부터 이를 매입하였다고 주장하면서, 丙을 대위하여 乙을 상대로 위 대지에 대한 소유권이전등기를 구하는 소를 제기하였다. 그러나 제1심 법원은 丙이 위 대지를 甲에게 매도한 사실이 없다고 판단하여, 甲의 당사자적격의 흠결을 이유로 甲의 소를 각하하는 판결을 하였다. 제1심 법원의 소각하 판결이 확정된 후, 乙은 甲을 상대로 하여 건물철거 및 대지인도청구의 소를 제기하였다.

이 소송절차에서 피고 甲은 丙을 대위하여 원고 乙에게 취득시효완성을 원인으로 한 소유권이전등기절차의 이행을 구할 수 있는 권리가 있다고 주장할 수 있는지 논하시오.

1. 전소에서의 기판력의 발생

(1) 소송판결에 대한 기판력 발생여부

기판력의 발생범위가 소송물의 판단범위와 동일하다면 기판력은 본안판결에만 적용되고 소송판결에는 적용이 없다는 견해가 나올 수 있다. 그러나 기판력에는 이미 성립한 판단이 거듭되는 것을 금지하는 소극적 작용과 종전의 판단내용을 기준으로 이에 따라야 한다는 적극적 작용이 있다. 소극적 작용면에서 볼 때 소송요건의 흠을 이유로 부적법 각하하는 소송판결도 본안판결과 같이 모두 반복을 금지하여야 한다는 점에서 구태여 기판력을 부정할 필요가 없다. 따라서 소송판결의 기판력은 주문에서 판단한 소송요건의 부존재에 발생한다.

(2) 사안의 경우

소송판결의 주문은 "이 사건 소를 각하한다"라고 간략하게 표현되므로 기판력이 미치는 사항, 즉 어느 소송요건에 흠이 있는가를 파악하기 위하여서는 판결이유를 참작하여야 한다. 사안에서 전소의 기판력 발생부분은 "甲의 피보전채권의 부존재"이다.

2. 선결관계에서 기판력의 작용

(1) 기판력의 작용

기판력은 전소판결의 소송물과 동일한 후소를 허용하지 않는 것임은 물론, 후소의 소송물이 전소의 소송물과 동일하지 않다고 하더라도 전소의 소송물에 관한 판단이 후소의 선결문제 또는 항변사유가 되거나 모순관계에 있을 때에는 후소에서 전소판결의 판단과 다른 주장을 하는 것을 허용하지 않는 작용을 하는 것을 말한다.

(2) 判例의 입장

大法院은 『전소판결은 소송판결로서 그 기판력은 소송요건의 존부에 관하여만 미친다 할 것이나, 그 소송요건에 관련하여 피고 甲의 丙에 대한 피보전채권이 없음이 확정된 이상 이 사건에서 피고 甲이 丙에 대하여 피보전채권이 있음을 전제로 다시 위와 같은 주장을 하는 것은 전소의 사실심 변론종결 전에 주장하였던 사유임이 명백할 뿐만 아니라, 피고의 이러한 주장을 허용한다면 피고에게 丙에 대한 피보전채권의 존재를 인정하는 것이 되어 전소판결의 판단과 서로 모순관계에 있다고 하지 않을 수 없으므로 이 사건에서 피고가 이러한 주장을 하는 것은 전소판결의 기판력에 저촉되어 허용될 수 없다』고 하였다(대법 2001.01.16, 2000다41349).

(3) 判例의 검토

1) 기판력이 작용하는지 여부 : 사안의 후소인 乙의 甲에 대한 건물철거 및 토지인도소송에서 피고 甲은 민법 제213조 단서의 점유할 권리의 항변을 하고 있는데, 그 요건은 甲이 丙을 대위하여 乙에게 점유취득시효 완성을 원인으로 한 소유권이전등기청구권이 있다는 것으로, 이는 ① 丙은 乙에게 점유취득시효완성을 원인으로 한 소유권이전등기청구권이 있고(피대위권리) ② 甲은 丙에게 매매를 원인으로 한 소유권이전등기청구권이 있다는(피보전권리) 것이다. 이러한 甲의 항변은 전소에서 법원이 판단한 부분으로 후소에 선결관계로 작용한다.

2) 후소법원의 조치 : 전소의 기판력이 선결관계로 후소에 작용하는 경우 후소가 부적법하지는 않고, 후소 법원이 전소 판결의 내용과 모순되는 판단을 해서는 안되는 내용상의 구속을 받을 뿐이다. 따라서 甲이 위 항변의 성공을 위하여 주장·증명하여야 할 피보전채권에 대하여, 후소법원은 전소법원과 다르게 판단할 수 없고, 결국 甲의 항변을 배척할 수밖에 없다.

3) 검 토 : 검토한대로 강학상 선결관계로 기판력의 작용을 인정하는 것이 옳다고 보인다. 判例가 위 사안에서 모순관계라는 표현을 사용하나 이는 강학상의 모순관계를 의미하는 것이라기 보다는 후소법원이 전소법원의 기판력 있는 판단과 모순된 판단을 할 수 없다는 것을 간략히 표현하는 것으로 선해하는 것이 옳다(私見).

3. 결 론

전소의 기판력은 후소에 선결관계로 작용하므로 후소 법원은 甲의 항변을 배척하고, 乙의 청구를 인용하여야 한다.

◆ **선결관계로 기판력이 작용하는 경우**

1. 원고가 먼저 소유권확인청구를 하여 그 존부의 확정판결을 받았으면, 뒤에 같은 피고에 대하여 소유권에 기한 목적물인도를 청구한 때에 선결적으로 문제된 원고의 소유권에 관한 한 피고로서는 전소판결의 판단과 달리 원고가 그 소유권자가 아니라고 주장할 수 없고 법원으로서도 이와 다른 판단을 하는 것은 기판력에 저촉된다(대법 1994.12.27, 94다4684).
2. 甲·乙간의 이전등기이행청구에 대하여 乙에게 이행의무 없다 하여 기각판결이 확정된 뒤에, 이제 甲이 乙에게 그와 같은 의무 있음을 전제로 그 이행불능을 원인으로 乙에게 손해배상청구를 하는 것은 허용되지 아니한다(대법 1967.08.29, 67다1179).
3. 전소에서 원금채권의 부존재가 확정된 뒤에 전소의 변론종결당시에 원금채권의 존재를 전제로 변론종

결 후의 지연이자 부분의 청구를 하는 경우에, 이는 변론종결당시에 원금채권이 존재함을 선결문제로 주장하는 것이 되어 전소의 확정판결의 기판력에 저촉된다(대법 1976.12.14, 76다1488).
4. 환지처분 전 토지의 소유권 확인판결 후, 환지처분 후 종전토지에 상응하는 비율의 해당공유지분에 관한 소유권확인소송이 제기된 경우, 전소의 소유권존부에 관한 판단에 후소는 구속된다(대법 2011.05.13, 2009다94384).
5. 채무부존재확인의 판결은 그 채무부존재를 원인으로 한 등기말소청구에 미칠 수 없다고 하였는데(대법 1980.09.09, 80다1020), 이에 대해 잘못된 판결이라는 비판이 있다.

II. 모순관계의 기판력의 작용(13년 3차 모의쟁점 / 4회 기출)

> 甲이 乙을 상대로 한 매매를 이유로 한 이전등기를 구하는 전소에서 승소 확정판결을 받아 이를 집행권원으로 하여 소유권이전등기를 마치자, 乙이 甲 등을 상대로 주위적으로는 "2012. 3. 1.자 매매계약이 사회질서에 위반된 법률행위(민법 제103조)에 해당하므로 甲 등의 소유권이전등기는 원인무효이다"라고 주장하면서 소유권이전등기말소를 구하고, 예비적으로는 위 매매계약이 유효인 경우 매매잔대금 1억 원의 지급을 구하는 후소를 제기하였다.
>
> 이에 대하여 甲 등이 "乙의 청구는 모두 기판력에 저촉된다"고 주장하였다면 법원은 위와 같은 甲 등의 주장에 관하여 어떻게 판단하여야 할 것인가?

1. 전소에서의 기판력의 발생

기판력은 주문에 포함한 것에 한하여 기판력을 가진다(제216조 1항). 전소에서 甲 등의 승소에 의해 甲 등은 乙에게 매매로 인한 이전등기청구권이 존재한다는 것에 기판력이 발생하였고, 이유중에 판단한 매매계약의 체결사실과 그것이 유효하다는 법률판단에는 기판력이 발생하지 않는다.

2. 乙의 주위적 청구에 대한 판단

(1) 후소에 기판력의 작용

전후 양소의 소송물이 동일하지 않다고 하더라도 후소가 전소에서 확정된 법률관계와 정면으로 모순되는 반대관계를 소송물로 하는 경우에는 기판력이 작용한다. 설문은 전소 법원의 판단에 따라 이전된 등기를 말소하라고 청구하는 것으로 모순관계로 기판력이 작용한다. 우리 判例도 판결이 형식적으로 확정되면 그 내용에 따른 기판력이 생기므로, 소유권이전등기절차를 명하는 확정판결에 의하여 소유권이전등기가 마쳐진 경우에, 다시 원인무효임을 내세워 그 말소등기절차의 이행을 청구함은 확정된 이전등기청구권을 부인하는 것이어서 기판력에 저촉된다고 하였다(대법 1996.02.09, 94다61649).

(2) 사안의 경우

기판력의 본질을 국가재판의 통일이라는 관점에서 전소판단과 모순된 판단의 금지에 있다고 보는 것이 判例이므로, 후소법원은 乙의 주위적 청구를 기각한다.

3. 乙의 예비적 청구에 관하여

(1) 기판력이 작용하는지 여부

예비적 청구인 잔대금청구는 전소인 이전등기청구와 소송물과 다르고, 전소에서 확정된 법률관계가 후소의 소송물인 법률관계와 모순되지도 않고, 전소에서의 이유중 판단인 매매계약체결사실은 기판력이 발생하지 않아 후소의 선결문제로 되는 경우도 아니므로 기판력이 작용하지 않는다.

(2) 매매대금 청구의 실권여부

후소의 매매대금 청구는 전소에서 동시이행항변권으로 주장할 수 있었던 것이나, 기판력이 작용하지 않는 경우에는 후소에서 실권효도 생기지 않고, 더욱이 후소의 매매대금 청구는 소송물이지 공격·방어방법이 아니므로 차단될 수도 없다(대법 1995.12.08, 94다35039·35046 참조).

(3) 사안의 경우

예비적 청구는 전소의 기판력에 저촉되지 않으므로 후소법원은 잔대금에 대해 본안심리를 하여야 한다.

III. 선결관계와 모순관계에서 기판력의 작용(20년 2차, 21년 3차 모의)

> X토지에 관하여는 甲의 명의로 소유권이전등기가 마쳐져 있다가 그 후 다시 乙의 명의로 소유권이전등기가 마쳐졌다. 甲은 乙을 상대로 乙의 등기가 원인무효라고 주장하면서 X토지에 관한 소유권이전등기말소청구의 소를 제기하였다. 제1심 법원은 甲의 청구를 인용하는 판결을 선고하였고 위 판결은 그대로 확정되었다. 이에 甲은 乙 명의의 X토지에 관한 소유권이전등기를 말소하였다. 그 후 丙은 甲으로부터 X토지를 매수하여 소유권이전등기를 마쳤고, 丁에 대한 채무를 담보하기 위하여 X토지에 관하여 丁에게 근저당권설정등기를 마쳐 주었다. 그러자 乙은 자신의 소유권이전등기가 원인무효가 아님에도 잘못 말소된 것이므로 자신이 여전히 X토지의 소유자라고 주장하면서, 丙을 상대로는 X토지에 관하여 진정한 등기명의의 회복을 원인으로 하는 소유권이전등기청구의 소를 제기하는 한편, 丁을 상대로는 X토지에 관한 근저당권설정등기 말소청구의 소를 제기하였다.
>
> 법원이 심리 결과 乙의 등기가 원인무효가 아니고 乙이 진정한 소유자라는 확신을 가지게 된 경우, 乙의 각각의 청구에 대해 어떤 판결을 하여야 하는가?(소 각하/청구 인용/청구 기각) (20점)

1. 문제점

甲이 승소한 말소등기청구소송의 기판력이 乙이 제기한 후소에 작용하는지 문제되고, 각 丙과 丁이 변론종결후의 승계인으로서 乙의 후소가 기판력에 저촉되는지 살펴본다.

2. 기판력이 작용하는지 여부

(1) 전소의 기판력의 발생

甲이 제기한 전소에서 甲의 乙에 대한 소유권에 근거한 말소등기청구권이 존재한다는 것에 기판력이 발생하였다.

(2) 丙에 대한 후소에 기판력이 작용하는지 여부

1) 判例의 입장 : 大法院은 『소유권이전등기말소소송의 승소 확정판결에 기하여 소유권이전등기가 말소된 후 순차 제3자 명의로 소유권이전등기가 마쳐졌는데 위 말소된 등기의 명의자가 현재의 등기명의인을 상대로 진정한 등기명의의 회복을 위한 소유권이전등기청구를 하는 경우 현재의 등기명의인은 위 확정된 전 소송의 사실심 변론종결 후의 승계인으로서 위 확정판결의 기판력은 그와 실질적으로 동일한 소송물인 진정한 등기명의의 회복을 위한 소유권이전등기청구에 모두 미친다』고 판시하였다(대법 2003.03.28, 2000다24856).

2) 검 토 : 진정명의회복을 위한 소유권이전등기청구는 말소회복등기와 그 법적 근거와 목적이 동일하고 다만 등기형식이 다를 뿐이며, 이것이 허용된다면 역시 말소등기판결이 무의미하게 된다. 따라서 전소인 말소등기청구와 후소인 진정한 등기명의의 회복을 원인으로 하는 소유권이전등기청구의 소는 강학상 모순관계에 해당한다.

(3) 丁에 대한 청구에 기판력이 작용하는지 여부

乙의 丁에 대한 말소등기청구는 丁의 저당권등기가 원인이 없음을 주장하는 것이고, 이에 대하여 甲의 말소등기청구권존부는 후소의 선결문제로서 심리되어야 할 사항이다. 결국 전소에서 발생한 기판력은 乙의 丁에 대한 소에 선결관계로 작용한다.

3. 기판력에 저촉되는지 여부

(1) 丙과 丁이 변론종결 후의 승계인인지 여부

1) 변론종결 후 승계인의 의의 : 패소당사자가 소송물인 권리관계를 제3자에게 처분함으로써 기판력 있는 판결을 무력화시키는 것을 방지하고 승소원고를 보호하기 위하여, 변론종결한 뒤에 소송물인 권리관계에 관한 지위를 전주로부터 승계한 제3자, 즉 변론종결 후의 승계인에 대해서도 기판력이 미치는 것으로 하고 있다(제218조 제1항). ① 당사자로부터 소송물인 권리·의무 자체를 승계한 자는 당연히 기판력이 미치는 승계인의 범위에 속하며, ② 소송물인 권리의무 자체를 승계한 것은 아니나, 계쟁물에 관한 당사자적격을 당사자로부터 전래적으로 옮겨 받은 자도 승계인에 해당한다 할 것인데, 判例는 소송물인 원고의 청구가 대세적 효력을 갖는 물권적 청구권일 때에는 제218조 제1항의 승계인으로 되지만, 대인적 효력밖에 없는 채권적 청구권일 때에는 승계인이 되지 않는다고 한다(대법 1993.02.12, 92다25151).

2) 설문의 경우 : 전소에서 승소한 甲으로부터 丙과 丁은 계쟁물 승계인에 해당하고, 계쟁물 승계인의 경우 전소 원고의 청구가 물권적 청구권이었으므로 제218조 1항의 변론종결후의 승계인에 해당한다.

(2) 새로운 사정변경이 있는지

전소 변론종결 후에 乙이 새롭게 이전등기청구권이 발생할 새로운 사정변경은 존재하지 않는다.

4. 설문의 해결

乙의 丙과 丁에 대한 후소는 각각 기판력의 모순관계, 선결관계로서 작용하고, 丙과 丁은 변론종결 후의 승계인에 해당한다. 따라서 乙의 후소는 기판력에 저촉되어 판례의 모순금지설에 의해 기각되어야 한다.

IV. 선결관계에서 기판력의 작용(10회 기출)

> X토지의 등기부에는 甲 명의 소유권보존등기 다음에 乙 명의 소유권이전등기가 마쳐져 있다. 甲은 乙을 피고로 삼아 乙 명의 등기가 위조서류에 의하여 마쳐진 원인무효라는 이유로 '1) X토지가 甲 소유임을 확인한다. 2) 乙은 甲에게 乙 명의 소유권이전등기의 말소등기절차를 이행하라'는 취지의 소(이하 '전소'라고 함)를 제기하여 승소판결을 받고 그 판결이 확정되었다. 甲은 위 판결에 기해 乙 명의 소유권이전등기를 말소하였다.
>
> 乙은 甲을 상대로 소유권에 기하여 X토지의 인도를 구하는 후소를 제기하였다. 그 소송에서 乙은, 전소의 변론종결 전에 乙이 甲의 정당한 대리인에게서 X토지를 매수하여 소유권이전등기를 마친 것으로 X토지는 乙 소유인데, 전소에서는 이를 제대로 증명하지 못하여 패소하였을 뿐이라고 주장하였다. 후소에서 乙의 주장이 인정된다면 乙은 승소할 수 있는가?[2] (15점)

1. 문제점

甲이 승소한 전소의 기판력이 후소에 작용하는지 검토하여, 변론종결 전 주장할 수 있었던 乙에게 소유권이 귀속된 사실을 인정하여 X토지의 인도청구를 구하는 乙이 제기한 후소의 승소가부를 살펴본다.

2. 전소에서 기판력의 발생

전소 사실심 변론 종결시를 기준으로, 甲과 乙 사이에, X토지에 관한 甲소유권 존재와 甲의 말소등기청구권이 존재한다는 것에 기판력이 발생하였다.

3. 후소에 기판력의 작용

甲에게 X토지에 대한 말소등기청구권이 존재한다는 것은 이 사건 후소에 동일·선결·모순관계 어디에도 해당하는 것이 아니어서 후소에 작용하지 않지만, 甲에게 소유권이 존재한다는 것은 乙의 소유권에 기한 X토지의 인도청구에 선결문제가 되는 것으로 선결관계로 작용한다.

4. 후소가 기판력에 저촉되는지 여부

乙이 甲의 정당한 대리인에게서 X토지를 매수하여 소유권이전등기를 마친 것으로 X토지는 乙 소유라는 것은 전소 변론종결 전에 주장할 수 있었던 사실로서 기판력의 차단효에 의해 후소에서 다시 주장할 수 없다.

---

[2] 2021년도 제10회 변호사시험 1문의 4

5. 후소 법원의 판단

전소의 甲소유권이 존재한다는 기판력은 후소에 선결관계로 작용하며, 기판력의 실권효에 의하여 乙의 소유권 취득 사실은 차단된다. 따라서 <u>후소법원은 乙의 주장이 인정되어도 청구를 기각한다</u>.

45 | 기판력의 시적 범위

I. 표준시 전의 권리관계에 기판력의 발생여부(17년 1차, 18년 2차 모의쟁점)

> 甲은 乙에게 2001년 6월 1일 금 1억 원을 대여하였는데 이행기가 도과하도록 변제하고 있지 않다고 하여 대여금반환청구의 소를 제기하였다. 그런데 법원이 심리해 본 결과 乙이 2002년 6월 1일 변제한 사실이 밝혀져 2003년 6월 1일 변론을 종결하고 甲의 청구를 기각하고 이 판결은 확정되었다. 그런데 甲은 乙을 상대로 2001년 6월 1일 부터 2003년 5월 31일까지 대여금의 이자를 지급하라고 하면서 새로운 소송을 제기하였다.
>
> 후소법원은 어떻게 판단하여야 하는가?

1. 전소에서 기판력의 발생

(1) 기판력의 객관적 범위

기판력은 전소의 소송물, 즉 판결 주문에만 발생한다(제216조 1항). 따라서 '원본채권이 부존재한다'는 점에 기판력이 발생하고, 이유 중 판단인 2002년 6월 1일 乙의 변제사실 등에는 기판력이 발생하지 않는다.

(2) 기판력의 시적 범위

확정판결의 내용을 이루는 사법상의 권리관계는 시간의 경과에 의하여 변동되기 때문에, 기판력이 생기는 판단이 어느 시점에 있는 권리관계의 존부에 관한 것인가를 명백히 할 필요가 있다. 당사자는 사실심의 변론종결당시까지 소송자료를 제출할 수 있고, 종국판결도 그때까지 제출한 자료를 기초로 한 산물이기 때문에, 그 시점에 있어서의 권리관계의 존부에 기판력이 생긴다. 따라서 사실심의 변론종결시가 기판력의 표준시가 되며(제218조, 민집 제44조 2항), 표준시 전의 과거의 권리관계에 관하여는 기판력이 생기지 않는다. 즉 권리관계가 부존재한다는 기판력 있는 판단이 났다 하여도 표준시 전에 그와 같은 권리가 존재하였음을 주장할 수 있다.

2. 기판력의 작용

기판력은 후소의 소송물이 전소의 소송물과 동일하거나, 전소의 소송물을 선결문제로 하거나, 전소의 소송물과 모순관계에 있는 경우에 작용한다. 후소의 소송물인 이자청구권은 전소의 소송물인 대여금 청구권의 존재를 선결문제로 하여, 전소와 후소는 선결관계에 있으나, 2003년 5월 31일까지 기간은 전소의 표준시 이전에 해당하므로 그 기간 원본채권이 존재하는지에 관해 기판력이 발생하지 않아 후소인 이자청구에 작용하지 않는다.

3. 후소법원의 판단

전소법원이 판단하여 확정된 기판력은 2003년 6월 1일 현재 甲에게 대여금반환청구권이 존재하지 않는다는 것이고, 2001년 6월 1일부터 2003년 5월 31일까지의 대여금반환청구권의 존부에는 기판력이 발생하지 않았다. 따라서 후소인 이자청구에 기판력이 작용하는 것이 아니어서 후소 법원은 甲의 청구를 심리하여야 하나, 2002년 乙이 변제한 사실은 후소에 유력한 증거가 되므로 이를 기초로 판단하여 2001년 6월 1일부터 2002년 5월 31일까지의 이자청구는 인용될 것이나, 그 이후의 이자청구는 기각될 것이다(대법 1976.12.14, 76다1488 참조).

II. 표준시 이후에 기판력이 발생하는지 여부

> 乙은 甲회사를 상대로 해고무효를 주장하면서 "복직시까지 임금의 지급"을 구하는 소를 제기하였다. 그런데 甲회사는 乙이 2009년 정년인 60세에 달했음에도 불구하고 이를 주장하지 않았고, 이에 법원은 2009년 5월 31일 변론을 종결하면서 "甲회사는 변론종결시까지 임금과 함께 乙을 복직시킬 때까지 임금의 지급을 명"하는 판결을 선고하였다. 이 판결이 확정된 뒤에 甲회사는 2009년 1월 1일부터의 임금은 乙이 정년에 달하였으므로 그 부분의 집행을 배제하는 소를 제기하였다.
>
> 후소 법원은 어떠한 판단을 하여야 하는가?

1. 정년후 변론종결이전의 임금청구부분에 대하여

(1) 전소에서 기판력의 발생

확정판결에 따라 소송물인 권리관계의 존부가 확정된다고 하여도 사법상의 권리관계는 시간의 흐름에 따라 변동 또는 소멸할 가능성을 가지므로 판결에 의하여 어떠한 시점에 있어서 권리관계의 존부가 확정되는가를 분명히 할 필요가 있다. 이것이 기판력의 표준시 또는 시적 한계라고 부르는 문제인데, 사실심 변론종결시를 표준으로 한다. 확정판결에 대한 청구이의사유를 정하고 있는 민사집행법 제44조(확정판결에 대한 이의는 그 이유가 변론이 종결된 뒤에 생긴 것에 한하여 할 수 있다)는 이를 전제로 한 규정이다. 전소에서 법원은 변론종결일까지 임금의 지급을 명한 바가 있으므로 乙에게 해고시부터 변론종결일인 2009년 5월 31일까지의 임금에 대한 청구권이 존재한다는 것에 기판력이 발생하였다.

(2) 기판력의 작용

기판력은 동일소송물관계, 선결관계, 모순관계에서 작용하는데, 설문에서 甲이 구하는 정년에 달한 이후부터 변론종결일까지의 임금청구의 집행배제를 구하는 소는 전소에서 발생한 임금청구권이 존재한다는 판단에 대한 모순되는 판단을 구하는 것으로 기판력이 작용한다.

(3) 정년에 달한 사실이 실권되는지 여부

기판력은 표준시의 권리관계 존재 여부에 대한 판단에 관하여 발생하므로, 이에 반하는 판단이나 주장은 금지된다. 그리하여 당사자는 표준시의 권리관계의 존재 여부 판단을 다투기 위하여 표준시 이전에 존재하였던 사실에 기한 공격·방어방법을 제출할 수 없다. 전소에서 이를 제출하지 못한 것이 과실에 의한 것인가 아닌가를 불문한다. 당사자가 이 금지에 반하여 이를 제출하여도 법원은 그에 관하여 심리하지 않고 배척하여야 한다.

(4) 소 결

사안에서 甲회사는 정년에 달한 2009년 1월1일 부터는 임금을 지급할 이유가 없다. 그러나 甲이 이를 주장하지 않아 해고시부터 변론종결시까지 임금청구권이 존재한다는 것에 기판력이 발생했고, 2009년 1월 1일 정년에 달했다는 사실은 甲회사가 乙의 청구를 배척시킬 수 있었던 변론종결전 방어방법에 해당한다. 따라서 이러한 방어방법은 실권되는 것으로 甲회사는 변론종결일까지의 乙의 임금청구의 집행배제를 구하는 것은 기판력에 저촉된다.

2. 변론종결이후의 임금청구부분에 대하여

(1) 표준시이후의 장래의 권리관계에 기판력이 발생하는지

기판력은 표준시 현재의 권리관계의 존부의 판단에만 생기므로, 표준시 이전의 과거의 권리관계는 물론 표준시 이후의 장래의 권리관계를 확정하는 것이 아니다. 위에서 검토한 바 전소에서 발생한 기판력은 복직시까지 乙의 임금청구권의 존재이므로 전소의 변론종결이후 부분은 복직이 가능한 것이 아니므로 기판력이 발생한 바가 없다.

(2) 기판력의 작용

기판력은 발생하여야 후소에 작용하는 것으로, 설문의 변론종결 이후 부분은 乙에게 임금청구권이 있는지에 기판력이 발생하지 아니하여 이 부분의 집행배제를 구하는 후소 청구에 전소의 기판력이 작용하지 않는다.

(3) 정년에 달했다는 주장이 실권되는지 여부

표준시에 확정된 권리관계는 표준시전에 존재한 사유로 다툴 수 없다. 이러한 실권효는 기판력이 작용하는 경우에 생기는 것으로서, 우리 判例도 복직시까지 정기적으로 임금지급을 명한 판결의 경우, 변론종결 후 부분은 변론종결시를 기준으로 한 확정된 권리관계라고 할 수 없으므로 그 부분의 집행배제를 구하는 소에서 종전판결변론종결 전에 발생한 정년퇴직이라는 사유를 들어도 기판력에 저촉되지 않는다고 하였다(대법 1998.05.26, 98다9908).

(4) 소 결

변론종결 이후의 임금지급청구의 집행배제를 구하는 것은 인용된다.

III. 표준시 전에 발생한 형성권의 변론종결 후의 행사(14년 2차 모의쟁점, 9회 기출)

> 甲은 임대차기간이 만료한 뒤 乙의 임대차계약의 갱신요청을 거절하고 乙을 상대로 건물철거 및 토지인도를 청구하는 소를 제기하였다. 乙은 위 소송절차의 변론에서 건물매수청구권을 행사하지 아니하여 甲의 승소판결이 선고되었고, 이 판결은 그대로 확정되었다.
>
> 그 후 B건물이 철거되기 전에 乙이 甲에 대하여 건물매수청구권을 행사하면서 그 매매대금의 지급을 청구하는 소를 제기하는 것이 위 확정판결에 저촉되는지 여부를 밝히시오.

1. 표준시 후의 형성권의 행사

(1) 견해의 대립

① 모든 형성권은 변론종결 후에 발생한 사유로 보고 실권되지 않는다는 입장과, ② 다른 형성권은 실권되지만 상계권이나 건물매수청구권은 예외로 보는 입장, ③ 다른 형성권과는 달리 상계권이나 건물매수청구권의 경우에는 그러한 권리가 있음을 알고 이를 행사하지 않은 경우에는 실권되지만, 몰랐을 경우에는 실권되지 않는다는 입장, ④ 형성원인이 존재하는 때를 실권여부의 판단기준시점으로 보고 변론종결 후에는 형성권을 행사할 수 없다는 견해의 대립이 있다.

(2) 判例의 태도

大法院은 "건물의 소유를 목적으로 하는 토지 임대차에 있어서, 임대차가 종료함에 따라 토지의 임차인이 임대인에 대하여 건물매수청구권을 행사할 수 있음에도 불구하고 이를 행사하지 아니한 채, 토지의 임대인이 임차인에 대하여 제기한 토지인도 및 건물철거 청구소송에서 패소하여 그 패소판결이 확정되었다고 하더라도, 그 확정판결에 의하여 건물철거가 집행되지 아니한 이상, 토지의 임차인으로서는 건물매수청구권을 행사하여 별소로써 임대인에 대하여 건물 매매대금의 지급을 구할 수 있다고 할 것이다."고 판시하여 실권되지 않는다는 입장이다(대법 1995.12.26, 95다42195).

2. 검토

표준시 전에 행사하지 아니한 지상권자나 임차인의 건물매수청구권은 상계권과 함께 어느 때나 실권되지 아니하며 확정판결 뒤에 청구이의의 사유로 삼을 수 있다고 보는 것이 다수설이다. 그러나 임차인은 청구이의 소를 제기할 필요가 있는 것은 아니며, 건물매수청구권의 행사와 함께 매매대금의 청구를 하는 것이다. 따라서 전소와 소송물을 달리하므로 기판력에 의해 건물매수청구권의 행사가 차단된다고 할 수 없다.

Ⅳ. 사정변경의 의미(15년 2차 모의쟁점)

> 원고 甲을 비롯한 토지주들은 A종합건설회사와 사이에 신축 아파트 중 그 소유의 토지 위에 20세대 아파트를 신축하되 토지주들이 지정하는 7세대를 제외한 13세대를 공사대금 명목으로 소외 회사에 대물변제하기로 하는 약정을 하고, 공사를 마친 위 아파트의 각 세대에 관하여 토지주들 명의로 각 지분소유권보존등기를 마친 상황에서, 위 아파트 503호를 A회사로부터 분양받았다고 주장하는 피고 乙을 상대로 소유권에 기한 방해배제청구로서 위 503호의 인도를 구하는 소(제1차 소송)를 제기하였으나 분양에 관한 처분권한을 가진 A회사와 체결한 매매계약에 의하여 위 503호를 매수하여 피고는 정당한 점유권원이 있다는 이유로 원고 패소판결이 확정되었다. 이후 A회사가 乙을 상대로 제기한 매매계약의 무효확인을 구하는 소송에서 매매계약이 A회사를 대리할 정당한 권한이 있는 사람에 의하여 체결되었다는 증거가 없어 무효라는 취지에서 A회사의 승소판결이 확정되었다.
>
> 그러자, 다시 甲이 乙을 상대로 공유물에 대한 보존행위로서 위 503호의 인도를 구하는 소(제2차 소송)를 제기하였다면 어떠한 판단을 하여야 하는가?

1. 문제점

1차 인도소송과 2차 인도소송의 소송물은 모두 소유권에 기한 방해배제를 구하는 건물인도 청구권으로 동일하고, 당사자는 동일하므로 <u>A가 乙을 상대로 매매계약 무효확인을 구하는 소송에서 A가 승소한 것이 1차 인도소송 이후의 새로운 사정변경인지 문제</u>된다.

2. 기판력의 표준시와 실권효

민사소송에 있어서 당사자는 사실심의 변론종결시까지 소송자료를 제출할 수 있고 법원은 그때까지 제출된 소송자료를 기초로 하여 종국판결을 하기 때문에 그 시점, 즉 사실심의 변론종결시(무변론판결의 경우는 판결선고시)가 기판력이 발생하는 표준시점이 된다(제218조, 민사집행법 제44조 제2항 참조). 따라서 기판력은 그 표준시점에서의 현재의 권리관계의 존부판단에 발생한다. 따라서 <u>표준시 이전에 존재하였으나 표준시까지 제출하지 않은 사유, 즉 공격방어방법은 기판력에 의해 실권효가 적용되고 후소로 다시 제출하지 못한다.</u>

3. 새로운 사정변경이 있는지 여부

(1) 원심의 입장

피고들이 503호의 점유 권원이라고 주장하는 이 사건 매매계약이 무효임이 무효확인 소송을 통하여 확인되었으며, 이는 제1차 인도소송의 사실심 변론종결 이후에 발생한 사유로서 제1차 인도소송의 기판력은 이 사건에 미치지 않으므로, 특별한 사정이 없는 한 피고들은 원고들에게 503호를 인도할 의무가 있다고 보았다(서울중앙지법 2016.04.29, 2015나69135).

(2) 대법원의 입장

매매계약이 정당한 권한이 있는 사람에 의하여 체결되어 乙이 아파트를 점유할 정당한 권원이 있는지는 제1차 인도소송의 변론종결 전에 존재하던 사유로 甲 등이 제1차 인도소송에서 공격방어방법으로 주장할 수 있었던 사유에 불과하고 그에 대한 법적 평가가 담긴 무효확인 소송의 확정판결이 제1차 인도소송의 변론종결 후에 있었더라도 이를 변론종결 후에 발생한 새로운 사유로 볼 수도 없으므로, 제2차 인도소송은 제1차 인도소송의 확정판결의 기판력에 저촉되어 허용될 수 없다고 하였다(대법 2016.08.30, 2016다222149).

4. 검 토

기판력의 표준시 이후, 즉 변론종결 이후에 사정변경에 의해 새로이 발생한 사유는 실권효의 제재를 받지 않는다. 여기에서의 변론종결 후에 발생한 사유에는 변론종결 후에 발생한 사실자료에 그치는 것이지, 법률이나 판례의 변경, 법률의 위헌결정, 기초가 되었던 행정처분의 변경과 사실관계에 대한 다른 법률평가는 포함되지 않는다. A가 매매계약무효확인에서 승소한 것은 법적 평가를 달리한 것으로 새로운 사정변경으로 볼 수 없어 甲의 2차 인도청구는 기판력에 저촉된다.

46 | 기대여명에 대한 판단과 기판력

〈공통된 사실관계〉
甲과 乙은 丙을 상대로 불법행위를 이유로 한 손해배상을 청구하여 각각 승소하였다.

I. 후유증의 소송물(15년 2차 모의쟁점)

〈추가된 사실관계〉
甲은 丙의 불법행위로 식물인간이 되었고, 4년의 기대여명이 인정되어 매년 정기금 손해배상을 받고 있으나, 종전의 예측에 비하여 기대여명이 수년 연장되어 그에 상응한 향후치료, 보조구 및 개호 등이 추가적으로 필요하게 된 중대한 손해가 새로이 발생하여 별소를 제기하였다.

법원은 어떠한 판단을 하여야 하는가?

1. 문제점

기대여명이 연장되어 새로운 치료비 등이 발생한 경우 기판력이 작용하는 관계인지 문제된다.

2. 기판력의 작용여부

(1) 전소의 기판력의 객관적 범위

甲이 전소에서 승소하여 발생한 기판력은 향후 4년분에 해당하는 정기금의 손해배상청구권이 존재한다는 것이다.

(2) 후소에 기판력의 작용여부

1) **견해의 대립** : ① 전소의 청구를 전체손해액 중 일부를 명시적으로 청구한 것으로 보아, 추가적 손해는 잔부청구로서 별도의 소송물로 보는 입장과, ② 전소판결의 표준시까지 구체화되지 않은 손해는 표준시 후의 새로운 사유에 해당되어 기판력의 시적 한계의 문제로서 후소의 제기가 허용된다는 입장, ③ 전소의 소송물은 기준시에 예측할 수 있었던 손해에 한정되므로 예측할 수 없었던 추가된 손해는 기준시 후의 새로운 사실에 기한 별개의 소송물로 보는 입장의 대립이 있다.

2) **判例의 입장** : 大法院은 『원고가 식물인간 상태로 지속하다가 2004. 4. 23.경 사망할 것으로 예측된 전소의 감정결과와는 달리 원고의 여명이 종전의 예측에 비하여 최대 약 9년이나 더 연장되어 그에 상응한 향후치료, 보조구 및 개호 등이 추가적으로 필요하게 된 중대한 손해가 새로이 발생하리라고는 전소의 소송과정에서 예상할 수 없었다 할 것이고, 따라서 원고의 연장된 여명에 따른 손해는 전소의 변론종결 당시에는 예견할 수 없었던 새로운 중한 손해라고 할 것이므로 이 사건 소는 전소와는 별개

의 소송물로서 전소의 기판력에 저촉되지 않는 것이다.』라고 판시하여 별개의 소송물로 보고 있다(대법 2007.04.13, 2006다78640).

(3) 검 토

생각건대 전소 당시 통상의 주의를 다하여도 예견할 수 없었고 함께 청구하는 것이 전소에서 합리적으로 기대할 수 없는 손해배상청구는 명시의 유무에 관계 없이 이를 허용할 것으로 별개의 소송물로 보는 것이 타당하다.

3. 결 론

甲의 연장된 기대여명에 따른 손해배상을 구하는 소는 전소와 소송물이 달라 기판력에 저촉되지 않으므로 법원은 본안심판을 하여야 한다.

II. 기대여명 보다 일찍 사망한 경우

> 〈추가된 사실관계〉
> 乙은 중간이자를 공제하고 일시금의 배상을 받았으나 손해배상액 산정의 기초로 인정된 기대여명보다 일찍 사망하였다. 이에 丙은 피해자가 손해배상의 기초가 되었던 기대여명보다 오래 생존한 경우 추가로 발생하는 손해의 배상을 구하는 것을 허용하는 것과의 형평상, 乙의 상속인들을 상대로 이미 지급한 일시금 손해배상금 중 일부에 대해 부당이득반환청구를 하였다.
>
> 법원은 어떠한 판단을 하여야 하는가?

1. 문제점

전소의 기판력이 丙이 제기한 부당이득반환청구에 작용하는지 문제되고, 만일 작용한다면 예상보다 일찍 사망한 것이 전소의 변론종결후의 새로운 사정변경인지 검토한다.

2. 기판력이 작용하는지 여부

(1) 전소의 기판력 발생

大法院은 장래이행판결의 주문에서 변론종결 이후의 기간까지 급부의무의 이행을 명한 이상 확정판결의 기판력은 당사자 사이의 형평을 크게 해할 특별한 사정이 없는 한 주문에 포함된 기간까지의 청구권의 존부에 미친다고 하였다(대법 2011.10.13, 2009다102452). 결국 전소에서 乙에게 기대여명까지 산정한 손해배상청구권이 존재한다는 것에 기판력이 발생하였다.

(2) 기판력의 작용

丙이 제기한 부당이득반환청구는 전소에서 발생한 손해배상청구권이 원인 없음을 주장하는 것으로 모순관계로 기판력이 작용한다.

3. 새로운 사정변경인지 여부

(1) 기판력의 표준시와 사정변경

기판력은 변론종결일을 기준으로 발생하고, 따라서 변론종결전에 주장할 수 있었던 사정은 실권되며, 변론종결후에 발생한 사정변경이 있을 때에는 기판력을 배제할 수 있다.

(2) 기대여명보다 일찍 사망한 것이 기판력의 배제사유인지 여부

① 예상된 사실과 현실화된 사실이 상위함이 변론종결 후에 밝혀지더라도 일반적으로는 이를 변론종결 후에 생긴 사유라고 볼 수 없는 점, ② 기대여명은 통계에 기초한 예상 수치일 뿐으로 그 개념상 불확실성이 존재하고 있는 것인 점, ③ 손해배상청구권자가 일시금에 의한 지급을 청구하였더라도 법원이 재량에 따라 정기금에 의한 지급을 명하는 판결을 할 수 있는 바, 가해자 또는 보험자는 그와 같은 사정을 적극적으로 주장·입증하여 정기금에 의한 지급을 명하는 판결을 받을 수 있는 절차가 애초에 보장되어 있었던 점, ④ 정기금 판결 변경의 소에서도 '장차' 지급할 정기금 액수를 바꾸어 달라는 청구를 할 수 있을 뿐 사정변경이 생긴 이후 이미 지급한 돈의 반환을 구할 수는 없는 것인 점 등에 비추어 보면, 인신사고에 따른 손해배상청구 사건에서 인정된 사실들과 이에 대한 전문가의 견해 등을 바탕으로 피해자의 기대여명을 평가하여 판결 등으로 확정한 이상, 그 이후 피해자가 기대여명보다 일찍 사망하게 되었다고 하여 확정판결 등의 기판력이 배제된다고 볼 수는 없다(서울중앙지법 2008.11.18, 2008가합63302).

4. 결 론

피해자가 손해배상의 기초가 되었던 기대여명보다 오래 생존한 경우 기대여명 이후의 손해는 통상의 경우 이전 소송에서 청구되지 않았던 부분인데 반하여, 피해자가 손해배상의 기초가 되었던 기대여명보다 일찍 사망한 경우에는 실제 사망시점부터 기대여명까지의 손해가 이전 소송에서 이미 청구된 부분이라는 점에서 소송물의 관점에서 양자를 달리 볼 수 있다. 결국 확정되어 기판력이 발생한 판결에 따라 지급한 손해배상금은 그 기판력이 재심의 소 등으로 취소되지 아니하는 한 법률상 원인 없는 이득이라고 할 수 없으므로, 원고의 이 사건 청구는 부당이득의 액수 등에 관하여 나아가 살펴볼 필요 없이 이유 없다. 따라서 수소법원은 丙의 청구를 기각하여야 한다(대법 2009.11.12, 2009다56665).

47 | 변경의 소와 변론종결후의 승계인
(16년 1차, 20년 1차 모의쟁점)

A는 자신의 X토지를 무단 점유하고 있는 乙을 피고로 하여 차임 상당의 부당이득반환을 구하는 소송을 제기하여 무단 점유자가 점유 토지의 인도 시까지 매월 100만 원의 금액을 반환하라는 판결이 확정되었다. 각 설문에 답하라.

(1) A는 종전 확정판결시 정기금 산정에 대한 자료를 누락하였고, 이에 따른 부당이득산정의 결론이 위법·부당하다는 사정을 이유로 정기금의 액수를 바꾸어 달라는 변경의 소를 제기하였다. 법원은 어떠한 판단을 하여야 하는가?
(2) 그 후 A는 X토지를 甲에게 매각하였고, X토지의 소유자가 된 甲은 乙을 상대로 현저한 사정변경이 있음을 이유로 제252조 정기금판결의 변경의 소를 제기하였다. 법원은 어떠한 판단을 하여야 하는가?

I. 문제의 소재

A가 제기한 변경의 소는 종전 확정판결의 결론이 위법·부당하다는 등의 사정이 제252조에서 말하는 판결이 확정된 뒤에 사정의 현저한 변경에 해당하는지 문제되며, 甲이 제기한 변경의 소에 대해서는 정기금판결의 변경의 소의 소송물을 검토하여 甲이 전소의 기판력을 받는 자여서 원고적격을 갖추었는지 문제된다. 이하 정기금판결의 변경의 소의 적법요건을 검토하여 각 설문에 답한다.

II. 정기금 판결의 변경의 소의 적법요건

1. 변경의 소의 의의

변경의 소라 함은 정기금 지급을 명한 판결이 확정된 후에 그 액수산정의 기초가 된 사정이 현저하게 바뀜으로써 당사자 사이의 형평을 크게 침해할 특별한 사정이 생긴 때에 그 판결의 당사자가 장차 지급할 정기금 액수를 바꾸어 달라고 청구하는 소를 말한다(제252조 1항). 종래 장래의 임료상당의 부당이득금의 지급을 명한 판결의 확정 후에 그 임료가 9배 가까이 상승하자 전소의 원고가 그 차액을 추가로 청구한 사안에서 대법원 전원합의체판결은 전소 청구를 명시적 일부청구로 간주하고, 후소 청구를 잔부청구로 보아 추가청구를 허용하였으나(대법(전) 1993.12.21. 92다46226), 당사자가 전소에서 청구한 것은 일부청구가 아니라 전부청구이며, 설사 일부청구로 본다고 하더라도 경제적 사정 등 액수산정의 기초가 되는 사실이 어떻게 변하느냐에 따라 일부청구 여부가 결정되는 문제점(장래의 정기금이 하락하는 경우)이 있어 신법은 독일 민사소송법을 본받아 변경의 소를 규정함으로써, 이 문제를 입법적으로 해결하였다.

2. 적법요건

(1) 전소의 확정판결의 기판력을 받는 당사자일 것

변경의 소는 같은 당사자사이에 정기금 채권채무관계를 조정하려는 것이므로 확정판결을 받은 당사자와 변경의 소의 당사자는 동일인이어야 한다(제252조 1항 후단). 다만 법률관계가 제3자에게 승계되고 그 제3자에게 기판력이 확장되는 관계인 경우에는 당사자가 될 수 있다.

(2) 정기금지급을 명한 판결일 것

1) 정기금 지급을 명한 판결의 범위 : 정기금의 지급을 명하는 판결이 변경판결의 대상이 된다. 따라서 치료비·일실이익 등의 손해배상판결 뿐만 아니라, 부당이득금·임금·이자지급판결 등도 그 대상이 된다.

2) 일시금배상판결이 난 경우 : 중간이자를 공제하고 일시금배상판결이 났을 때 변경의 소의 대상이 되는지 문제되는데, ① 중간이자를 공제하여 일시금청구를 하여도 법원이 정기금판결을 할 수 있으며 그 반대도 가능하므로 긍정하는 입장이 있으나, ② 법문에 반하며, 당사자가 일시금 판결을 용인하여 상소 등으로 다투지 아니한 점, 일시금의 이행 내지 집행 여하에 따라 변경의 소 허용 여부가 결정된다고 보기 어려우므로 이러한 경우에는 변경의 소가 허용되지 않는다고 본다.

(3) 정기금의 지급을 명하는 판결이 확정되었을 것

가집행선고부 미확정판결에 대하여 변경의 소를 제기할 수 없다. 확정판결과 같은 효력이 있는 청구인낙조서, 화해조서, 조정조서 뿐만 아니라 화해권고결정에서도 변경의 소를 제기할 수 있다고 봄이 타당하다.

(4) 정기금지급을 명한 확정판결의 표준시 이후의 현저한 사정변경주장

정기금지급을 명한 확정판결의 표준시(변론종결시) 이후에 정기금액수 산정의 기초가 된 사정이 현저하게 변경됨으로써 당사자 사이의 형평을 크게 침해할 특별한 사정이 생겼음을 주장하여야 한다. 실제로 변경되었는지 여부는 본안요건에 해당한다.

Ⅲ. 설문 (1) : A의 변경의 소에 대한 판단

1. 산정기준 누락이 확정 이후 사정인지 여부

判例는 종전소송에서 원고들이 위와 같이 항소취지를 누락하지 않았다면 항소심에서 정기금 청구부분에 대해서도 월 5,708,400원을 지급하라는 취지의 판결이 선고되었을 가능성은 있다고 하여도 그러한 사정은 어디까지나 종전소송 판결 확정 전의 사정에 불과한 것이고, 판결 확정 이후의 사정이라고는 볼 수 없다고 하였다(대법 2016.03.10, 2015다243996).

2. 설문 (1)의 해결

수소법원은 A의 변경의 소를 각하한다.

Ⅳ. 설문 (2) : 甲이 원고적격을 갖추었는지 여부

1. 기판력이 작용하는 관계인지 여부

甲의 원고적격과 관련하여 전소의 확정판결의 기판력을 받는 당사자일 것이 요구되는 바, 甲이 변론종결후의 승계인이 되기 위해서는 전소의 기판력이 후소에 작용하는 관계여야 한다. 변경의 소의 소송물에 대하여 ⅰ) 변경된 사실관계를 기초로 하는 별개의 소송물을 대상으로 하는 것이 변경의 소라는 입장도 있으나, ⅱ) 형평의 관념 내지 실체적 정의의 측면에서 전소판결의 기판력을 배제하는 것으로 장래의 예측을 포함하기 때문에 그 소송물은 전소와 동일하다고 보는 입장이 통설이다. 생각건대 변경의 소는 형평의 관념에서 전소판결의 기판력을 배제하는 것으로 장래의 예측을 포함하기 때문에 그 소송물은 전소의 것과 같으며 따라서 기판력이 동일관계로 작용하는 관계에 있다.

2. 甲이 변론종결후의 승계인인지 여부

(1) 변종후 승계인의 의의

패소당사자가 소송물인 권리관계를 제3자에게 처분함으로써 기판력 있는 판결을 무력화시키는 것을 방지하고 승소원고를 보호하기 위하여, 변론종결한 뒤에 소송물인 권리관계에 관한 지위를 전주로부터 승계한 제3자, 즉 변론종결 후의 승계인에 대해서도 기판력이 미치는 것으로 하고 있다(제218조 제1항).

(2) 승계인의 범위

1) **소송물인 권리·의무 자체를 승계한 자** : 당사자로부터 소송물인 권리·의무 자체를 승계한 자는 당연히 기판력이 미치는 승계인의 범위에 속하며, 예컨대 소유권확인판결이 난 소유권의 양수인, 이행판결을 받은 채권의 양수인·채무의 면책적 인수인 등을 말한다. 그러나 상호를 계속사용하는 영업양수인은 면책적 채무인수인이 아니므로 승계인이 아니며(대법 1979.03.13, 78다2330), 중첩적 채무인수인은 승계인으로 볼 수 없다(대법 2010.01.14, 2009그196). 이 경우 포괄승계·특정승계 등 승계원인을 불문하며 전주가 원고·피고·승소자·패소자이든 불문한다.

2) **계쟁물을 승계한 자** : 소송물인 권리의무 자체를 승계한 것은 아니나, 계쟁물에 관한 당사자적격을 당사자로부터 전래적으로 옮겨 받은 자도 승계인에 해당한다 할 것인데, 判例는 소송물인 원고의 청구가 대세적 효력을 갖는 물권적 청구권일 때에는 제218조 제1항의 승계인으로 되지만, 대인적 효력밖에 없는 채권적 청구권일 때에는 승계인이 되지 않는다고 한다(대법 1993.02.12, 92다25151).

(3) 검 토

설문의 甲은 계쟁물 승계인이지만, 전소원고 A의 청구가 채권적 청구권에 근거한 것으로 甲은 변론종결후의 승계인에 해당하지 않는다. 判例도 토지의 소유자가 소유권에 기하여 토지의 무단 점유자를 상대로 차임 상당의 부당이득반환을 구하는 소송을 제기하여 무단 점유자가 점유 토지의 인도 시까지 매월 일정 금액의 차임 상당 부당이득을 반환하라는 판결이 확정된 경우, 이러한 소송의 소송물은 채권적 청구권인 부당이득반환청구권이므로, 소송의 변론종결 후에 토지의 소유권을 취득한 사람은 민사소송법 제218조 제1항에 의하여 확정판결의 기판력이 미치는 변론을 종결한 뒤의 승계인에 해당한다고 볼 수 없다고 하였다(대법 2016.06.28, 2014다31721).

3. 사안의 해결

토지의 전 소유자가 제기한 부당이득반환청구소송의 변론종결 후에 토지의 소유권을 취득한 사람에 대해서는 소송에서 내려진 정기금 지급을 명하는 확정판결의 기판력이 미치지 아니하므로, 토지의 새로운 소유자가 토지의 무단 점유자를 상대로 다시 부당이득반환청구의 소를 제기하지 아니하고, 토지의 전 소유자가 앞서 제기한 부당이득반환청구소송에서 내려진 정기금판결에 대하여 변경의 소를 제기하는 것은 부적법하다(대법 2016.06.28, 2014다31721).

48 | 기판력의 객관적 범위

I. 선결적 법률관계에 기판력이 생기는지 여부(12년 3차, 13년 1차, 16년 2차, 18년 2차 모의쟁점)

> 甲과 乙간의 X부동산의 소유권이전등기말소소송에서 乙이 패소하였고, 乙명의의 등기가 말소되었다. 그 후 등기명의를 회복한 甲이 丙에게 소유권이전등기를 넘겨주고, 순차 丁에게도 저당권설정등기가 넘어갔다.
>
> 乙이 丙에게 소유권확인의 소를 제기한다면 법원은 어떠한 판단을 하여야 하는가?

1. 문제점

법원은 우선 소가 적법한지와 관련하여 乙의 후소가 기판력에 저촉되는지, 또한 乙에게 소유권자라는 확인을 받을 이익이 있는지 여부가 문제된다. 나아가 乙의 후소가 적법하다면 본안판단과 관련하여 계쟁 토지의 소유권 귀속과 관련하여 甲이 乙을 상대로 소유권이전등기말소청구의 소를 제기하여 승소 확정판결을 받았으므로, 이 확정판결의 이유 중에 판단한 甲의 소유권이 존재한다는 판단에 후소법원 및 당사자가 구속되는지 문제된다.

2. 후소의 적법성 여부

(1) 기판력에 저촉여부

1) **전소에서 기판력의 발생** : 법 제216조 1항의 명문규정상 기판력은 전소의 소송물, 즉 판결 주문에만 발생한다. 판결이유 중에 판단된 사실확정, 선결적 법률관계, 항변 또는 법규의 해석적용에 대해서는 기판력이 생기지 않음이 원칙이다. 또한 소송물의 존부를 판단하는데 전제가 되는 선결적 법률관계에 대한 판단에도 기판력이 생기지 않는데 이러한 선결적 법률관계에 관하여 기판력이 있는 판결을 받으려면 중간확인의 소(제264조)를 제기해야 한다.

2) **기판력의 작용여부** : 전소에서 기판력의 객관적 범위는 '甲의 乙에 대한 말소등기청구권의 존재'이다. 따라서 X토지에 관하여 甲이 소유권이 있는지 여부는 전소의 이유 중 판단으로서 기판력이 발생하지 않았고, 후소는 전소와 동일, 선결, 모순관계에 있지 않아 기판력에 저촉되지 않는다. 우리 大法院도 판결의 기판력은 주문에 포함된 소송물인 법률관계의 존부에 관한 판단의 결론에 대하여서만 생기는 것이므로 소유권이전등기절차의 이행을 명한 확정판결의 기판력은 소송물인 그 이전등기청구권의 존부에만 미치고 소송물이 되어 있지 아니한 소유권의 귀속자체에까지 미치는 것은 아니라고 하였다(대법 1987.03.24, 86다카1958).

(2) 확인의 이익이 있는지 여부

1) 判例의 입장 : 判例는 원고 명의의 소유권이전등기가 원인무효라는 이유로 그 등기의 말소를 명한 판결이 선고되어 확정된 후, 원고가 등기명의를 취득한 자들을 상대로 진정명의회복을 위한 이전등기청구의 소를 제기하였다가 청구기각판결을 받아 확정된 상태에서 원고가 그 소유권을 부인하는 피고를 상대로 하는 소유권확인의 소를 제기한 경우,『원고가 비록 위 각 확정판결의 기판력으로 말미암아 위 토지에 관한 등기부상의 소유명의를 회복할 방법이 없게 되었다 하더라도 그 소유권이 원고에게 없음이 확정된 것은 아니고 등기부상 소유자로 등기되어 있지 않다고 하여 소유권을 행사하는 것이 전혀 불가능한 것도 아닌 이상, 원고로서는 그의 소유권을 부인하는 피고들에 대하여 위 토지가 원고의 소유라는 확인을 구할 법률상의 이익이 있다』라고 판시하였다(대법 2002.09.24, 2002다11847). 그 밖에 判例는 권리의 완전한 구제방법이 될 수 없는 경우에 있어서도 소의 이익을 인정하고 있다.

2) 검 토 : 확인의 이익을 긍정함이 타당하다고 본다. 왜냐하면 비록 소송법적인 이유에서 자기명의로의 등기회복이 불가하다 하더라도, 소유권자라는 확인을 받게 되면 등기명의자의 인도청구를 거부하고 계쟁 토지를 점유할 수 있으며, 이를 20년 동안 지속하여 점유취득시효완성을 이유로 소유권이전등기청구를 하여 자기 명의의 등기취득이 가능하기 때문이다.

3. 본안 판단 : 이유 중 판단에 구속력이 인정되는지 여부

(1) 문제점

乙의 소유권확인의 소가 적법하다면 전소에서 甲에게 소유권이 있다는 이유 중 판단이 있는 바 후소의 본안판단에서 이점에 구속되는지 문제된다.

(2) 학설의 태도

① 일정한 요건하에서 판결이유 중의 판단사항에 구속력을 인정하려는 견해가 있는데, 여기에는 기판력과는 달리 판결의 효력으로서 쟁점효를 인정하자는 입장과 기판력의 확장으로 이해하는 입장이 있다. ② 판결의 효과로서 구속력을 부정하고 다만, 분쟁의 모순없는 해결을 도모하기 위한 방편으로 개별적 고려를 통한 신의칙의 적용으로 해결하려는 입장과 판결의 증명효를 통한 해결을 주장하는 입장이 있다.

(3) 判例의 입장

확정판결의 기판력은 소송물로 주장된 법률관계의 존부에 관한 판단의 결론에만 미치고, 그 전제가 되는 법률관계의 존부에 까지 미치는 것은 아니다라고 판시하여 판결이유 중의 판단에는 판결의 효과로서 구속력을 부정하는 태도를 취하고 있다(대법 2002.09.24, 2002다11847). 또한, 확정된 형사판결이나 민사판결의 이유에서 확정한 사실관계는 후소에서 동일한 사실관계가 문제될 경우에 특별한 이유가 없으면 이를 뒤집지 못한다고 하고, 여기서 특별한 이유라 함은 당사자들의 주장이 달라졌다든가 새로운 증거방법이 제출되었다든가, 아니면 확정판결의 기준시 이후에 새로운 사정이 생긴 경우를 말하고, 이때에는 이것이 판결이유에서 명확히 설시되어야 한다는 태도를 취하고 있다(대법 1990.05.22, 89다카33944).

(4) 검 토

판결의 효과로서 구속력을 인정하는 견해는 현행법상 인정되기 어렵다고 본다. 왜냐하면 이를 기판력의 확장으로 이해하는 입장과 관련해서는 민사소송법 제264조에서 중간확인의 소를 두고 있다는 점에서 취하기 어렵고, 쟁점효로 이해하는 입장과 관련해서는 민사소송법 제 216조의 조문과 맞지 않고, 또한 쟁점이 무엇인지 그 의미와 한계가 불분명하다는 점에서 취하기 어렵다고 본다. 따라서, 구속력을 부정하는 견해를 취함이 타당하다고 본다. 다만 분쟁의 모순없는 해결을 위해서는 판결의 증명효를 통한 해결이 일반적인 신의칙에 따른 해결보다 적용요건의 명확화에 더 충실하다고 본다.

4. 설문의 해결

乙은 비록 甲의 소유권이전등기말소청구의 소에 패소확정판결을 받은바 있더라도 이 확정판결의 기판력은 등기말소청구권에 관하여만 발생하고 그 전제가 되는 소유권의 존부에는 기판력 기타 구속력이 발생하지 않으므로 乙의 丙에 대한 소유권확인의 소는 적법하고, 승소할 수도 있다.

II. 상계항변과 기판력(15년 1차, 17년 3차, 22년 2차 모의쟁점, 9회 기출)

> 甲의 임대차 종료를 이유로 한 건물명도청구에 대해 乙은 5,000만 원의 임차보증금을 돌려 받기까지는 건물을 명도할 수 없다고 하였고, 이에 甲은 乙에 대한 별도의 대여금채권이 있음을 이유로 임차보증금을 수동채권으로 하여 상계의 재항변을 하였다. 법원이 피고의 동시이행항변과, 원고의 상계의 재항변을 받아들여 원고 甲은 승소하였다.
>
> 그 후 乙이 甲을 상대로 다시 보증금의 반환을 구하는 소를 제기하였다 법원은 어떠한 판단을 하여야 하는가?

1. 문제점

제216조 제2항에서 상계로써 대항한 수액의 한도 내에서 기판력이 발생하는 것으로 규정하고 있는데, 그 이유는 상계는 소구채권과 무관계한 반대채권을 가지고 양채권을 대등액에 있어서 소멸시키는 효과를 항변으로 주장하는 것이므로 이에 대해 기판력을 인정하지 않으면 소구채권의 존부에 관한 분쟁이 반대채권의 존부에 관한 분쟁으로 모습을 바꾸어 반복되고, 그 결과 소구채권에 관한 판결이 의미를 잃게 될 염려가 있기 때문이다. 설문에서 수동채권이 동시이행항변권으로 주장한 채권인 경우 이러한 상계항변에도 기판력이 발생하는지 문제된다.

2. 상계항변의 기판력 인정요건

(1) 자동채권에 관한 요건

상계의 항변은 청구의 존부를 심판함에 있어서 반대채권의 존부를 실질적으로 판단한 경우에만 기판력이 생긴다. 따라서 시기에 늦게 제출되어 각하된 경우(제149조)나 성질상 상계가 허용되지 않거나(민법 제496조, 제492조 제1항 단서), 상계부적상(민법 제492조 제1항 본문)에 해당하여 배척된 경우는 제외된다.

(2) 수동채권에 관한 요건

상계 주장에 관한 판단에 기판력이 생기는 것은 수동채권이 소송물로서 심판되는 소구채권이거나 그와 실질적으로 동일하다고 보이는 경우(가령 원고가 상계를 주장하면서 청구이의의 소송을 제기하는 경우 등)로서 상계를 주장한 반대채권과 그 수동채권을 기판력의 관점에서 동일하게 취급하여야 할 필요성이 인정되는 경우를 말한다.

3. 기판력의 객관적 범위

(1) 상계항변을 배척한 경우

상계항변을 배척한 경우에는 반대채권의 부존재에 대하여 기판력이 발생한다.

(2) 상계항변인용시 기판력의 발생

① 원고의 소구채권과 피고의 반대채권이 모두 존재하고 그것이 상계에 의해 소멸하였다고 한 판단에 기판력이 미친다는 입장과, ② 현재의 법률관계로서 자동채권이 존재하지 않는다는 점에 기판력이 생기는 것으로 보는 입장의 대립이 있는데, 전설이 보는 바와 같이 상계전에 자동채권이 존재하였다는 것을 확정하는 것은 상계에 의하여 이미 소멸된 채권이 과거에 존재하였다는 것을 확정하는 것에 귀착되어 기판력의 법리상 기이하지만, 제216조 제2항의 '청구가 성립되는지 아닌지'의 판단에 기판력이 있다는 조문에는 충실한 해석이 되고, 실제로 소구채권과 반대채권의 존부가 다 같이 심리된 사실에 비추어 전설이 타당하다.

(3) 기판력은 상계로써 대항한 액수에 한하여 생긴다.

나아가 判例는 복수의 자동채권에 기한 상계항변의 경우 법원이 어느 자동채권에 대하여 상계의 기판력이 미치는지 밝혀야 한다는 것이며, 상계로 소멸될 자동채권에 관한 아무런 특정없이 상계항변을 인용한 것은 잘못이라 했다(대법 2011.08.25, 2011다24814).

4. 동시이행항변에 행사된 채권에 대한 상계시 기판력발생여부

만일 상계 주장의 대상이 된 수동채권이 동시이행항변에 행사된 채권일 경우에는 그러한 상계 주장에 대한 판단에는 기판력이 발생하지 않는다고 보아야 할 것이다(대법 2005.07.22, 2004다17207). 이와 같이 해석하지 않는다면 동시이행항변이 상대방의 상계의 재항변에 의하여 배척된 경우에 그 동시이행항변에 행사된 채권을 나중에 소송상 행사할 수 없게 되어 법 제216조가 예정하고 있는 것과 달리 동시이행항변에 행사된 채권의 존부나 범위에 관한 판결 이유 중의 판단에 기판력이 미치는 결과가 되기 때문이다.

5. 결 론

전소의 확정판결 중 乙이 동시이행항변으로 행사한 위 보증금반환채권이 甲의 대여금채권과 대등액에서 상계되어 소멸되었다고 판단한 부분에는 기판력이 발생하지 않으므로 후소법원은 乙의 보증금반환청구권 존부에 대해 심리를 하여야 한다. 다만 전소에서의 보증금반환청구권이 상계에 의해 소멸했다는 판단은 후소에 유력한 증거가 된다.

◐ 참고 : 강사 註

　본 문제의 출제교수 채점 기준표에 의하면 다음과 같은 표현이 있다. "후소법원은 乙의 청구가 전소의 기판력에 저촉된다는 이유로 기각할 수 없지만, 특별한 사정이 없는 한, 乙의 채권이 전소에서 甲의 상계의 재항변에 의하여 소멸되었다는 이유로 기각하게 될 것이다." 이때 기판력에 저촉된다는 이유로 기각할 수는 없다는 부분은 오류가 있다. 대법 2005.07.22, 2004다17207은 원심이 전소의 확정판결 중 상계에 관한 판단 부분에 기판력이 발생하였다고 한 이상 원심으로서는 원고의 청구에 대한 본안에 들어가 판단할 필요가 없었음에도 판단한 것을 탓한 바 있다. 따라서 상계항변이 인용된 경우에 자동채권이이나 수동채권을 후소로 또 청구하면 소각하판결을 한다는 것이 判例의 태도이므로 기판력이 발생하였다 하여도 '기각'이 아닌 '각하'를 하여야 한다.

49 | 기판력의 주관적 범위(12회 기출)

> 丙은 甲에 대하여 3억 원의 대여금채권을 가지고 있었는데 이를 집행채권으로 하여 2021. 2. 1. 甲의 乙에 대한 공사잔대금채권 3억 원에 대하여 압류 및 추심명령을 받았고, 다음 날 그 압류 및 추심명령이 甲과 乙에게 각각 송달되었다. 丁도 甲에 대하여 4억 원의 대여금채권을 가지고 있어 이를 집행채권으로 하여 2021. 3. 3. 마찬가지로 甲의 乙에 대한 공사잔대금채권 3억 원에 대하여 압류 및 추심명령을 받았고, 다음 날 그 압류 및 추심명령이 甲과 乙에게 각각 송달되었다. 丙은 2021. 4. 1. 추심명령에 근거하여 乙을 상대로 3억 원의 지급을 구하는 추심금청구의 소를 제기하였다. 소송절차에서 丙의 소송은 조정에 회부되었고, 그 조정절차에서 "1. 피고는 원고에게 2억 5천만 원을 지급한다. 2. 원고는 나머지 청구를 포기한다. 3. 소송비용 및 조정비용은 각자 부담한다."라는 조정을 갈음하는 결정이 있었으며 이 결정은 쌍방으로부터 이의신청이 없어 그대로 적법하게 확정되었다.
>
> 이후 丁이 乙을 상대로 추심금청구의 소를 제기할 경우, 위 조정을 갈음하는 결정의 효력이 丁이 제기한 추심금청구의 소에 미치는지를 판단하고 근거를 서술하시오. (15점)

1. 결론

조정에 갈음하는 결정은 민사조정법 제34조 제4항 1호에 따라 재판상 화해와 동일한 효력을 가지며, 제220조에 따라 기판력이 발생한다. 동일한 채권에 대해 복수의 채권자들이 압류·추심명령을 받은 경우, 어느 한 채권자가 제기한 추심금소송에서 확정된 판결의 기판력이 변론종결일 이전에 압류·추심명령을 받았던 다른 추심채권자에게 미치지 않는다(대법 2020.10.29, 2016다35390).

2. 논거

① 추심채권자들이 제기하는 추심금소송의 소송물이 채무자의 제3채무자에 대한 피압류채권의 존부로서 서로 같더라도 소송당사자가 다른 이상 그 확정판결의 기판력이 서로에게 미친다고 할 수 없고, ② 민사집행법 제249조 제3항, 제4항은 추심의 소에서 소를 제기당한 제3채무자는 집행력 있는 정본을 가진 채권자를 공동소송인으로 원고 쪽에 참가하도록 명할 것을 첫 변론기일까지 신청할 수 있고, 그러한 참가명령을 받은 채권자가 소송에 참가하지 않더라도 그 소에 대한 재판의 효력이 미친다고 정한다. 이러한 규정은 참가명령을 받지 않은 채권자에게는 추심금소송의 확정판결의 효력이 미치지 않음을 전제로 참가명령을 통해 판결의 효력이 미치는 범위를 확장할 수 있도록 한 것이다. ③ 제3채무자는 추심의 소에서 다른 압류채권자에게 위와 같이 참가명령신청을 하거나 패소한 부분에 대해 변제 또는 집행공탁을 함으로써, 다른 채권자가 계속 자신을 상대로 소를 제기하는 것을 피할 수 있다. 따라서 어느 한 채권자가 제기한 추심금소송에서 확정된 판결의 효력이 다른 채권자에게 미치지 않는다고 해도 제3채무자에게 부당하지 않다는 것을 논거로 한다.

50 | 변론종결 후의 승계인

I. 변론종결 후 승계인의 범위(11년 1차, 13년 3차, 15년 1차·3차, 16년 2차, 17년 3차, 18년 2차 모의쟁점)

> 甲은 乙명의 X토지를 20년간 소유의 의사로 평온, 공연하게 점유했음을 이유로 민법 제245조에 의해 甲은 乙을 상대로 소유권이전등기청구의 소를 제기하였다. 제1심법원은 2012.10.5. 변론을 종결하고 판결을 선고하고 확정되었다. 그런데 甲이 이 판결에 의하여 아직 소유권이전등기를 경료하지 않고 있던 중에, 乙이 2012.11.10. 위 부동산을 부동산업자 丙에게 매도하고 같은 날 소유권이전등기를 해주었다.
>
> 甲은 위 확정판결에 기하여 丙으로부터 이전등기를 받을 수 있는지 결론과 논거를 설명하라.

1. 결 론

丙은 법 제218조 1항 소정의 변론종결후 승계인에 해당하지 않으므로 甲은 丙으로부터 이전등기를 받을 수 없다.

2. 논 거

(1) 변론종결후 승계인의 의의

패소당사자가 소송물인 권리관계를 제3자에게 처분함으로써 기판력 있는 판결을 무력화시키는 것을 방지하고 승소원고를 보호하기 위하여, 변론종결한 뒤에 소송물인 권리관계에 관한 지위를 전주로부터 승계한 제3자, 즉 변론종결 후의 승계인에 대해서도 기판력이 미치는 것으로 하고 있다(제218조 제1항).

(2) 승계인의 범위

1) 소송물인 권리·의무 자체를 승계한 자 : 당사자로부터 소송물인 권리·의무 자체를 승계한 자는 당연히 기판력이 미치는 승계인의 범위에 속하며, 예컨대 소유권확인판결이 난 소유권의 양수인, 이행판결을 받은 채권의 양수인·채무의 면책적 인수인 등을 말한다. 그러나 상호를 계속사용하는 영업양수인은 면책적 채무인수인이 아니므로 승계인이 아니며(대법 1979.03.13, 78다2330), 중첩적 채무인수인은 승계인으로 볼 수 없다(대법 2010.01.14, 2009그196). 이 경우 포괄승계·특정승계 등 승계원인을 불문하며 전주가 원고·피고·승소자·패소자이든 불문한다.

2) 계쟁물을 승계한 자 : 소송물인 권리의무 자체를 승계한 것은 아니나, 계쟁물에 관한 당사자적격을 당사자로부터 전래적으로 옮겨 받은 자도 승계인에 해당한다 할 것인데, 判例는 소송물인 원고의

청구가 대세적 효력을 갖는 물권적 청구권일 때에는 제218조 제1항의 승계인으로 되지만, 대인적 효력밖에 없는 채권적 청구권일 때에는 승계인이 되지 않는다고 한다(대법 1993.02.12, 92다25151).

(3) 검 토

설문의 丙은 계쟁물 승계인이지만, 원고 甲의 청구가 채권적 청구권에 근거한 것으로 丙은 변론종결후의 승계인에 해당하지 않는다.

II. 변론종결 전에 가등기가 있는 경우(16년 2차 모의쟁점)

> 乙은 2004.1.28. 丙으로부터 돈을 빌리면서 이를 담보하기 위하여 자신이 살고 있는 건물 A에 대해 소유권이전등기청구권보전의 가등기를 경료해 두었다. 그런데 甲이 A 건물은 자신의 토지 위에 무단으로 건축된 것이라고 주장하면서 乙을 상대로 대지소유권에 기한 방해배제청구권으로서 그 지상물인 위 A 건물의 철거를 구하는 소를 제기하였다. 법원은 甲의 청구를 인용하는 판결을 선고하였고, 이 판결은 2007.2.23. 그대로 확정되었다. 한편 丙은 2007.3.9. 위 건물에 대해 가등기에 기하여 소유권이전의 본등기를 경료하였다.
>
> 甲은 乙에 대한 승소확정판결을 가지고 위 A 건물을 철거할 수 있는지 결론과 논거를 설명하라.

1. 결 론

甲은 乙에 대한 승소판결문을 가지고 A 건물을 철거할 수 있다.

2. 논 거

(1) 문제점

丙은 계쟁물의 승계인으로 원고의 청구권이 물권적 청구권이므로 어느 입장에 의해서건 승계인에 해당할 것이지만, 변론종결 전의 가등기에 기하여 변론종결 후에 본등기가 이루어진 경우 어느 시점을 표준시로 할 것인가의 문제를 검토한다.

(2) 변론종결 전 가등기에 기하여 변론종결 뒤에 본등기를 한 경우 표준시 확정문제

가등기가 변론종결 전에 되고 그 가등기에 기한 본등기가 변론종결 후에 이루어진 경우에 가등기의 순위보전의 효력을 강조하여 승계인이 아니라는 입장도 있으나, 判例는 『대지 소유권에 기한 방해배제청구로서 그 지상건물의 철거를 구하여 승소확정판결을 얻은 경우 그 지상건물에 관하여 위 확정판결의 변론종결 전에 경료된 소유권이전청구권 가등기에 기하여 위 확정판결의 변론종결 후에 소유권이전등기의 본등기를 경료한 자가 있다면 그는 민사소송법 제218조 1항의 변론종결 후의 승계인이라 할 것이어서 위 확정판결의 기판력이 미친다』고 한다(대법 1992.10.27, 92다10883).

(3) 검 토

가등기의 순위보전적 효력이란 본등기가 마쳐진 때에는 본등기의 순위가 가등기한 때로 소급함으로써 가등기 후 본등기 전에 이루어진 중간처분이 본등기보다 후순위로 되어 실효된다는 뜻일 뿐 본등기에 의한 물권취득의 효력이 가등기한 때에 소급하여 발생하는 것은 아니고, 위와 같은 건물철거소송에서 확정판결이 미치는 철거의무자의 범위는 건물의 소유권 기타 사실상의 처분권의 취득시점을 기준으로 판단하여야 할 것인 바, 위 본등기가 위 판결의 변론종결 후에 마쳐진 이상 위 본등기 명의인은 변론종결 후의 승계인으로 보는 것이 타당하다.

Ⅲ. 기판력의 작용과 변론종결 후의 승계인(22년 1차 모의 쟁점)

> 甲이 乙을 상대로 건물 등에 관한 소유권이전등기의 말소등기절차 이행을 구하는 소를 제기하여 승소확정판결을 받았는데, 위 판결의 변론종결 후에 乙로부터 건물 등의 소유권을 이전받은 丙이 甲 등을 상대로 위 건물의 인도 및 차임 상당 부당이득의 반환을 구하는 소를 제기자 원심은 丙이 변론종결 후의 승계인이어서 전소 확정판결의 기판력이 미쳐 건물 등의 소유권을 취득할 수 없다고 보아 청구를 기각하였다.
>
> 이 판결에 대해 상고가 제기되었다면 어떠한 판단을 하여야 하는가?

1. 기판력이 작용하는지 여부

(1) 전소에서 기판력의 발생

기판력은 제216조 1항에 의해 주문판단 사항에 한하여 발생하므로 甲에게 말소등기청구권이 존재한다는 것에 기판력이 발생하였고, 선결적 법률관계에 해당하는 甲의 소유권 존부에 대해서는 발생하지 않는다.

(2) 후소에 작용여부

전소인 말소등기청구권에 대한 판단이 건물인도 등 청구의 소의 선결문제가 되거나 건물인도청구권 등의 존부가 전소의 소송물인 말소등기청구권의 존부와 모순관계에 있다고 볼 수 없어 전소의 기판력이 건물인도 등 청구의 소에 미친다고 할 수 없다.

2. 상고심의 판단

(1) 丙이 변론종결 후의 승계인인지 여부

丙이 전소 판결의 변론종결 후에 乙로부터 건물을 매수하여 소유권이전등기를 마친 계쟁물의 승계인이고, 전소에서의 원고의 청구권이 물권적 청구권이었다 하여도 후소에 기판력이 작용하는 것이 아니므로 변론종결 후의 승계인이 아니다.

(2) 상고심의 주문

丙이 변론종결 후의 승계인이어서 전소 확정판결의 기판력이 미쳐 건물 등의 소유권을 취득할 수 없다고 본 원심판결에 법리오해 등의 위법이 있으므로(대법 2014.10.30, 2013다53939), 상고심은 원심을 파기하고 환송하여야 한다.

Ⅳ. 고유한 방어방법이 있는 경우

> 甲은 乙을 상대로 하여 소유권에 근거하여 동산의 반환을 청구하는 소를 제기하여 승소하였는데, 패소한 乙이 이 사실을 모르는 丙에게 매각하고 점유인도하였다. 甲은 법원에 집행문부여의 소를 제기하였다.
>
> 어떠한 판단을 하여야 하는지 결론과 논거를 설명하라.

1. 결 론

判例에 따르면 선의취득이라는 고유한 방어방법을 가지는 丙은 변종후 승계인이 아니므로 집행문부여의 소를 기각하여야 한다.

2. 논 거

(1) 문제점

패소한 피고로부터 선의로 동산을 구입하여 선의취득의 요건을 갖춘 경우와 같이 승계인이 고유의 방어방법을 갖고 있는 경우에도 변론종결후의 승계인으로 볼 것인지에 대해 견해의 다툼이 있다.

(2) 견해의 대립

1) **형식설** : 승계인이 독자적인 방어방법을 가지고 있는 경우라도 변론종결 후의 승계인이라는 입장이다. 다만 승계인은 자신의 고유한 방어방법에 대해서는 전소에서 판단받은 바가 없으므로 후소 내지 청구이의의 소를 통하여 주장하여야 한다는 입장으로 다수설의 입장이다.

2) **실질설** : 제3자가 고유한 방어방법을 가지고 있는 경우에는 굳이 기판력을 제3자에게 미치게 할 필요가 없으므로, 아예 제3자를 변론종결 후의 제3자가 아니라고 하는 입장으로 判例의 입장이다(대법 1980.11.25, 80다2217).

(3) 검 토

어느 설에 의하든 자기 고유의 방어방법이 있는 자는 결국 강제집행을 받지 않는 점에서 양설에 차이는 없다. 判例에 의하면 丙은 변종후 승계인에 해당하지 않는데, 고유의 항변의 유무에 관한 실체적 판단이 이루어지기 전에는 기판력이 미치는 승계인인지가 판명되지 않는다는 점에서 실질설은 문제가 있으며, 먼저 기판력을 미치게 하면서 승계시기가 변론종결 전인 사실을 뒤에 주장·증명하게 한 추정승계인제도에 견주어 형식설이 타당한 것 같다.

V. 처분금지가처분을 한 자가 변론후 승계인인지 여부

甲 등이 자신들의 상속재산에 대한 권리를 공동상속인 중 乙에게 이전할 의사로 인감증명서 등을 교부하여 乙이 상속부동산에 관하여 상속등기를 마침과 동시에 甲 등의 상속분 합계 17분의 13 지분에 관하여 증여를 원인으로 자신 앞으로 소유권이전등기를 마쳤고, 그 후 자신의 지분 합계 17분의 15를 丙에게 이전하기로 약정하여 丙이 2003. 3. 8. 위 약정에 기한 소유권이전등기청구권을 피보전권리로 하여 乙 지분에 대하여 처분금지가처분을 한 다음 2005. 12. 14. 자신 앞으로 이전등기를 마쳤는데, 甲 등이 乙을 상대로 증여를 원인으로 한 소유권이전등기의 말소등기를 구하는 소송을 제기하여 2005. 11. 24. 확정된 '乙은 甲 등에게 각 상속지분에 관하여 진정명의회복을 원인으로 한 이전등기절차를 이행한다'는 내용의 화해권고결정에 따라 2007. 1. 24. 승계집행문을 부여받아 甲 등의 상속분비율에 해당하는 지분에 관하여 丙으로부터 소유권이전등기를 마쳤다. 이에 丙은 甲 등을 상대로 소유권이전등기의 말소를 구하였는데, 원심은 화해권고결정의 창설적 효력으로 인하여 이 사건 화해권고결정에 기한 진정명의 회복을 원인으로 한 소유권이전등기청구권은 그 법적 성질을 살펴볼 필요 없이 채권적 청구권에 불과하고 따라서 원고 丙은 이 사건 화해권고결정이 확정된 후에 乙로부터 소유권등기를 이전받았더라도 丙에게는 이 사건 화해권고결정의 기판력이 미치지 아니한다고 판단하여 원고 청구를 인용하였다.

이에 甲 등이 상고하였다면 대법원은 어떠한 판단을 하여야 하는가?

1. 문제점

원심은 화해권고결정으로 종결된 경우 甲등의 청구권이 채권적 청구권으로 변경되어 丙이 변론종결 후 승계인이 아니라고 보았는데, 처분금지 가처분에 따른 효력으로 이전등기를 받은 丙을 변론종결 후의 승계인으로 볼 것인지 검토한다.

2. 전소에서 기판력의 발생

민사소송법 제231조는 "화해권고결정은 결정에 대한 이의신청 기간 이내에 이의신청이 없는 때, 이의신청에 대한 각하결정이 확정된 때, 당사자가 이의신청을 취하하거나 이의신청권을 포기한 때에 재판상 화해와 같은 효력을 가진다."라고 정하고 있으므로, 확정된 화해권고결정은 제220조에 따라 당사자 사이에 기판력을 가진다. 그리고 화해권고결정에 대한 이의신청이 적법한 때에는 소송은 화해권고결정 이전의 상태로 돌아가므로(제232조 제1항), 당사자는 화해권고결정이 송달된 후에 생긴 사유에 대하여도 이의신청을 하여 새로운 주장을 할 수 있고, 화해권고결정이 송달된 후의 승계인도 이의신청과 동시에 승계참가신청을 할 수 있다고 할 것이다. 이러한 점 등에 비추어 보면, 화해권고결정의 기판력은 그 확정시를 기준으로 하여 발생한다고 해석함이 상당하다. 결국 甲과 乙사이에 甲 등의 진정명의 회복을 이유로 한 이전등기청구권이 존재한다는 것에 제231조가 정하는 시점을 기준으로 기판력이 발생하였다.

3. 후소에 기판력이 작용하는지 여부

丙이 제기한 말소등기청구는 전소의 기판력과 모순되는 주장으로 기판력이 작용한다.

4. 기판력에 저촉되는지 여부

(1) 계쟁물 승계인이 변종후 승계인이 되기 위한 요건

1) **변종후 승계인의 범위** : 전소의 소송물이 채권적 청구권의 성질을 가지는 소유권이전등기청구권인 경우에는 전소의 변론종결 후에 그 목적물에 관하여 소유권등기를 이전받은 사람은 전소의 기판력이 미치는 '변론종결 후의 승계인'에 해당하지 아니한다. 이러한 법리는 화해권고결정이 확정된 후 그 목적물에 관하여 소유권등기를 이전받은 사람에 관하여도 다를 바 없다고 할 것이다.

2) **화해권고결정의 효력에 따른 소송물의 법적 성질** : 소유권에 기한 물권적 방해배제청구로서 소유권등기의 말소를 구하는 소송이나 진정명의 회복을 원인으로 한 소유권이전등기절차의 이행을 구하는 소송 중에 그 소송물에 대하여 화해권고결정이 확정되면 상대방은 여전히 물권적인 방해배제의무를 지는 것이고, 화해권고결정에 창설적 효력이 있다고 하여 그 청구권의 법적 성질이 채권적 청구권으로 바뀌지 아니한다.

(2) 사안에서 丙이 변종후 승계인인지 여부

甲 등이 자신들의 상속분에 대하여 증여 의사로 乙 앞으로 소유권이전등기를 마쳐서 乙 명의의 등기는 유효하고, 丙의 처분금지가처분 및 그 근거가 된 약정에 기한 소유권이전등기 역시 유효하므로, 丙은 화해권고결정 확정 전의 처분금지가처분에 기하여 소유권이전등기를 마친 가처분채권자로서 피보전권리의 한도에서 가처분 위반의 처분행위 효력을 부정할 수 있는 지위에 있고, 따라서 丙은 甲 등의 상속분비율에 해당하는 지분에 관하여 가처분에 반하여 행하여진 소유권이전등기의 말소를 구할 수 있다는 이유로, 丙은 화해권고결정의 기판력이 미치는 승계인에 해당한다고 볼 수 없다.

5. 상고심의 판단

원심판결에는 화해권고결정의 효력을 오해한 잘못이 있으나, 원고는 처분금지가처분의 효력으로 이전등기를 받은 자로서 이 사건 화해권고결정의 기판력이 미치지 아니하므로 원고가 피고들의 위 각 지분이전등기의 말소를 청구할 수 있다고 판단한 결론은 정당하여 원심의 위와 같은 잘못은 판결 결과에 영향이 없다. 이를 다투는 상고이유는 받아들일 수 없으므로 제425조, 제414조 2항에 따라 상고를 기각하여야 한다(대법 2012.05.10, 2010다2558).

51 | 채권자대위소송과 기판력

<공통된 사실관계>
乙은 丙으로부터 매수한 부동산을 미등기인 채로 甲에게 매각하였다.

I. 채권자대위소송의 판결의 효력이 채무자에게 미치는지 여부

<추가된 사실관계>
甲은 乙을 대위하여 丙을 상대로 채권자대위소송을 제기하였으나 패소하였다. 재차 乙이 丙을 상대로 피대위권리를 청구하는 소를 제기한다면 법원은 어떠한 판단을 하여야 하는가?

1. 결 론

乙이 채권자대위소송이 제기되었음을 알았다면 乙의 후소에서의 청구는 기각된다.

2. 논 거

判例는 종래 소송수행의 결과 판결의 효력은 소송당사자에 한하여 발생하는 것이 원칙이라 하여 소송고지를 하지 않는 한 채권자대위소송의 판결은 채무자의 이익을 고려하여 채무자에게 미치지 않는다는 부정설을 취했으나, 현재는 어떠한 사유로 인하였든 적어도 채권자대위소송이 제기된 사실을 채무자가 알았을 경우에는 그 판결의 효력은 채무자에게 미친다고 보고 있다(대법 1975.05.13, 74다1664).

II. 채무자의 제3채무자에 대한 판결의 효력이 채권자에게 미치는지 여부

<추가된 사실관계>
乙이 피대위권리에 대해 丙을 상대로 소를 제기하였다가 패소하였는데, 甲이 乙을 대위하여 채권자대위소송을 제기하였다. 법원은 어떠한 판단을 하여야 하는가?

1. 결 론

甲이 제기한 채권자대위의 소에 대해 수소법원은 당사자적격의 흠결을 이유로 소각하 판결을 한다.

2. 논 거

(1) 채무자의 확정판결 후 대위소송이 기판력에 저촉되는지 여부

大法院은 『채권자가 소외 채무자를 대위하여 제3채무자에 대하여 제기한 이사건 소송과, 이미 확정된 채무자의 제3채무자에 대한 소송은, 비록 그 당사자는 다르지만 실질상 동일 소송이라고 할 것이므로(대법 1974.01.29, 73다351), 위 확정판결의 효력이 이 사건에 미친다고 보아야 할 것이어서(대법 1967.05.16, 67다372), 결국 이 사건 소는 확정판결에 저촉되어, 그와 모순되는 판단은 이를 할 수 없다고 할 것이므로 배척되어야 할 것이다. 따라서 원고의 청구를 기각한 원심판결은 결과적으로 정당하고, 원고의 이 사건 상고는 상고이유에 대한 판단을 가할 필요없이 이유없으므로 이를 기각하기로 하여, 일치된 의견으로 주문과 같이 판결한다』고 하여 『채무자와 제3채무자 사이의 확정판결이 당연무효이거나 재심의 소에 의하여 취소되지 않는 한 채권자는 채무자를 대위하여 제3채무자를 상대로 위 확정판결의 기판력에 저촉되는 청구를 할 수 없다』고 판시한 바 있다(대법 1979.03.13, 76다688).

(2) 甲이 당사자적격을 구비하였는지 여부

『채권자대위권은 채무자가 제3채무자에 대한 권리를 행사하지 아니하는 경우에 한하여 채권자가 자기의 채권을 보전하기 위하여 행사할 수 있는 것이어서 채권자가 대위권을 행사할 당시 이미 채무자가 권리를 재판상 행사하였을 때에는 설사 패소의 본안판결을 받았다하더라도 채권자는 채무자를 대위하여 채무자의 권리를 행사할 당사자적격이 없다』고 판시한 바 있다(대법 1992.11.10, 92다30016).

(3) 검 토

乙이 이미 스스로 丙을 상대로 소유권이전등기청구권을 행사하였기 때문에 甲은 乙을 대위하여 丙에게 그 권리를 행사할 수 없다. 따라서 甲이 제기한 소에는 기판력에 저촉되어 청구가 '기각'될 사유와 소송담당 요건의 흠결로 소가 '각하'될 사유가 모두 존재하는 바, 이 경우 법원은 '형식재판 우선 원칙'에 따라 甲이 제기한 소를 부적법 각하하여야 할 것이다.

III. 채권자대위소송의 판결의 효력이 다른 채권자에게 미치는지 여부

〈추가된 사실관계〉
甲이 乙을 대위하여 채권자대위소송을 제기하였다가 패소하였는데 다시 다른 채권자 丁이 채권자대위소송을 제기하였다면 법원은 어떠한 판단을 하여야 하는가?

1. 결 론

甲의 채권자대위소송 제기 사실을 乙이 알았다면 丁의 채권자대위청구는 기각된다.

2. 논 거

判例는 채무자가 어떠한 사유로든 대위소송이 제기된 사실을 알았을 때에는 그 판결의 효력이 채무자에게 미치므로, 이러한 경우에는 다른 채권자가 동일한 소송물에 대하여 채권자대위권에 기한 소를 제기하면 전소의 기판력을 받게 된다고 보고 있다(대법 2008.07.24, 2008다25510).

Ⅳ. 채권자가 채무자에게 패소한 후 채권자대위소송(4회 기출)

> 〈추가된 사실관계〉
> 甲이 乙을 상대로 매매를 원인으로 한 소유권이전등기청구의 소를 제기하였다가 그 매매가 乙의 착오를 원인으로 한 취소에 의하여 적법하게 취소되었다는 이유로 청구기각 판결을 받아 그 판결이 확정되었다. 甲이 丙을 상대로 대위소송을 제기하면서 甲은 乙의 착오가 중대한 과실에 의한 것이라며 乙의 착오를 원인으로 한 취소권 행사가 부적법하다고 다투었는데, 심리 결과 甲의 주장이 옳은 것으로 판명되었고, 乙의 丙에 대한 소유권이전등기청구권 또한 있는 것으로 판단되었다.
>
> 이 경우 법원은 甲이 제기한 소에 대하여 어떠한 판단을 하여야 하는가?

1. 기판력이 작용하는지 여부

甲이 패소한 전소의 기판력이 발생한 부분은 피보전채권이 부존재한다는 것이고, 후소인 甲의 대위소송의 소송물은 피대위 권리이므로 동일·선결·모순관계에 있지 않아 기판력이 작용하지 않는다. 따라서 후소 법원은 피보전채권이 부존재한다는 전소 판단에 구속받을 필요가 없다. 다만 채권자가 채무자를 상대로 제소하여 패소확정판결을 받은 후 채무자를 대위하여 제3채무자를 상대로 제소한 경우에 패소확정판결이 채권자대위소송의 당사자적격판단에 어떤 영향을 미치는지 문제된다.

2. 후소 법원의 판단

(1) 채권자대위소송의 당사자적격

채권자 대위소송은 법정소송담당에 해당하므로 대위채권자의 보존의 필요성은 대위의 원인을 구성하고, 소송에 있어서 담당자로서의 당사자적격의 기초가 된다

(2) 判例의 입장

大法院은 『채권자가 채무자에 대한 소유권이전등기청구소송에서 패소의 확정판결을 받은 때에는 채권자로서는 더 이상 채무자에 대한 소유권이전등기청구권을 행사할 수 없게 되어 채무자의 제3채무자에 대한 권리를 대위행사함으로써 위 소유권이전등기청구권을 보전할 필요가 없게 되었으므로 채무자를 대위하는 청구는 부적법하다』라고 판시한 바 있다(대법 2002.05.10, 2000다55171).

(3) 검 토

설사 채권자가 채권자대위소송에서 승소한다하더라도 채무자와 사이에서 받은 패소확정판결의 기판력에 의해 권리행사가 불가능하므로 피보전채권의 보전필요성이 없다고 함이 타당하다.

3. 설문의 해결

甲의 채권자대위의 소는 당사자적격흠결로 부적법한 제소에 해당하므로 법원은 소각하판결을 하여야 한다.

V. 채권자가 채무자에게 승소후에 채권자대위소송

〈추가된 사실관계〉
甲이 乙을 상대로 매매를 원인으로 한 소유권이전등기청구의 소를 제기하여 乙의 자백간주에 의한 전부승소판결을 받아 그 판결이 확정되었다. 그후 甲이 丙을 상대로 한 대위소송에서 丙은 甲과 乙 사이의 위 매매가 통정허위표시로서 무효라고 다투었는데, 심리 결과 丙의 주장이 옳은 것으로 판명되었고 乙의 丙에 대한 소유권이전등기청구권은 있는 것으로 판단되었다.

이 경우 법원은 甲이 제기한 소에 대하여 어떠한 판단을 하여야 하는가?

1. 기판력이 작용하는지 여부

甲이 승소한 전소의 기판력이 발생한 부분은 피보전채권이 존재한다는 것이고, 후소인 甲의 대위소송의 소송물은 피대위 권리이므로 동일·선결·모순관계에 있지 않아 기판력이 작용하지 않는다. 따라서 후소 법원은 피보전채권이 존재한다는 전소 판단에 구속받을 필요가 없다. 이하 후소법원의 판단을 살펴본다.

2. 후소법원의 판단

(1) 견해의 대립

1) **원심의 입장** : 하급심은 채권자와 채무자 사이의 확정판결의 기판력이 채권자대위소송에 미치지 않으므로 피보전채권이 부존재한다고 판단될 경우 당사자적격 흠결로 소각하하여야 한다는 입장이었다.

2) **대법원의 입장** : 大法院은 甲이 乙에 대해서는 소유권이전등기절차의 이행을, 丙에 대해서는 乙을 대위하여 말소등기절차의 이행을 청구하는 소송에서 乙에 대한 청구가 승소확정된 경우, 『甲의 乙에 대한 승소확정판결에 의하여 甲이 乙에 대하여 소유권이전등기청구권을 가진다는 점은 입증되었다 할 것이고 丙으로서는 그 등기청구권의 존재를 다툴 수 없다』고 판시한 바 있다(대법 2010.11.11, 2010다43597).

(2) 검 토

채권자대위소송에서 통상의 이행소송과는 달리 소송수행권이 부여된 자를 당사자적격자로 보는 취지가 채권자 아닌 자가 대위소송을 통해 채무자의 권리에 부당하게 간섭하는 것을 막기 위함에 있다 할 것인데, 채권자가 채무자를 상대로 승소확정판결을 받은 경우에는 부당한 권리간섭이라 하기 어렵다고 본다. 또한 제3채무자로서는 결국 채무자의 청구가 있으면 이행해야 하는 입장임을 고려할 때 분쟁의 일회적 해결과 제3채무자의 실익을 따져볼 때 大法院의 입장이 타당하다.

3. 설문의 해결

후소 법원은 甲의 대위청구를 인용해야 한다. 다만 최근 大法院은 채권자로 하여금 채무자를 대신하여 소송행위를 하게 하는 것을 주목적으로 이루어진 경우와 같이, 강행법규에 위반되어 무효라고 볼 수 있는 경우 등에는 위 확정판결에도 불구하고 채권자대위소송의 제3채무자에 대한 관계에서는 피보전권리가 존재하지 아니한다고 보아야 한다고 하면서(대법 2015.09.24, 2014다74919), 이는 위 확정판결 또는 그와 같은 효력이 있는 재판상 화해조서 등이 재심이나 준재심으로 취소되지 아니하여 채권자와 채무자 사이에서는 그 판결이나 화해가 무효라는 주장을 할 수 없는 경우라 하더라도 마찬가지라고 하여(대법 2019.01.31, 2017다228618), 이 경우 각하할 수 있다는 입장에 있다.

VI. 채무자에게 미치는 기판력의 범위(19년 1차, 21년 2차 모의)

> 〈추가된 사실관계〉
> 甲이 丙을 상대로 한 채권자대위의 소가 피보전채권의 흠결을 이유로 각하되었고 확정되었다. 이에 甲이 채권자대위소송을 제기 사실을 알았던 채무자 乙을 상대로 매매를 이유로 한 이전등기를 청구하는 소를 제기하였다면 후소법원은 전소판단에 구속되는가?

1. 전소에서 기판력의 발생

기판력의 발생범위가 소송물의 판단범위와 동일하다면 기판력은 본안판결에만 적용되고 소송판결에는 적용이 없다는 견해가 나올 수 있다. 그러나 기판력에는 이미 성립한 판단이 거듭되는 것을 금지하는 소극적 작용과 종전의 판단내용을 기준으로 이에 따라야 한다는 적극적 작용이 있다. 소극적 작용면에서 볼 때 소송요건의 흠을 이유로 부적법 각하하는 소송판결도 본안판결과 같이 모두 반복을 금지하여야 한다는 점에서 구태여 기판력을 부정할 필요가 없다. 따라서 소송판결의 기판력은 주문에서 판단한 소송요건의 부존재에 발생한다. 소송판결의 주문은 "이 사건 소를 각하한다"라고 간략하게 표현되므로 기판력이 미치는 사항, 즉 어느 소송요건에 흠이 있는가를 파악하기 위하여서는 판결이유를 참작하여야 한다. 사안에서 전소의 기판력 발생부분은 "甲의 피보전채권의 부존재"이다.

2. 후소에 기판력의 작용

기판력이 발생한 것은 피보전채권의 존부이고 이것은 후소의 소송물과 동일하므로 기판력이 작용한다.

3. 기판력에 저촉되는지 여부

(1) 채권자대위소송의 기판력이 채무자에게 미치는지 여부

이 경우에 권리귀속주체가 기판력을 전면적으로 받는다면 소송담당자의 불성실한 소송수행의 결과 그 자신 고유의 소송수행권이 제한되는 문제가 있으므로 문제되는데, 判例는 채권자대위소송과 관련하여 한때 채무자에게 기판력이 미치지 않는 것으로 보았으나, 그 후 채권자대위소송이 제기된 사실을 어떠한 사유로든 알았을 때에 한하여 채무자에게도 미친다고 판시하여(대법 1975.05.13, 74다1644), 절충설 내지 절차보장설로 바꾸었다.

(2) 기판력이 작용하는 범위

이때 채무자에게도 기판력이 미친다는 의미는 채권자대위소송의 소송물인 피대위채권의 존부에 관하여 채무자에게도 기판력이 인정된다는 것이고, 채권자대위소송의 소송요건인 피보전채권의 존부에 관하여 당해 소송의 당사자가 아닌 채무자에게 기판력이 인정된다는 것은 아니다. 따라서, 채권자가 채권자대위권을 행사하는 방법으로 제3채무자를 상대로 소송을 제기하였다가 채무자를 대위할 피보전채권이 인정되지 않는다는 이유로 소각하 판결을 받아 확정된 경우 그 판결의 기판력이 채권자가 채무자를 상대로 피보전채권의 이행을 구하는 소송에 미치는 것은 아니다(대법 2014.01.23, 2011다108095).

4. 설문의 해결

大法院은 전소에 발생한 기판력이 채무자에게 미치는 것이기는 하나, 미치는 범위는 피대위권리에 대한 법원의 판단만이고 전소의 당사자가 아니었던 채무자에게 피보전채권의 존부에 대한 판단까지 미치는 것은 아니라고 하여 기판력의 작용범위를 제한하고 있다. 이러한 判例의 입장에 의하면 甲이 乙을 상대로 한 이전등기청구는 전소의 기판력이 미치지 않으므로 법원은 본안판단을 하여야 한다.

52 | 채권자취소소송의 상대효(18년 3차 모의)

甲은 2009. 7. 18. 乙로부터 X 부동산을 매수하고 2010. 7. 28. 소유권이전등기를 마침으로써 그 소유권을 취득한 이래 X 부동산을 점유하고 있다. 丙은 乙에 대한 A 채권을 보전하기 위하여 甲을 상대로 하여 甲-乙간 위 매매계약이 사해행위에 해당한다는 이유로 사해행위 취소 및 원상회복 청구소송('이 사건 소'라고 함)을 제기하였다. 이 사건 소가 제기되기 전에 甲은 乙을 상대로 甲-乙간의 위 매매계약에 기한 소유권이전등기청구 소송(전소)을 제기하여 그 승소 확정판결에 기하여 2010. 7. 28. 위 소유권이전등기를 마쳤다. 甲이 이 사건 소에서 위와 같은 사실을 이유로 "이 사건 소가 기판력에 저촉된다."고 주장하였다. 법원은 위 주장에 관하여 어떻게 판단하여야 하는가?

1. 문제점

피고 甲의 기판력에 저촉된다는 주장에 대해 채권자취소소송의 상대효와 관련하여 전소의 기판력이 후소에 작용하는 관계인지 살펴본다.

2. 전소에서의 기판력의 발생

甲-乙간에 전소 사실심 변론종결시를 기준으로 甲에게 매매를 이유로 한 이전등기청구권이 존재함에 기판력이 발생하였다.

3. 후소에 작용하는지 여부

기판력은 전소와 동일·선결·모순관계에 있는 권리가 후소에서 문제될 때 작용한다. 설문에서 전소에서 확정된 판결에 의해 이루어진 이전등기를 후소에서 말소하라는 것은 일견 모순관계에 해당한다. 그러나 사해행위취소소송의 소송물은 채권자가 수익자에 대하여 가지는 채권자취소권으로서, 채권자가 사해행위의 취소와 함께 수익자 또는 전득자로부터 책임재산의 회복을 명하는 사해행위취소의 판결을 받은 경우 수익자 또는 전득자가 채권자에 대하여 사해행위의 취소로 인한 원상회복 의무를 부담하게 될 뿐, 채권자와 채무자 사이에서 그 취소로 인한 법률관계가 형성되는 것은 아니다. 따라서 위와 같이 채무자와 수익자 사이의 소송절차에서 확정판결 등을 통해 마쳐진 소유권이전등기가 사해행위취소로 인한 원상회복으로써 말소된다고 하더라도, 그것이 확정판결 등의 효력에 반하거나 모순되는 것이라고는 할 수 없다(대법 2017.04.07, 2016다204783). 따라서 기판력이 작용하는 경우에 해당하지 않는다.

4. 설문의 해결

甲의 기판력 저촉 주장에 대해 후소 법원은 기판력이 작용하는 관계가 아님을 들어 중간판결이나 종국판결의 이유를 통해 저촉되지 않는다고 판단하면 된다.

53 | 판결편취

I. 소송법상 구제책(17년 2차, 19년 3차 모의)

> 甲은 乙종중을 상대로 乙소유의 토지에 관하여 매매로 인한 소유권이전등기의 소를 제기하면서, 아들인 A와 통모하여 마치 A가 乙종중의 대표자로 선출된 것처럼 서류를 위조하여 제출한 다음, 소장부본을 A가 송달받게 되었다. A는 변론기일에 불출석함으로써 자백간주가 성립되어 甲이 승소·확정판결을 받았다.
>
> 乙종중의 소송법상 구제책을 설명하라.

1. 자백간주에 따른 판결편취의 유형과 소송법상 구제책

(1) 허위주소 송달에 의한 판결편취의 경우

1) 判例의 입장 : 判例는 『그러한 송달은 무효이며 따라서 아직 판결은 그 정본이 송달되지 아니한 상태의 판결이므로 아직 항소기간이 진행되지 않은 미확정판결이 되며 피고는 어느 때나 항소를 제기할 수 있다』고 한다(대법(전) 1978.05.09, 75다634). 나아가 그 판결에 기하여 소유권이전등기까지 된 경우는 항소에 의한 판결취소 없이 바로 별소로써 그 말소를 구할 수 있다는 입장이다(대법 1995.05.09, 94다41010).

2) 검 토 : 생각건대 判例의 입장은 ① 제451조 1항 11호 명문의 무시이고, ② 어느 때라도 항소가 가능하게 되어 법률상태가 불안정하게 되며, ③ 심급의 이익을 박탈된다는 점에서 부당하다. 따라서 학설에 따라 추후보완 상소 또는 11호 재심사유에 해당한다고 보는 것이 타당하다.

(2) 참칭대표자에게 송달한 경우

1) 判例의 입장 : 사례와 같이 참칭대표자에게 송달한 경우 判例는 통상의 허위주소송달과는 달리 보아 『참칭대표자를 대표자로 표시하여 소송을 제기한 결과 그 앞으로 소장부본 및 변론기일통지서가 송달되어 변론기일에 참칭대표자의 불출석으로 의제자백 판결이 선고된 경우, 이는 적법한 대표자가 변론기일통지서를 송달받지 못하였기 때문에 실질적인 소송행위를 하지 못한 관계로 위 의제자백판결이 선고된 것이므로, 제451조 1항 3호 소정의 재심사유에 해당한다』고 하고, 그러한 송달은 유효하다고 한다(대법 1999.02.26, 98다47290).

2) 검 토 : 상대방의 주소를 허위로 표시함으로써 진정한 당사자가 소송서류를 송달받을 수 없어 소송계속사실은 모른 경우에는 항소설이 타당하나, 참칭대표자에게 송달한 경우는 무권한자가 종중대표자로 표시되었을 뿐 주소는 사실대로 표시된 경우이다. 법원으로서는 소장에 표시된 대로 송달해야 하므로, 소장에 표시된 대표자가 비록 참칭대표자라 하더라도 통상의 방법대로 송달되면 유효한 송달이

라고 보는 것이 타당하다. 만일 이 경우에도 항소설을 따른다면 제451조 1항 3호의 적용범위가 기본대리권이나 대표권은 있으되 특별수권이 흠결된 경우로 축소되므로 그 효용이 줄어들게 될 것이라는 점에서 判例의 입장은 정당한 것으로 평가된다.

2. 결 론

乙 종중은 제451조 1항 3호의 재심사유를 주장하여 재심을 제기하거나 추후보완항소를 제기할 수 있다.

II. 실체법상 구제책

> **〈추가된 사실관계〉**
> 乙종중이 실체법상 구체책인 부당이득반환청구나 불법행위 손해배상을 구할 수 있는 요건을 설명하라.

1. 실체법상 구제책에 대한 견해대립

(1) 학설이 입장

이에 대해 학설은 ① 편취판결을 재심에 의하여 취소함이 없이 직접 말소등기청구의 소를 제기할 수 있다는 재심불요설, ② 편취판결도 무효가 아니라는 점을 근거로 재심에 의한 취소가 있어야 말소청구의 소가 가능하다고 보는 재심필요설, ③ 기본적으로 재심필요설의 입장을 취하면서 당사자의 절차기본권과 관련하여 제한적으로 재심이 필요 없다는 제한적 재심불요설, ④ 재심필요설에 의하되, 다만 재심의 소를 제기하면서 이에 관련청구로 부당이득반환이나 손해배상청구를 함께 병합제기하는 것을 허용하자는 재심병합제기설의 대립이 있다.

(2) 判例의 입장

1) 부당이득반환청구의 경우 : 부당이득의 성립문제에서 허위주소송달에 의한 판결편취의 경우를 제외하고는 일반적으로 편취된 판결에 의한 강제집행의 경우에 그 판결이 재심의 소 등으로 취소되지 않는 한 강제집행에 의한 이득은 부당이득이 안된다는 것으로 일관하고 있다(대법 1995.06.29, 94다41430).

2) 불법행위손해배상청구의 경우 : 判例는 불법행위에 의한 손해배상청구의 경우 먼저 재심의 소에 의한 판결취소가 될 것이 원칙이지만, '당사자의 절차적기본권이 근본적으로 침해된 상태에서 판결이 선고되었거나 확정판결에 재심사유가 존재하는 등 확정판결의 효력을 존중하는 것이 정의에 반함이 명백하여 이를 묵과할 수 없는 경우'에 한정하여 불법행위가 성립되어 바로 배상청구를 할 수 있다는 입장이다(대법 1995.12.05, 95다21808).

2. 결 론

사안에서 乙은 재심의 소로서 편취판결의 취소를 구한 후 부당이득반환청구의 일환으로 말소등기청구나 진정명의회복을 이유로 한 이전등기를 청구할 수 있고, 甲이 A와 통모하여 乙종중의 절차적기본권을 현저히 침해하는 불법행위를 한 경우이므로 재심의 소를 거치지 않고 바로 불법행위손해배상청구가 가능할 것이다.

Ⅲ. 부당집행시의 구제책

<추가된 사실관계>
甲의 집행권원 편취판결임을 이유로 패소했던 피고 乙이 청구이의 소를 제기할 수 있는가?

1. 문제점

청구이의의 소는 원칙적으로 변론종결 이후에 발생한 사유에 대해서만 그 청구가 가능하므로 당사자 일방이 판결을 불법한 행위 등으로 편취한 다음 이를 채무명의로 하여 강제집행을 하는 경우에 이에 대해서 청구이의의 소는 불가능하다고 할 것이지만, 이 때에도 채무자를 보호해 주어야 할 필요가 있으므로 청구이의 소를 제기할 수 있는지 문제된다.

2. 부당집행시의 구제책

(1) 견해의 대립

① 청구이의의 소는 원칙적으로 변론종결 이후에 발생한 사유에 대해서만 그 청구가 가능한데 판결편취는 변론종결 전에 발생한 것이므로 그 소제기는 불가능하다는 부정설과, ② 원칙적으로 부정설에 의하지만, 당사자의 절차기본권까지 침해하면서 판결이 이루어져 당연무효인 경우에는 실체법상의 권리 자체의 부존재를 확정시키기 위하여 청구에 관한 이의의 소를 허용함이 타당하다는 절충설이 있다.

(2) 判例의 입장

判例는 편취판결에 의한 집행은 판결을 집행하는 것 자체가 불법하다는 점에서 <u>변론종결 이후에 새로이 발생한 권리남용의 경우로 보아 청구이의의 소를 인정한다</u>(대법 1984.07.24, 84다카572).

(3) 검 토

청구이의의 소는 원칙적으로는 재심청구에 의해 판결이 취소되어야 하며, 다만 그 불법의 정도가 심해서 기판력의 보호를 받는 것이 불합리한 경우에는 당연무효의 판결로 보아 강제집행은 권리남용이 되어 청구이의의 소에 의한 구제를 허용해야 한다.

3. 결 론

사안에서 乙종중의 절차적 기본권이 근본적으로 침해된 상태에서 판결이 선고되었고 확정판결에 재심사유가 존재한다 할 것이므로 그에 기한 강제집행은 권리남용이 된다. 그러나 설문에서의 <u>소유권이전등기청구는 의사의 진술을 명하는 판결로서 그 확정과 동시에 의사진술이 있는 것과 동일한 효력이 발생하여 현실적인 집행절차가 없기 때문에 그 집행권원의 집행력의 배제를 구하는 청구이의의 소는 소의 이익이 없어 각하된다.</u>

54 | 단순병합의 주요쟁점(21년 3차)

甲은 乙을 상대로 소를 제기하면서 그 청구원인으로 ① 건물매매업무와 관련된 손해배상 10억 원 ② 부동산 임차업무와 관련된 손해배상 8억 원을 선택적 청구로 병합하여 청구하였다. (각 설문은 독립적임) (30점)

문제 1.
제1심 법원은 위 청구원인 중 건물매매업무와 관련된 손해배상청구만을 심리·판단하여 원고가 구하는 청구금액을 전부인용하고, 나머지 청구에 대해서는 원고가 어느 하나의 청구원인에서라도 전부인용판결을 받으면 추가적인 판단을 원하지 않는다는 이유에서 그 판단을 하지 않았다. 이 판결에 대해 피고만 항소한 경우 항소심 법원은 제1심에서 판단하지 않은 위 부동산 임차업무와 관련된 손해배상청구에 관해 심리·판단할 수 있는가? (15점)

문제 2.
제1심 법원은 ① 건물매매업무와 관련된 손해배상청구에 대해서는 청구기각, ② 부동산 임차업무와 관련된 손해배상청구에 대해서는 5억 원을 인용하는 판결을 선고하였다. 이 판결에 대해 피고만 항소한 경우, 항소심 법원은 위 건물매매업무와 관련된 손해배상청구 부분에 대해 심리·판단할 수 있는가? (15점)

I. 문제의 소재

甲이 병합으로 제기한 청구는 아무런 관련성이 없는데, 선택적 병합으로 적법한지 문제되고, 문제 1에서는 1심 판결이 전부판결인지에 따라 항소심의 심판범위를 살펴보고, 문제 2에서는 전부판결에 대한 일부불복시 이심의 범위와 심판의 범위를 살펴본다.

II. 설문의 병합의 태양

1. 청구병합의 의의

청구의 병합이란 원고가 하나의 소송절차에서 여러 개의 청구를 하는 경우를 말한다(제253조). 청구의 객관적 병합의 태양은 ① 아무런 관련성이 없는 여러 개의 청구를 단순히 병렬적으로 심판을 구하는 단순병합과, ② 원고가 여러 개의 택일관계에 있는 청구 중 그 어느 하나가 택일적으로 인용될 것을 해제조건으로 하여 다른 청구에 대해 심판을 구하는 선택적 병합, ③ 양립불가능한 여러 개의 청구에 심판순위를 붙여 제1차적 청구가 인용될 것을 해제조건으로 하여 제2차적 청구에 대하여 심판을 구하는 형태의 예비적 병합이 있다.

2. 설문의 경우

大法院은 병합의 형태가 선택적 병합인지 예비적 병합인지 여부는 당사자의 의사가 아닌 병합청구의 성질을 기준으로 판단한다는 입장이다(대법 2014.05.29, 2013다96868). 이에 따르면 논리적으로 전혀 관계가 없어 순수하게 단순병합으로 구하여야 할 수개의 청구를 선택적 또는 예비적 청구로 병합하여 청구하는 것은 부적법하여 허용되지 않는다 할 것이고, 따라서 원고가 그와 같은 형태로 소를 제기한 경우 제1심법원이 본안에 관하여 심리·판단하기 위해서는 소송지휘권을 적절히 행사하여 이를 단순병합 청구로 보정하게 하는 등의 조치를 취하여야 할 것인바, 법원이 이러한 조치를 취함이 없이 본안판결을 하면서 그 중 하나의 청구에 대하여만 심리·판단하여 이를 인용하고 나머지 청구에 대한 심리·판단을 모두 생략하는 내용의 판결을 하였다 하더라도 그로 인하여 청구의 병합 형태가 적법한 선택적 또는 예비적 병합 관계로 바뀔 수는 없다. 결국 각 청구 사이에 택일관계가 없는 설문의 병합은 단순병합으로 보인다.

III. 설문 1 : 단순병합에서 항소심의 심판범위

1. 항소심의 심판범위

(1) 이심의 범위

선택적 병합의 경우에 원고승소판결에 있어서는 이유 있는 청구 중 하나를 선택하여 집중판단하여 인용하면 되고, 나머지 청구에 관하여는 심판을 요하지 않는다. 이때 피고의 항소가 있으면 판단하지 않은 나머지 청구도 항소심으로 이심이 되며, 항소심의 심판의 대상이 된다. 그러나 단순병합에 있어서는 설문의 1심 판결에 대하여 피고만이 항소한 경우 제1심법원이 심리·판단하여 인용한 청구만이 항소심으로 이심될 뿐, 나머지 심리·판단하지 않은 청구는 여전히 제1심에 남아 있게 된다. 우리 判例도 위 각 청구원인은 상호 논리적 관련성이 없어 선택적으로 병합할 수 없는 성질의 청구임에도 제1심법원이 잘못된 청구병합관계를 보정하는 조치를 취함이 없이 하나의 청구원인에 대하여만 심리·판단을 하고 나머지 청구에 대하여는 판단을 한 바 없으므로, 위에서 설시한 법리에 따르면 이러한 경우 제1심법원이 심리·판단한 건물매매업무와 관련된 손해배상청구만이 항소심으로 이심되어 항소심의 심판범위가 된다(대법 2008.12.11, 2005다51495).

(2) 부동산 임차업무와 관련된 손해배상청구에 대한 판단

부동산 임차업무에 관한 손해배상청구는 재판누락으로 1심에 계속중이므로 추가판결의 대상이 된다.

2. 설문 1의 해결

이 사건 청구병합은 단순병합이므로 제1심 법원이 심리·판단한 ① 청구만이 항소심으로 이심되어 항소심의 심판의 대상이 되며, 판단하지 않은 나머지 청구는 여전히 제1심에 남아 있다고 보아야 한다. 따라서 항소심 법원은 제1심에서 판단하지 않은 ② 청구에 관해 심리·판단할 수 없다.

Ⅳ. 설문 2 : 단순병합에서 이심의 범위와 심판의 범위

1. 일부불복시 항소심의 심판범위

(1) 이심의 범위

상소의 제기에 의해 확정차단 및 이심의 효력은 원칙적으로 상소인의 불복신청의 범위와 관계없이 원재판의 전부에 대하여 불가분적으로 발생한다는 것을 상소불가분 원칙이라 한다. 단순병합의 경우 일부판결에 대해 상소한 때에는 그 부분이 나머지 부분과 분리하여 상소심으로 이심하지만, 전부판결의 경우에는 전부의 청구에 대하여 상소한 경우는 물론 일부의 청구에 대하여만 상소한 경우에도 상소불가분의 원칙에 따라 모든 청구에 관한 소송이 확정이 차단되고 상소심으로 이심한다.

(2) 불복하지 않은 부분의 처리

상소심의 심판은 불복신청의 범위 내에 한하므로 확정차단, 이심의 범위와 심판의 범위는 일치하지 않을 수 있다. 상소인이 불복신청을 하지 아니한 부분에 대해서는 당사자가 변론할 필요도 없고(제407조 제1항), 법원도 이에 관하여 원심의 판단을 변경할 수 없으나(제415조) 그 부분만 독립하여 확정되지는 아니한다. 따라서 당사자 쌍방이 불복하지 않는 부분은 집행력이 생기지 아니하므로 그 부분에 대하여 가집행선고를 할 필요가 생긴다(제406조, 제435조). 判例는 항소심 또는 상고심 판결 선고로 불복하지 않은 부분이 확정된다는 입장이다(대법 1994.12.23, 94다44644).

2. 설문 2의 해결

단순병합된 두 청구에 대해 제1심 법원이 두 청구 모두에 대해 판결을 선고하였고 피고만이 그 일부에 대해 항소를 제기하였지만 상소불가분의 원칙에 따라 두 청구 모두 확정이 차단되고 모두 항소심으로 이심된다. 그러나 당사자 중 누구도 불복하지 않은 ① 청구는 항소심의 심판의 대상이 될 수 없다. 따라서 항소심 법원은 ① 건물매매와 관련된 손해배상청구 부분에 대해 심리·판단할 수 없다.

55. 선택적 병합의 주요쟁점

I. 양립불가한 청구의 선택적 병합가부

> 원고 甲은 이 사건에서 피고 乙명의의 등기가 원인무효임을 이유로 그 말소를 구하는 청구와 그 등기가 유효한 명의신탁등기이나 신탁이 해지되었음을 이유로 소유권이전등기를 구하는 청구를 선택적으로 병합하여 제기하였다. 법원은 어떠한 조치를 취하여야 하는가?

1. 선택적병합의 의의

청구의 선택적 병합이란 원고가 양립할 수 있는 수개의 경합적 청구권에 기하여 동일 취지의 급부를 구하거나 양립할 수 있는 수개의 형성권에 기하여 동일한 형성적 효과를 구하는 경우에 그 어느 한 청구가 인용될 것을 해제조건으로 하여 수개의 청구에 관한 심판을 구하는 병합 형태를 말한다.

2. 양립할 수 없는 여러 개의 청구의 선택적 병합 가부

判例는 "논리적으로 양립할 수 없는 수개의 청구는 성질상 선택적 병합으로 동일 소송절차내에서 동시에 심판될 수 없는 것이고 이러한 수개의 청구가 동일 소송절차내에서 모순없이 심리되기 위하여는 그 청구간에 주위적, 예비적인 관계가 있을 것을 요한다고 할 것인바, 이 사건에서 피고 명의의 위 각 등기가 원인무효임을 이유로 그 말소를 구하는 청구와 그 등기가 유효한 명의신탁등기이나 신탁이 해지되었음을 이유로 소유권이전등기를 구하는 청구는 서로 양립할 수 없는 관계에 있으므로 이들 청구에 대하여는 선택적 병합에 의한 병합심리를 할 수 없다고 할 것이고, 따라서 이와 같은 선택적 병합으로 하는 청구의 변경은 직권으로 불허하여야 할 것임에도 불구하고 이를 그대로 받아들인 원심의 조치는 필경 청구의 병합과 청구의 변경에 관한 법리를 오해한 것이어서 위법하다고 하지 않을 수 없다"고 하여 불허하는 입장이다(대법 1982.07.13, 81다카1120).

3. 검 토

선택적병합이란 원고로서는 병합된 여러 개의 청구 가운데 어느 하나가 인용되면 소의 목적을 달성할 수 있기 때문에 다른 청구에 대해서는 심판을 바라지 않는 형태의 병합이다. 따라서 논리적으로 양립할 수 없는 수개의 청구는 성질상 선택적 병합으로 동일 소송절차 내에서 심판될 수 없다. 왜냐하면 논리적으로 양립할 수 없는 수개의 청구에 대한 선택을 법원에 맡기는 것은 처분권주의에 반하고, 서로 성질을 달리하는 수 개의 청구 중 어느 것이 인용되어도 무방하다는 신청은 그 자체가 불특정되어 있기 때문이다. 따라서 법원은 석명권을 통하여 예비적 병합으로 청구취지를 변경하도록 하여야 한다.

II. 선택적 병합의 요건과 위법한 일부판결의 구제책

> 甲은 '처음처럼'이라는 상표의 소주에 관한 제조면허를 받았는데, 乙이 이를 불법면허취득이라며 비방하는 내용의 글을 자신의 블로그에 게재하였음을 이유로 명예훼손에 의한 1억원의 손해배상을 구하는 소를 제기하였으나 1심에서 패소하고 항소하였다. 항소심계속중 乙은 또다시 '처음처럼 소주 똥물을 정수해서 만들어도 된단다'라는 제목의 글을 인터넷사이트인 '다음 아고라'에 게재하자 甲은 당초의 청구취지는 변경하지 아니한 채 피고 乙의 위와 같은 명예훼손행위를 청구원인에 추가하는 내용의 각 준비서면을 진술하였다. 그러나 항소심은 새로운 명예훼손행위를 원인으로 하는 손해배상청구에 대하여는 아무런 판단도 하지 아니한 채 제1심판결을 인용하여 원고의 항소를 기각하였다.
>
> 이에 甲이 상고하였다면 상고심은 어떠한 판단을 하여야 하는가?

1. 청구변경에 따른 병합의 태양

(1) 항소심에서 청구변경의 적법여부

1) **청구변경인지 여부** : 청구취지를 그대로 두고 청구원인의 실체법상의 권리를 변경하거나 추가하는 데 그치는 경우, 신소송물이론에 의하면 공격방법의 변경에 해당하나, 구소송물이론에 의하면 소의 변경으로 본다. 다만 금전지급이나 대체물인도청구에 있어서 청구원인의 사실관계를 별개의 것으로 바꾸는 경우는 신·구이론을 막론하고 소의 변경으로 된다.

2) **청구변경의 요건구비여부** : 청구의 변경은 ① 동종절차와 공통관할이 있을 것, ② 사실심 변론종결 전일 것, ③ 신·구 청구 간에 청구기초의 동일성이 있을 것, ④ 절차를 현저히 지연시키지 않을 것을 요한다. 설문에서 제1심에서의 청구의 변경에 관한 제262조는 같은 법 제408조의 규정에 의하여 항소심절차에도 준용되므로, 상대방의 동의 없이 소를 변경할 수 있으며 같은 목적의 청구인데, 법률적 구성만 달리하는 것으로서 청구기초 동일성도 있다.

3) **청구변경의 방식요건 구비여부** 제262조 2항은 소의 변경에 있어서 청구의 취지만 서면에 의한 변경을 요구하고 있으므로 判例는 청구의 원인의 변경은 반드시 서면에 의할 필요가 없고 말로 변경해도 된다는 태도이다(대법 1965.04.06, 65다170). 설문에서 준비서면을 제출하였으므로 소변경 절차에도 문제는 없다.

(2) 청구변경에 따른 병합의 태양

청구취지에 나타난 1억원의 손해배상청구는 유지한 채 제1심판결 선고 후에 이루어진 피고의 명예훼손행위를 원인으로 하는 손해배상청구를 추가한 것은 선택적 병합으로 보여진다(대법 2010.05.13, 2010다8365).

2. 항소심판결의 위법성

(1) 선택적 병합에서 일부판결 가부

判例는 선택적 병합의 경우에는 수개의 청구가 하나의 절차에서 불가분적으로 결합되어 있기 때문에 선택적 청구 중 하나만을 기각하는 일부판결은 선택적 병합의 성질에 반하는 것으로서 법률상 허용되지 않는다고 판시하였다(대법 1998.07.24, 96다99). 따라서 선택적 병합에 있어서 원고 승소판결에 있어서는 청구 중 어느 하나를 선택하여 판단하면 되고, 나머지 청구에 관하여는 심판을 요하지 않는다. 그러나 원고 패소판결을 할 때에는 병합된 청구 전부에 대하여 배척하는 판단을 요한다.

(2) 위법한 일부판결에 대한 구제책

判例는 선택적 병합에서 원고패소판결을 하면서 병합된 청구 중 어느 하나를 판단하지 않은 경우 원고가 이와 같은 판결에 상소한 이상 누락된 부분까지 선택적 청구 전부가 상소심으로 이심하는 것이고, 재판누락으로 제1심에 그대로 남아 계속되어 있는 것이 아니라고 판시하였다(대법 2010.05.13, 2010다8365).

3. 상고심의 판단

항소심에서 원고가 새로운 명예훼손행위를 청구원인에 추가한 것은 청구의 변경으로 선택적 병합이 되고, 선택적 병합에서 어느 한 청구만 기각한 판결은 판단누락의 위법이 있으므로 상고심은 원심을 파기하고 환송하여 새롭게 추가된 명예훼손에 따른 손해배상청구를 심판할 수 있도록 하여야 한다.

III. 선택적 청구 중 하나에 대하여 일부만 인용하고 다른 선택적 청구를 판단하지 않은 경우(18년도 1차 모의쟁점)

> 원고는 피고를 상대로 불법행위 손해배상청구와 함께 부당이득반환청구를 선택적으로 병합하였다. 이때 불법행위 손해배상청구를 일부인용하면서 부당이득반환청구에 대해서는 아무런 판단을 하지 않았다면 적법한가?

1. 선택적 병합의 심판방법

(1) 선택적 병합에서 일부판결 가부

判例는 선택적 병합의 경우에는 수개의 청구가 하나의 절차에서 불가분적으로 결합되어 있기 때문에 선택적 청구 중 하나만을 기각하는 일부판결은 선택적 병합의 성질에 반하는 것으로서 법률상 허용되지 않는다고 판시하였다(대법 1998.07.24, 96다99). 따라서 선택적 병합에 있어서 원고 승소판결에 있어서는 청구 중 어느 하나를 선택하여 판단하면 되고, 나머지 청구에 관하여는 심판을 요하지 않는다. 그러나 원고 패소판결을 할 때에는 병합된 청구 전부에 대하여 배척하는 판단을 요한다.

(2) 위법한 일부판결에 대한 구제책

判例는 선택적 병합에서 원고패소판결을 하면서 병합된 청구 중 어느 하나를 판단하지 않은 경우 원고가 이와 같은 판결에 상소한 이상 누락된 부분까지 선택적 청구 전부가 상소심으로 이심하는 것이고, 재판누락으로 제1심에 그대로 남아 계속되어 있는 것이 아니라고 판시하였다(대법 2010.05.13, 2010다8365).

2. 선택적 청구 중 하나에 대하여 일부만 인용하고 다른 선택적 청구를 판단하지 않은 경우

대법원은 불법행위에 의한 손해배상청구 중 일부만을 인용하고, 피고들에 대한 부당이득반환청구에 대하여는 아무런 판단을 하지 아니한 채, 원고의 피고들에 대한 나머지 청구를 모두 기각한 것은 선택적 병합에 관한 법리를 오해하여 원고의 피고들에 대한 위 부당이득반환청구에 관하여 판단을 누락한 위법이 있다고 하였다(대법(전) 2016.05.19, 2009다66549).

3. 설문의 경우

법원은 손해배상청구의 일부를 인용하는 판결을 한 경우, 선택하지 않은 부당이득반환에 대해 기각부분에 해당하는 청구를 기각하는 판결을 선고하지 않으면 위법하다.

IV. 어느 한 청구를 인용한 판결에 대해 항소가 제기된 경우(22년 3차)

> 甲은 제1심 소송 도중인 2021. 1. 30. 청구취지 및 청구원인 변경신청서를 제출하면서, 기존의 불법행위(사용자책임)에 기한 손해배상청구를 주위적 청구로 하고, 주위적 청구가 인정되지 않을 경우에 대비하여 대리운전 계약상 채무불이행에 기한 손해배상으로 2억 원의 지급을 구하는 예비적 청구를 추가하였다. 제1심법원은 주위적 청구를 전부 기각하고, 예비적 청구만 인용하였는데 이 판결에 대하여 乙만 항소를 제기하였다.
>
> 만일 항소심법원이 제1심법원과 달리 불법행위에 기한 손해배상청구는 이유 있으나, 채무불이행에 기한 손해배상청구는 이유 없다는 심증을 가지게 되었다면 어떤 판결을 해야 하는가? (15점)

1. 문제점

원고가 예비적 청구를 추가하였는데 병합의 태양이 문제되고, 예비적 청구가 인용된 것에 피고가 항소한 경우 이심의 범위와 항소심의 주문을 살펴본다.

2. 설문의 병합의 태양

(1) 부진정 예비적 병합의 의의

예비적 병합이란 양립되지 않는 수개의 청구를 하면서 제1차적 청구(주위적 청구)가 배척(기각·각하)될 때를 대비하여 제2차적 청구(예비적 청구)에 대하여 심판을 구하는 형태이다. 다만 判例는 주위적 청구원인과 예비적 청구원인이 양립가능한 경우에도 당사자가 심판의 순위를 붙여 청구를 할 합리적인 필요성이 있는 경우에는 예비적 병합이 허용된다고 하여 이를 부진정 예비적 병합이라 한다. ⅰ) 본래 선택적 병합으로 제기해야 하는 사건에서 청구의 크기에 차이가 있고 성질에 차이가 있는 경우로써, 주위적 청구가 전부 인용되지 않을 경우에는 주위적 청구에서 인용되지 아니한 수액 범위 내에서의 양립이 가능한 예비적 청구에 대한 판단도 가능하며(대법 2002.09.04, 98다17145), ⅱ) 주위적으로 재산상 손해배상을 청구하면서 그 손해가 인정되지 않을 경우에 예비적으로 같은 액수의 정신적 손해배상을 청구하는 것과 같이 수 개의 청구 사이에 논리적 관계가 밀접하고, 심판의 순위를 붙여 청구를 할 합리적 필요성이 있다고 인정되는 경우에는, 당사자가 붙인 순위에 따라서 당사자가 먼저 구하는 청구를 심리하여 이유가 없으면 다음 청구를 심리하는 단순병합관계에 있는 청구에서도 허용된다(대법 2021.05.07, 2020다292411).

(2) 부진정 예비적 병합인지 여부

청구병합의 태양은 병합청구의 성질에 의하여 판단할 것이지, 당사자의 의사를 기준으로 할 것이 아니다(대법 1966.07.26, 66다933). 설문에서 불법행위 손해배상 청구와 채무불이행에 따른 손해배상 청구는 서로 양립이 가능하며, 청구의 크기도 동일하여 예비적 병합으로 심리할 필요성이 없다. 따라서 선택적 병합으로 본다.

3. 항소심의 판결

(1) 이심의 범위

채무불이행에 따른 손해배상청구가 인용된 것에 피고만이 항소하더라도 선택적 병합의 특성상 또는 상소불가분 원칙상 모든 청구가 이심되고 심판대상이 된다.

(2) 항소심의 주문

大法院은 "선택적으로 병합된 수 개의 청구 중 제1심에서 심판되지 아니한 청구를 임의로 선택하여 심판할 수 있다고 할 것이나, 심리한 결과 그 청구가 이유 있다고 인정되고 그 결론이 제1심 판결의 주문과 동일한 경우에도 피고의 항소를 기각하여서는 안되며 제1심판결을 취소한 다음 새로이 청구를 인용하는 주문을 선고하여야 할 것이다."라고 판시하여 항소인용설 입장이다(대법 2021.07.15, 2018다298744).

4. 설문의 해결

항소심은 1심 판결 전부를 취소하고, 원고의 주위적 청구를 인용하는 판결을 선고한다.

V. 일부만 기각한 판결에 대해 기각부분만 불복한 경우(19년 3차 모의)

원고는 이 사건 건물의 지분에 관하여 1993. 8. 25.자 증여해제를 원인으로 한 소유권이전등기를 구하는 외에 선택적으로, 같은 지분에 관하여 1986. 2. 26.자 양도합의가 있었다고 주장하면서 이를 원인으로 한 소유권이전등기를 구하고 있음이 분명한데도, 제1심은 위 1993. 8. 25.자 증여해제를 원인으로 한 소유권이전등기청구에 대하여만 판단하여 이를 기각하고 위 1986. 2. 26.자 양도합의를 원인으로 한 소유권이전등기청구에 대하여는 아무런 판단을 하지 아니하였다. 원고는 제1심판결에 불복하여 항소장을 제출하면서 그 항소취지로 위 1993. 8. 25.자 증여해제를 원인으로 한 소유권이전등기청구만을 구하였고 원심의 변론종결에 이르기까지 위 1986. 2. 26.자 양도합의를 원인으로 한 소유권이전등기청구에 관하여 제1심판결의 변경을 구하는 아무런 준비서면의 제출이나 구두진술도 하지 않았다. 항소심은 위 1986. 2. 26.자 양도합의를 원인으로 한 소유권이전등기청구는 재판누락으로 제1심법원에 그대로 계속되어 있다는 이유로 위 1993. 8. 25.자 증여해제를 원인으로 한 소유권이전등기청구에 관하여만 판단하면서 이 부분에 관한 제1심판결을 취소하여 원고의 소를 각하하고 위 1986. 2. 26.자 양도합의를 원인으로 한 소유권이전등기청구에 대하여는 아무런 판단을 하지 아니하였다.

이에 원고가 상고하였다면 상고심은 어떠한 판단을 하여야 하는지 결론과 논거를 서술하라.

1. 결 론

항소심이 양도합의를 이유로 한 이전등기청구가 재판의 누락으로 1심에 계속되어 있다고 판단한 것은 위법이나, 원고가 양도합의를 원인으로 한 소유권이전등기청구에 관하여 제1심판결의 변경을 구하는 아무런 준비서면의 제출이나 구두진술도 하지 않았다면 항소심의 심판범위는 증여해제를 원인으로 한 소유권이전등기에 국한되므로 항소심의 조치는 결과에 있어서 정당하므로 제425조, 제414조 2항에 의해 상고를 기각하여야 한다(대법 1998.07.24, 96다99).

2. 논 거

(1) 재판의 누락인지 여부

선택적 병합의 경우에는 수개의 청구가 하나의 소송절차에 불가분적으로 결합되어 있기 때문에 선택적 청구 중 하나만을 기각하는 일부판결은 선택적 병합의 성질에 반하는 것으로서 법률상 허용되지 않는다고 할 것이다. 따라서 제1심법원이 원고의 이 사건 선택적 청구 중 위 1993. 8. 25.자 증여해제를 원인으로 한 소유권이전등기청구에 대하여만 판단하여 이를 배척하고 위 1986. 2. 26.자 양도합의를 원인으로 한 소유권이전등기청구에 대하여는 아무런 판단을 하지 아니한 조치는 위법한 것이고, 원고가 이와 같이 위법한 제1심판결에 대하여 항소한 이상 원고의 이 사건 선택적 청구 전부가 항소심인 원심으로 이심되었다고 할 것이므로, 원심이 원고의 이 사건 선택적 청구 중 위 1986. 2. 26.자 양도합의를 원인으로 한 소유권이전등기청구는 재판의 탈루로서 제1심법원에 그대로 계속되어 있다고 판단한 것은 청구의 선택적 병합에 관한 법리를 오해한 것이라고 하겠다.

(2) 항소심의 심판범위

1) 판단누락을 이유로 항소한 경우 : 선택적으로 병합된 모든 청구가 이심되고 심판의 대상이 된다.
2) 기각부분에만 불복하여 항소한 경우 : 이에 대하여 判例는 "원고는 제1심판결에 불복하여 항소장을 제출하면서 그 항소취지로 위 1993. 8. 25.자 증여해제를 원인으로 한 소유권이전등기청구만을 구하였고 원심의 변론종결에 이르기까지 위 1986. 2. 26.자 양도합의를 원인으로 한 소유권이전등기청구에 관하여 제1심판결의 변경을 구하는 아무런 준비서면의 제출이나 구두진술도 하지 않았음을 알 수 있는 바, 사정이 이와 같다면 제1심판결에 대한 원고의 불복 범위는 위 1993. 8. 25.자 증여해제를 원인으로 한 소유권이전등기청구에 관한 부분에 한정되어 있다고 봄이 상당하고, 따라서 위 1986. 2. 26.자 양도합의를 원인으로 한 소유권이전등기청구에 관한 부분은 원심에서의 심판의 범위에 포함되지 않는다고 할 것"이라 하여 제1심에서 기각된 부분만 심판대상으로 보고 있다.

56 | 예비적 병합의 주요쟁점

I. 양립가능한 청구의 예비적 병합

> 원고 甲의 전부금의 지급을 구하는 주위적 청구에 대하여 피고 乙이 전부명령이 송달되기 전에 이미 소외 채무자 A에게 피전부채권을 전부 변제하였다고 항변하자, 이 항변이 받아들여져 전부금 청구가 배척될 경우에 대비한 예비적 청구로서, 피고 乙이 피고가 A에게 지급하여야 할 토지매매 잔대금 중 금 145,000,000원을 원고에게 직접 지급하기로 약정하였음을 청구원인으로 하여 위 금원과 이에 대한 약정 변제기 다음날인 1989. 부터 완제일까지 월 2푼의 비율에 약정 이자의 지급을 구하고, 위 약정의 법률적 성질에 관하여 이는 피고가 A의 원고에 대한 원심판시 대여금 채무를 중첩적으로 인수한 것이라고 주장하였음을 알 수 있는바, 피전부채권이 존재하지 아니하는 경우에는 전부명령이 확정되더라도 집행채권에 대한 변제의 효력이 없는 것이므로 이 사건에서 피전부채권의 일부가 변제로 이미 소멸하여 존재하지 아니한다면 그 부분에 대하여는 전부금의 지급을 구하는 주위적 청구가 인용될 수 없다 할 것이나, 이 때에는 그 부분에 대한 집행채권 소멸의 효력이 발생하지 아니하여 이에 대한 인수채무도 병존하게 되므로 원고는 인수채무자인 피고에게 그 변제를 구할 수 있다고 할 것이라 주장하고 있다.
>
> 이러한 예비적 병합이 허용되는가?

1. 부진정예비적병합의 허용여부

(1) 양립이 가능한 경우의 예비적 병합의 허부

1) **判例의 원칙적 입장** : 예비적 청구는 주위적 청구와 양립될 수 없는 관계에 있어야 한다는 입장이다(대법 1991.05.28, 90누1120). 따라서 주위적 청구의 수량만을 감축하는 예비적 청구, 무조건의 주위적 청구에 대한 상환이행의 예비적 청구 등은 예비적 병합이라 할 수 없다.

2) **判例의 예외적 입장** : 그러나 <u>주위적 청구원인과 예비적 청구원인이 양립 가능한 경우에도 청구의 크기에 차이가 있어 심판의 순위를 붙여 청구할 합리적인 필요성이 있는 경우에는 예비적 병합이 허용된다</u>. 즉 判例는,

① 원고가 주위적으로 부동산에 관한 이주자택지 공급계약청약권의 준공유자의 한 사람으로서 보존행위 내지 관리행위로 청약권 전부에 관하여 청약의 의사표시를 하였음을 전제로 이 사건 부동산에 관하여 매매대금의 지급과 상환으로 매매를 원인으로 한 소유권이전등기절차의 이행을 구한다는 것이고, 예비적으로 자신의 지분권만에 관하여 지분의 처분행위로서 청약의 의사표시를 하였음을 전제로 이 사건 부동산 중 182분의 156지분에 관하여 매매대금의 지급과 상환으로 매매를 원인으로 한 소유권

이전등기절차의 이행을 구하는 경우(대법 2002.02.08, 2001다17633),

② 주위적으로 채무불이행 내지 불법행위에 해당함을 이유로 42,269$ 및 그 지연손해금의 배상을 구하고, 예비적으로 원고가 지출한 소송합의금 10,000$와 소송비용의 1/2에 해당하는 16,135$ 등 합계 26,135$를 지급하기로 피고가 약정한 바 있음을 이유로 위 금액 상당의 약정금 및 그 지연손해금의 지급을 구한 경우(대법 2002.10.25, 2002다23598),

③ 원고가 전소송에서 선택적 관계로서 동시에 양립할 수 있는 전부금 청구와 채무인수금 청구를 불가분적으로 결합시켜 예비적 형태로 병합 청구하면서, 주위적으로 120,000,000원 및 그의 지연손해금인 전부금 청구의 지급을 구하고, 예비적으로 145,000,000원 및 그의 지연손해금인 채무인수금의 지급을 청구하는 예비적 병합 청구도 허용된다고 한다(대법 2002.09.04, 98다17145).

(2) 법원의 심판

이 경우 <u>주위적 청구의 일부를 특정하여 그 부분이 인용될 것을 해제조건으로 하여 그 부분에 대해서만 하는 예비적 청구도 허용되므로</u>(대법 1996.02.09, 94다50274), <u>주위적 청구가 전부 인용되지 않을 경우에는 주위적 청구에서 인용되지 아니한 수액 범위 내에서의 양립이 가능한 예비적 청구에 대한 판단도 가능하다.</u> 따라서,

① 대법 2002.02.08, 2001다17633은 원심이, 원고가 예비적 청구라고 한 제2순위 청구에 대하여 이는 주위적 청구에 대한 수량적 일부에 불과하여 원래의 의미의 예비적 청구에 해당되지 아니한다는 이유로 따로 판단을 하지 아니한 것은 소송물 또는 청구의 예비적 병합에 관한 법리를 오해하여 판결에 영향을 미쳤다고 하면서, 양 청구는 그 청구의 크기에 있어 차이가 있어 원고로서는 위와 같이 순서를 붙여서 청구를 할 합리적 필요성이 있다고 인정되므로 원심으로서는 제1순위 청구가 이유 없을 경우 제2순위 청구에 관하여 결론이 어떠하던 간에 그 당부를 판단하였어야 할 것이라 하였고,

② 대법 2002.10.25, 2002다23598은 이 경우 법원이 주위적 청구원인에 기한 청구의 일부를 기각하고 예비적 청구취지보다 적은 금액만을 인용할 경우에는, 원고에게 주위적 청구가 전부 인용되지 않을 경우에는 주위적 청구에서 인용되지 아니한 수액 범위 내에서의 예비적 청구에 대해서도 판단하여 주기를 바라는 취지인지 여부를 석명하여 그 결과에 따라 예비적 청구에 대한 판단 여부를 정하여야 한다고 하였으며,

③ 대법 2002.09.04, 98다17145은 전소송의 환송 전 항소심은 그 병합 청구 당사자의 의사가 주위적 청구의 일부나 전부의 인용을 해제조건으로 한 예비적 청구의 병합이라고 이해한 나머지 주위적 청구 중의 일부만을 인용하면서도 예비적 청구에 대하여는 판단할 필요가 없다고 결론 지었는 바, 이러한 형태의 예비적 병합이 소송절차의 안정을 해친다거나 예비적 청구의 성질에 반한다고 보여지지도 아니하므로, <u>원심으로서는 석명권을 행사하여 예비적 청구에 관한 원고의 주장 내용을 좀 더 명확하게 밝혀 보고, 예비적 청구를 하는 원고의 주장 취지가 위와 같은 것이라면, 피고의 변제 항변을 받아들여 주위적 청구의 일부를 인용하지 아니한 이상, 나아가 예비적 청구의 당부에 관하여 판단하였어야 할 것임에도 불구하고, 이에 이르지 아니하고 만연히 원고의 이 사건 예비적 청구가 주위적 청구의 어느 일부라도 인용될 것을 해제조건으로 한 것이라고 보아 위와 같이 판단하고 말았음은 청구의 예비적 병합에 관한 법리를 오해하고 석명권 행사를 게을리하여 필요한 심리를 다하지 아니함으로써 판결에 영향을 미친 위법이 있다</u>고 하였다.

2. 결론

주위적 청구원인과 예비적 청구원인이 양립이 가능한 경우에도 청구의 크기가 달라 심판의 순위를 붙여 청구할 합리적 필요성이 있는 경우에는 예비적 병합이 가능하다. 따라서 선택적 관계로서 동시에 양립할 수 있는 전부금 청구와 채무인수금 청구를 불가분적으로 결합시킨 이 사건의 경우, 원고는 분할 가능한 주위적 청구의 일부를 특정하여 그 부분이 인용될 것을 해제조건으로 하여 그 부분에 대해서만 예비적 청구를 한 것이라고 볼 여지가 충분하고(대법 1996.02.09, 94다50274), 또 이러한 형태의 예비적 병합이 소송절차의 안정을 해친다거나 예비적 청구의 성질에 반한다고 보여지지도 아니하므로 적법하다(대법 2002.09.04, 98다17145).

II. 주위적 청구를 배척하면서 예비적 청구를 판단하지 않은 경우

〈추가된 사실관계〉
위 사실관계에서 제1심은 주위적 청구의 일부가 변제로 소멸하였다고 판단하면서 예비적 청구부분을 판단하지 않았다.

원고가 이에 대하여 원심에 추가판결을 신청하면 적법한가? 나아가 원고가 예비적 청구부분을 별소로 제기한 경우 어떠한 판단을 하여야 하는가?

1. 추가판결 가부

(1) 변론의 분리나 일부판결의 허부

大法院은 예비적 병합의 경우에는 수개의 청구가 하나의 절차에서 불가분적으로 결합되어 있기 때문에 주위적 청구를 먼저 판단하지 않고 예비적 청구만 인용하거나, 주위적 청구만을 배척하고 예비적 청구에 대해서 판단하지 않는 등의 일부판결은 예비적 병합의 성질에 반하는 것으로 허용되지 않는다고 판시하였다(대법 1995.07.25, 94다62017).

(2) 주위적 청구를 배척하면서 예비적 청구를 판단하지 않은 경우

1) **견해의 대립** : ① 이를 재판의 누락으로 보아 그 부분은 원심에 계속 중이고 추가판결의 대상이 된다는 입장, ② 일부판결이 허용되지 않는다는 입장에서 판단누락에 준하여 위법한 판결로서 상소·재심으로 구제할 것이라는 입장, ③ 위법하다는 결론에 있어서는 찬성하나 판단누락에 준하는 것으로 보지 말고 예비적병합의 특성상 그 자체가 심리의 불가분성에 위반된 위법한 판결이라는 견해도 있다.

2) **判例의 입장** : 判例는 판단누락이라고도 했다가 재판누락임을 전제로 추가판결의 대상이라고도 하는 등 동요하고 있으나, 전합판결에서 "예비적 병합에서 일부판결은 예비적 병합의 성질에 반하는 것으로서 법률상 허용되지 아니하며, 그럼에도 불구하고 주위적 청구를 배척하면서 예비적 청구에 대하여 판단하지 아니하는 판결을 한 경우에는 그 판결에 대한 상소가 제기되면 판단이 누락된 예비적 청구 부분도 상소심으로 이심이 되고 그 부분이 재판의 누락에 해당하여 원심에 계속중이라고 볼 것은 아니다"라고 하여 판단누락설의 입장이다(대법 2000.11.16, 98다22253).

(3) 결 론

원심에서 예비적 청구에 대한 추가판결은 허용되지 않으며, 원고는 상소나 재심으로 구제받는다.

2. 예비적 청구를 별소로 제기한 경우

判例는 예비적 청구에 대한 판단을 누락한 판결이 확정된 후 그 누락된 예비적 청구를 별소로 제기할 수 있는지에 관하여, 판결상 예비적 청구에 관하여 이루어져야 할 판단이 누락되었음을 알게 된 당사자로서는 상소를 통하여 그 오류의 시정을 구하였어야 함에도 상소로 다툴 수 없는 특별한 사정이 없었음에도 상소로 다투지 아니하여 그 판결을 확정시켰다면 그 후에는 그 예비적 청구의 전부나 일부를 소송물로 하는 별도의 소송을 새로 제기함은 부적법한 소 제기이어서 허용되지 않는다고 하였다 (대법 2002.09.04, 98다17145). 따라서 원고의 별소에 대해 법원은 소각하판결을 한다.

III. 주위적 청구인용판결에 대하여 피고가 항소한 경우

> 주위적 청구가 인용된 것에 피고가 항소하였는데, 항소심은 원고의 주위적 청구가 이유 없고 예비적 청구가 이유 있다는 판단을 하고 있다.
>
> 이 경우 항소심의 주문과 논거를 서술하라.

1. 항소심의 주문

항소심은 1심판결을 취소하고 주위적 청구를 기각하고, 예비적 청구를 인용하는 판단을 한다.

2. 논 거

(1) 이심의 범위

예비적 병합은 주위적 청구 인용을 해제조건으로서 예비적 청구의 심판을 신청하는 것이므로 주위적 청구 인용판결은 그 자체가 전부판결이다. 그런데 피고가 제1심에서 인용된 주위적 청구에 불복신청한 경우 예비적 병합의 특성상 또는 상소불가분원칙상 예비적 청구도 함께 확정이 차단되고 이심된다.

(2) 심판의 범위

예비적 병합은 주위적 청구가 인정되지 않은 경우에 예비적 청구에 대하여 심판받기를 바라는 것으로 항소심에서 주위적 청구의 인용판결이 이유 없다고 인정될 경우 예비적 청구가 항소심의 현실적인 심판의 대상이 될 수 있다.

(3) 항소심의 판단

항소심은 주위적 청구가 인정되지 않고 예비적 청구만 인정된다고 판단하는 경우에 당사자의 심급의 이익을 위하여 임의적 환송도 생각해 볼 수 있으나 현행법에서 삭제된 제도이므로 항소심은 원판결을 취소하고 자판하여야 한다.

Ⅳ. 예비적청구 인용판결에 피고만 항소한 경우(14년 1차, 17년 2차, 19년 1차 모의쟁점)

> 주위적 청구가 기각되고 예비적 청구가 인용된 1심 판결에 대하여 피고만이 항소를 하였고 원고는 항소도 부대항소도 하지 않았는데, 항소심은 주위적 청구가 이유 있다는 심증을 형성하고 있다.
>
> 어떠한 판단을 하여야 하는가?

1. 문제점

제1심이 주청구를 기각하고 예비적 청구를 인용한 것은 전부판결인데, 이에 대해 피고가 예비적 청구가 인용된 것에 항소하면, 항소제기에 의한 확정차단의 효력과 이심의 효력은 원칙적으로 항소인의 불복신청의 범위에 관계 없이 원판결의 전부에 대하여 불가분적으로 발생한다. 이때 항소심이 주위적 청구를 심판대상으로 삼아 인용할 수 있는지 불이익변경금지원칙과 관련하여 문제된다.

2. 주위적 청구가 심판의 대상인지 여부

(1) 학설의 입장

1) 소극설 : ① 주위적 청구에 관해서 심판을 허용하게 되면 소송당사자의 일방의 이익을 위하여 그 상대방인 소송당사자에게 불측의 불이익을 입히게 되고, ② 원고는 항소나 부대항소도 제기하지 않았으므로 주위적 청구를 심판하는 것은 이익변경금지의 원칙에 저촉되므로, 주위적 청구에 대한 제1심의 판단의 당부를 심사의 대상으로 삼을 수 없다는 견해이다.

2) 적극설 : ① 예비적 병합소송의 특성에 기하여 원판결은 1개의 전부판결이고 불복신청도 전부에 미치고 또한 양 청구의 분리판단은 적당하지 않고, ② 주위적 청구부분을 심판대상으로 하는 것은 사적분쟁의 합리적 해결을 목적으로 하는 민소법의 기본이념에 부합하는 점 등을 들어 주위적 청구에 관한 판단의 당부도 심사의 대상으로 삼을 수 있다는 입장이다.

(2) 判例의 입장

判例는 항소제기에 의한 이심의 효력은 당연히 사건 전체에 미쳐 주위적 청구에 관한 부분도 항소심에 이심되는 것이지만, 항소심의 심판범위는 이에 관계없이 피고의 불복신청의 범위에 한하는 것으로서 예비적 청구를 인용한 제1심 판결의 당부에 그치고 원고들의 부대항소가 없는 한 주위적 청구는 심판대상이 될 수 없다고 판시하여 소극설의 입장이다(대법 2002.12.26, 2002므852).

3. 결 론

생각건대, 적극설은 피고의 방어권·변론권을 침해하고 처분권주의에 위배되기 때문에 따를 수 없다고 하겠으며, 불복하지 않은 주위적 청구에 관한 부분은 이심은 되지만 항소심의 심판대상은 되지 않는다고 보는 소극설이 타당하다. 이는 불이익변경금지의 원칙상 당연하다. 이 경우 원고는 주위적 청구와 예비적 청구가 모두 기각되는 완패의 결과가 생기나, 주위적 청구부분은 항소심 판결선고시에 확정되므로 상고를 제기할 수도 없고, 예비적청구가 기각된 것에 불복하여 상고할 수 있다.

V. 예비적 병합을 선택적 병합으로 선해한 판례(19년 3차 모의)

> 원고 甲은 피고 乙을 상대로 금 1억 원과 이에 대한 지연손해금의 지급을 청구하면서 주위적 청구원인으로 대여를 주장하고, 예비적으로 불법행위(사기)를 원인으로 한 손해배상 청구를 하였다. 제1심은 이 사건 주위적 청구를 기각하는 한편, 이 사건 예비적 청구를 인용하였고, 이에 대하여 피고만이 항소하였는데, 원심은 피고만이 항소한 이상 심판대상은 이 사건 예비적 청구 부분에 한정된다고 전제한 다음, 피고의 불법행위가 인정되지 않는다는 이유로 피고의 항소를 받아들여 이 사건 예비적 청구마저 기각하였다.
>
> 이에 원고가 상고하면 상고심은 어떠한 판단을 하여야 하는가?

1. 문제점

원심은 원고의 의사에 따라 사안을 예비적 병합으로 취급하여 예비적 청구가 인용된 것에 피고만이 항소한 경우 불이익변경금지 원칙상 주위적 청구부분은 심판대상이 되지 않는다고 판단하였다. 이에 대한 상고심의 판단과 관련하여 <u>설문의 병합형태를 검토하고, 만일 선택적 병합에 해당한다면 항소심의 심판범위가 어떻게 되는지</u> 살펴본다.

2. 설문의 청구병합의 형태

(1) 청구병합의 의의

<u>청구의 병합이란 원고가 하나의 소송절차에서 여러 개의 청구를 하는 경우를 말한다</u>(제253조). 여기에는 병합된 모든 청구의 승소를 바라는 단순병합, 양립할 수 있는 수개의 경합적 청구권에 기해 어느 하나의 인용을 해제조건으로 다른 청구의 심판을 바라는 선택적 병합, 양립할 수 없는 여러 개의 청구를 심판의 순서를 붙여 청구하는 예비적 병합이 있다.

(2) 설문의 병합형태

1) 判例의 입장 : 大法院은 <u>병합의 형태가 선택적 병합인지 예비적 병합인지 여부는 당사자의 의사가 아닌 병합청구의 성질을 기준으로 판단하여야 하고, 항소심에서의 심판 범위도 그러한 병합청구의 성질을 기준으로 결정하여야 한다. 따라서 실질적으로 선택적 병합 관계에 있는 두 청구에 관하여 당사자가 주위적·예비적으로 순위를 붙여 청구하였고, 그에 대하여 제1심법원이 주위적 청구를 기각하고 예비적 청구만을 인용하는 판결을 선고하여 피고만이 항소를 제기한 경우에도, 이를 선택적 병합으로 취급하여야 한다</u>고 하였다(대법 2014.05.29, 2013다96868).

2) 判例에 대한 평석

① 예비적 병합이라는 견해 : 대여금반환청구는 그 행위를 법이 요구하는 적법한 것이고, 불법행위 손해배상청구는 그 행위를 법이 허용하지 않는 위법한 것으로서 서로 양립할 수 없는 관계로 예비적 병합이라는 입장이다.

② 부진정 예비적 병합이라는 견해 : 대상판결은 논리적으로 양립하여 본래 선택적 병합관계에 있는 양 청구에 관하여 당사자가 주위적·예비적으로 순위를 붙여 청구한 이른바 부진정 예비적 병합으로

보는 입장이다. 처분권주의 하에서는 기본적으로 원고의 의사가 병합형태를 결정하므로, 원고가 예비적 병합으로 하고자 하는 목적에 어느 정도의 필요성과 합리성이 인정되면 이를 예비적 병합으로 취급하고, 불합리한 점은 석명권을 적절히 행사하여 해결하면 된다고 한다.

(3) 검토 및 설문의 경우

선택적 병합에서는 하나의 청구권이 목적을 달성함으로써 소멸하게 되면 나머지 청구권 역시 그와 동시에 목적달성을 이유로 함께 소멸하여야 하는데, 계약상 의무의 이행으로 이루어진 법률상 정당한 급부의 원인이 존재하는 금원의 교부가, 동시에 그 금원의 급부자에게 위법하게 손해를 발생시키는 불법행위를 구성하여 양자가 택일관계로 본다는 것은 문제가 있다. 대법원은 구체적 타당성을 감안하여 이를 선택적 병합으로 본 것인데, 순수한 법리적 판단으로는 원심이 바라본 것처럼 예비적 병합으로 보는 것이 타당하다.

3. 대법원의 판단

(1) 선택적 병합으로 볼 경우

1) 어느 한 청구를 인용한 판결에 대해 항소가 제기된 경우 : 선택적 병합에서 어느 하나를 인용한 판결은 전부판결로서 이에 대해 피고의 항소가 있다면 선택적 병합의 특성상 또는 상소불가분 원칙상 모두 이심하고 항소심의 심판대상이 되는 것이고, 따라서 항소심에서 불법행위손해배상청구만을 기각한 것은 위법한 일부판결로서, 판단누락의 위법이 있어 상고이유가 있다.

2) 判例의 입장 : 大法院은 본 사안을 선택적 병합으로 보아서 원심을 파기하고 환송하여 대여금반환청구에 대하여 심리할 수 있도록 하였다.

(2) 예비적 병합으로 볼 경우

주위적 청구는 항소심에서 판결선고시에 확정되어 이에 대하여 상고를 제기하면 각하되고, 예비적 청구가 기각된 것에 대하여 적법하게 상고할 수 있다. 이에 따라 상고심은 본안판단을 하면 된다.

57 | 청구변경

I. 청구변경의 요건과 절차(11년 1차, 15년 2차 모의쟁점)

> 와인 수입업을 영위하는 甲 주식회사가 1심에서 乙을 상대로 반소를 제기하면서, 乙이 甲 주식회사의 동업자로서 함께 점포를 임대하여 와인 상점을 운영하던 중 정당한 이유 없이 무단으로 위 점포와 그곳에 있는 와인을 점유한 채 반환을 하지 아니하여 甲 회사의 와인을 손상시켰다는 이유로 점포의 인도 및 와인 등 동산의 인도청구, 甲 회사가 입은 영업손실액 상당의 손해배상청구등을 하였다가 항소심에 이르러 '영업손실액 상당의 손해배상청구'를 '와인 손상에 따른 손해배상청구'로 교환적으로 변경한다는 진술을 하였다.
>
> 甲의 청구변경에 대해 반소피고인 乙은 요건을 갖추지 못했으며, 가사 적법하다 하여도 이에 동의하지 않으며, 서면에 의한 변경이 아니니 절차상 위법이 있다고 진술하고 있다. 항소심은 적법한 청구변경으로 볼 수 있는가?

1. 문제점

청구의 변경은 법원과 당사자는 그대로 둔 채 소송물의 변경을 말하는 것으로(제262조), ① 청구의 기초가 바뀌지 아니할 것, ② 소송절차를 현저히 지연시키지 않을 것, ③ 사실심에 계속되고 변론종결 전일 것, ④ 청구 병합의 일반요건을 갖출 것이 요구된다. 甲은 1심에서 제기한 반소를 항소심에서 교환적으로 변경하였는바, 청구변경의 요건과 관련하여 청구기초동일성이 있는지와 상대방의 동의와 관련하여 항소심에서의 반소제기 요건을 검토한다.

2. 청구변경이 적법한지 여부

(1) 청구변경의 요건을 갖추었는지 여부

1) **청구기초동일성이 있는지 여부**: 청구기초의 동일성과 관련하여 이익설과 사실자료동일설, 그리고 병용설이 대립하는데, 判例는 ① 청구원인이 동일한데 청구취지만 변경한 경우이거나 ② 신구청구 중 한쪽이 다른 쪽의 변형물이거나 부수물인 경우, ③ 법적 구성만 달리한 경우, 그리고 ④ 분쟁의 해결방법에 차이가 있음에 불과한 경우라면 본 요건을 충족한다고 본다.

2) **설문의 경우**: 사안은 청구취지를 동일한 생활사실 또는 동일한 경제적 이익에 관한 분쟁에서 해결 방법에 차이가 있음에 불과한 것으로 청구기초에 변경이 없다고 보인다. 判例도 『변경 전후의 청구를 비교하여 보면 종전의 청구와 새로운 청구는 모두 乙이 부동산 및 동산을 무단점유한 상태에서 甲 회사가 입은 손해의 배상을 구하는 것으로 동일한 생활사실 또는 동일한 경제적 이익에 관한 분쟁에서 해결 방법을 달리하고 있을 뿐이므로 청구의 기초에 변경이 있다고 볼 수 없다』고 하여 같은 입장

이다(대법 2012.03.29, 2010다28338 · 28345).

(2) 피고의 동의 요부

1) 교환적 변경시 피고의 동의 요부 : 교환적 변경의 경우 判例는 결합설에 의하면서도 피고가 본안에 관하여 응소한 후 교환적 변경을 하는 경우 피고의 동의를 얻지 못하더라도 청구기초의 동일성에 영향이 없다 하여 취하의 효력이 생기는 것으로 본다(대법 1962.01.31, 4294민상310). 문제는 항소심에서의 반소와 관련하여 제412조의 요건상 동의가 필요한 것은 아닌지에 있다.

2) 항소심 반소의 요건 : 항소심에서 반소를 제기한 경우에는 원고의 심급의 이익을 해할 우려가 없는 경우 또는 원고의 동의나 이의 없는 응소를 요한다(제412조). 학설은 심급의 이익을 해치지 않는 경우로서 ① 중간확인의 반소, ② 본소와 청구원인을 같이하는 반소, ③ 제1심에서 이미 충분히 심리한 쟁점과 관련된 반소, ④ 항소심에서의 추가된 예비적 반소를 든다.

3) 사안의 경우 : 사안은 항소심에서 추가된 예비적반소처럼 청구기초동일성이 있는 경우로서 심급의 이익을 해할 우려가 없는 경우로 반소피고인 乙의 동의가 없어도 교환적 변경이 가능하다고 본다.

(3) 청구의 변경 절차 충족 여부

1) 청구의 변경 방법 : 소의 변경은 새로운 소의 제기와 같기 때문에 청구취지의 변경은 서면에 의하여야 하고(제262조 2항), 이 서면은 상대방에게 송달되어야 한다(제262조 3항). 그런데 청구원인을 변경하는 경우에도 서면에 의하여야 하는지 문제된다.

2) 견해의 대립 : ① 학설 중에는 청구원인의 변경도 소송물의 변경을 가져오므로 서면에 의하여야 한다는 필요설도 있으나, ② 判例는 청구원인의 변경은 반드시 서면으로 할 필요가 없고 변론에서 구술로 하여도 무방하다는 입장을 취하고 있다(대법 1965.04.06, 65다170).

3) 검 토   생각건대 제262조 제2항에서 특별히「청구취지」의 변경을 서면으로 해야 한다고 규정한 취지상 청구원인의 변경은 구술로 할 수 있다고 보는 것이 타당하다.

3. 결 론

설문은 신·구청구는 청구기초에 동일성이 있고, 교환적 변경의 경우 상대방의 동의를 받을 필요도 없으며, 청구원인의 변경을 구술변경도 가능하므로 적법하다. 청구변경시 법원은 따로 소변경을 허가한다는 뜻의 명시적 재판을 요하지 않으나, 상대방이 다툴 때에는 제263조를 준용하여 결정으로 변경의 적법성을 중간적 재판이나 종국판결의 이유 속에서 판단할 수 있다.

II. 피보전채권의 변경이 채권자취소소송의 청구변경인지 여부(13년 1차, 18년 2차 모의쟁점)

> 채무 초과 상태에 있는 乙은 2004. 9. 20. 丙에게 그의 유일한 재산인 부동산을 증여하고 같은 날 丙 앞으로 그 소유권이전등기를 마쳐 주었다. 한편 위 증여계약 당시 乙은 甲에 대하여 금전채무를 부담하고 있었다. 甲은 2004. 10. 21. 乙이 그의 유일한 재산을 위와 같이 처분한 사실을 알게 되었다. 그리하여 2004. 11. 2. 법원에 사해행위취소 및 그로 인한 원상회복을 구하는 소(이하 사해행위취소소송)를 제기하였다.
>
> 그 후 2005. 10. 30. 그 피보전권리를 대여금채권에서 구상금채권으로 교환적 변경한 경우, 이는 이 소의 적법 여부에 어떠한 영향을 주는가?

1. 문제점

사해행위취소소송에서 피보전채권의 변경이 공격방법의 변경인지 청구의 변경인지가 문제된다. 만일 청구의 교환적 변경에 해당한다면, 제소기간의 준수 여부를 청구변경서를 법원에 제출한 때를 기준으로 판단하여야 할 것인바(제265조), 그렇다면 원고 甲의 이 사건 소는 사해행위임을 안 날인 2004. 10. 21.부터 제소기간인 1년(민법 제406조 제2항)이 지난 뒤인 2005. 10. 30. 제기된 것이 되어 부적법하게 된다.

2. 피보전채권의 변경이 청구변경인지 여부

(1) 判例의 입장

채권자의 채무자에 대한 피보전채권이 사해행위취소소송의 소송물을 결정하는 기준이 되는지 문제되는데, 判例는 『채권자가 사해행위의 취소를 청구하면서 그 보전하고자 하는 채권을 추가하거나 교환하는 것은 그 사해행위취소권을 이유 있게 하는 공격방법에 관한 주장을 변경하는 것일 뿐이지 소송물 또는 청구 자체를 변경하는 것이 아니므로 소의 변경이라 할 수 없다』고 판시한 바 있고(대법 2003.05.27, 2001다13532), 이는 전소나 후소 중 어느 하나가 승계참가신청에 의하여 이루어진 경우에도 마찬가지이다(대법 2012.07.05, 2010다80503).

(2) 검 토

사해행위취소소송의 소송물은 채권자의 채무자에 대한 총채권을 보전하기 위하여 사해행위를 취소하고 원상회복을 청구하는 것으로, 그 법률요건은 ① 피보전채권의 존재, ② 채무자의 책임재산에 대한 처분행위가 있었을 것, ③ 처분행위가 사해행위에 해당할 것, ④ 수익자 또는 전득자의 악의 등이다. 따라서 채권자의 채무자에 대한 개개의 피보전채권은 사해행위취소소송의 소송물을 결정하는 기준으로 볼 수 없고 피보전채권을 변경하는 것은 공격방법의 변경에 불과하다.

3. 설문의 해결

甲이 피보전채권을 변경하는 것은 공격방법의 변경에 불과하고 청구의 변경이라고 볼 수 없으므로 이 사건 소의 적법 여부에 영향을 주지 않는다.

58 | 반소의 주요쟁점

Ⅰ. 반소의 적법요건(11년 1차, 20년 1차 모의쟁점 / 2회 기출)

> 甲의 매매대금청구에 대하여 피고 乙은 원고의 대금채권이 시효로 소멸하였다고 주장하면서 甲을 상대로 대금채무에 대한 채무부존재확인의 반소를 제기하였다.
>
> 이러한 피고의 반소에 대하여 법원은 어떠한 판단을 하여야 하는가?

1. 반소요건 구비여부

(1) 반소의 의의와 요건

반소라 함은 소송계속 중 피고가 원고에 대하여 본소의 소송절차에 병합하여 제기하는 새로운 소를 말한다(제269조). 반소가 적법하기 위해서는 반소요건과 일반 소송요건을 구비하여야 하는데, 반소요건으로는 ① 본소가 사실심에 계속되고 변론종결 전이어야 하고, ② 반소관련성이 있어야 하며, ③ 본소절차를 지연시키지 않아야 하며, ④ 청구병합의 일반요건을 갖추어야 한다.

(2) 반소관련성이 있는지 여부

1) **상호관련성의 의미** : 반소청구가 본소청구나 본소의 방어방법과 상호관련성이 있어야 한다. 본소의 방어방법과 상호관련된 반소는 그 방어방법이 반소제기 당시에 현실적으로 제출되어야 하며 또 법률상 허용되어야 한다. 따라서 소송법상 실기각하된 항변에 바탕을 둔 반소는 부적법하다.

2) **설문의 경우** : 반소의 다른 요건은 문제가 없고 반소관련성이 문제되는데, 丙은 원고 甲의 본소에 대해 소멸시효 항변을 하였고, 이것이 실기각하되는 등 부적법한 취급을 받지 않았으므로 항변사유와 대상 및 발생원인에서 사실상 또는 법률상 공통점이 있는 채무부존재확인의 반소는 관련성이 있다. 따라서 반소의 요건은 구비하였다.

2. 일반소송요건의 구비여부

반소는 본소를 기각시키기 위한 방어방법이 아니라 독립한 소이므로 본소에 대한 방어방법 이상의 적극적 내용이 포함되어야 한다. 따라서 동일채권 또는 소유권존재확인청구의 본소에 대하여 그에 대한 부존재확인을 구하는 것은 반소청구로서의 이익이 없어 허용되지 않는다. 우리 判例 역시 "반소청구에 본소청구의 기각을 구하는 것 이상의 적극적 내용이 포함되어 있지 않다면 반소청구로서의 이익이 없고, 어떤 채권에 기한 이행의 소에 대하여 동일 채권에 관한 채무부존재확인의 반소를 제기하는 것은 그 청구의 내용이 실질적으로 본소청구의 기각을 구하는 데 그치는 것이므로 부적법하다"고 하였다(대법 2007.04.13. 2005다40709).

3. 반소에 대한 판단

설문은 반소요건은 갖추었지만 일반소송요건이 흠결되어 있으므로 법원은 피고의 반소를 각하하는 판결을 한다.

Ⅱ. 반소에 따른 본소의 소의 이익 (9회 기출)

> 甲이 乙에게 교통사고로 인한 손해배상채무가 없다고 하여 그 부존재의 본소를 제기한 후에 바로 乙이 甲을 상대로 그 손해배상의무이행의 적극적인 반소를 제기한 사안에서 각 소가 적법한지 검토하라.

1. 반소의 적법여부

(1) 반소요건검토

① 피고의 반소는 본소와 같이 민사사건이므로 동종절차에서 심판될 수 있으며, 공통관할이 있다고 할 것이며, ② 사실심인 제1심에서 반소를 제기하였고, ③ 피고는 교통사고를 원인으로 하여 반소를 제기 하였으므로 본소청구와 그 발생원인이 공통되므로 본소와 상호관련성이 있으며, ④ 본소절차를 현저히 지연시켰다고 볼만한 사정이 보이지 아니하므로 피고 乙의 반소는 반소요건을 구비하였다고 볼 것이다.

(2) 소송요건검토

乙의 반소는 본소에 대한 방어방법 이상의 적극적 내용을 가지고 있어 소의 이익을 구비하였고, 원고의 확인의 소에 대해 같은 권리관계에 대하여 이행의 소를 제기한 것으로 중복소송으로 볼 수 있을 것인가 문제되나 중복제소금지의 취지가 심판의 중복과 판결의 모순·저촉의 방지라는 점에 비추어 후소가 전소의 소송절차 내에서 반소의 방법으로 제기된 때에는 중복소송이 아니다.

2. 甲의 채무부존재확인의 소의 확인의 이익

채무자 입장에서는 적극적인 이행의 소를 제기할 수는 없는 결과, 현재의 채무에 대한 분쟁을 발본적으로 해결하기 위해서는 자신의 채무가 존재하지 아니한다는 소극적 확인의 소를 제기할 수 있는 것이다. 다만 이 경우에도 채권자 측에서 적극적인 이행의 소를 제기한 경우에도 확인의 이익이 있는 것인지는 견해가 대립되므로 이를 살펴본다.

(1) 학설의 입장

이 경우 학설의 주류적 입장은 본소가 판결하기에 성숙할 단계까지 갔는데 이제 피고가 그 채무이행의 반소를 제기하면 본소가 적법하지만, 그렇지 아니한 경우는 채무부존재확인의 본소는 확인의 이익이 없는 것으로 본다.

(2) 判例의 입장

① 원심은 "위 교통사고와 관련한 손해배상채무의 부존재확인을 구하는 원고의 이 사건 본소에 관하여, 소의 이익의 존부는 사실심 변론종결시를 기준으로 판단하여야 하는바, 피고들이 원고에 대하여 반소를 제기하여 위 손해배상채무의 이행을 구하고 있는 이상 본소의 목적은 반소청구에 대한 기각을

구하는 방어로써 충분히 달성할 수 있으므로 본소는 소의 이익이 없어 부적법하다"고 하여 이를 각하하였다. 그러나 ② 大法院은 "소송요건을 구비하여 적법하게 제기된 본소가 그 후에 상대방이 제기한 반소로 인하여 소송요건에 흠결이 생겨 다시 부적법하게 되는 것은 아니므로, 원고가 피고들에 대하여 위 교통사고와 관련한 손해배상채무의 부존재확인을 구할 이익이 있어 본소로 그 확인을 구하였다면, 피고가 그 후에 그 손해배상채무의 이행을 구하는 반소를 제기하였다 하더라도 그러한 사정만으로 본소청구에 대한 확인의 이익이 소멸하여 본소가 부적법하게 된다고 볼 수는 없다"고 하여 원심의 판단을 배척하였다(대법 1999.06.08, 99다17401 · 17418).

(3) 검토 및 사안의 경우

이 경우 甲의 소극적 확인의 소가 확인의 이익이 있는지는 현재의 분쟁을 발본적으로 해결한다는 확인의 소의 취지에서 찾아야 한다고 본다. 이에 따라 설문을 보면 甲의 소극적 확인의 소는 乙의 채무이행의 소에 대해 '청구기각'을 구하는 이상의 의미가 없다. 즉 乙의 채권관계에 대한 현재의 분쟁을 발본적으로 해결하는데 甲의 반소청구에 대한 기각에 대한 방어로써 충분히 목적을 달성한다고 보이기 때문이다. 따라서 학설의 입장에 따라 乙의 채무부존재확인의 본소가 판결하기에 성숙한 예외적인 경우가 아니라면, 이는 확인의 이익이 없는 것으로 보아 부적법한 것으로 보는 것이 타당하다. 사안에서 乙이 답변서를 제출한 후 바로 반소를 제기한 것으로 보아 甲의 본소에 대하여 판결하기에 성숙한 것으로 볼 수 없으므로 채무부존재확인의 소는 소의 이익이 없어 부적법 각하하여야 한다.

Ⅲ. 주청구인용을 조건으로 한 예비적 반소의 취급

> 피고는 원고의 본소청구가 인용될 것에 대비하여 예비적 반소를 제기하였는바, 제1심은 소의 이익이 없음을 이유로 원고의 본소와 피고의 반소를 모두 각하하였고, 원심은 제1심판결에 대하여 원고만이 불복 항소하였으므로 원심의 심판범위는 본소청구에 관한 것으로 한정된다고 하면서 본소청구를 인용하면서 예비적 반소청구에 대하여 아무런 판단을 하지 아니하였다.
>
> 이에 피고가 상고한다면 상고심은 어떠한 판단을 하여야 하는가?

1. 1심에서 예비적 반소 각하의 타당여부

(1) 예비적 반소의 의의

예비적 반소는 본소 청구가 배척될 것에 대비하여 제기하는 경우도 상정할 수 있겠으나, 주로는 본소청구가 인용될 때를 대비하여 조건부로 반소청구에 대하여 심판을 구하는 조건부 반소이다. 이 경우 ① 본소청구가 각하·취하되면 반소청구는 소멸되며, ② 본소청구가 기각되면 반소청구에 아무런 판단을 요하지 않는다.

(2) 예비적 반소를 각하한 제1심재판의 효력

피고의 예비적 반소는 본소청구가 인용될 것을 조건으로 심판을 구하는 것으로서 제1심이 원고의 본소청구를 배척한 이상 피고의 예비적 반소는 제1심의 심판대상이 될 수 없는 것이고, 이와 같이 심판대상이 될 수 없는 소에 대하여 제1심이 판단하였다고 하더라도 그 효력이 없다고 할 것이다.

2. 원고의 항소시 이심의 범위 및 심판의 대상

(1) 원 칙

항소심에서의 변론은 항소불가분원칙에 의하여 항소의 제기로 제1심판결에서 심판한 모든 청구가 이심되지만, 심판의 범위는 항소인이 제1심판결의 변경을 청구하는 한도 즉 불복신청의 한도에서 하며 (제407조 1항), 그 불복신청의 한도 안에서 항소심의 판결도 한다(제415조). 이와 같이 항소심의 심판이 당사자에 의하여 항소로 주장된 불복의 범위에 한정되는 것은 처분권주의를 채택한 결과이다.

(2) 예비적 반소의 이심여부

예비적 반소는 본소가 인용될 것을 조건으로 한 조건부 청구이나 본소가 각하된 것에 대해 원고의 항소가 있다면, 아직 본소각하판결이 확정된 것이 아니어서 조건이 불성취로 밝혀진 것이 아니다. 따라서 예비적 반소의 특성상 본소에 대한 항소가 있다면, 예비적 반소 역시 항소심으로 이심된다.

(3) 각하된 예비적 반소에 대해 피고가 항소하지 않은 경우 심판범위

1) **判例의 입장** : 大法院은 『피고가 제1심에서 각하된 반소에 대하여 항소를 하지 아니하였다는 사유만으로 이 사건 예비적 반소가 항소심의 심판대상으로 될 수 없는 것은 아니라고 할 것이다. 왜냐하면 예비적 반소는 본소가 인용될 때를 대비한 조건부 청구이고, 따라서 항소심으로서는 원고의 항소를 받아들여 원고의 본소청구를 인용한 이상 피고의 예비적 반소청구를 심판대상으로 삼아 이를 판단하였어야 한다』고 하여 피고의 반소를 심판범위에 포함시키고 있다(대법 2006.06.29, 2006다19061·19078).

2) **判例에 반대하는 입장**   이에 대해 항소심의 심판범위는 불이익변경금지원칙상 항소인의 불복범위로 한정되어야 하는 것으로서 예비적 반소 청구도 심판대상이 된다는 것에 의문을 표시하는 견해도 있다. 즉 피고의 반소 각하 판결은 무효이고 이에 대한 피고의 항소 또한 무효가 되어 항소하지 않은 것으로 보아도, 피고는 원고의 본소 각하판결에 대하여는 항소·부대항소의 여지가 있으며 피고가 이에 항소하였다면 무효가 될 수 없는데 이것조차 하지 않은 경우임을 근거로 한다.

3. 검토 및 상고심의 판단

생각건대 불이익변경금지원칙상 항소심의 심판대상에 예비적 반소가 포함되지 않는다고 보는 것은 부당하다. 1심에서 예비적 반소를 각하한 것은 조건부 청구인 예비적 반소의 성질에 반하는 것으로 이 경우 당사자의 신청이 없는데 재판을 한 처분권주의 위반의 판결이다. 따라서 1심에서 예비적 반소를 각하한 것은 무효이다. 그러므로 원고의 본소각하에 대한 항소가 있다면 예비적 반소는 그 특성상 항소심으로 이심되는 것이고, 항소심에서 본소청구를 인용하게 된다면 조건이 달성되었으므로 예비적 반소 또한 심판대상이 되는 것이다. 결국 항소심이 피고의 항소가 없었다는 이유로 피고의 예비적 반소에 대하여 전혀 판단을 하지 아니한 것은 예비적 반소에 관한 법리를 오해한 위법이 있고, 이러한 위법은 판결에 영향을 미쳤음이 분명하다. 그러므로 상고가 제기된 경우 원심판결 중 반소에 관한 부분을 파기하고, 이 부분 사건을 심리·판단하게 하기 위하여 원심법원에 환송하여야 한다.

Ⅳ. 반소관련성의 의미(11년 1차, 15년 3차 모의쟁점 / 6회 기출)

> 임대인 甲은 임차인인 乙을 상대로 乙이 점유하고 있는 건물에 대해 소유권에 기한 명도청구의 소를 제기하였다. 이 경우 乙이 甲의 청구와 전혀 무관한 대여금의 지급을 구하는 반소를 제기하였는데, 이에 대해 甲이 빌린 돈을 모두 갚았다고 항변하면서 변론한 경우 乙의 반소는 적법한가?

1. 반소의 적법요건

반소라 함은 소송계속 중에 피고가 그 소송절차를 이용하여 원고에 대하여 제기하는 소이다(제269조). 무기평등의 원칙, 소송경제 및 재판의 모순·저촉을 방지하기 위한 취지에서 인정되는 제도이다. 이러한 반소가 적법하기 위해서는 ① 본소청구 또는 방어방법과의 관련성이 있을 것, ② 본소절차를 현저히 지연시키지 않을 것, ③ 본소가 사실심에 계속되고 변론종결 전일 것, ④ 본소와 동종의 소송절차에 의할 것(소송절차의 공통), ⑤ 반소가 다른 법원의 전속관할에 속하지 아니할 것(관할의 공통)의 요건을 갖추어야 한다.

2. 본소청구 또는 방어방법과 관련성이 있는지 여부

(1) 관련성의 의미

반소의 적법요건으로서의 관련성이란 반소청구가 본소청구와 소송물 또는 그 대상이나 발생원인에 있어서 공통성이 있거나, 또는 본소청구의 항변사유와 대상이나 발생원인에 있어서 사실상 또는 법률상 공통성이 있는 경우를 말한다.

(2) 사안의 경우

사례에서 甲의 본소청구는 건물명도청구이고 乙의 반소청구는 이와 무관한 대여금청구로서 본소청구나 방어방법과 일정한 공통성이 없어 제296조 제1항 단서에서 규정하는 관련성이 없다고 할 것이다.

3. 甲의 항변에 의해 그 하자가 치유되는지 여부

(1) 문제점

앞에서 본바와 같이 乙의 반소청구가 甲의 본소청구나 방어방법과 관련성이 없다고 하더라도, 甲이 이의를 하지 않고 항변을 한 것으로 인해 그 하자가 치유되는지, 즉 그 관련성의 요건이 사익적 요건인지 공익적 요건인지 문제된다.

(2) 반소관련성의 성질

① 학설의 일반적인 태도는 청구의 변경에 있어서 청구기초의 동일성과 마찬가지로, 반소에서의 관련성은 원고를 보호하기 위한 사익적 규정이라고 한다. ② 判例도 『원고가 피고의 반소청구에 대하여 이의를 제기함이 없이 변론을 한 경우에는 반소청구의 적법여부에 대한 절차이의권을 포기한 것으로 보아야 한다』고 하여 사익적 요건이라고 본다(대법 1968.11.26, 68다1886).

(3) 검토

피고가 원고에 대해 자신의 권리를 주장하며 청구를 하면 다른 관할법원에서 결국 재판을 할 수밖에 없다는 점에서 결국 제269조 제1항 단서에서 규정하고 있는 관련성은 원고를 보호하기 위한 사익적 규정이라 봄이 타당하다고 생각한다.

4. 사안의 해결

乙의 반소청구는 甲의 본소청구 또는 방어방법과 관련성이 없어 부적법하나, 다만 이는 甲을 보호하기 위한 사익적 규정이므로 甲이 이의를 제기하지 아니하고 항변함으로 인하여 그 하자는 치유되고 결국 乙의 반소는 적법하다고 할 것이다.

V. 사해행위 취소를 구하는 반소(10회 기출)

> 甲은 乙에게서 1억 원을 차용하고 그 일부를 담보하기 위해 甲 소유인 X토지에 관하여 乙에게 채권최고액 5,000만 원인 근저당권설정등기를 마쳐 주었다. 그 후 甲은 채무초과상태에서 이런 사실을 잘 아는 丙에게 유일한 재산인 시가 2억 원인 X토지를 1억 원에 매도하고 소유권이전등기를 마쳐 주었다. 丙은 「민법」제364조에 따라 乙에게 5,000만 원을 제공하면서 근저당권설정등기의 말소를 요구했으나 乙이 이에 응하지 아니하자 그 금액을 변제공탁한 후 乙을 상대로 근저당권설정등기의 말소를 구하는 소를 제기하였다. 乙이 위 소송에서 승소할 수 있는 전략은 무엇인가?[3] (15점)

1. 문제점

저당물의 제3취득자인 丙의 근저당권설정등기 말소청구를 기각시키기 위해서는 甲으로부터 丙으로의 이전등기가 사해행위임을 주장하는 방법일 것이다. 이하 乙의 반소의 적법성, 반소로 제기한 사해행위취소의 소가 미확정상태라도 이를 전제로 본소청구를 심리할 수 있는지 살펴본다.

2. 사해행위 취소를 구하는 반소 제기

(1) 반소의 적법성

원고 丙이 매매계약 등 법률행위에 기하여 소유권을 취득하였음을 전제로 피고 乙을 상대로 일정한 청구를 할 때, 피고 乙은 원고의 소유권 취득의 원인이 된 법률행위가 사해행위로서 취소되어야 한다고 다투면서, 동시에 반소로써 그 소유권 취득의 원인이 된 법률행위가 사해행위임을 이유로 법률행위의 취소와 원상회복으로 원고의 소유권이전등기의 말소절차 등의 이행을 구하는 것도 가능하다. 반소가 적법하려면 사실심 변론종결전에, 병합요건을 갖추고, 소송을 지연시키지 않으며, 반소관련성이 있어야 한다. 사해행위의 취소 여부는 반소의 청구원인임과 동시에 본소 청구에 대한 방어방법이자, 본소 청구인용 여부의 선결문제가 될 수 있으므로 반소관련성이 있다.

(2) 반소 인용시 확정전이라도 이를 전제로 본소청구를 심리하는지 여부

---

[3] 2021년도 제10회 변호사시험 1문의 5 문제1

사해행위취소소송은 형성의 소로서 그 판결이 확정됨으로써 비로소 권리변동의 효력이 발생하나, 민법 제406조 제1항은 채권자가 사해행위의 취소와 원상회복을 법원에 청구할 수 있다고 규정함으로써 사해행위취소청구에는 그 취소판결이 미확정인 상태에서도 그 취소의 효력을 전제로 하는 원상회복청구를 병합하여 제기할 수 있도록 허용하고 있다. 따라서 법원이 반소 청구가 이유 있다고 판단하여, 사해행위의 취소 및 원상회복을 명하는 판결을 선고하는 경우, 비록 반소 청구에 대한 판결이 확정되지 않았다고 하더라도, 원고의 소유권 취득의 원인이 된 법률행위가 취소되었음을 전제로 원고의 본소 청구를 심리하여 판단할 수 있다고 봄이 타당하다.

3. 설문의 해결

반소 사해행위취소 판결의 확정을 기다리지 않고, 반소 사해행위취소 판결을 이유로 원고의 본소 청구를 기각할 수 있다. 본소와 반소가 같은 소송절차 내에서 함께 심리·판단되는 이상, 반소 사해행위취소 판결의 확정 여부가 본소 청구 판단 시 불확실한 상황이라고 보기 어렵고, 그로 인해 원고에게 소송상 지나친 부담을 지운다거나, 원고의 소송상 지위가 불안정해진다고 볼 수도 없다. 오히려 이로써 반소 사해행위취소소송의 심리를 무위로 만들지 않고, 소송경제를 도모하며, 본소 청구에 대한 판결과 반소 청구에 대한 판결의 모순 저촉을 피할 수 있다(대법 2019.03.14, 2018다277785·277792).

VI. 항소심 반소의 적법성

> 임대인 甲은 임차인인 乙을 상대로 乙이 점유하고 있는 건물에 대해 소유권에 기한 명도청구의 소를 제기하였다. 제1심에서 乙은 임차보증금을 반환할 때까지 명도할 수 없다고 하면서 동시이행의 항변권을 주장하였다. 제1심에서는 甲의 청구를 인용하였고, 이에 乙이 항소를 하면서 비로소 임차보증금의 반환을 구하는 반소를 제기하였고, 이에 甲은 乙의 반소를 기각해 달라는 취지의 진술만을 하였다.
>
> 항소심에서의 乙의 반소는 적법한가?

1. 반소의 적법요건

반소라 함은 소송계속 중에 피고가 그 소송절차를 이용하여 원고에 대하여 제기하는 소이다(제269조). 무기평등의 원칙, 소송경제 및 재판의 모순·저촉을 방지하기 위한 취지에서 인정되는 제도이다. 이러한 반소가 적법하기 위해서는 ① 본소청구 또는 방어방법과의 관련성이 있을 것, ② 본소절차를 현저히 지연시키지 않을 것, ③ 본소가 사실심에 계속되고 변론종결 전일 것, ④ 본소와 동종의 소송절차에 의할 것(소송절차의 공통), ⑤ 반소가 다른 법원의 전속관할에 속하지 아니할 것(관할의 공통)의 요건을 갖추어야 한다. 설문의 乙의 반소는 본소의 방어방법과 관련된 것으로 문제없는데, 항소심에서 반소를 제기한 경우에는 원고의 심급의 이익을 해할 우려가 없는 경우 또는 원고의 동의나 이의 없는 응소를 요한다(제412조). 그런데 사례에서와 같이 甲이 乙의 반소청구에 대해 청구기각의 답변만을 한 것이 동의라고 볼 수 있는지, 만약 동의로 볼 수 없다면 甲의 심급의 이익을 해할 우려가 없는 경우인지 문제된다.

2. 甲이 청구기각의 답변을 한 것이 동의한 것으로 볼 수 있는지 여부

(1) 判例의 입장

大法院도 『항소심에서 피고가 반소장을 진술한 데 대하여 원고가 반소기각 답변을 한 것만으로는 민사소송법 제412조 제2항 소정의 이의없이 반소의 본안에 관하여 변론을 한 때에 해당한다고 볼 수 없다』고 하였다(대법 1991.03.27, 91다1783·1790).

(2) 사안의 경우

반소기각 답변만으로는 원고가 피고의 반소청구에 대해 실질적으로 변론할 의사가 있다고 보기 어렵다는 점에서 判例의 입장은 타당하다고 생각한다. 따라서 사례에서 甲이 乙의 반소청구에 대해 청구기각의 답변을 하였으므로, 제412조 제2항에서 규정하고 있는 동의로 볼 수 없다고 할 것이다.

3. 甲의 심급의 이익이 박탈되지 않는 경우인지 여부

(1) 개정법 제412조

원고의 심급의 이익을 해할 우려가 없는 경우이면 동의 없이 반소제기를 허용할 것이라는 것이 종래 학설 및 判例였는데, 개정법에서는 이를 입법화하였다. 학설과 判例는 이러한 경우로서 ① 중간확인의 반소, ② 본소와 청구원인을 같이하는 반소, ③ 제1심에서 이미 충분히 심리한 쟁점과 관련된 반소, ④ 항소심에서의 추가된 예비적 반소를 든다.

(2) 判例의 입장

大法院도 이와 같은 취지에서 『민사소송법 제412조에 의하면 항소심에서의 반소 제기에는 상대방의 동의를 얻어야 함이 원칙이나, 반소 청구의 기초를 이루는 실질적인 쟁점에 관하여 제1심에서 본소의 청구원인 또는 방어 방법과 관련하여 충분히 심리되어 항소심에서의 반소 제기를 상대방의 동의 없이 허용하더라도 상대방에게 제1심에서의 심급의 이익을 잃게 하거나 소송절차를 현저하게 지연시킬 염려가 없는 경우에는 상대방의 동의 여부와 관계없이 항소심에서의 반소 제기를 허용하여야 한다』고 하였다(대법 1997.10.10, 97다7264).

4. 결 론

반소청구 기각신청만으로는 항소심 반소에 동의한 것으로 볼 수 없으나, 乙은 임차권의 항변을 1심에서 부터 해 왔고 따라서 이 부분에 대해 충분히 이루어졌다고 볼 것이다. 따라서 항소심에서 乙의 임차권존재에 관한 반소를 허용하여도 甲의 심급의 이익을 박탈하는 문제는 생기지 않는 것으로 보아 적법한 반소로 심판하여야 할 것이다.

59 | 공동소송형태가 문제되는 경우

I. 공유건물의 철거청구(13년 3차, 14년 1차 / 3회, 5회 기출)

> 甲은 자신의 X 토지를 乙과 丙에게 임대하였고, 이에 X 토지상에 乙과 丙은 공유건물 Y를 신축하여 소유하고 있는데, 임차인 乙과 丙이 2기 차임을 연체하였다 하여 임대차계약의 해지를 주장하고 甲은 乙과 丙을 공동피고로 하여 Y건물의 철거를 구하고 있다.
>
> 이 공동소송의 형태를 설명하라.

1. 문제점

甲의 청구는 乙과 丙이 공유하는 건물에 대한 철거청구이므로 권리의무가 공통인 경우에 해당하고 (제65조 전문), 나아가 청구병합의 요건에도 문제가 없으므로 공동소송의 요건은 갖추었다. 한편 공유관계는 이를 통상공동소송으로 보는 것이 일반적인데 공유자 측을 상대로 공유건물의 철거를 구하는 소가 제기된 경우에 고유필수적 공동소송인지 여부가 다투어진다.

2. 공유건물 철거청구의 공동소송 형태

(1) 判例의 입장

判例는 공유는 소유권이 지분 형식으로 공존할 뿐 관리처분권이 공동귀속하는 것이 아님을 내세우거나 또는 보존행위를 근거로 삼아 공유관계소송에 대해 고유필수적공동소송으로 보는 범위를 좁히고 있으며, 이는 공유자 측을 상대로 소제기하는 경우에도 마찬가지이다. 즉, 判例는 제3자가 공유자에 대해서 하는 소유권확인 및 등기말소청구(대법 1972.06.27, 72다555), 이전등기청구(대법 1994.12.27, 93다32880·32897), 공동점유물의 인도청구, 공유건물의 철거청구(대법 1993.02.23, 92다49218) 등은 통상공동소송으로 보고 있고, 수동적 공유관계소송 가운데 공유물분할청구, 공유토지경계확정청구 이외에는 필수적 공동소송으로 본 예가 없다.

(2) 判例에 비판적인 견해

判例와 같이 고유필수적 공동소송으로 보는 범위를 좁히면 ① 공유자를 상대로 소제기하는 경우에 그 한쪽에 승소하여도 다른 쪽에 패소하는 등 공유자간에 서로 상반된 판결로 결국 집행불능이 되고, ② 공유자의 한 사람에 대한 집행권원을 얻으면 그 집행권원만으로 실제 집행을 개시할 가능성 때문에 다른 공유자는 부당집행을 당할 위험성이 생긴다고 비판하는 견해가 있다. 이 견해에서는 실체법의 규정에 충실하여 민법 제264조에 의하면 공유자는 다른 공유자의 동의 없이 공유물을 처분하거나 변경하지 못한다고 규정하고 있으므로, 공유물 자체의 처분, 변경에 해당하는 소송 즉, 공유자에 대한 공유건물의 철거, 소유권이전등기나 말소등기청구는 필수적 공동소송이라 한다.

3. 검 토

判例에 대한 비판적 견해도 타당성이 있으나, 소송공동이 필요한 고유필수적 공동소송의 범위를 넓히면 ① 공동원고가 될 자 중의 한 사람이 소송을 제기하는데 반대하면 다른 공유자는 소제기를 할 수 없게 되고, ② 상대방 가운데 다툼이 없는 자까지도 피고로 하여야 하며, ③ 상대방의 범위가 불분명하여 소송을 하기 힘들게 된다. 또한 공유물 자체에 대한 철거를 구하는 것이라고 하더라도 실체법상 피고가 된 공유자들의 지분부분에 대한 청구라고 볼 수도 있으므로 굳이 필수적공동소송이라고 볼 필요는 없을 것이어서 통상공동소송으로 본다.

> 〈추가된 사실관계〉
> 이 소송에서 Y건물이 丁의 공동소유임도 밝혀지자, 甲은 丁을 피고로 추가하고자 한다. 허용되는가?

1. 문제점

소송계속 중에 제3자가 스스로 당사자로서 소송에 가입을 구하거나, 종래의 당사자가 제3자에 대해 소를 추가적으로 병합제기함으로써 제3자가 새로 당사자로 추가되어 공동소송의 형태로 되는 경우를 소의 주관적·추가적 병합 또는 추가적 공동소송이라고 한다. 이러한 추가적 공동소송은 현행법상 ① 누락된 필수적 공동소송의 추가(제68조), ② 예비적·선택적 공동소송의 추가(제70조, 제68조), ③ 참가승계(제81조), ④ 인수승계(제82조), ⑤ 공동소송참가(제83조) 등이 있다. 소송절차의 명확성, 안정성을 중시하는 민사소송에서 명문의 규정이 없는 통상의 공동소송의 경우에도 이를 인정할 수 있을 것인지 문제된다.

2. 견해의 대립

(1) 부정설

필수적 공동소송에서는 공동소송인 중 일부를 빠뜨림으로써 당사자적격에 흠결이 생겨 소가 부적법 각하되는 것을 방지하기 위하여 인정되지만, 통상공동소송에서는 공동소송인 중 일부가 누락된 경우에도 당사자적격의 흠결의 문제가 생기지 않으므로 입법취지상 이 경우까지는 추가의 대상이 아니라고 보는 견해이다.

(2) 긍정설

통상의 공동소송의 경우에도 분쟁의 일회적 해결과 소송경제의 필요성이 있으므로 추가를 인정하자는 견해이다.

3. 判例의 태도

判例는 『필수적 공동소송인 아닌 사건에 있어 소송 도중에 피고를 추가하는 것은 그 경위가 어떻든 간에 허용될 수 없다』고 하여 통상공동소송의 추가를 허용하지 않는다(대법 1993.09.28, 93다32095).

4. 검토 및 사안의 경우

공동소송인 중 일부누락의 경우에도 당사자적격에 흠결이 발생하지 않는 통상의 공동소송에서는 명문의 규정이 없는 이상 이를 인정하지 않는 것이 타당하다. 따라서 사안에서 丙을 공동피고로 추가하는 甲의 신청은 타당하지 않다. 결국 丙에 대한 별소제기와 변론의 병합으로 해결하여야 할 것이다.

II. 공유토지의 경계확정의 소의 성질

> 형제인 乙, 丙, 丁은 부친 A가 소유하고 있던 X토지를 상속받았다. 그런데 X토지에 인접한 Y토지를 B로부터 매수한 甲이 Y토지를 측량한 결과, X토지로 인해 등기부상의 면적보다 부족함을 알게 되었다. 그리하여 甲은 X토지의 등기부상 명의자인 乙, 丙, 丁을 상대로 토지경계확정의 소를 제기하였다. 이 공동소송의 유형은?

1. 견해의 대립

(1) 고유필수적공동소송설

이웃 토지소유자와의 공유토지의 경계확정청구는 공유토지자체의 처분·변경을 구하는 소이므로 소송수행권이 공유자전원에게 공동으로 귀속되기 때문에(민법 제264조), 공유자 전원이 나서야 하는 고유필수적 공동소송이라는 견해이다.

(2) 유사필수적공동소송설

경계확정의 소는 소유권확인이나 소유권이전등기의 청구와는 달리 공유자 중의 1인이 청구하거나, 1인에 대해 청구한다고 하여 지분에 한해서 경계가 정해진다는 일은 있을 수 없고, 1인이 청구하더라도 공유물 전체의 경계가 정해지는 것이다. 따라서 그 소송에서 당사자가 되지 않은 공유자는 그 판결의 효력을 받으므로 이런 경우는 유사필수적공동소송이라고 보는 것이 타당하다는 견해이다.

2. 判例의 입장

大法院은 "토지의 경계는 토지소유권의 범위와 한계를 정하는 중요한 사항으로서, 그 경계와 관련되는 인접 토지의 소유자 전원 사이에서 합일적으로 확정될 필요가 있으므로, 인접하는 토지의 한편 또는 양편이 여러 사람의 공유에 속하는 경우에, 그 경계의 확정을 구하는 소송은, 관련된 공유자 전원이 공동하여서만 제소하고 상대방도 관련된 공유자 전원이 공동으로서만 제소될 것을 요건으로 하는 고유필요적 공동소송이라고 해석함이 상당하다"고 하여 고유필수적공동소송설의 입장이다(대법 2001.06.26, 2000다24207).

3. 검 토

생각건대 공유자 1인이 청구를 하더라도 공유물 전체의 경계가 정해진다는 논리적 근거가 무엇인지 불분명할 뿐만 아니라, 공유자 1인이 나머지 공유자가 가지는 실체법상 관리처분권을 행사할 수도 없다 할 것이어서 고유필수적 공동소송설이 타당하다.

> 〈추가된 사실관계〉
> 이 소송 중 소외 戊가 검사를 상대로 자신이 A의 혼인 외의 자임을 주장하며 제기한 인지청구소송에서 승소하여 확정되었음이 밝혀졌다. 이 경우 戊가 당사자로 되기 위한 방법을 설명하라.

1. 고유필수적 공동소송에서 당사자적격자의 누락

소송공동이 강제되는 고유필수적 공동소송에 있어서는 공동소송인으로 될 자를 한 사람이라도 누락한 때에는 소는 당사자적격의 흠결로 부적법하게 된다.

2. 보정방법

(1) 별소제기 변론병합

甲은 누락된 戊를 상대로 별소를 제기하고 법원이 변론을 병합하면 당사자적격의 흠결은 치유되는데, 병합을 하기 위해서는 ① 같은 종류의 소송절차로 심판될 것에 한하며(제253조 참조), ② 각 청구 상호간에 법률상의 관련성이 있을 것을 요한다. 사안처럼 공동소송의 주관적 요건을 갖추었으면 이러한 관련성이 인정된다.

(2) 고유필수적 공동소송에서 추가

1) 의 의 : 고유 필수적 공동소송에서 공동소송인으로 될 자를 일부 누락한 채 소를 제기하여 당사자적격이 갖추어지지 아니한 경우 제1심 변론종결시까지 원고의 신청에 따라 누락된 원고 또는 피고를 추가할 수 있는데(제68조), 이는 추가적 형태의 임의적 당사자변경이다.

2) 요 건 : ① 고유필수적 공동소송인 가운데 일부가 누락되었을 것, ② 공동소송의 일반요건을 갖출 것, ③ 추가된 당사자는 원고측이든 피고측이든 상관 없으나 원고의 추가에는 추가될 신당사자의 동의를 얻을 것(제68조 제1항 단서), ④ 제1심의 변론종결 전일 것, ⑤ 원고의 신청이 있을 것을 요한다.

3) 절 차 : ① 고유필수적 공동소송인의 추가도 새로운 소의 제기라고 할 수 있으므로 신청서에 추가될 당사자, 법정대리인 및 추가신청이유를 기재하여 법원에 제출하며, ② 법원은 이에 대하여 결정으로 허가여부를 재판한다(제68조 제1항). 허가결정을 한 때에는 허가결정의 정본을 당사자 모두에게 송달하여야 하며, 추가될 당사자에게 소장부본도 송달하여야 한다(제68조 제2항). ③ 허가결정에 대하여 이해관계인은 추가될 원고의 동의가 없었다는 것을 사유로 하는 경우에만 즉시항고를 할 수 있고(제68조 제4항), 신청을 기각한 결정에 대하여는 즉시항고를 할 수 있다(제68조 제6항).

4) 효 과 : 고유 필수적 공동소송인의 추가가 허용된 경우에는 처음의 소가 제기된 때에 추가된 당사자와의 사이에 소가 제기된 것으로 본다(제68조 제3항). 나아가 종전의 필수적 공동소송인의 소송수행결과는 유리한 소송행위인 경우에 추가된 당사자에게도 효력이 미친다.

(3) 戊의 공동소송참가

소송의 목적이 한쪽 당사자와 제3자간에 합일적으로 확정될 필요가 있는 필수적 공동소송으로 될 경우 판결의 효력을 받는 자는 제83조 공동소송참가를 할 수 있다. 이 경우 유사 필수적 공동소송으로 될 경우뿐만 아니라 고유 필수적 공동소송으로 될 경우도 포함된다고 보아야 할 것이다. 다만, 고유 필수적 공동소송에 있어서 공동소송인의 일부가 누락된 경우 필수적 공동소송인의 추가규정에 의하여 당사자적격의 흠을 치유할 수 있으므로(제68조) 공동소송참가를 인정하는 실익이 있는가가 문제될 수 있다. 공동소송참가는 제68조의 규정에 의한 필수적 공동소송인의 추가와는 달리 항소심까지 허용되므로 여전히 탈락자 보충을 취한 제도로서의 실익이 있다.

III. 매매예약완결권을 준공유하는 경우(5회 기출)

> 乙 소유 X부동산에 관하여 甲과 A, B는 담보목적으로 매매예약을 체결하고 각자의 채권액 비율에 따라 지분을 특정하여 가등기를 마쳤다면, 甲이 단독으로 자신의 지분에 관하여 가등기에 기한 본등기절차의 이행을 구할 수 있는가?

1. 문제점

甲이 단독으로 본등기청구를 하는 것이 적법한지 여부는 매매예약완결권을 준공동소유하는 관계의 복수의 가등기담보권자의 가등기에 기한 본등기 청구의 공동소송형태를 무엇으로 보는지에 따라 달라진다.

2. 매매예약완결권의 준공동소유의 경우

(1) 종래의 判例

과거 大法院은 『복수의 채권자의 채권을 담보하기 위하여 그 복수채권자 전원을 공동매수인으로 하는 채무자 소유의 부동산에 관한 매매계약을 체결하고 이에 따른 가등기를 경료한 경우에 그 복수채권자는 매매예약 완결권을 준공유하는 관계에 있기 때문에 말소된 그 가등기의 회복등기나 그 회복등기에 승낙을 받는 소의 제기 또는 가등기에 기한 본등기절차의 이행을 구하는 소의 제기 등은 반드시 그 복수채권자 전원이 하여야 하는 필수적 공동소송이어야 한다』고 보았다(대법 1987.05.26, 85다카2203).

(2) 변경된 判例

大法院은 『수인의 채권자가 각기 채권을 담보하기 위하여 채무자와 채무자 소유의 부동산에 관하여 수인의 채권자를 공동매수인으로 하는 1개의 매매예약을 체결하고 그에 따라 수인의 채권자 공동명의로 그 부동산에 가등기를 마친 경우, 수인의 채권자가 공동으로 매매예약완결권을 가지는 관계인지 아니면 채권자 각자의 지분별로 별개의 독립적인 매매예약완결권을 가지는 관계인지는 매매예약의 내용에 따라야 하고, 매매예약에서 그러한 내용을 명시적으로 정하지 않은 경우에는 수인의 채권자가 공동으로 매매예약을 체결하게 된 동기 및 경위, 매매예약에 의하여 달성하려는 담보의 목적, 담보 관련 권리를 공동 행사하려는 의사의 유무, 채권자별 구체적인 지분권의 표시 여부 및 지분권 비율과 피담보채권 비율의 일치 여부, 가등기담보권 설정의 관행 등을 종합적으로 고려하여 판단하여야 한다』고 판시하여 종래 判例를 변경하였다(대법(전) 2012.02.16, 2010다82530).

3. 검토

각자의 채권액 비율에 따라 지분을 특정하여 가등기를 마친 사안의 경우, 고유필수적 공동소송으로 볼 수 없고, 따라서 채권자 중 1인인 甲은 단독으로 자신의 지분에 관하여 가등기담보 등에 관한 법률이 정한 청산절차를 이행한 후 소유권이전의 본등기절차 이행청구를 할 수 있다.

Ⅳ. 공동명의예금 반환청구의 공동소송형태(17년 3차 모의쟁점)

> 乙은 甲에게 공사를 발주하였는데, 그 보수로 10억 원을 정하면서 우선 丙은행에 甲과 공동명의로 10억 원을 예치하고 작업진행 공정에 따라 甲에게 분할하여 지급하기로 약정하였다. 아울러 동 예금의 인출은 공동으로 한다는 약정을 丙은행과 하였는데, 그 이유는 甲과 乙이 다른 용도로 돈을 쓰지 못하게 하기 위함이었다. 그 후 甲 단독의 예금반환청구를 하였다면 적법한가?

1. 判例의 입장

大法院은 동업자들이 동업자금을 공동명의로 예금한 경우라면 채권의 준합유관계에 있어 은행에 대한 예금반환청구가 필요적 공동소송에 해당한다고 볼 것이나, 공동명의 예금채권자들 중 1인이 전부를 출연하거나 또는 각자가 분담하여 출연한 돈을 동업 이외의 특정목적을 위하여 공동명의로 예치해 둠으로써 그 목적이 달성되기 전에는 공동명의 예금채권자가 자신의 예금에 대하여도 혼자서는 인출할 수 없도록 방지, 감시하고자 하는 목적으로 공동명의로 예금을 개설한 경우에는 그 예금에 관한 관리처분권까지 공동명의 예금채권자 전원에게 공동으로 귀속된다고 볼 수 없을 것이므로, 이러한 경우에는 은행에 대한 예금반환청구가 민사소송법상의 필요적 공동소송에 해당한다고 할 수 없다고 하였다(대법 1994.04.26, 93다31825).

2. 설문의 경우

은행에 공동명의로 예금을 하고 은행에 대하여 그 권리를 함께 행사하기로 한 경우에 그 공동명의 예금채권자들은 은행을 상대로 공동으로 이행의 청구나 변제의 수령을 함이 원칙이라고 할 것이나, 설문의 공동명의 예금의 취지는 乙 회사로서는 甲이 개발대금을 함부로 쓰지 않도록 감시하고 甲으로서도 乙 회사가 다른 용도로 돈을 쓰지 못하게 하기 위함에 있다면 동업 이외의 목적의 공동예금으로 보이고, 따라서 필수적 공동소송이 아니므로 甲 단독의 예금반환청구는 적법하다고 본다.

Ⅴ. 합유자의 보존행위에 관한 소(22년 2차 모의쟁점)

> 甲과 A는 乙(주택재개발정비사업조합)이 실시하는 건축설계도급 입찰에 참가하기 위하여 민법상 조합에 해당하는 공동수급체를 구성하였다. 乙은 임시총회에서 위 공동수급체의 경쟁업체인 B를 낙찰자로 선정하고, B와의 건축설계계약 체결을 승인하는 결의(이하 '이 사건 결의')를 하였다. 그러자 甲이 乙을 상대로 위 결의에 대하여 무효확인을 구하는 소를 제기하였다. 위 소송에서 乙은 '1) 조합인 공동수급체의 구성원 중 1인인 甲이 단독으로 이 사건 소를 제기한 것은 부당하고, 2) 이 사건 결의는 乙과 B 사이의 권리관계에 관한 것인데 제3자에 불과한 甲이 그 효력 유무의 확인을 구하는 것은 부당하다'고 주장하였다. 乙의 위 각 주장은 타당한가?

1. 문제점

조합원 중 1인인 甲이 제기한 입찰무효확인의 소가 당사자적격을 갖춘 것인지, 나아가 甲이 승소하여도 원고가 입찰절차에서 낙찰자로 선정되는 것이 아님에도 타인 간의 권리관계에 대한 확인의 소의 대상적격을 갖추었는지 문제된다.

2. 甲이 당사자적격이 있는지 여부

(1) 합유자가 원고인 경우 공동소송 형태

민법상 조합은 계약체로서 당사자능력이 없으므로, 조합원 전원이 공동원고가 되는 고유필수적 공동소송의 형태로 소를 제기하여야 적법하다. 다만 합유재산의 보존행위는 합유재산의 멸실·훼손을 방지하고 그 현상을 유지하기 위하여 하는 사실적·법률적 행위로서 이러한 합유재산의 보존행위를 각 합유자 단독으로 할 수 있도록 한 취지는 그 보존행위가 긴급을 요하는 경우가 많고 다른 합유자에게도 이익이 되는 것이 보통이기 때문에 判例는 통상공동소송으로 본다.

(2) 조합원 중 1인의 입찰무효확인의 소의 경우

민법상 조합인 공동수급체가 경쟁입찰에 참가하였다가 다른 경쟁업체가 낙찰자로 선정된 경우, 그 공동수급체의 구성원 중 1인이 그 낙찰자 선정이 무효임을 주장하며 무효확인의 소를 제기하는 것은 그 공동수급체가 경쟁입찰과 관련하여 갖는 법적 지위 내지 법률상 보호받는 이익이 침해될 우려가 있어 그 현상을 유지하기 위하여 하는 소송행위이므로 이는 합유재산의 보존행위에 해당한다(대법 2013.11.28, 2011다80449).

(3) 소 결

이 사건 소의 제기는 합유재산의 보존행위에 해당하므로, 조합의 구성원 중 1인인 甲이 단독으로 이 사건 소를 제기할 수 있으므로 乙의 항변은 부당하다.

3. 확인의 이익이 있는지 여부

(1) 확인의 소의 대상적격

확인의 소에서 오로지 당사자 사이의 권리관계만이 확인의 대상이 될 수 있는 것은 아니고, 당사자 일방과 제3자 사이의 권리관계 또는 제3자 사이의 권리관계에 관하여도 그에 관하여 당사자 사이에 다툼이 있어서 당사자 일방의 권리관계에 불안이나 위험이 초래되고 있고, 다른 일방에 대한 관계에서 그 법률관계를 확정시키는 것이 당사자의 권리관계에 대한 불안이나 위험을 제거할 수 있는 유효·적절한 수단이 되는 경우에는 당사자 일방과 제3자 사이의 권리관계 또는 제3자 사이의 권리관계에 관하여도 확인의 이익이 있다(대법 2013.11.28, 2011다80449).

(2) 소 결

사안에서 이 사건 결의의 효력 유무에 따라 이 사건 입찰에 참가한 甲과 A가 구성한 조합의 법적 지위나 법률상 보호되는 이익에 직접 영향을 받게 되므로, 甲으로서는 B가 건축설계계약에 따른 의무이행을 완료하였다는 등의 특별한 사정이 없는 한, 그에 관한 불안이나 위험을 유효·적절하게 제거하기 위하여 이 사건 결의에 대하여 무효확인을 구할 이익이 있고, 이 경우 이 사건 결의가 무효로 확인되면 甲이 이 사건 입찰절차에서 반드시 낙찰자로 선정된다거나 선정될 개연성이 있다는 요건까지 갖추어야 하는 것은 아니므로 乙의 항변을 부당하다.

VI. 합유관계의 수동소송관계(12년 2차 모의쟁점)

> A, B, C를 조합원으로 하는 X조합에 대하여 금전채권이 있는 채권자 甲이 조합원들을 상대로 이행을 구하는 소를 제기하면 공동소송의 형태는 무엇인가?

1. 합유자를 피고로 한 공동소송 형태

① 조합채무는 합유적 채무이므로 조합원 전원에 대하여 이행청구를 할 수 있고, 따라서 조합원 전원을 피고로 하여야 한다는 견해, ② 조합원이 그 합유부동산에 대한 등기말소의무를 지는 것과 같은 경우를 제외하고는 통상의 공동소송이라는 견해, ③ 조합채무는 합유채무가 아니라 각자의 채무이므로 그 이행을 구하는 소송 또한 통상의 공동소송이라는 견해, ④ 조합재산에 대한 강제집행을 함에 있어서 전원에 대한 채무명의를 필요로 하지만 반드시 1통의 채무명의가 있어야 하는 것이 아님을 내세워 통상의 공동소송이라는 견해가 대립한다.

2. 判例의 입장

(1) 통상의 공동소송으로 본 경우

① 조합의 채권자가 조합원에 대하여 조합재산에 의한 공동책임을 묻는 것이 아니라 각 조합원의 개인적 책임에 기하여 당해 채권을 행사하는 경우에는 조합원 각자를 상대로 하여 그 이행의 소를 제기할 수 있다(대법 1991.11.22, 91다30705). ② 그러나 합유재산이라도 현실적으로 점유하고 있는 합유자만을 상대로 명도청구를 할 수 있고, 이 경우 합유자 전원을 상대로 할 필요적 공동소송이 아니다(대법 1969.12.23, 69다1053).

(2) 고유필수적 공동소송인 경우

합유로 소유권이전등기가 된 부동산에 관하여 명의신탁해지를 원인으로 한 소유권이전등기절차의 이행을 구하는 소송은 합유물에 관한 소송으로서 고유필요적 공동소송에 해당하여 합유자 전원을 피고로 하여야 할 뿐 아니라 합유자 전원에 대하여 합일적으로 확정되어야 하므로, 합유자 중 일부의 청구인낙이나 합유자 중 일부에 대한 소의 취하는 허용되지 않는다.

3. 검 토

통상 동업관계와 같은 조합은 제3자가 그 사실을 알 수 없으므로 조합원 전원을 피고로 할 것을 요구하는 것이 지나치고, 특히 금전지급청구인 경우 조합의 채권자가 조합원에 대하여 공동책임의 특약이 있어 조합재산에 대한 공동책임을 묻는 경우가 아니라면 통상의 공동소송으로 보는 것이 타당하다.

VII. 수인의 채권자의 대위소송의 공동소송형태

> 甲의 乙에 대한 소유권이전등기청구권에 기하여 乙을 대위하여 丙에 대하여 소유권이전등기말소등기절차의 이행을 구하는 소를 제기하였다. 이때 乙은 원고측 증인으로 소송에서 증언까지 하였다. 이 소송계속 중에 甲이 사망하자, 그 공동상속인들인 A·B가 소송수계를 하였다. 공동소송형태는 어떠한가?

1. 수인의 채권자의 대위소송의 공동소송형태

(1) 학설의 태도

1) 제1설 : 유사필수적 공동소송에서의 "합일확정의 필요"는 판결의 효력이 미치는지 여부가 기준이 되는데 이때의 효력에는 반사효가 포함되고, 이 경우는 이 반사효 때문에 유사필수적 공동소송이 된다는 입장이다.

2) 제2설 : 이 경우는 판결의 반사효 개념을 인정할 필요없이 실체법상 특수한 의존관계에 기하여 판결효력이 확장되는 경우라고 보아야 한다는 입장이다. 즉 판결의 반사효는 판결을 받는 당사자와 실체법상 특수한 관계에 있는 자가 판결의 효력 때문에 입는 이익 또는 불이익을 그 내용으로 한다. 따라서 반사효는 소송상의 근거에 의하여 인정되는 유사필수적 공동소송의 근거로 삼을 수 없다는 견해이다.

3) 제3설 : 채권자대위소송을 제3자 소송담당으로 보지 않는 입장으로서, 수인의 채권자들이 반드시 승패를 같이 할 이유가 없으므로, 통상공동소송으로 보는 견해이다.

(2) 判例의 입장

大法院은『수인의 채권자들이 동일한 채무자의 권리를 소송의 방법으로 채권자대위권을 행사하는 경우에 수인의 채권자들 상호간의 소송관계에 관하여 채무자가 그 소송이 제기된 사실을 알고 있어 판결의 효력이 미치게 될 경우, 각 채권자대위권에 기하여 공동하여 채무자의 권리를 행사하는 다수의 채권자들은 유사필수적 공동소송관계에 있다』고 판시하였다(대법 1991.12.27, 91다23486). 이 판결은 채무자가 기판력을 받는데 왜 채권자들이 필수적 공동소송인이 되는지 설명하지 않고 있으나, 그 뒤에 나온 채무자가 그 대위소송 계속을 알았으면 한 채권자에 대한 판결의 기판력이 다른 채권자에게도 미친다고 한 판시와(대법 1994.08.12, 93다52808) 종합하면 다른 채권자에게 기판력이 미치기 때문이라고 본 것으로 설명할 수 있을 것이다.

2. 검토 및 공동소송형태

생각건대 유사필수적 공동소송으로 보는 것이 타당하나 그 근거를 반사효로 보지 않고, 수인의 채권자가 공동으로 대위소송을 제기한 경우에 소송물은 채무자의 채권으로 동일한데도 불구하고 상호간에 모순된 판결이 나오고 이것이 채무자에게 기판력이 확장된다면, 하나의 채무자에게 모순된 결과가 초래되므로 하나의 권리귀속주체인 채무자에게 미치는 판결이 구구하게 되는 결과를 피하기 위해서, 수인의 채권자 사이에 합일확정을 필요로 한다고 이해하는 것이 타당하다고 보인다.

60 | 통상공동소송의 심판방법(12년 3차, 15년 1차, 16년 3차, 20년 3차 / 3회, 7회 기출)

> 甲은 乙에게 2억 원을 빌려 주었다. 그 후 乙이 사망하여 상속인 A와 B가 1/2 지분씩 공동 상속하였다. 그래서 甲은 A와 B를 공동피고로 하여 위 상속분에 따라 1억 원씩의 지급을 구하는 소를 제기하였다. 위 소송에서 소장부본이 A에 대하여는 공시송달하였고, B에 대하여는 교부송달되었다. 그 후 진행된 변론기일에 A는 출석하지 않았고, B는 출석하여 乙이 위 대여금 중 8,000만 원을 변제하였다고 주장하였다.
>
> 위 대여사실과 변제사실이 모두 인정될 경우 甲의 A와 B에 대한 청구는 각각 어느 범위에서 인용되어야 하는가?

1. 문제점

설문에서 법원의 인용범위는 상속채무의 이행을 구하는 공동소송의 형태와, 이에 따른 심판방법에 따라 결정된다. 이하 공동소송의 적법요건 및 형태, 공동소송인의 한 사람에 관한 사항이 다른 공동소송인에게 영향이 있는지 검토하다.

2. 공동소송의 형태 및 심판방법

(1) 공동소송의 적법여부

甲의 제소는 금전채무와 같이 급부의 내용이 가분인 채무가 공동상속된 경우, 이는 상속 개시와 동시에 당연히 법정상속분에 따라 공동상속인에게 분할되어 귀속되는 것으로(대법 1997.06.24, 97다8809), 의무의 원인이 공통하여 제65조의 주관적 요건을 갖추었고, 제25조 2항의 관련재판적도 인정될 수 있는 경우이므로 공동소송의 요건은 갖추었다.

(2) 공동소송의 형태

사안의 공동소송의 형태와 관련하여 상속채무는 분할채무로서 실체법상 관리처분권이 공동귀속되는 것도 아니고, 판결의 효력이 서로 미치는 경우도 아니므로 통상공동소송에 해당한다.

(3) 공동소송인 독립의 원칙

1) 의 의 : 통상공동소송에 있어서 각 공동소송인은 다른 공동소송인에 의한 제한·간섭을 받지 않고 각자 독립하여 소송수행을 가지며, 상호간에 연합관계나 협력관계가 없는 것을 말한다(제66조).

2) 내 용 : 구체적으로 ① 당사자 지위의 독립성이 있고, ② 소송요건의 존부는 각 공동소송인마다 개별 심사처리하며, ③ 공동소송인 한 사람의 소송행위는 유리·불리를 가리지 않고 원칙적으로 다른 공동소송인에게 영향을 미치지 않으며, ④ 공동소송인의 한 사람에 중단사유가 생기면 다른 공동소송인에 영향이 없으며, 변론의 분리·일부판결을 할 수 있고, 공동소송인 중 1인 상소한 경우 상소불가분

원칙의 적용이 없다. ⑤ 공동소송인간에 재판통일이 필요 없으며, 판결내용이 공동소송인들 상호간의 공격방법의 차이에 따라 모순되고 구구하게 되어도 상관없다.

3. 공동소송인 독립의 원칙의 수정

(1) 의 의

공동소송인독립의 원칙을 기계적으로 관철하면 각 공동소송인간에 재판의 통일이 보장되기 어렵다. 특히 공동소송인간에 실질적인 관련성이 있는 제65조 전문의 공동소송의 경우에 재판의 모순, 저촉은 매우 부자연스럽다. 따라서 공동소송인독립의 원칙을 수정하려는 법리로서 증거공통과 주장공통의 방법이 모색되고 있다. 사안은 제65조 전문의 공동소송에 해당하므로 이러한 수정이론이 논의되는 경우이다.

(2) 증거공통원칙의 인정여부

1) 인정여부 : ① 병합심리에 의하는 이상 변론전체의 취지 및 증거조사 결과 얻은 심증(제202조)은 각 공동소송인에 대해 공통으로 되기 때문에, 한 사람의 공동소송인이 제출한 증거는 다른 공동소송인의 원용이 없어도 그를 위한 유리한 사실인정의 자료로 사용될 수 있다는 입장도 있지만, ② 判例는 "공동소송에 있어서 증명 기타 행위가 행위자를 구속할 뿐 다른 당사자에게는 영향을 주지 않는다는 것이 원칙"이라고 하여 증거공통의 원칙을 부정하는 듯한 판시를 한 바 있다(대법 1959.02.19, 4291민항231).

2) 검 토 : 사실관계, 주장, 공격방어방법이 공통되는 경우 심리의 중복, 재판의 모순, 저촉을 방지하기 위해 증거공통의 원칙을 인정하는 긍정설이 타당하다.

(3) 주장공통의 인정여부

1) 인정여부 : ① 우리 判例는 "민사소송법 제66조의 명문의 규정과 변론주의 소송구조 등에 비추어 볼 때, 통상의 공동소송에 있어서 이른바 주장공통의 원칙은 적용되지 아니한다."고 하여 주장공통원칙을 부정한다(대법 1994.05.10, 93다47196). ② 이에 대해 부정설에 의하면 역사적 사실은 하나 밖에 있을 수 없는 논리의 거역으로서 국민의 재판 불신 요인이 되고, 이러한 예는 공동소송인독립의 원칙의 몰이해 등 소송수행능력의 불완전이나 공시송달에 의해 진행되는 소송에 있어서 많으므로 주장공통의 원칙을 제한적으로 긍정해야 한다는 견해이다. 즉, 공동소송인 중 한 사람에 의하여 공통사실이 주장되었을 때에 다른 공동소송인이 이와 저촉되는 행위를 적극적으로 하지 않고 그 주장이 다른 공동소송인에 이익이 되는 한 그 자에게도 효력이 미친다는 학설의 입장도 있다.

2) 검 토 : 공동소송인독립의 원칙의 제한이 필요하더라도 주장책임을 확대하는 정도까지 공동소송인독립의 원칙을 수정하는 것은 변론주의에 의해서만 소송자료가 인정되는 민사소송의 기본원칙에 반한다. 또한 이를 인정할 경우 공동소송으로 제기되었는지 여부에 따라 판결결과가 달라져 판결이 우연에 의하게 되는 불합리가 발생하고, 모순·저촉의 문제는 법원이 적절한 석명권 행사로서 어느 정도 해결이 가능하다는 점에서 부정설이 타당하다.

4. 법원의 인용범위

(1) 甲의 B에 대한 청구

B는 권리멸각사실의 항변으로 乙의 8,000만원의 일부변제사실을 주장하였고, 법원은 이러한 변제사

실에 대해 심증을 형성하고 있다. 따라서 乙의 변제는 B에 대하여 4,000만원 만큼의 상속채무의 소멸사실을 가져와 결국 甲의 청구는 6,000만원 인용, 4,000만원 기각의 일부인용판결이 내려질 것이다.

(2) 甲의 A에 대한 청구

1) **甲의 요건사실증명** : 공시송달이 이루어지면 자백간주가 적용되지 않으므로(제150조 3항 단서) A의 불출석에도 불구하고 甲은 자신의 대여사실을 증명하여야 한다. 설문에서 甲의 대여사실은 증명이 되었다.

2) **변제항변의 판단가부** : B의 변제항변제출은 A에게 아무런 영향을 미칠 수 없고, 나아가 증거공통원칙이 인정된다하여도 증거자료와 사실자료의 준별상 A에게 유리한 효과를 줄 수 없다. 결국 甲의 청구액 1억원은 전부 인용될 것이다.

61 | 고유필수적 공동소송에서 소취하 (13년 1차 모의쟁점)

> 甲, 乙, 丙은 5,000만 원씩 공동 출자하여 건축업을 동업하여 오던 중, 丁과 공사대금 1억 5천만 원에 건물신축공사를 하기로 하는 도급계약을 체결하였다. 甲, 乙, 丙은 위 도급계약에 따라 건물을 완공하였으나 공사대금을 받지 못하자, 丁을 상대로 위 공사대금 청구의 소를 제기하였다. 위 소송계속 중 丙은 자신의 지분에 대한 소취하서를 제출하였고 丁은 이에 동의하였다.
>
> 丙의 소취하는 유효한가?

1. 문제점

조합원 甲, 乙, 丙이 공동으로 원고가 된 경우 공동소송형태를 검토하여 丙 단독의 소취하가 허용되는지 살펴본다.

2. 당해 공동소송의 형태

(1) 공동소송의 허부

공동소송은 제65조 주관적 요건을 갖추어야 하고, 청구병합의 객관적 요건도 갖추어야 한다. 조합의 재산관계는 민법 제271조에 의해서 甲·乙·丙 3인의 합유관계로서 권리가 공통한 경우에 해당하여 공동소송이 허용된다.

(2) 공동소송의 형태

합유물의 처분·변경은 전원의 동의를 요하므로(민법 제272조) 소송수행권이 조합원 전원에게 귀속되어 조합원들의 공동소송은 원칙적으로 고유필수적 공동소송이 된다. 고유필수적 공동소송은 그 구성원 전원이 당사자가 되지 않으면 당사자적격에 흠이 있어 부적법한 소가 된다. 따라서 조합재산에 관한 소송은 구성원 전원이 당사자가 되어 수행해야 한다.

3. 고유필수적 공동소송의 심판방법

(1) 연합관계

필수적 공동소송의 경우 공동소송인간에 상호연합관계이며 따라서 통상 공동소송과는 달리 공동소송인 독립의 원칙이 적용되지 않고 합일확정판결만 허용된다. 다만 연합관계가 인정되는 것은 판결의 합일확정을 요하는 범위내에서만이며 소송행위를 언제나 공동으로 해야 하는 것은 아니다.

(2) 심리방법

1) 소송요건의 조사 : 소송관계는 복수이므로 소송요건은 각 공동소송인별로 독립하여 조사하여야 한다. 공동소송인 중 1인에 소송요건의 흠이 있는 경우 고유필수적 공동소송에서는 전소송을 부적법

각하하여야 한다.

2) 소송자료의 통일 : ① 공동소송인 중 1인의 소송행위 중 유리한 것은 전원에 대하여 효력이 있다(제67조 1항). 불리한 소송행위는 전원이 함께 해야 하나, 1인만의 불리한 소송행위가 변론전체의 취지에 의하여 공동소송인 측에 불리하게 참작될 수 있다. ② 공동소송인1인에 대한 상대방의 소송행위는 이익, 불이익을 불구하고 전원에 대하여 효력이 있다(동조2항).

3) 소송진행의 통일 : ① 공동소송 중 1인에 대한 소송절차의 중단·중지 효과는 전원에게 미친다(제67조 3항). ② 변론의 분리·일부판결이 불가능하고, ③ 상소기간은 개별적으로 진행하나 전원에 대하여 상소기간이 만료되어야 판결이 확정되고, 1인이라도 상소할 경우 전원에 대하여 판결의 확정이 차단되고 전소송이 상소심으로 이심된다.

(3) 본안재판의 통일

합일확정 판결을 요하며, 모순없는 판결을 위해 불이익변경금지원칙도 배제된다. 공동소송인 측이 패소시 소송비용은 연대하여 부담하는 것이 타당하다(제102조 1항 단서).

4. 사안의 해결 : 丙의 소취하가부

고유필수적공동소송인 중 한사람의 소송행위중 불리한 것은 공동소송인 전원이 함께 하지 않으면 안 되며, 그 한 사람이 하여도 전원을 위하여 효력이 없다. 따라서 소송공동이 강제되는 고유필수적공동소송에 있어서는 소의 일부취하도 허용되지 아니하며 무효이다. 따라서 사안의 경우 丙의 자기 지분에 대한 소취하는 그 효력이 없다고 할 것이다.

62 | 유사필수적 공동소송의 심판방법 (12회 기출)

〈 기초적 사실관계 〉
甲은 2021. 1. 15. 乙에게 甲 소유의 X토지를 매매대금 3억 원으로 정하여 매도하면서 계약금 3천만 원은 계약 당일, 잔금 2억 7천만 원은 2021. 3. 15. 지급받기로 하였고, 같은 날 계약금을 지급받았다. 乙은 잔금지급기일 전 X토지의 등기부를 열람하던 중 X토지에 관하여 丙의 명의로 소유권이전등기가 마쳐져 있음을 확인하고, 甲에게 위 丙 명의의 소유권이전등기를 말소하여 줄 것을 요구하였다. 甲이 이에 응하지 아니하자 乙은 잔금을 모두 지급한 뒤 2021. 7. 1. 甲에 대한 소유권이전등기청구권을 보전하기 위하여 甲을 대위하여 丙을 상대로 X토지에 관한 소유권이전등기말소청구의 소(이하'이 사건 소송'이라 한다)를 제기하였다. 이 사건 소송에서 乙은 甲을 증인으로 신청하였고, 2022. 1. 12. 증인으로 출석한 甲은 丙의 소유권이전등기가 서류 위조 등으로 인하여 원인무효라는 취지로 증언하였다. 이 사건 소송의 제1심 계속 중인 2022. 3. 12. 乙이 사망하였고, 상속인으로는 丁, 戊, 己가 있다. 丁, 戊, 己는 모두 이 사건 소송을 적법하게 수계하였다.

〈 추가적 사실관계 1 〉
丁은 이 사건 소송을 계속 진행하는 것에 부담을 느껴 소송계속 중인 2022. 5. 11. 소를 취하하였고 丙은 이에 동의하였다.
〈 문제 〉
1. 丁의 소취하가 유효한지 판단하고 근거를 서술하시오. (15점)

〈 추가적 사실관계 2 〉
이 사건 소송의 제1심은 심리를 진행한 뒤 丁, 戊, 己의 청구를 모두 기각하는 판결을 선고하였고, 이에 대하여 丁만이 항소를 제기하였다. 그러자 항소심은 丁만을 항소인으로 보아 소송을 진행한 다음 항소기각판결을 선고하였다.
〈 문제 〉
2. 丁만을 항소인으로 본 항소심 법원의 판단이 타당한지를 근거와 함께 서술하시오. (10점)

I. 설문 1 : 유사필수적 공동소송에서 일부 소취하 가부

1. 문제점

여러 명의 채권자가 대위소송을 제기한 경우 공동소송 형태와, 유사필수적 공동소송에서 일부 원고의 소취하가 허용되는지 문제된다.

2. 수인의 채권자에 의한 대위소송의 형태

大法院은 "수인의 채권자들이 동일한 채무자의 권리를 소송의 방법으로 채권자대위권을 행사하는 경우에 수인의 채권자들 상호간의 소송관계에 관하여 채무자가 그 소송이 제기된 사실을 알고 있어 판결의 효력이 미치게 될 경우, 각 채권자대위권에 기하여 공동하여 채무자의 권리를 행사하는 다수의 채권자들은 유사필수적 공동소송관계에 있다."고 판시하였다(대법 1991.12.27, 91다23486). 이 판결은 채무자가 기판력을 받는데 왜 채권자들이 필수적 공동소송인이 되는지 설명하지 않고 있으나, 그 뒤에 나온 채무자가 그 대위소송 계속을 알았으면 한 채권자에 대한 판결의 기판력이 다른 채권자에게도 미친다(대법 1994.08.12, 93다52808)고 한 판시와 종합하면 다른 채권자에게 기판력이 미치기 때문이라고 본 것으로 설명할 수 있을 것이다.

3. 유사필수적 공동소송에서 일부 소취하 가부

고유필수적 공동소송에서는 공동소송이 강제되므로 원고들 일부의 소 취하 또는 피고들 일부에 대한 소 취하는 특별한 사정이 없는 한 그 효력이 생기지 않지만(대법 2007.08.24, 2006다40980), 유사필수적 공동소송은 공동 소제기가 강제되는 것이 아니어서 원고들 중 일부가 소를 취하하는 경우에 다른 공동소송인의 동의를 받을 필요가 없다(대법 2013.03.28, 2011두13729).

4. 설문의 해결

상속인들은 소유권이전등기청구권을 준공유하는 관계이지만, 채권자대위소송의 원고들로서 이들의 공동소송형태는 유사필수적 공동소송에 해당하고, 丁 단독의 소취하도 유효하다.

II. 설문 2 : 필수적 공동소송의 항소심 심판방법

1. 문제점

필수적 공동소송에서 패소한 공동소송인 중 일부만 항소한 경우 이심과 심판의 범위가 문제된다.

2. 필수적 공동소송에서 일부 공동소송인의 상소의 취급

상소기간은 각 공동소송인별로 개별 진행된다. 다만, 전원에 대한 상소기간이 만료되기까지는 당해 판결은 확정되지 않는다(대법 2017.09.21, 2017다233931). 공동소송인 중 한 사람이 상소를 제기하면 전원에 대하여 확정이 차단되고 상급심에 전부 이심된다(대법 2022.06.30, 2022다217506). 패소하고도 상소하지 않은 공동소송인은 단순한 상소심 당사자로 본다(대법 1993.04.23, 92누17297). 이 경우 항소심으로서는 공동소송인 전원에 대하여 전부판결을 하여야 하며 상소를 제기하지 않은 공동소송인을 빼놓으면 직권취소사유가 된다. 이때 불복하지 아니한 공동소송인에게도 유리하게 변경될 수 있다(대법 2003.12.12, 2003다44615).

3. 설문의 해결

丁만을 항소인으로 보는 것은 위법하며 戊, 己 역시 항소심 당사자이다. 따라서 丁의 항소를 기각한 판결은 위법하며 직권취소사유가 된다.

63 | 예비적 공동소송

I. 성립요건(14년 3차, 15년 2차, 19년 1차, 20년 1차·3차 모의 / 4회 기출)

> 甲은 아파트 입주자대표회의에서 동대표로 선출된 乙을 피고로 동대표지위부존재확인의 소를 제기하였다가 그 소송이 제1심법원에 계속되어 있던 중에 아파트 입주자대표회의(이하 丙)를 피고로 추가하는 주관적 예비적 피고의 추가를 신청하였다. 적법한가?

1. 예비적 공동소송의 적법여부

(1) 예비적 공동소송의 요건

예비적 공동소송은 ① 공동소송의 일반요건을 갖추어야 함은 물론이요, ② 공동소송인 가운데 일부의 청구가 다른 공동소송인의 청구와 법률상 양립할 수 없거나 공동소송인 가운데 일부에 대한 청구가 다른 공동소송인에 대한 청구와 양립할 수 없는 경우이어야 한다(제70조). 사안에서는 제65조 전문의 권리의무의 발생원인이 공통한 경우이므로 주관적 요건은 갖추었고, 객관적 요건과 관련하여 동종절차에서 심리할 수 있으며, 제25조 제2항의 관련재판적도 갖출 수 있는 경우이므로 문제가 없으나, 법률상 양립불가능한 경우인지 여부가 문제되는데 특히 실체법상 양립할 수 없는 경우는 물론 소송법상 양립할 수 없는 경우도 포함되는지 문제된다.

(2) 법률상 양립불가의 의미

判例는 "여기에서 '법률상 양립할 수 없다'는 것은, ① 동일한 사실관계에 대한 법률적인 평가를 달리하여 두 청구 중 어느 한 쪽에 대한 법률효과가 인정되면 다른 쪽에 대한 법률효과가 부정됨으로써 두 청구가 모두 인용될 수는 없는 관계에 있는 경우나, 당사자들 사이의 사실관계 여하에 의하여 또는 청구원인을 구성하는 택일적 사실인정에 의하여 어느 일방의 법률효과를 긍정하거나 부정하고 이로써 다른 일방의 법률효과를 부정하거나 긍정하는 반대의 결과가 되는 경우로서, 두 청구들 사이에서 한 쪽 청구에 대한 판단 이유가 다른 쪽 청구에 대한 판단 이유에 영향을 주어 각 청구에 대한 판단 과정이 필연적으로 상호 결합되어 있는 관계를 의미하며, ② 실체법적으로 서로 양립할 수 없는 경우뿐 아니라 소송법상으로 서로 양립할 수 없는 경우를 포함하는 것으로 봄이 상당하다"고 하여 소송법상 양립불가한 경우도 포함하고 있다.

(3) 사안의 경우

생각건대 법인 또는 비법인 등 당사자능력이 있는 단체의 대표자 또는 구성원의 지위에 관한 확인소송에서 그 대표자 또는 구성원 개인뿐 아니라 그가 소속된 단체를 공동피고로 하여 소가 제기된 경우에 있어서는, 누가 피고적격을 가지는지에 관한 법률적 평가에 따라 어느 한 쪽에 대한 청구는 부적법하고 다른 쪽의 청구만이 적법하게 될 수 있으므로, 이는 민사소송법 제70조 제1항 소정의 예비적·

선택적 공동소송의 요건인 각 청구가 서로 법률상 양립할 수 없는 관계에 해당하는 것으로 봄이 상당하다(대법 2007.06.26, 2007마515).

2. 추가요건 구비여부

사안에서 丙의 추가는 소송이 제1심에 계속중이고 변론종결전이므로 허용될 것이며, 피고측의 추가이므로 추가되는 丙의 동의는 필요치 않다. 공동소송인의 추가는 추가된 당사자와의 사이에 신소의 제기이므로 추가신청은 서면에 의하여야 하고, 추가결정이 있는 경우 처음 소가 제기된 때에 丙와의 사이에 소가 제기된 것으로 보기 때문에 시효중단·기간준수의 효과는 처음 제소시에 소급한다. 또한 추가 후에는 필수적 공동소송의 심판방법이 적용되므로 종전 乙의 소송수행의 결과는 유리한 소송행위의 범위 내에서 신당사자에게도 효력이 미친다고 할 것이다.

3. 결 론

설문은 乙에 대한 소는 부적법하고, 丙에 대한 소는 적법하여 소송법상 양립불가능한 경우이며, 제1심 변론종결전 까지는 예비적 공동소송인의 추가가 허용되므로 적법하다.

관련판례

1. 실체법상 양립불가의 경우로 허용한 例

① 대법 2008.03.27, 2005다49430에서는 주위적 피고에 대하여는 통정허위표시 또는 반사회질서의 법률행위임을 이유로 소유권이전등기말소청구를, 예비적 피고에 대해서는 그것이 인정되지 않으면 이행불능을 이유로 전보배상청구를 하는 경우에 허용되는 것으로 보았다.

② 대법 2008.07.10, 2006다57872는 이 사건 주위적 청구는 피고 삼성카드 주식회사가 피고 대우자동차판매 주식회사에게 차량대금을 지급하였음을 전제로 피고 대우자동차판매에 대하여 차량미인도로 인한 채무불이행책임 또는 사용자책임을 묻는 것이고, 이 사건 예비적 청구는 피고 삼성카드가 피고 대우자동차판매에게 차량대금을 지급하지 않았음을 전제로, 피고 삼성카드에 대하여 할부금 지급채무가 없음의 확인과 아울러 이미 납입한 할부금의 반환을 구하는 것임을 알 수 있는바, 이러한 각 청구의 원인을 앞서 본 법리에 비추어 살펴보면, 주위적 청구에 대한 판단이유가 예비적 청구에 대한 판단이유에 영향을 줌으로써 위 각 청구에 대한 판단과정이 필연적으로 상호 결합되어 있는 관계에 있어 위 두 청구는 법률상 양립할 수 없고, 또한 주위적 청구는 예비적 청구와 그 상대방을 달리하고 있어, 피고들에 대한 위자료청구를 제외한 나머지 이 사건 소송은 민사소송법 제70조 제1항 소정의 예비적 공동소송에 해당한다고 할 것이라 하였다.

③ 대법 2011.02.24, 2009다43355에서는 공탁이 무효임을 전제로 한 피고 갑에 대한 주위적 청구와 공탁이 유효임을 전제로 한 피고 을 및 제1심 공동피고들에 대한 예비적 청구가 공탁의 효력 유무에 따라 두 청구가 모두 인용될 수 없는 관계에 있거나 한쪽 청구에 대한 판단 이유가 다른 쪽 청구에 대한 판단 이유에 영향을 주어 각 청구에 대한 판단 과정이 필연적으로 상호 결합되어 있는 주관적·예비적 공동소송의 관계에서 모든 당사자들 사이에 결론의 합일확정을 기할 필요가 인정되므로, 피고 을만이 제1심판결에 대하여 적법한 항소를 제기하였다고 하더라도 피고 갑에 대한 주위적 청구 부분과 제1심 공동피고들에 대한 예비적 청구 부분도 함께 확정이 차단되고 원심에 이심되어 심판대상이 되었다고 보아야 함에도, 그 심판대상을 위 예비적 청구 중 제1심이 인용한 부분에 한정된다고 전제하여 그 부분에 관하여만 판단한 원심판결을 직권으로 전부 파기하였다.

④ 대법 2012.09.13, 2009다23160은 갑 아파트의 입주자대표회의와 구분소유자들이, 집합건물의 소유 및 관리에 관한 법률에 근거하여 사업주체인 을 주식회사에 대한 손해배상청구를 주관적·예비적 병합의 형태로 병합하여 청구하고, 이와 별도로 입주자대표회의가 건설공제조합을 상대로 하자보수보증계약에 기한 보증책임으로서 보증금 지급을 청구하였는데, 원심이 입주자대표회의의 을 회사에 대한 청구는 기각하고 예비적 청구인 구분소유자들의 청구는 일부 인용하면서 입주자대표회의의 건설공제조합에 대한 보증금 지급청구도 일부 인용한 사안에서, 원심이 입주자대표회의의 건설공제조합에 대한 청구와 구분소유자들의 을 회사에 대한 청구를 병렬적으로 인용한 것을 잘못이라 할 수 없고, 다만 원심이 인정한 위 각 책임은 그 대상인 하자가 일부 겹치는 것이고 그렇게 겹치는 범위 내에서는 결과적으로 동일한 하자의 보수를 위하여 존재하는 것이므로, 향후 원고들이 그 중 어느 한 권리를 행사하여 하자보수에 갈음한 보수비용 상당이 지급되면 그 금원이 지급된 하자와 관련된 한도 내에서 다른 권리도 소멸하는 관계에 있지만, 이는 의무 이행 단계에서의 조정에 관한 문제일 뿐 의무의 존부를 선언하는 판결 단계에서 상호 배척 관계로 볼 것은 아니므로, 원심이 위 각 청구를 함께 인용한 것이 중복지급을 명한 것이라고 할 수 없다고 하였다.

⑤ 대법 2015.03.20, 2014다75202은 제1심 공동피고 A에 대하여 2억 원의 대여금 반환을 구함과 아울러, 주위적으로 피고 乙에 대하여, 피고 丙이 피고 乙의 대리인으로서 제1심 공동피고 A의 원고에 대한 대여금 반환채무를 연대보증하는 취지의 이 사건 차용증을 작성·교부하였음을 주장하며 제1심 공동피고 A와 연대하여 위 대여금을 지급하여 줄 것을 구하고, 피고 丙에게 피고 乙을 대리할 권한이 있음이 인정되지 아니할 경우에 대비하여 예비적으로 피고 丙에 대하여, 위 피고가 이 사건 차용증을 작성·교부하면서 제1심 공동피고 A의 대여금 반환채무를 연대보증하였거나, 무권대리인으로서 민법 제135조에 따른 연대보증책임이 있다고 주장하며 제1심 공동피고 A와 연대하여 위 대여금을 지급하여 줄 것을 구하는 것은 피고들에 대한 청구는 두 청구가 모두 인용될 수 없는 관계에 있거나 한쪽 청구에 대한 판단 이유가 다른 쪽 청구에 대한 판단 이유에 영향을 주어 각 청구에 대한 판단 과정이 필연적으로 상호 결합되어 있는 관계에 있어서 모든 당사자들 사이에 결론의 합일확정을 기할 필요가 인정되므로, 피고들에 대한 청구는 민사소송법 제70조 제1항에서 정한 주관적·예비적 공동소송이라 하였다.

2. 소송법상 양립불가의 경우로 허용한 例

대법 2007.06.26, 2007마515에서는 피고적격자가 A인지 B인지 누가 피고적격을 갖느냐에 따라 어느 일방에 대한 청구는 부적법해지고 다른 일방에 대한 청구는 적법해질 수 있는 경우, A를 먼저 피고로 제기한 소송중에 B를 예비적 피고로 추가하는 것은 적법하다고 보았다.

| 관련판례 | 부진정 연대채무의 경우 부정 |

① 대법 2009.03.26, 2006다47677은 부진정연대채무관계는 일방의 채무가 변제 등에 의하여 소멸되면 타방의 채무도 소멸되는 관계이므로 이러한 관계의 채무자 A,B를 공동피고로 한 각 청구는 법률상 양립할 수 없는 경우가 아니므로 예비적 공동소송이 될 수 없다고 하였다.

② 갑 재단법인 등이 소유한 토지 지상에 국가가 설치한 송전선로가 지나가고 있고 한국수자원공사가 송전선로 등 수도권 광역상수도시설에 대한 수도시설관리권을 국가로부터 출자받아 시설을 유지·관리하고 있는데, 갑 법인 등이 주위적으로 한국수자원공사에 대하여, 예비적으로는 국가에 대하여 토지 상공의 점유로 인한 부당이득반환을 구한 사안에서, 대법 2012.09.27, 2011다76747은 어떤 물건에 대하여 직접점유자와 간접점유자가 있는 경우, 그에 대한 점유·사용으로 인한 부당이득의 반환의무는 동일한 경제적 목적을 가진 채무로서 서로 중첩되는 부분에 관하여는 일방의 채무가 변제 등으로 소멸하면 타방의

채무도 소멸하는 이른바 부진정연대채무의 관계라 하면서, 주위적 피고에 대한 청구와 예비적 피고에 대한 청구가 법률상 양립할 수 없는 것이 아닌 경우는 진정한 의미의 예비적 공동소송의 관계가 아니므로 필수적 공동소송에 관한 제67조는 준용되지 않아 상소로 인한 확정차단의 효력도 상소인과 상대방에 대하여만 생기고 다른 공동소송인에게는 미치지 아니하므로 상소한 청구부분은 상소심의 심판의 대상이 되지만 상소하지 아니한 부분은 분리확정되었으므로 그 부분은 소송종료선언의 대상이라고 하였다.

II. 예비적 공동소송의 심판방법(4회 기출)

1. 조정에 갈음하는 결정의 경우

> 甲은 丙회사가 발행한 신용카드로 乙로부터 자동차를 구입하였다. 그러나 乙은 카드대금을 지급받지 못했음을 이유로 자동차의 인도를 거절하고 있다. 이에 甲은 乙 등을 주위적 피고로 하여 채무불이행 책임을 묻고, 丙을 피고로 丙이 乙 등에게 물품대금을 지급하지 않았음을 전제로, 丙에 대한 할부금 지급채무가 없음의 확인과 함께 아울러 이미 납입한 할부금의 반환을 구하는 청구를 하였다. 법원은 "丙은 원고에게 2009년 6월 30일까지 금 1,000만 원을 지급한다. 원고 甲과 피고들 乙 등과 丙 사이에는 위 丙이 甲에게 지급하는 금원외에는 더 이상 채권·채무관계가 존재하지 아니함을 확인한다" 라는 내용의 조정에 갈음하는 결정을 하였고, 이에 대해 丙만 이의신청을 하였을 뿐, 甲과 乙은 이의신청을 하지 않았다.
>
> 甲과 乙사이에서는 이러한 내용의 화해가 성립된 것으로 볼 수 있는가?

(1) 예비적 공동소송의 심판방법

1) **소송자료의 통일** : 원칙적으로 제67조 1항이 준용되므로 공동소송인 중 한 사람의 소송행위는 전원의 이익을 위하여서만 효력이 발생한다. 따라서 제1차적 피고, 예비적 피고 중 한 사람의 소송행위 중 유리한 것은 전원에 대하여 효력이 생긴다. 이에 반하여 불리한 소송행위는 원칙적으로 공동소송인 전원이 함께 하지 아니하면 안 된다.

2) **소송물 처분행위의 예외** : 원래 이러한 공동소송에서는 제67조 1항의 필수적 공동소송의 규정을 준용하기 때문에 청구의 포기·인낙, 화해 및 소의 취하와 같은 소송물에 관한 불리한 처분행위는 공동소송인 중 한 사람이 개별적으로 할 수 없어야 하겠지만, 이렇게 되면 각 공동소송인의 소송물의 처분자유를 지나치게 제한하는 것이고 가혹하다는 문제가 생긴다. 그리하여 신법 제70조 1항 단서에서는 불리한 행위이지만 각자 청구의 포기·인낙, 화해 및 소의 취하를 할 수 있도록 예외규정을 두었다.

(2) 조정에 갈음하는 결정의 경우

1) **判例의 입장** : 大法院은 『조정에 갈음하는 결정에 일부 공동소송인이 이의 신청을 하지 아니한 경우에 그에 대한 관계에서는 분리 확정되는 것이 원칙이나, 결정 자체에서 분리확정을 불허하거나 결정 내용이 공동소송인들에 공통되는 법률관계의 형성을 전제로 이해관계를 조절하는 등 소송진행의 통일을 목적으로 하는 제70조 1항 본문의 입법취지에 반하는 결과가 될 때에는 분리확정이 안된다』고 하였

다(대법 2008.07.10, 2006다57872).

2) 학설의 입장 : 이에 대하여 ① 판례의 입장과 달리 조정에 갈음하는 결정에 대해 이의신청하지 않은 당사자들 사이에서는 확정되었다고 보아도 무방하다는 견해와, ② 조정에 갈음하는 결정이 재판상 화해와 같은 효력이 있지만, 법 제70조 단서에서 열거하고 있는 청구의 포기·인낙, 화해, 소취하와 같은 당사자의 의사에 의한 소송물의 처분과 달리 법원의 재판의 일종이라는 점에서 법 제70조 1항 단서의 적용대상이 아니라, 같은 항 본문의 적용대상으로 보고 조정에 갈음하는 결정에 일부 당사자만 이의한 경우에도 모든 당사자에 대하여 그 결정이 확정되지 않는다는 견해도 있다.

(3) 검 토

위 조정에 갈음하는 결정의 내용은 피고 乙에 대해서도 피고 丙의 원고에 대한 금원 지급의무를 전제로 채무가 존재하지 아니함을 확인한다는 것이어서 피고들 사이의 권리·의무관계가 상호 관련되어 있고, 분리 확정을 허용할 경우 형평에 반할 뿐만 아니라, 이해관계가 상반된 공동소송인들 사이에서의 소송진행 통일을 목적으로 하는 민사소송법 제70조 제1항 본문의 입법 취지에 반하는 결과가 초래될 수 있다고 보이므로, 위 조정에 갈음하는 결정에 대해서는 분리 확정이 허용되지 않는다. 따라서 법원은 甲과 乙에 대한 심리도 진행하여야 한다.

2. 재판상 자백의 경우

> 甲은 乙을 주위적 피고로 丙을 예비적 피고로 하여 소를 제기하였는데, 丙만이 甲주장 사실을 자백하였다.
>
> 丙의 자백은 유효한가?

(1) 문제점

개정 민사소송법 제70조 제1항은 필수적 공동소송을 준용하도록 규정하였는 바 제67조에 의하면 공동소송인 가운데 한 사람의 소송행위는 모두의 이익을 위하여서만 효력을 발생하고 불리한 소송행위는 공동소송인 모두 함께 하여야 하나 청구의 포기·인낙, 화해 및 소의 취하의 경우에는 필수적 공동소송의 특칙 적용의 예외로 하고 있는데(동조 단서) 자백의 경우 이러한 규정이 없어 문제된다.

(2) 견해의 대립

1) 제1설 : 예비적 공동소송은 제67조가 준용되는 결과 자백은 모두가 함께 하여야 한다고 보아 주위적 피고의 자백이든 예비적 피고의 자백이든 한 사람만의 자백은 효력이 없다는 입장이다.

2) 제2설 : 예비적 공동소송의 경우 소송진행의 측면에서만 필수적 공동소송의 특칙이 적용되고, 소송자료에 있어서는 제70조 단서를 고려할 때 필수적 공동소송의 특칙이 적용되지 않으므로 1인의 자백의 효력도 제한 없이 인정된다는 입장이다.

3) 제3설 : 동시자백과 한쪽자백을 구별하여 동시자백은 서로 배척적이고 모순된 사항에 대한 자백이 되어 무의미한 것이 되고, 한쪽자백의 경우 주위적 당사자가 자백하고 예비적 당사자가 부인한 경우 주위적 당사자의 소송이 인용되는 경우 예비적 당사자에 대해서는 기각하여야 하고, 주위적 당사자는 부인하고 예비적 당사자가 자백하는 경우에는 주위적 당사자에 대하여 패소하는 경우 예비적 당사자에 대하여 자백을 전제로 심리하여야 한다는 입장이다.

4) 제4설 : 자백사실은 양립불가한 관계에 있는 다른 당사자에게 유리한 소송상태가 형성될 수 있으므로 예비적 피고의 자백에 대하여 주위적 피고가 다투지 않은 경우로 보아 자백의 효력을 인정하여 주위적 피고에 대하여는 청구기각, 예비적 피고에 대하여는 청구인용판결을 할 수 있고, 반면에 자백한 사람 이외의 당사자에게 불이익을 미치는 자백은 그 자백에 의하여 불이익을 받은 당사자가 자백사실을 다투는 한 그 효력을 인정할 수 없다는 견해이다.

(2) 검 토

생각건대 개정법 제70조 제1항 단서에서 청구의 포기·인낙, 화해, 소취하만 개별적으로 할 수 있도록 규정하고 있고, 자백의 경우에는 이와 같은 규정이 없으므로 제67조 제1항이 준용된다고 할 것이고, 예비적 공동소송의 경우는 서로 이해관계가 대립되는 관계이므로 예비적 공동소송인 1인의 자백은 다른 공동소송인에게 이익이 될 수도 있고, 불이익이 될 수도 있을 것이므로 제4설이 타당하다고 본다.

3. 청구인낙의 경우

> 甲은 乙을 주위적 피고로 丙을 예비적 피고로 하여 소를 제기하였는데, 丙만이 甲의 청구에 대해 인낙하였다.
>
> 법원은 어떠한 취급을 하여야 하는가?

(1) 견해의 대립

1) **인낙불허설** : 예비적 공동소송에서 예비적 청구는 주위적 청구에 대한 인용판결을 해제조건으로 청구인용판결을 구하는 것이라는 기본구조를 고려해 보면 청구인용판결과 같은 결과를 낳는 청구인낙도 주위적 청구에 관한 아무런 판단이 없는 상태에서는 할 수 없다고 보는 것이 타당하다는 입장이다.

2) **인낙허용설** : 제70조 1항 단서의 규정으로 보아 예비적 피고의 인낙을 허용한다는 입장인데, 인낙허용설은 다시 ① 예비적 피고가 인낙한 경우라도 처분권주의에 의해 주위적 피고에 대한 원고의 청구가 이유 있으면 주위적 피고에 대한 청구는 인용되고 예비적 피고에 대한 청구는 기각해야 한다는 견해와, ② 원고가 주위적 피고·예비적 피고 양쪽에 승소될 수 있지만, 이것은 예비적 피고의 처분행위에 의한 것이기 때문에 별 문제가 되지 아니한다는 입장이 있다.

(2) 검 토

생각건대 예비적 피고의 청구인낙을 인정하여도 원고에게 불리한 것은 없고, 설사 법률상 양립하지 아니하는 관계인 주위적 청구에 대해 심리 후 승소판결을 내린다 하여도 별개 소송이 제기되어 그 중 하나가 별개의 소송절차에서 청구인낙으로 종결된 후에 판결하는 것과 차이가 없으며, 사적자치의 영역인 민사소송에서 스스로 책임을 지겠다는 것을 굳이 저지할 필요가 없고, 나중에 이중 집행을 방지하면 되는 것이라는 점 등에 비추어 보면 인낙허용설이 타당하다.

III. 항소심의 심판범위(17년 2차, 20년 1차·3차 모의쟁점)

> 공탁이 무효임을 전제로 한 피고 甲에 대한 주위적 청구와 공탁이 유효임을 전제로 한 피고 乙에 대한 예비적 청구에 대해 제1심은 주위적 피고에 대한 청구는 기각하고 예비적 피고에 대한 청구가 인용되자, 피고 乙만이 제1심판결에 대하여 적법한 항소를 제기하였다. 이에 항소심은 주위적 피고에 대한 청구가 이유 있다는 판단이 들어도 항소심의 심판대상은 제1심이 인용한 예비적 청구부분에 한정된다고 전제하여 그 부분에 관하여만 기각하는 판단을 하였다.
>
> 이에 대해 원고가 상고한다면 상고심은 어떠한 판단을 하여야 하는가?

1. 항소심으로 이심의 범위

법률상 양립할 수 없는 공동소송인 사이의 분쟁관계를 모순 없이 통일적으로 해결함으로써 재판의 통일을 기하려는 제도의 취지상 비록 원고가 주위적 피고 甲에 대해 패소한 1심 판결에 대하여 항소하지 않았어도 원고의 주위적 피고에 대한 청구도 확정이 차단되고 이심된다.

2. 항소심의 심판의 대상

① 항소심에서의 변론은 당사자가 제1심 판결의 변경을 청구하는 한도 안에서만 할 수 있도록 규정되어 있으므로 이러한 불이익변경금지의 원칙상 항소의 대상이 되지 아니한 주위적 청구를 주위적 피고에게 불이익하게 변경하는 판결을 할 수 없다는 견해도 있으나(홍준호), ② 통설과 判例는 합일확정 요청상 불이익변경금지 원칙이 적용되지 아니하므로, 원고의 주위적 청구도 항소심의 심리대상이 되고, 심리결과 원고의 주위적 피고에 대한 청구가 이유 있으면 원심판결을 취소하여 원고의 주위적 피고에 대한 청구를 인용하고, 원고의 예비적 피고에 대한 청구를 기각하여야 한다는 입장이다(대법 2011.02.24, 2009다43355).

3. 항소심 판결의 위법성

예비적 공동소송은 일부판결이 허용되지 않고, 착오로 일부 공동소송인에 대하여서만 일부판결을 하더라도 전부 판결을 한 것으로 취급하여 상소로써 다투어야 하고, 누락된 예비적·선택적 공동소송인은 착오로 인한 일부판결을 시정하기 위하여 상소를 제기할 이익이 있다(대법 2008.03.27, 2005다49430). 따라서 원고는 항소심에 추가판결을 신청할 것이 아니라, 상고를 제기하여야 한다. 이 경우 상고심은 원심을 파기하고 환송하여 주위적 피고에 대한 청구를 판단할 수 있도록 하여야 한다.

Ⅳ. 예비적 공동소송의 복합형태

> 원고 甲은 피고 경기도의료원(이하 乙이라 한다)을 상대로 주위적 청구로 구급차의 운용자임을 주장하며 응급구조사의 탑승 없이 환자를 이송하였음을 이유로 응급의료법 제48조에 따른 손해배상청구를 하면서 예비적으로 운용자가 아니라도 응급구조사의 탑승 여부를 확인하지 않은 응급의료법 제11조 2항 위반에 따른 손해배상청구를 하였다. 나아가 경기의료원이 구급차의 운용자가 아니라면 하나구급센터(이하 丙이라 한다)가 구급차의 운용자에 해당한다고 주장하며 乙에 대한 주위적 청구가 받아들여지지 아니할 경우 丙의 응급의료법 제48조 위반의 불법행위에 기한 손해배상청구를 받아들여 달라는 취지로 丙을 예비적 피고로 추가하는 신청을 하였다.
>
> 이러한 공동소송의 형태가 허용되는지 여부와 공동소송형태를 설명하라. (50점)

1. 문제점

甲은 乙을 상대로 예비적 병합 청구를 하였고, 乙에 대한 주위적 청구가 기각될 때를 대비하여 丙을 예비적 피고로 하는 공동소송을 제기하였다. 그 형태와 관련하여 乙에 대한 주위적 청구와 丙에 대한 청구는 양립이 불가능한 것으로 보이고, 乙에 대한 예비적 청구와 丙에 대한 청구는 양립이 가능한 것인데 이러한 복합적 구조가 가능한지 문제된다.

2. 甲의 乙에 대한 주위적 청구와 丙의 관계

(1) 예비적 공동소송의 적법요건

예비적 공동소송은 ① 공동소송의 일반요건을 갖추어야 함은 물론이요, ② 공동소송인 가운데 일부의 청구가 다른 공동소송인의 청구와 법률상 양립할 수 없거나 공동소송인 가운데 일부에 대한 청구가 다른 공동소송인에 대한 청구와 양립할 수 없는 경우이어야 한다(제70조). 먼저 甲의 乙과 丙에 대한 청구는 의무의 발생원인이 공통하여 주관적 요건은 갖추었고(제65조 전문), 기타 청구병합요건에도 문제가 없으므로 공동소송은 허용된다.

(2) 법률상 양립불가의 의미

大法院은 『여기에서 '법률상 양립할 수 없다'는 것은, ① 동일한 사실관계에 대한 법률적인 평가를 달리하여 두 청구 중 어느 한 쪽에 대한 법률효과가 인정되면 다른 쪽에 대한 법률효과가 부정됨으로써 두 청구가 모두 인용될 수는 없는 관계에 있는 경우나, 당사자들 사이의 사실관계 여하에 의하여 또는 청구원인을 구성하는 택일적 사실인정에 의하여 어느 일방의 법률효과를 긍정하거나 부정하고 이로써 다른 일방의 법률효과를 부정하거나 긍정하는 반대의 결과가 되는 경우로서, 두 청구들 사이에서 한 쪽 청구에 대한 판단 이유가 다른 쪽 청구에 대한 판단 이유에 영향을 주어 각 청구에 대한 판단 과정이 필연적으로 상호 결합되어 있는 관계를 의미하며, ② 실체법적으로 서로 양립할 수 없는 경우뿐 아니라 소송법상으로 서로 양립할 수 없는 경우를 포함하는 것으로 봄이 상당하다』고 판시하고 있다(대법 2007.06.26, 2007마515).

(3) 사안의 경우

설문에서 乙에 대한 주위적 청구와 丙에 대한 청구는 동일한 사실관계에 대한 법률적인 평가를 달리하여 두 청구 중 어느 한 쪽에 대한 법률효과가 인정되면 다른 쪽에 대한 법률효과가 부정되는 경우이므로 양립이 불가하다. 우리 判例도 처음에는 주위적 피고에 대한 주위적·예비적 청구만을 하였다가 청구 중 주위적 청구 부분이 받아들여지지 아니할 경우 그와 법률상 양립할 수 없는 관계에 있는 예비적 피고에 대한 청구를 받아들여 달라는 취지로 예비적 피고에 대한 청구를 결합하기 위하여 예비적 피고를 추가하는 것도 민사소송법 제70조 제1항 본문에 의하여 준용되는 민사소송법 제68조 제1항에 의하여 가능하다고 하였다(대법 2015.06.11, 2014다232913).

3. 甲의 乙에 대한 예비적 청구와 丙의 관계

丙이 구급차 운용자로서 지는 응급의료법 제48조의 책임과, 경기의료원이 지는 응급의료법 제11조 2항의 책임은 서로 양립이 가능한 경우로서 통상공동소송에 해당한다. 우리 判例도 피고 경기도의료원에 대한 예비적 청구와 피고 구급센터에 대한 청구는 서로 법률상 양립할 수 있는 관계에 있으므로, 제1심이 피고 구급센터를 예비적 피고로 추가한 것은 적법하고, 피고 경기도의료원에 대한 주위적 청구가 받아들여지지 아니할 경우 피고 경기도의료원에 대한 예비적 청구와 피고 구급센터에 대한 청구를 병합하여 통상의 공동소송으로 보아 심리·판단할 수 있다고 하였다(대법 2015.06.11, 2014다232913).

4. 설문의 해결

민사소송법 제70조 제1항 본문이 규정하는 '공동소송인 가운데 일부에 대한 청구'를 반드시 '공동소송인 가운데 일부에 대한 모든 청구'라고 해석할 근거는 없으므로, 주위적 피고에 대한 주위적·예비적 청구 중 주위적 청구 부분이 받아들여지지 아니할 경우 그와 법률상 양립할 수 없는 관계에 있는 예비적 피고에 대한 청구를 받아들여 달라는 취지로 주위적 피고에 대한 주위적·예비적 청구와 예비적 피고에 대한 청구를 결합하여 소를 제기하는 것도 가능하고, 이 경우 주위적 피고에 대한 예비적 청구와 예비적 피고에 대한 청구가 서로 법률상 양립할 수 있는 관계에 있으면 양 청구를 병합하여 통상의 공동소송으로 보아 심리·판단할 수 있다.

64 | 보조참가

I. 참가요건의 구비여부(13년 3차, 15년 2차, 18년 2차 모의쟁점)

> 甲은 친구인 乙을 동승시킨 채 자신의 소유 차량을 운전하던 중 丙이 운전하던 차량에 의해 추돌 당함으로써, 甲과 乙 모두 두 달간의 입원치료를 요하는 중상을 입게 되었다. 이에 甲은 丙을 상대로 손해배상청구소송을 제기하였으나, 같은 사고의 피해자인 乙은 나중에 소를 제기하겠다는 생각에 甲의 소송에 동참하지 않았다.
>
> 소송 진행 도중에 같은 피해자 乙은 원고 甲을 도와주기 위해 보조참가신청을 하였다면 적법한가?

1. 보조참가의 의의와 요건

보조참가란 타인간의 소송계속 중 소송결과에 대하여 법률상 이해관계가 있는 제3자가 일방 당사자의 승소를 보조하기 위하여 그 소송에 참가하는 경우를 말한다(제71조). 보조참가가 적법하기 위해서는 ① 타인간의 소송이 계속 중이고, ② 소송결과에 이해관계가 있고, ③ 소송절차를 현저히 지연시키지 않을 것과, ④ 일반적인 소송행위의 유효요건을 갖추어야 하며, ⑤ 보충성은 불필요한데, 설문은 소송결과에 이해관계가 있는지 문제된다.

2. 소송결과에 이해관계가 있는지 여부

(1) 소송결과에 이해관계의 의미

보조참가가 적법하기 위해서는 판결주문에 나타난 소송물인 권리 또는 법률관계에 의하여 참가인의 법적 지위가 직접적으로 영향을 받는 경우에 참가이유가 있다는 점에 대해서는 다툼이 없다. 그런데 참가인의 법률상의 지위가 판결이유 중에 판단되는 중요쟁점에 의하여 영향을 받는 경우에 참가이유를 인정할 것인가에 대해서 학설의 대립이 있다.

(2) 견해의 대립

1) 제한설 : 판결주문에 영향을 받지 않고 판결이유 중에 판단에 대해서만 이해관계를 갖는 경우는 소송결과에 대한 이해관계로 볼 수 없다는 견해로 통설의 입장이다. 즉 참가인의 법률상 지위가 논리적으로 소송물인 권리관계의 존부를 전제로 하는 경우에 한하여 참가이유를 인정하는 입장이다.

2) 확대설 : 위와 같은 통설의 입장에 대하여 소송결과에 대한 이해관계를 판결주문에서 판단되는 소송물에 국한하지 않고 판결이유 중의 판단에까지 확대하려는 소수설이 있다. 이 견해는 ① 쟁점효이론을 인정하자는 견해와 ② 보조참가제도의 취지는 분쟁의 1회적 해결에 있다고 보고 동일분쟁에 관련되는 이해관계인을 되도록 많이 소송에 참가시키는 것이 현대형 소송의 분쟁 해결에 적합하다는 점

을 그 근거로 하는 견해가 있다.

(3) 判例의 입장

判例는 종래 판결주문에서 판단되는 소송물이 권리관계의 존부에 의하여 참가인의 법적 지위가 직접적으로 영향을 받는 경우에 한하여 참가이유를 인정하였으나, "불법행위로 인한 손해배상책임을 지는 자는 피해자가 다른 공동불법행위자들을 상대로 제기한 손해배상 청구소송의 결과에 대하여 법률상의 이해관계를 갖는다고 할 것이므로, 위 소송에 원고를 위하여 보조참가를 할 수가 있고, 피해자인 원고가 패소판결에 대하여 상소를 하지 않더라도 원고의 상소기간 내라면 보조참가와 동시에 상소를 제기할 수도 있다"라고 판시하여 판결이유에만 영향을 받는 경우도 참가이유를 인정하였다(대법 1999.07.09, 99다12796). 이 판례에 대하여 분쟁의 일회적 해결을 위하여 보조참가의 참가이유를 넓게 인정하여 참가의 이익을 확대시킨 것으로 해석하고 있다.

(4) 검 토

생각건대 참가인의 법적지위가 판결주문에 의하여 영향을 받는 경우로 제한하는 통설의 입장이 타당하다고 본다. 왜냐하면 ① 보조참가의 범위를 소송물의 전제문제인 판결이유에 대한 이해관계까지 확대하는 것은 쟁점효 이론을 전제로 하는 것이나, 이는 판결이유 중의 판단에 구속력을 인정하지 않는 현행법체계와 균형이 맞지 않고, ② 이해관계가 없는 제3자의 소송관여를 막을 수 없게 되어 보조참가신청이 소송지연의 수단으로 남용될 수 있고, ③ 이렇게 해석하는 것이 보조참가가 소송지연책으로 남용되는 것을 방지하기 위하여 참가이유에 대하여 직권심사할 수 있도록 하고, 소송절차를 현저히 지연시키지 않을 것을 요건으로 추가한 개정법의 입법취지에도 맞는다고 보기 때문이다.

3. 사안의 해결

사안에서 乙이 관심을 두고 있는 丙의 귀책부분은 甲과 丙과의 소송결과에 논리적 의존관계가 없다. 乙은 甲과 丙간의 소송결과에 관계없이 자신의 손해배상을 청구할 수 있기 때문이다. 따라서 乙의 보조참가 신청은 부적법하므로 수소법원은 불허결정을 한다.

II. 참가허부 재판

〈추가된 사실관계〉
乙의 참가에 대해 피고 丙은 아무런 이의를 제기하지 않았다. 이 경우 乙의 참가에 대해 법원이 어떻게 조치하여야 하는가?

1. 참가허부의 재판

(1) 원 칙

신청의 방식·참가이유의 유무에 대해서는 당사자의 이의가 있는 경우에 조사함이 원칙이다(제73조 1항). 당사자가 참가에 대하여 이의신청 없이 변론한 때에는 이의신청권을 상실한다(제74조). 이의신청이 있는 경우에는 참가인은 참가의 이유를 소명하여야 하며, 참가의 허가여부는 신청을 받은 법원이 결정으로 재판한다(제73조 1항). 당사자의 이의신청이 있다 하여도 본소송의 절차는 정지하지 않는다.

참가불허가 결정이 있어도 확정될 때까지는 참가인으로 할 수 있는 소송행위를 할 수 있지만, 불허가 결정이 확정되면 효력을 잃는다. 이 경우에 피참가인이 원용하면 그 효력이 있다(제75조).

(2) 신법의 개정사항

신법은 당사자의 이의신청이 없는 경우라도 필요하다면 직권으로 참가의 이유를 소명하도록 명할 수 있게 하였다(제73조 2항). 종래 정당한 참가이유도 없이 사실상 소송대리의 목적으로 보조참가신청을 하여 변호사대리의 원칙을 잠탈하는 경우에도 보조참가의 허부 재판은 소송당사자의 이의신청이 있는 경우에 한하여 할 수 있었는데, 실제 당사자가 이의신청의 기회를 놓치는 경우 이를 제한할 방법이 없었다. 따라서 신법은 '소송절차를 현저하게 지연시키지 않을 것'이라는 요건을 추가하는 한편, 당사자의 이의신청이 없더라도 법원이 직권으로 보조참가의 이유의 유무를 심사하여 보조참가를 허가하지 않을 수 있도록 하였다. 다만 이러한 경우라면 직권조사사항인 신의칙으로도 막을 수 있을 것으로 구태여 이 때문에 당사자주의의 틀을 버릴 필요가 있었느냐는 비판도 존재한다.

2. 사안의 해결

설문은 참가이유를 갖추지 못한 것으로 신법 제73조 2항에 따라 법원은 직권으로 참가를 불허하는 결정을 내릴 수 있다.

Ⅲ. 보조참가인의 지위 (12년 3차, 17년 1차·3차 / 1회·10회 기출)

1. 보조참가인의 독립적 지위

보조참가인은 자기명의와 비용으로 자기의 이익을 지키기 위하여 피참가인의 소송에 관여하여 소송행위를 하며 자기를 위하여 대리인을 선임할 수도 있는 당사자에 준하는 자이다. 따라서 당사자와 별도로 그에 대하여 기일의 통지, 소송서류의 송달 등을 하여야 한다. 만일 보조참가인에게 기일통지를 하지 않았다면 기일을 적법하게 열었다고 할 수 없다(대법 2007.09.06, 2007다41966). 나아가 피참가인이 기일에 불출석하여도 참가인이 출석하면 피참가인을 위해 기일을 준수한 것이 된다.

2. 보조참가인의 종속적 지위

참가인은 당사자가 아니라 보조자이므로 소송비용의 재판을 제외하고(제103조)는 참가인의 이름으로 판결을 받지 아니하며, 제3자로서 증인이나 감정인이 될 능력이 있다. 또한 보조참가인에게 사망 등 소송절차중단사유가 발생한 경우에도 소송이 중단되는 것은 아니고, 참가인의 승계인이 수계하는 절차만 남는다(대법 1995.08.25, 94다27373). 나아가 참가인에 의한 상소는 피참가인의 상소기간 내에 한한다(대법 2007.09.06, 2007다41966).

3. 보조참가인이 할 수 있는 소송행위

참가인은 소송에 관하여 공격·방어·이의·상소, 그 밖의 모든 소송행위를 자기의 명의로 할 수 있고(제76조 제1항), 그 행위는 피참가인이 한 것과 동일한 효과가 발생한다. 제76조의 규정은 예시적 규정으로 참가인은 피참가인을 승소시키는 데 필요한 일체의 소송행위를 할 수 있다.

4. 보조참가인이 할 수 없는 소송행위

(1) 참가당시 소송 정도로 보아 피참가인도 할 수 없는 행위

참가당시 소송의 진행 정도에 따라 피참가인이 할 수 없는 행위는 참가인도 할 수 없다(제76조 제1항 단서). 예컨대 상고심에서 보조참가한 사람이 새로운 주장을 하거나 증거신청을 한다든지, 피참가인이 본안변론을 하여 변론관할이 생긴 후(제30조) 참가인이 관할위반의 항변을 하는 경우 또는 당사자가 실기한 공격방어방법을 참가인이 새로 제출하는 것은 허용되지 않는다.

(2) 피참가인의 행위와 저촉되는 행위

참가인의 행위가 피참가인의 소송행위에 어긋나는 경우에는 그 참가인의 소송행위는 효력을 가지지 아니한다(제76조 제2항). 피참가인에게 유리한 행위라도 효력이 없다. 그러므로 피참가인이 자백, 상소권의 포기 등을 하였다면 이와 반대되는 참가인의 소송행위는 무효이다(대법 1984.12.11, 84다카659).

(3) 피참가인에게 불이익한 행위

참가인은 피참가인에게 불리한 행위 예컨대 청구의 포기·인낙, 재판상의 화해, 자백, 상소권의 포기 또는 피참가인이 제기한 상소의 취하 등은 할 수 없다. 그러나 보조참가인의 증거신청행위가 피참가인의 소송행위와 어긋나지 아니하고 그 증거물이 적법한 증거조사절차를 거쳐 법원에 현출되었다면 법원이 이들 증거에 터 잡아 피참가인에게 불이익한 사실을 인정하였다 하여 그것이 민사소송법 제76조 제2항에 위배된다고 할 수는 없다(대법 1994.04.29, 94다3629).

(4) 소송 자체의 처분행위

참가인은 승소보조행위만을 할 수 있으므로 소송 자체를 처분 또는 변경하거나 소의 취하, 소의 변경, 청구의 확장·감축, 반소나 중간확인의 소의 제기행위 등은 독자적으로 할 수 없다.

(5) 사법상의 권리행사

1) **부정설** : 실체법상 제3자에게 권리행사가 인정되는 경우나 피참가인이 이미 소송외에서 자신의 사법상의 권리를 행사하였지만 소송상 이를 주장하지 아니한 경우 외에는 보조참가인은 원칙적으로 소송수행상 필요하거나 적당하더라도 피참가인이 가진 사법상의 권리를 행사할 수 없다고 한다. 보조참가인의 종속성을 강조하는 견해이며 피참가인의 권리를 행사하지 못함으로써 패소한 경우 제77조 3호로 참가적효력을 배제하여 참가인을 보호하는 견해이다.

2) **긍정설** : 제3자가 권리행사할 수 있다는 명문규정이 없는 경우에도 피참가인의 사법상의 권리를 행사할 수 있다는 견해로 보조참가인의 독립성을 강조하는 견해로서 참가의 이익이 있어 참가가 허용된 이상 모든 수단을 써서 피참가인의 승소를 도모할 이익이 있다는 점, 피참가인은 참가인의 행위와 저촉되는 행위를 함(제76조 2항)으로써 자기의 이익을 보호할 수 있음을 근거로 한다.

3) **절충설** : 보조참가인은 피참가인의 권리를 당연히는 행사할 수 없으나 보조참가인이 권리행사를 한 경우에 피참가인이 지체없이 권리행사의 의사가 없음을 명시하지 않는 한 묵시의 추인이 있는 것으로 보는 입장이다.

4) **검 토** : 생각건대, 보조참가인은 참가의 이유가 있는 한 피참가인의 의사에 반하여서도 소송에 개입할 수 있을 뿐만 아니라 피참가인의 이익과 반드시 일치하지 않는 자기 자신의 이익을 위하여 소송행위를 수행하는 것이다. 그러나 참가인이 비록 자신의 독자적인 이익이 있다하여도 피참가인의 사법

상의 권리행사까지 행사할 수 있다고 보는 것은 종속적인 지위를 감안할 때 지나친 점이 있다. 이로 인해 발생하는 손해는 참가적효력을 배제함으로써 충분한 바 부정설이 타당하다.

Ⅳ. 참가적 효력(12년 3차 모의쟁점, 10회 기출)

> 甲은 보증인 丙을 상대로 보증채무의 이행을 구하는 소를 제기하자, 주채무자 乙이 丙에게 보조참가하여 주채무의 변제를 주장했으나, 법원은 乙의 항변을 모두 배척하여 甲 승소판결을 선고하였고 이 판결이 확정되었다. 이 판결에 따라 丙은 甲에게 보증금을 지급한 후, 乙을 피고로 하여 구상금청구소송을 제기하였다.
>
> 이 소송에서 乙은 주채무가 변제되었음을 이유로 甲의 丙에 대한 전소판결의 내용이 부당하다고 다툴 수 있는가?

1. 문제점

1차 소송에서 주채무자인 乙이 보조참가하여 주채무가 부존재함을 주장하였으나 패소하였고, 丙이 제기한 구상금청구 소송에서 乙은 주채무 부존재사실을 재차 다툴 수 있는지 제77조 참가적 효력과 관련하여 문제된다.

2. 제77조의 재판의 효력의 의미

(1) 견해의 대립

① 전소 기판력의 주관적 범위의 확장으로 보는 '기판력설'과 ② 피참가인이 패소하고 나서 뒤에 피참가인이 참가인 상대의 제2차 소송을 하는 경우, 그에 대한 관계에서 참가인이 제1차 소송 판결의 내용이 부당하다고 주장할 수 없는 구속력으로 보는 '참가적 효력설' 및 ③ 참가인과 피참가인 사이에는 참가적 효력이 생기지만, 판결기초의 공동형성이라는 견지에서 참가인과 상대방 사이에는 기판력 내지 쟁점효가 발생한다고 보는 '신기판력설'이 대립한다.

(2) 검토

기판력설은 소송고지의 경우, 당사자 동일성이 인정되지 않는 소송고지인에게 기판력을 강요하는 부당한 결과가 생기고, 신기판력설은 참가인과 상대방 사이에 기판력을 인정하여 결국 보조참가와 독립당사자참가의 구별을 없게 만든다는 문제점이 있으므로, 공평·금반언 원칙에 의하여 제2차 소송에서 제1차 소송 패소판결의 내용과 다른 사항을 주장할 수 없는 구속력이라고 새기는 참가적 효력설이 타당하다고 본다.

3. 참가적 효력이 미치는 범위

(1) 참가적 효력의 발생요건

참가적 효력은 피참가인이 패소한 경우만 발생한다. 이러한 참가적 효력은 참가인에게 피참가인을 위하여 소송을 수행할 기회가 주어졌을 경우에만 발생한다. 따라서 참가인이 변론을 다하는 것이 법률상 기대될 수 없거나 현실로 소송수행상의 제약이 있는 경우에는 참가적 효력을 발생시킬 기초가 결여되어 있으므로 참가적 효력은 배제된다.

(2) 참가적 효력의 객관적 범위

참가적 효력은 판결주문 중의 소송물에 관한 판단에 한하지 않고 판결이유 중의 사실인정, 선결적 법률관계에 관한 판단에도 미친다. 이 점은 제77조의 효력에 관하여 어느 견해를 마찬가지이고, 실제상으로도 이유 중의 판단에 구속력을 인정하지 않으면 아무런 의미가 없는 경우가 많다. 다만 전소 확정판결의 참가적 효력은 전소 확정판결의 결론의 기초가 된 사실상 및 법률상의 판단으로서 보조참가인이 피참가인과 공동이익으로 주장하거나 다툴 수 있었던 사항에 한하여 미친다(대법 2015.05.28, 2012다78184).

(3) 참가적 효력의 배제사유

참가적 효력은 ① 참가당시의 소송진행 정도로 보아 참가인이 필요한 행위를 할 수 없었던 경우, ② 피참가인의 행위에 어긋나서 참가인의 소송행위가 효력을 잃은 경우, ③ 피참가인이 참가인의 소송행위를 방해한 경우, ④ 참가인이 할 수 없는 행위를 피참가인이 고의나 과실로 하지 아니한 경우에는 배제된다(제77조).

4. 설문의 해결

설문에서 1차소송에서의 乙의 변제주장이 丙의 주장과 어긋나서 배척된 경우가 아니라면 참가적 효력에 의하여 2차 소송에서 乙이 변제주장을 다시 하여 전소판결의 내용이 부당하다고 다툴 수 없다.

V. 참가적 효력(18년 2차 모의쟁점)

〈추가된 사실관계〉
甲은 乙에 대하여 1억 원의 보증채무 이행을 구하는 소를 제기하였다. 이 소송이 진행되는 도중에 주채무자인 丙은 乙 측에 보조참가하였다. 이 보조참가 신청이 받아들여진 후 丙은 자신의 주채무가 존재하지 않는다고 주장하였지만, 乙은 주채무와 보증채무를 모두 인정하였다. 법원은 乙의 진술을 받아들여 甲의 청구를 인용하여 이 판결은 확정되었다.

乙이 위 판결 후에 1억 원을 甲에게 지급하지 않아 甲이 丙에 대하여 주채무의 지급을 구하는 소를 제기한 경우, 이 소송에서 丙은 주채무가 존재하지 않는다고 다툴 수 있는가?

1. 乙에 대한 판결의 효력이 丙에 미치는지 여부

(1) 기판력에 저촉하는지 여부

전소에서 기판력이 발생한 것은 乙의 보증채무가 존재한다는 것이고, 丙의 주채무가 존재한다는 것은 이유 중 판단이어서 기판력이 발생하지 않아 후소에 작용하지 않는다. 따라서 甲의 후소는 기판력에 저촉되지 않아 적법하며 丙은 주채무의 존부를 다툴 수 있다.

(2) 반사효가 미치는지 여부

보증인이 받은 판결의 반사효가 미쳐서 실체법상 의존관계가 있는 주채무자가 1차소송의 결과를 받아들여야 하는지 문제되는데, 보증인에게 발생한 사정은 주채무를 만족시키는 사항 외로는 미치지 않기 때문에 이 경우 반사효가 미치는 관계에 해당하지도 않는다.

(3) 참가효가 미치는지 여부

1차소송의 참가적 효력이 주채무자를 상대로 한 소송에 미쳐 주채무의 부존재를 주장할 수 없는지 문제되나, 참가적 효력은 피참가인과 참가인 사이에만 생기고, 참가인과 상대방 사이에서는 생기지 않는다. 그리하여 사안처럼 채권자와 보증인 사이의 보증채무청구소송에 주채무자가 보증인 쪽에 보조참가를 하여 주채무의 부존재를 주장하였으나 패소한 경우에, 주채무자는 뒤에 보증인이 구상청구를 하여 올 때 주채무의 존재를 다툴 수 없지만, 채권자가 주채무를 청구하여 올 때에는 보조참가소송의 판결이 부당하다고 하여 주채무의 존재를 다툴 수 있다.

2. 이유 중 판단의 구속력이 있는지 여부

확정판결의 기판력은 소송물로 주장된 법률관계의 존부에 관한 판단의 결론에만 미치고, 그 전제가 되는 법률관계의 존부에까지 미치는 것은 아니라고 판시하여(대법 2002.09.24, 2002다11847) 판결이유 중의 판단에는 판결의 효과로서 구속력을 부정하는 태도를 취하고 있다. 또한 민사재판에 있어서는 다른 민사사건 등의 판결에서 인정된 사실에 구속받는 것은 아니라 할지라도 이미 확정된 관련 민사사건에서 인정된 사실은 특별한 사정이 없는 한 유력한 증거가 된다 할 것이므로 합리적인 이유 설시 없이 이를 배척할 수 없고, 특히 전후 두 개의 민사소송이 당사자가 같고 분쟁의 기초가 된 사실도 같으나 다만 소송물이 달라 기판력에 저촉되지 아니한 결과 새로운 청구를 할 수 있는 경우에 있어서는 더욱 그러하다고 하였다(대법 2009.09.24, 2008다92312).

3. 사안의 경우

사안에서 후소법원은 사실상의 구속력만 받으므로 당사자들의 주장이 달라지거나 새로운 증거방법이 제출되거나 확정판결의 기준시 이후에 새로운 사정이 생겼다는 점을 입증하면 후소법원은 전소와 다른 주채무의 부존재 판단을 할 수 있지만 판결이유 중 수긍할 만한 이유의 설시를 요한다 할 것이다.

65 독립당사자 참가

I. 계약명의신탁 관계에서 권리주장참가

> 甲 회사(대표이사 X)는 乙을 상대로 乙로부터 B 부동산을 매수하였음을 이유로 이에 대한 소유권이전등기청구의 소를 2011.5.6.에 제기하였다. 甲 회사의 전직 대표이사 丁은 소송계속 중 위 매매의 실제 매수인은 丁 개인이며 甲 회사가 아니라고 주장하면서 원고 甲 회사를 상대로는 B 부동산에 대한 소유권이전등기청구권 부존재확인청구를, 피고 乙을 상대로는 B 부동산에 대한 소유권이전등기절차의 이행을 구하는 독립당사자참가신청을 하였다.
>
> 丁의 독립당사자참가가 적법한지 여부에 대하여 설명하시오.

1. 문제점

참가인 丁은 甲이 주장하는 소유권이전등기청구권이 자신의 권리임을 주장하고 있으므로 독립당사자참가 중 권리주장참가로서의 요건을 갖추고 있는지 여부가 문제되는데, 특히 참가이유와 관련하여 丁의 청구가 甲의 청구와 양립하지 않는 관계에 있는지 문제되고, 참가취지와 관련하여 甲에 대한 소유권이전등기청구권부존재확인청구가 확인이 이익이 있는지 문제되어 편면참가가 적법한지 검토한다.

2. 독립당사자참가의 의의와 요건

(1) 의 의

독립당사자참가라 함은 다른 사람간의 소송계속 중 제3자가 당사자의 양 쪽 또는 한 쪽을 상대방으로 하여 원·피고간의 청구와 관련된 자기의 청구에 대하여 동시에, 모순 없이 심리·재판을 구하기 위하여 당사자로서 그 소송에 참가하는 것을 말한다(제79조). 여기에는 소송의 목적의 전부 또는 일부가 자기의 권리임을 주장하는 '권리주장참가'와 소송의 결과로 말미암아 자기의 권리의 침해를 받을 것을 주장하는 '사해방지참가'가 있다.

(2) 독립당사자참가의 요건

그 요건으로는 ① 타인간의 소송이 계속 중일 것, ② 참가이유가 있을 것, 즉 소송의 목적의 전부나 일부가 자기의 권리임을 주장하거나 소송의 결과에 의하여 권리의 침해를 받을 것을 주장할 것, ③ 참가취지, 즉 참가인은 원·피고 양 쪽 또는 한 쪽을 상대방으로 하여 자기의 청구를 할 것, ④ 소의 병합요건을 갖추고, ⑤ 일반적인 소송요건을 구비한 참가신청이 있을 것 등을 필요로 한다.

3. 참가이유의 구비여부

(1) 의 의

1) **학설의 태도** : 본소청구와 참가인의 청구가 주장 자체에서 양립하지 않는 관계에 있으면 그것만으로 참가가 허용된다. 이것은 제79조 제1항 전단에서 참가요건으로서 참가인이 소송목적의 전부 또는 일부가 자기의 권리임을 주장하면 되도록 규정하였으므로 주장 자체에서 참가인 적격을 판가름하게 되어 있기 때문이다. 따라서 본안심리 결과 본소청구와 참가인의 청구가 실제로 양립된다 하여도 그것 때문에 독립참가가 부적법하게 되지는 않는다.

2) **判例의 입장** : 判例는 참가인이 주장하는 권리가 배타성과 대세적 효력이 있는 물권인 경우, 참가신청이 허용되나 본소청구와 양립이 가능한 채권인 경우에는 부적법하다고 한다. 다만 채권적 권리라도 서로 권리의 주체라고 주장하는 경우에는 어느 한 쪽의 권리가 인정되면 다른 쪽은 권리가 인정될 수 없어 양립할 수 없는 관계가 되므로 이러한 경우에는 독립당사자참가가 적법하다고 한다(대법 1988.03.08, 86다148).

(2) 사안의 경우

사안에서 丁이 주장하는 매매계약 체결사실은 2중매매의 경우와는 달리 한 번밖에 없었고, 甲과 丁이 서로 매수인이라고 주장하는 것이므로 참가인이 주장하는 권리가 비록 채권적 청구권이라도 귀속주체를 다투는 것이어서 양립 불가능한 경우이므로 참가이유는 구비한 것이 된다.

4. 참가취지의 구비여부

(1) 丁의 甲에 대한 소유권이전등기청구권 부존재확인의 이익 유무

1) **判例의 입장** : 大法院은 『원고와 피고 사이에 체결된 매매계약의 매수당사자가 참가인이라고 주장하는 경우라면 참가인은 원고에 의하여 자기의 권리 또는 법률상의 지위를 부인당하고 있는 한편 그 불안을 제거하기 위하여서는 매수인으로서의 권리·의무가 참가인에 있다는 확인의 소를 제기하는 것이 유효·적절한 수단이라고 보여지므로 결국 참가인이 피고에 대하여 그 소유권이전등기절차의 이행을 구함과 동시에 원고에 대하여 소유권이전등기청구권이 자기에게 있으며 원고의 청구권이 부존재한다는 확인의 소를 구하는 것은 확인의 이익이 있는 적법한 것이라고 할 것이다』라고 판시한 바 있다(대법 1988.03.08, 86다148).

2) **검 토** : 그러나 본 사안에서는 위 判例와 같이 丁 자신의 소유권이전등기청구권존재확인과 甲의 소유권이전등기청구권부존재확인을 동시에 구한 것이 아니라 甲의 매수인으로서 등기청구권부존재확인만을 구한 것이므로 이는 곧바로 丁 자신에게 소유권이전등기청구권이 존재한다는 적극적 확인의 소를 제기할 수 있음에도 소극적 확인의 소를 제기한 경우로서 분쟁해결에 유효적절한 수단이라고 할 수 없다. 따라서 丁의 甲에 대한 이전등기청구권의 부존재확인청구는 확인의 이익이 없다고 봄이 타당하다. 丁의 소극적 확인의 소가 부적법하다면 사안의 독립당사자참가는 편면참가가 될 것인데, 이하 편면참가가 허용되는지 검토한다.

(2) 편면참가의 허용여부

종래의 편면참가를 불허한 判例에 대하여는 독립당사자참가의 인정을 통해 3면적 분쟁의 일회적 해결을 하고자 하는 취지에 부합하지 않고, 독립당사자참가제도의 활용의 길을 지나치게 좁힌 경직된 해석이며, 독립당사자참가의 요건은 소송요건이 되는 반면 청구가 이유없어 기각되는 사유는 본안에 관한 것이므로 소송요건을 따질 때에는 고려할 바가 아니라는 비판이 있어 왔고, 2002년 개정 민사소송법 제79조 제1항은 독립당사자참가제도의 탄력적 운용을 위하여 "제3자는 당사자의 양 쪽 또는 한 쪽을 상대방으로 하여 당사자로서 소송에 참가할 수 있다."라고 규정하여 편면참가를 명문으로 허용하였다.

5. 설문의 해결

丁의 권리주장참가는 원고의 본소청구와 양립불가능한 것으로 참가이유가 구비되었고, 편면참가로서 적법하다 할 것이다.

II. 부동산 이중매매에서 권리주장참가 가부

> 甲은 乙을 피고로 매매를 이유로 한 이전등기를 청구하는 소를 제기하였는데, 소송계속 중 丙은 자신이 甲보다 먼저 매수하였음을 이유로 독립당사자참가를 하였다.
>
> 丙의 참가는 적법한가?

1. 부동산 이중매매에서 권리주장참가 가부

(1) 견해의 대립

1) **긍정설** : 제1매수인의 이전등기청구권과 제2매수인의 이전등기청구권은 주장자체로 양립불가능하다고 해석하는 견해로, 제79조의 '소송목적을 자기의 권리라고 주장할 것'이라는 요건을 '본소청구와 양립불가능하거나 그에 우선할 수 있는 권리를 주장'하면 족한 것으로 보는 입장이다.

2) **부정설** : 이중매매의 경우 제1매수인과 제2매수인은 각각 별개의 매매계약을 체결한 것이며 양자 모두 매도인에 대해 자신의 소유권이전등기청구권을 갖고 있으므로, 제2매수인이 매매에 기해 소유권이전등기청구를 하는 경우 제1매수인이 자신의 이전등기청권을 주장하는 것은 '소송목적을 자기의 권리라고 주장'하는 것에 해당하지 않고 서로 양립가능한 권리를 주장하는 것에 불과해 권리주장참가가 불가능하다고 보는 견해이다.

3) **절충설** : 원칙적으로 부정설이 타당하나, 당사자참가자가 처분금지가처분을 한 경우처럼 동일한 소송절차 내에서 우열을 가릴 수 있는 요소가 존재하는 경우에는 제한적으로 허용하자는 입장이다.

(2) 判例의 입장

쌍면참가만 허용하던 구법하에 판례들은 부동산이중매매가 문제된 사안에서 실질적으로 편면참가라 하여 부적법 각하하였을 뿐 양립가능성에 대해서는 정면으로 판시한 예가 없다. 다만 "원고의 피고에 대한 소유권이전등기청구권과 참가인의 피고에 대한 소유권이전등기청구권은, 당사자참가가 인정되지 아니하는 2중매매 등 통상의 경우와는 달리 하나의 계약에 기초한 것으로서 어느 한쪽의 이전등기청구권이 인정되면 다른 한쪽의 이전등기청구권은 인정될 수 없는 것이므로 그 각 청구가 서로 양립할 수 없는 관계에 있음은 물론이고, 이는 하나의 판결로써 모순없이 일시에 해결할 수 있는 경우에 해당한다고 할 것이므로 이 사건 당사자참가는 적법하다고 아니할 수 없다."라고 판시하여 부동산이중매매의 경우 독립당사자참가가 허용되지 않음을 간접적으로 설시한바 있다(대법 1988.03.08, 86다148).

(3) 검토

부동산의 이중매매의 경우에 제1매수인과 제2매수인의 소유권이전등기청구권은 각각 채권이고 그 발생원인이 상이하므로 원고의 소유권이전등기청구권과 참가인의 소유권이전등기청구권은 서로 다른 것이다. 따라서 참가인은 본소 원고에 의한 소송목적의 전부 또는 일부가 자기의 권리라고 주장할 수 없다는 결론이 되고, 참가인의 청구는 본소 원고의 청구와 양립이 가능하므로 참가가 부적법하다.

2. 결론

참가인 丙의 주장은 본소 원고 甲의 권리와 양립이 가능한 것으로 권리주장참가는 부적법하다. 그러나 甲·乙간의 제2매매가 민법 제103조를 위반한 것이라면 사해방지참가로서 적법하다.

Ⅲ. 소송목적의 일부와 양립이 불가능한 경우

> 甲은 乙을 피고로 주위적으로 소유권에 근거하여 의료장비인도청구를 하고, 예비적으로 동산양도담보에 의하여 인도를 청구하고 있다. 이에 대하여 丙은 의료장비는 자신의 소유라며 원고 甲에 대하여 소유권확인을 구하고, 피고 乙에 대하여 소유권에 기초하여 이 사건 의료장비의 인도를 구한다. 법원은 원고 甲의 주위적 청구에 대해 甲이 아직 점유를 이전받지 않아 소유권을 취득하였다고 볼 증거가 없다하여 기각하면서 아울러 丙의 독립당사자참가는 원고의 주위적 청구와 양립이 불가한 것으로 원고의 주위적 청구를 기각하고, 독립당사자참가인의 주장과 양립가능한 원고의 예비적 청구에 관하여 나아가 판단하게 된 이상, 독립당사자참가인의 신청은 부적법하게 되었다며 참가를 각하하였다.
>
> 이에 丙이 상고하였다면 상고심은 어떠한 판단을 하여야 하는가?

1. 문제점

원고의 주위적 청구와 예비적 청구 중 일부에 대해서만 양립불가능한 주장을 하여 독립당사자참가를 한 것도 적법한지 문제된다.

2. 권리주장참가의 적법요건

(1) 요건

법 제79조에 의한 권리주장참가가 적법하기 위해서는 ① 타인간 소송이 계속 중이어야 하고, ② 참가이유가 있을 것, ③ 참가취지를 갖출 것, ④ 청구병합의 요건을 갖출 것, ⑤ 일반소송요건을 구비할 것이 요구된다.

(2) 참가이유의 판단

독립당사자참가 요건인 참가이유는 소송의 목적의 전부 또는 일부가 자기의 권리임을 주장하는 것으로 소송의 목적인 권리관계 또는 그 목적재산의 전부 또는 일부에 대하여 원고의 청구와 양립하지 않는 권리 또는 그것에 우선하는 권리가 자기에게 귀속한다고 주장하는 것을 의미한다.

(3) 사안의 경우

원고의 주위적 청구와 독립당사자참가인의 주장은 양립할 수 없으나, 원고의 예비적 청구는 동산양도담보계약에 기초한 것이므로 성질상 채권에 해당하여 독립당사자참가인의 주장과 양립가능하다. 타인 소유물에 관하여 동산양도담보계약을 체결하더라도 그 계약의 채권적 효력은 있는 것이므로, 독립당사자참가인이 소유권에 기초하여 인도를 구한다고 하여 피고와의 관계에서 독립당사자참가인의 권리가 원고의 권리에 우선한다고 할 수 없다(대전고법 2006.10.19, 2005나11617 · 2005나11624). 결국 丙의 독당참가는 원고의 주위적 청구에 한해서 참가이유가 있다.

3. 원고의 주위적 청구가 기각된 경우 丙참가의 적법성 여부

독립당사자참가 중 권리주장참가는 소송의 목적의 전부나 일부가 자기의 권리임을 주장하면 되는 것이므로 참가하려는 소송에 수개의 청구가 병합된 경우 그 중 어느 하나의 청구라도 독립당사자참가인의 주장과 양립하지 않는 관계에 있으면 그 본소청구에 대한 참가가 허용된다고 할 것이고, 양립할 수 없는 본소청구에 관하여 본안에 들어가 심리한 결과 이유가 없는 것으로 판단된다고 하더라도 참가신청이 부적법하게 되는 것은 아니라고 할 것이다.

4. 설문의 해결 : 상고심의 조치

결국 원심이 원고의 주위적 · 예비적 동산인도청구 중 주위적 청구만이 소유권에 기초한 독립당사자참가인의 주장과 양립하지 않는 관계에 있는데, 본안판단 결과 주위적 청구를 기각하게 된 이상 이 사건 참가가 부적법하게 되었다는 이유로 이를 각하한 것은 권리주장참가의 요건에 대한 법리를 오해하여 판결 결과에 영향을 미친 위법이 있다. 따라서 상고심은 원심판결 중 합일확정을 필요로 하는 원고의 주위적 동산인도청구 부분 및 독립당사자참가인의 청구 부분을 파기하고, 이 부분 사건을 원심법원에 환송하여 심판하도록 하여야 한다(대법 2007.06.15, 2006다80322 · 80339).

Ⅳ. 독립당사자참가의 항소심에서의 심판(17년 2차, 18년 1차 모의쟁점, 10회 기출)

> 甲이 乙을 상대로 제기한 소가 계속 중 丙이 독립당사자참가를 하였는데, 참가인 丙의 참가가 각하되고, 원고 甲의 청구가 인용된 1심판결이 선고되었다고 가정한다. 丙은 이러한 각하판결에 대해 항소를 제기하였고, 항소심에서 丙의 항소를 기각하면서 1심과 다르게 원고 甲의 청구를 기각하는 판결을 내렸다.
>
> 항소심이 원고청구를 기각한 것은 정당한가? 이에 대해 甲만이 상고한다면 상고심 법원은 어떠한 판단을 하여야 하는가?

1. 문제점

독립당사자참가는 필수적 공동소송의 심판방법이 준용되므로, 불이익변경금지원칙이 배제된다. 이하 이심의 범위와 불이익변경금지가 배제되기 위한 요건을 살펴본다.

2. 이심의 범위와 패소하고 항소하지 않은 乙의 지위

(1) 이심의 범위

判例는 독립당사자참가신청이 각하된 참가인이 항소를 제기하지 않으면 분리확정되고(대법 2007.12.14, 2007다37776 · 37783), 본안판결이 내려진 경우 독립당사자참가소송은 하나의 소송절차로 일거에 모순없이 해결하는 소송형태로서 하나의 종국판결을 내려야만 하는 것이므로, 제1심에서 원고 및 참가인 패소판결이 선고된 데 대해 원고만이 항소한 경우 원고와 참가인 그리고 피고간의 3개의 청구는 당연히 항소심의 심판대상이라고 하여 이심설의 입장이다.

(2) 패소하고 상소하지 않은 乙의 지위

判例는 합일확정의 판단을 요구하는 필수적 공동소송에서 패소하고도 상고하지 않은 공동소송인은 합일확정의 요청 때문에 불가피하게 상고심에 관여해야만 하는 단순한 상고심 당사자에 불과하다고 한 바 있다. 그러나 설문의 乙은 丙의 항소에 따른 피항소인에 해당한다.

3. 항소심판결의 위법성

(1) 항소심의 심판범위

통설은 합일확정의 필요성에 의하여 독립당사자참가의 상소에는 불이익변경금지의 원칙이 적용되지 않는다고 보고, 상소를 한 당사자에 관한 판결과 합일확정을 위하여 필요한 한도에서 상소를 하지 아니한 패소자에게 유리하게 원심판결을 변경할 수 있다고 한다.

(2) 사안의 경우

독립당사자참가소송에서 원고승소의 판결이 내려지자 이에 대하여 참가인만이 상소를 한 경우에도 판결 전체의 확정이 차단되고 사건 전부에 관하여 이심의 효력이 생기는 것이지만, 원고승소의 판결에 대하여 참가인만이 상소를 했음에도 상소심에서 원고의 피고에 대한 청구인용 부분을 원고에게 불리하게 변경할 수 있는 것은 참가인의 참가신청이 적법하고 나아가 합일확정의 요청상 필요한 경우에 한한다고 할 것이다. 이러한 법리에 비추어 살펴보면, 원고의 피고에 대한 청구를 인용하고 참가인의 참가신청을 각하한 제1심판결에 대하여 참가인만이 항소한 이 사건에서, 참가인의 참가신청이 부적법하다는 이유로 참가인의 항소를 기각하면서도, 제1심판결 중 피고가 항소하지도 않은 본소 부분을 취소하고 원고의 피고에 대한 청구를 기각한 원심의 판단에는 독립당사자참가소송에서 패소한 당사자 중 일부만이 항소한 경우의 항소심의 심판대상에 관한 법리를 오해하여 판결에 영향을 미친 위법이 있다(대법 2007.12.14, 2007다37776 · 37783).

4. 상고심의 조치

(1) 본소부분의 확정여부

제1심판결 중 원고의 본소청구를 인용한 부분은 참가인의 참가신청이 부적법하다는 이유로 참가인의 항소를 기각한 경우 심판의 대상이 되지 않고, 따라서 항소심판결에 대하여 참가인이 상고를 제기하지 않고 상고기간을 도과한 때에 그대로 확정되었다고 할 것이다.

(2) 상고심의 주문

상고심은 항소심에서 원고의 청구를 기각한 판결을 파기하고, 1심판결이 확정되었음을 이유로 소송종료선언을 하여야 한다.

V. 채권자취소송과 사해방지참가(6회 기출)

> 乙이 甲을 피고로 하여 증여를 이유로 한 이전등기를 청구하는 소를 제기하자, A1은 피고 甲이 이미 채무초과 상태에서 자신을 해할 목적으로 乙에게 증여했음을 주장하면서 원고 乙에 대하여 사해행위취소를 청구하면서 독립당사자참가신청을 하였다. 이러한 A1의 참가에 제1심과 원심은 본안판단에 나아가 원고의 청구를 기각하고 참가인의 청구를 인용하였다.
>
> 이에 원고 乙이 상고하였다면 대법원은 어떠한 판단을 하여야 하는가?

1. 문제점

신법은 편면참가를 허용하고 있고, 설문은 독립당사자참가의 다른 요건은 문제가 없으나 원고 乙의 이전등기청구권이 원고의 권리가 아니라 참가인의 권리임을 주장하는 것은 아니므로 사해방지참가인데 이것이 참가이유가 있어 적법한지 검토한다.

2. 사해방지참가의 의의와 요건

(1) 의 의

민사소송법 제79조 제1항 후단의 사해방지참가는 본소의 원고와 피고가 당해 소송을 통하여 참가인을 해할 의사를 가지고 있다고 객관적으로 인정되고 그 소송의 결과 참가인의 권리 또는 법률상 지위가 침해될 우려가 있다고 인정되는 경우에 그 제3자가 사해소송의 결과로 선고·확정될 사해판결을 방지하기 위하여 그 사해소송에 참가하는 것을 말한다.

(2) 권리침해의 의미

이에 대하여 판결효설, 이해관계설, 사해의사설 등의 대립이 있으나, 大法院은 『제79조 1항 후단의 사해방지참가의 경우는 원고와 피고가 당해 소송을 통하여 제3자를 해할 의사, 즉 사해의사를 갖고 있다고 객관적으로 인정되고, 그 소송의 결과 제3자의 권리 또는 법률상의 지위가 침해될 염려가 있다고 인정되는 경우라야만 할 것이다』라고 하여(대법 2007.08.23, 2005다43081·43098) 분명하지는 않지만 사해의사설을 취하고 있는 것으로 보인다.

3. 사해방지참가로 적법한지 여부

(1) 사해행위취소의 효과

채권자가 사해행위의 취소와 함께 수익자 또는 전득자로부터 책임재산의 회복을 명하는 사해행위취소의 판결을 받은 경우 그 취소의 효과는 채권자와 수익자 또는 전득자 사이에만 미치므로, 수익자 또는 전득자가 채권자에 대하여 사해행위의 취소로 인한 원상회복 의무를 부담하게 될 뿐, 채권자와 채무자 사이에서 그 취소로 인한 법률관계가 형성되거나 취소의 효력이 소급하여 채무자의 책임재산으로 복구되는 것은 아니다(대법 2006.08.24, 2004다23110 등 참조).

(2) 丙 참가의 적법여부

사해행위취소의 상대적 효력에 의하면, 원고의 피고에 대한 청구의 원인행위가 사해행위라는 이유로 원고에 대하여 사해행위취소를 청구하면서 독립당사자참가신청을 하는 경우, 독립당사자참가인의 청구가 그대로 받아들여진다 하더라도 원고와 피고 사이의 법률관계에는 아무런 영향이 없고, 따라서 그러한 참가신청은 사해방지참가의 목적을 달성할 수 없으므로 부적법하다고 할 것이다(대법 2014.06.12, 2012다47548).

4. 대법원의 조치

독립당사자참가인의 참가신청이 적법함을 전제로 독립당사자참가인의 청구에 관하여 본안판단에 나아간 원심판결에는 독립당사자참가의 참가요건에 관한 법리를 오해하여 판결 결과에 영향을 미친 잘못이 있다. 그러므로 원심판결 중 독립당사자참가인의 청구에 관한 부분을 파기하되, 이 사건은 이 법원이 직접 재판하기에 충분하므로 민사소송법 제437조에 따라 자판하기로 하는바, 이 부분 제1심판결을 취소하고, 위 파기 부분에 해당하는 독립당사자참가인의 참가신청은 부적법하므로 이를 각하한다.

VI. 사해방지참가의 적법성

〈공통된 사실관계〉
甲은 乙로부터 X토지를 매수했다고 주장하여 乙을 상대로 소유권이전등기절차의 이행을 구하는 소를 제기하였다. 그러자 乙이 속해 있는 丙종중이 참가를 신청하면서 甲과 乙을 상대로 X토지에 대한 매매계약의 무효확인을 청구하고 乙에 대하여는 명의신탁 해지를 원인으로 소유권이전등기절차의 이행을 청구하였다. 丙종중은 소송에서 X토지는 乙의 아버지에게 명의신탁 하여 둔 丙종중의 토지인데 甲과 乙이 이를 알면서도 X토지를 착복하여 丙종중을 해칠 목적으로 서로 통모하여 X토지에 대한 매매계약을 체결한 다음, 甲이 乙을 상대로 본소를 제기하고 乙은 본소의 소송수행과정에서 甲의 주장사실을 모두 인정함으로서 甲이 승소판결을 받도록 획책하고 있다고 주장한다.

丙종중의 이러한 참가는 적법한가?

1. 사해방지참가의 의의와 요건

(1) 참가의 태양

권리주장참가는 제3자가 소송의 목적의 전부나 일부가 "자기의 권리임을 주장"하여 참가하는 것으로 사안과 같이 甲의 소유권이전등기청구와 丙종중의 소유권이전등기청구는 실체법상 각기 이유 있다고 인정될 수 있어 주장 자체로 양립이 가능한 경우에는 부적법하다. 사해방지참가에서는 원고의 청구와 참가인의 청구가 서로 양립되어도 무방하다는 것이 통설과 判例인데 양립이 가능한 경우에도 설문의 경우처럼 통모로 인한 사해행위를 방지할 필요성이 있기 때문이다. 따라서 丙의 참가가 사해방지참가로서 적법한지를 검토할 필요가 있다. 이 경우, '권리의 침해'의 의미에 대해서 견해의 대립이 있다.

(2) 권리침해의 의미

2. 결 론

丙종중은 X토지에 대한 소유권이전등기가 甲에게로 경료되면 丙종중은 X토지의 소유권을 상실하게 되므로, 법원이 심리하여 甲과 乙의 통모사실과 乙의 소극적 응소사실이 인정되면 객관적으로 사해의사를 인정할 수 있으므로 '권리침해'의 요건을 충족한다고 할 것이다. 따라서 丙의 참가는 사해방지참가로서 적법하다고 하겠다.

Ⅶ. 사해방지참가에서 소송탈퇴

> 〈추가된 사실관계〉
> 법원은 丙종중의 청구를 인용하는 판결을 선고하였고 이에 甲만이 판결에 불복하여 항소하였다. 항소심에서 乙은 甲의 승낙을 얻어 소송탈퇴를 할 수 있는가?

1. 乙의 이심여부

사해방지참가에서 乙의 소송탈퇴가 가부는 선결적으로 甲의 항소에 따라 항소를 제기하지 않은 乙에 대한 판결부분도 이심이 되는지 아니면 분리확정 되는지 검토되어야 한다. 만약 분리확정 된다면 乙은 항소심절차에서 소송당사자가 아니므로 소송탈퇴의 여지가 없기 때문이다. 생각건대, 독립당사자참가소송은 3당사자간의 통일적인 합일확정을 목적으로 하는 것이므로 이 합일확정의 요청상 일부에 관한 가분적인 본안해결은 허용될 수 없으므로 이심설이 타당하다.

2. 乙의 탈퇴가 적법한지 여부

(1) 사해방지참가에도 소송탈퇴의 허용여부

1) 견해의 대립 : ① 사해소송의 당사자가 탈퇴하는 경우란 실제로 거의 없을 것이라는 점과 제80조의 문언은 권리주장참가에 있어 소송탈퇴를 규정하고 있음을 들어 소극적으로 해석하는 견해와 ② 제82조의 인수승계의 경우에도 소송탈퇴가 가능한 점을 고려할 때 권리주장참가에 제한할 필요는 없다고 보는 견해가 대립한다.

2) 검 토 : 사해방지참가의 경우에도 피고가 소송수행의 의욕이 없고 전혀 소극적 태도로 일관해 온 때에는 제3자가 소송참가함을 계기로 소송에서 탈퇴해 나갈 경우가 있을 것이므로 사해방지참가의 경우에도 탈퇴할 수 있다고 본다.

(2) 참가인의 동의 요부

1) 견해의 대립 : ① 참가인이 승소해도 상대방이 탈퇴후의 소송비용을 부담할 능력이 없는 경우 탈퇴를 저지할 필요가 있고, 상대방에 대한 판결로서 탈퇴자에게 강제집행을 못하는 경우도 있으므로, 참가인의 동의도 필요하다는 입장과, ② 참가인이 승소한 경우 판결의 효력이 탈퇴자에게도 미친다는 점과, 상대방의 승낙만을 요하도록 한 법 제80조의 명문으로 보아 탈퇴에 의하여 참가인의 이익이 해하여질 바 없기 때문에 참가인의 승낙은 불요하다는 입장이다.

2) 검 토 : 제80조의 법문상 상대방의 승인만 요하고, 집행력포함설에 의하면 탈퇴에 의해 참가인의 이익을 해쳐질 바 없으므로 참가인의 승낙은 불필요하다는 불요설이 타당하다.

3. 결 론

사해방지참가의 경우에도 피고는 甲의 승낙을 얻어 탈퇴할 수 있다. 이 경우 참가인의 동의는 필요 없다고 본다.

Ⅷ. 탈퇴자에게 미치는 판결의 효력

〈추가된 사실관계〉
탈퇴가 가능하다고 할 때 乙에게 미치는 판결의 효력과 근거는 무엇인가?

1. 판결의 효력과 근거

(1) 소송탈퇴의 법적 성질

1) 견해의 대립 : ① 탈퇴를 자기의 소송상의 지위를 참가인과 상대방간의 소송수행의 결과에 일임하고, 이를 조건으로 참가인 및 상대방의 자기에 대한 청구에 관하여 포기 또는 인낙을 하는 행위로 보는 조건부 청구의 포기·인낙설과, ② 탈퇴자는 자기의 청구 또는 자기에 대한 청구에 관하여는 참가인과 잔존당사자간의 소송의 판결에 맡기는 것으로, 이것은 탈퇴자가 참가인과 잔존당사자에게 소송수행권을 부여 하는 것, 즉 임의적 소송담당이 있는 것으로 보는 입장과, ③ 소송탈퇴의 의미를 당사자로서의 적극적인 행위를 하지 않겠다는 것으로 파악하여, 소송절차에서 잠재적 당사자로 계속 인정하여 본소송의 당사자 사이 및 참가인과 탈퇴자 사이의 청구가 잠재적으로 잔존하는 것으로 보는 입장의 대립이 있다.

2) 검 토 : 조건부 청구포기·인낙설에 의하면, 만약 탈퇴자에게 유리하게 된 경우에는 설명할 수 없는 약점이 있고, 또한 피고가 탈퇴를 하였는데 참가인이 승소한 경우에는 패소자인 원고와 탈퇴자인 피고 사이에는 아무런 처리가 없어 어떠한 효과도 발생하지 않는 단점이 있으므로, 가장 간명하게 탈퇴자에 대한 판결의 효력을 설명하는 소송담당설이 타당하다고 본다.

(2) 제80조 단서 "판결의 효력"의 내용

1) 견해의 대립 : ① 참가적 효력설은 탈퇴자에게 미치는 판결의 효력은 제77조와 마찬가지로 참가적 효력이 미친다는 입장, ② 기판력설은 기판력의 확장으로 보는 견해, ③ 기판력 외에 집행력도 당연히 포함된다는 입장의 대립이 있다.

2) 검 토 : 탈퇴자와 잔류당사자간에는 상호 협력관계가 없기 때문에 참가적 효력설은 허용될 여지가 없고, 기판력만을 인정할 경우에는 잔류당사자가 탈퇴자에게 강제집행을 할 수 없어 불충분하다. 나아가 민사집행법 제25조(집행력의 주관적 범위) 제1항 단서에서도 제77조의 참가적 효력만을 그 범위에서 제외한 점으로 보아 집행력포함설이 타당하다고 본다.

2. 결 론

탈퇴자는 남은 양 당사자에게 일종의 소송담당을 시키고 물러선 것이기 때문에 그 소송담당관계의 반영으로 집행력도 탈퇴자에게 미치는 것으로 보는 것이 타당하다고 할 것이다. 이 경우 탈퇴자에 대하여도 기판력 이외에 집행력이 미치므로 잔존당사자의 소송의 판결주문에 승소한 잔존당사자를 위하여 탈퇴자에 대한 이행의무를 선언할 것을 요하며, 이 선언이 탈퇴자에 대한 집행권원이 된다고 할 것이다.

66 | 피고경정(22년 1차 모의)

> 甲은 이웃동네에 사는 乙로부터 폭행을 당하였다는 이유로 乙에 대해 손해배상을 청구하는 소를 제기하였다. 그런데 심리 중 乙은 甲이 폭행당하였다고 하는 시간에 전혀 다른 장소에 있었기 때문에 자신이 불법행위를 할 수 없다고 주장하여 관련된 증거를 조사한 결과 甲을 폭행한 사람은 乙의 동생인 丙으로서 甲이 丙을 乙로 착각한 것으로 밝혀졌다. 이에 甲은 피고 乙을 丙으로 경정하는 신청을 하였다.
>
> 법원은 이러한 甲의 피고경정신청을 받아들일 수 있는가?

1. 문제점

당사자의 동일성이 없는 상태에서 당사자를 변경하는 경우로서, ① 소송계속 중에 소송의 목적인 권리관계의 변동으로 새 사람이 종전 당사자가 하던 소송을 인계인수 받게 되는 소송승계와, ② 당사자적격의 혼동·누락의 경우에 허용되는 임의적 당사자변경의 방법 두 가지가 있다. 설문은 乙과 丙의 동일성이 인정되지 않으므로 제260조 피고결정이 문제되므로 이하 요건을 검토한다.

2. 피고경정의 요건

피고경정을 하기 위해서는 ① 원고가 피고를 잘못 지정한 것이 명백할 것, ② 변경전후 소송물은 동일할 것, ③ 구피고가 본안에 대해 응소한 경우 구피고의 동의가 있을 것, ④ 제1심 변론종결 전에 할 것, ⑤ 원고의 신청이 있을 것을 요한다.

3. 피고를 잘못 지정한 경우의 의미

大法院은 "민사소송법 제260조 제1항 소정의 '피고를 잘못 지정한 것이 명백한 때'라고 함은 청구취지나 청구원인의 기재 내용 자체로 보아 원고가 법률적 평가를 그르치는 등의 이유로 피고의 지정이 잘못된 것이 명백하거나 법인격의 유무에 관하여 착오를 일으킨 것이 명백한 경우 등을 말하고, 피고로 되어야 할 자가 누구인지를 증거조사를 거쳐 사실을 인정하고 그 인정 사실에 터잡아 법률 판단을 해야 인정할 수 있는 경우는 이에 해당하지 않는다(대법 1997.10.17, 97마1632)."고 한다. 이것은 원고가 인식하고 있고 증거로 나타난 사실관계에 비추어 원고가 피고가 되어야 한다고 생각한 자가 사실은 당사자적격이 없는 경우에는 피고경정의 대상이 되지만, 사실심리의 결과 원고가 생각하는 사람과 다른 사람이 원고의 청구에 대한 의무자 등으로 판명된 경우에는 청구를 기각하여야 할 것이므로, 이러한 경우에는 피고경정을 할 수 없다는 것이다.

4. 설문의 해결

설문은 증거조사결과 판명된 사실을 통해 피고를 경정하는 것으로 甲의 경정신청을 기각한다.

67 | 당사자변경 방법(14년 3차, 18년 3차 모의쟁점)

> 甲, 乙, 丙은 X토지를 공동으로 매수하여 甲 명의로 1/2의, 乙과 丙 명의로 각 1/4의 각 지분소유권이전등기를 마친 X토지의 공유자들이다. 그런데 甲은 乙, 丙과의 공유관계를 해소하고자 분할에 관한 협의를 하였으나 원만히 합의가 이루어지지 않았다. 이에 甲은 乙, 丙을 상대로 'X토지를 경매에 부쳐 그 대금을 지분비율에 따라 분할한다.'는 취지의 공유물분할청구의 소(이하 '이 사건 소'라 한다)를 제기하였다.
>
> 이 사건 소의 제1심 변론종결 전에 丙이 자신의 공유지분을 丁에게 매도하고 丁 명의로 지분에 관한 소유권이전등기까지 마쳐주었다. 이 사건 소에서 丁이 당사자로 될 수 있는 소송법상 방법과 근거에 관하여 설명하시오.

1. 문제점

공유물분할청구의 소는 분할을 청구하는 공유자가 원고가 되어 다른 공유자 전부를 공동피고로 하여야 하는 필수적 공동소송으로서(대법 2001.07.10, 99다31124), 공유자 전원에 대하여 판결이 합일적으로 확정되어야 하므로, 공동소송인 중 1인에 소송요건의 흠이 있으면 전 소송이 부적법하게 된다(대법 2012.06.14, 2010다105310). 이하 양수인을 당사자로 삼는 절차를 검토한다.

2. 소송승계의 방법

(1) 양수인의 지위

공유물분할청구소송의 변론종결 전에 공유지분이 소외인에게 양도된 경우, 공유물분할청구권은 공유지분권에 기한 형성권으로 그 법적 성질은 물권적 청구권에 준하는 것으로 양수인은 변론종결 전의 승계인에 해당한다.

(2) 참가승계와 인수승계

大法院은 "공유물분할에 관한 소송계속 중 변론종결일 전에 공유자 중 1인인 갑의 공유지분의 일부가 을 및 병 주식회사 등에게 이전된 사안에서, 변론종결 시까지 민사소송법 제81조에서 정한 승계참가나 민사소송법 제82조에서 정한 소송인수 등의 방식으로 일부 지분권을 이전받은 자가 소송의 당사자가 된다."고 하고 있다(대법 2014.01.29, 2013다78556). 따라서 설문의 丁은 스스로 참가승계의 방식으로 소송을 이어 받을 수 있고(제81조), 甲이나 乙, 丙은 丁을 인수승계로 끌어들일 수 있다(제82조).

3. 고유필수적 공동소송의 추가 가부

(1) 의 의

고유 필수적 공동소송에서 공동소송인으로 될 자를 일부 누락한 채 소를 제기하여 당사자적격이 갖추어지지 아니한 경우 제1심 변론종결시까지 원고의 신청에 따라 누락된 원고 또는 피고를 추가할 수 있는데(제68조), 이는 추가적 형태의 임의적 당사자변경이다.

(2) 필수적 공동소송인 일부가 후발적으로 빠진 경우

임의적 당사자 변경은 당사자적격의 승계가 없는 경우로서, 설문과 같이 소송계속 중 분쟁주체인 지위가 승계되는 경우에 피승계인이 물러나고 승계인이 들어섬으로써 생기게 되는 소송승계와 구별된다. 따라서 고유필수적 공동소송에서 후발적으로 당사자적격자의 교환적 변경이 필요한 경우는 공동소송인 추가신청의 대상으로 보기 어려울 것이다(이시윤 12판 831면).

4. 공동소송참가 가부

(1) 의 의

공동소송참가란 소송의 목적이 당사자 일방과 제3자에 대하여 합일적으로 확정될 경우에 당사자간의 판결의 효력을 받는 제3자가 원고 또는 피고의 공동소송인으로서 참가하는 것을 말한다(제83조). 공동소송참가가 허용되는 경우는 소송의 목적이 한쪽 당사자와 제3자간에 합일적으로 확정될 필요가 있는 경우로서 유사 필수적 공동소송으로 될 경우인데, 고유필수적 공동소송도 합일확정 소송인 점, 그와 같은 소송에서 공동소송인의 일부를 빠뜨렸을 때에 이 제도를 이용으로 누락자를 참가시켜 소를 적법하게 만들 수 있는 점, 항소심에서도 참가가 가능하여 제68조와 차이가 있는 점 등을 고려할 때 허용함이 옳을 것이다.

(2) 丁의 공동소송참가 가부

공유물분할청구소송에서 지분권자나 소송도중 지분을 양수한 자가 소송당사자가 되지 않는다면 소는 각하될 것이고 기판력이 미치는 것은 아니므로, 합일확정이 요구되는 경우라고 볼 수 없어 丁의 공동소송참가가 허용되는 경우로 보기는 어렵다. 大法院도 필수적 공동소송인 공유물분할청구소송이 항소심계속 중 당사자인 공유자의 일부지분이 제3자에게 이전되었고 그 제3자가 당사자로 참가하지 않은 상태에서 변론종결하였으면 공유물분할소송이 적법하다고 볼 수 없다면서 항소심에서 소송승계로 소를 적법하게 할 수 있음을 판시한 바, 丁은 참가승계 방식으로 당사자가 되어야지 공동소송참가를 허용할 수는 없다(대법 2014.01.29, 2013다78556).

5. 설문의 해결

丁은 참가승계신청을 할 수 있고, 甲, 乙, 丙은 丁을 상대로 인수승계신청을 할 수 있으나, 甲이 제68조로 丁을 피고로 추가하거나, 丁 스스로 제83조의 공동소송참가는 허용될 수 없다.

68 | 참가승계

I. 참가승계의 적법여부(13년 1차·3차 모의쟁점)

> A는 변호사 B를 소송대리인으로 선임하여 乙을 상대로 소유권에 근거한 X가옥의 인도를 청구하는 소를 제기하였다. 소송계속중이던 2008. 9.11. 원고 A는 사망하였고 상속인으로 甲과 C가 있다. A가 사망한 후 甲은 생전에 A로부터 X가옥을 매수했음을 주장하면서 2008.10.15. 제81조에 따른 참가승계를 신청하였다.
>
> 甲의 참가승계는 적법한가? 참가 후의 소송형태는 어떠한가?

1. 문제점

참가승계라 함은 소송계속 중 소송의 목적인 권리·의무의 전부나 일부의 승계인이 스스로 종전의 소송에 참가하여 새로운 당사자가 되는 것을 말한다(제81조). 설문에서 A가 제기한 가옥인도청구 중 甲은 A로부터 X가옥을 매수했음을 이유로 참가승계를 하였는데, 계쟁물을 승계취득한 甲의 참가가 요건을 갖춘 적법한 것인지 검토한다.

2. 참가승계의 요건

(1) 타인간 소송계속 중

참가승계는 사실심 변론종결 전까지 할 수 있으며, 상고심에서는 어차피 제218조 1항에 따라 기판력을 받게 되므로 허용되지 않는다(대법 1995.12.12, 94후487).

(2) 소송의 목적인 권리·의무의 승계

제218조의 변론종결 후의 승계인은 완성된 기판력을 승계하고, 제81조와 제82조의 소송승계인은 생성 중인 기판력을 확장하는 것으로 양자는 서로 입장을 같이하는 것으로서 당사자적격의 이전이라는 점에서 양자를 통일적으로 이해하려는 견해로 소송물이 양도된 경우는 당연히 포함되지만, 계쟁물이 양도된 경우는 승계인 보호를 위해 그 범위를 제한하려고 한다.

1) **구이론의 입장**: 判例의 입장으로서 채권적 청구권에 기한 소송 중 계쟁물을 취득한 자는 여기의 승계인에 포함되지 않지만(대법 1983.03.22, 80마283), 물권적 청구권에 기한 소송 중 계쟁물을 양수한 자는 승계인에 포함시키는 견해이다.

2) **신이론의 입장**: 원고청구가 물권적 청구권이든 채권적 청구권이든 불문하고 모두 여기의 승계인에 포함시키고, 다만 승계인이 가진 고유의 항변은 승계 후의 소송과정에서 주장할 기회를 보장하는 것이 타당하다는 견해이다.

3. 참가 후의 소송형태

(1) 전주가 승계사실을 다투지 않는 경우

이 경우에는 종전당사자가 탈퇴할 수 있으며, 3면소송관계는 성립하지 않는다(편면참가). 참가신청서에 참가의 청구취지를 밝히지 않아도 무방하다(대법 1976.12.14, 76다1999). 나아가 전주의 대리인이 참가인의 대리인을 겸하여도 쌍방대리의 문제가 되지 않는다(대법 1969.12.09, 69다1578).

(2) 전주가 승계사실을 다투는 경우

승계인으로서는 전주에 대해서도 일정한 청구를 하게 되며(쌍면참가), 이 경우에는 전주·승계인·피고의 대립관계인 3면소송의 형태가 성립된다. 따라서 독립당사자참가와 같은 인지를 붙여야 한다.

4. 결론

망 A의 소송계속 중 계쟁물을 양도받은 甲이 참가승계를 신청하였고, 본소의 청구는 물권적 청구권이었으므로 甲의 참가는 적법하다. 나아가 망 A의 상속인인 C가 다투지 않는다면 편면참가 형태의 소송구조일 것이나, C는 공동상속인으로서 甲의 소유권을 다툴여지가 있고, 다툰다면 甲은 C에게 지분에 대한 이전등기를 구하는 쌍면참가를 할 것이다.

II. 탈퇴 후의 소송관계(14년 3차 모의쟁점)

〈추가된 사실관계〉
甲이 참가승계를 하자 소송탈퇴에 관한 특별수권을 받은 변호사 B는 2008.10.16. 망 A의 소송탈퇴를 신청하였고 乙이 2008.10.17. 이에 동의하였다. 그 후 甲은 2009. 8.26. 이 사건 소송물과 관련한 A의 재산을 단독으로 상속하게 되었다면서 소송수계신청을 하였고, 먼저 한 참가승계신청취하서를 2009. 9.17. 제출하여 乙이 이에 동의하였다. 甲의 소송수계신청에 의해 제1심은 당사자의 표시를 甲으로 정정하고, 甲의 청구를 기각하는 판결을 선고하였다.

이에 甲이 상고하였다면 대법원은 어떠한 판단을 하여야 하는가?

1. 문제점

A가 사망한 경우 원고지위는 상속인 甲과 C에게 당연승계되는데 소송대리인 B의 탈퇴의 효력이 문제되고, 만일 탈퇴가 유효하다면 소송이 종료된 것이므로 甲의 수계신청이 이유 있는지 문제된다.

2. 소송탈퇴의 효력 발생여부

(1) 소송탈퇴의 요건

제3자가 참가승계하므로써 기존의 당사자가 소송에 머물 이유가 없다면 상대방의 승낙을 받아 탈퇴할 수 있다(제81조, 제82조 3항, 제80조). 즉 탈퇴의 요건은 ① 제3자의 적법·유효한 참가가 있고, ② 본소송의 당사자일 것, ③ 상대방의 승낙을 요할 것이다.

(2) B의 소송탈퇴가 유효한지 여부

소송대리인이 있는 경우에는 당사자가 사망하여도 소송절차는 중단되지 않으며(제238조), 대리권이 소멸하지도 않는다(제95조). 따라서 이 사건 소송탈퇴 당시에는 이미 원고 A가 사망하였다 하더라도 원고의 소송대리인 B는 법률상 당연히 원고의 상속인들 甲과 C의 소송대리인으로 취급되어 상속인들 모두를 위하여 소송을 수행하게 되는 것이므로 원고의 소송대리인이 한 소송탈퇴신청은 원고의 상속인들 모두에게 그 효력이 미친다(대법 2011.04.28, 2010다103048).

3. 소송탈퇴의 법적 성질

(1) 견해의 대립

1) 조건부 청구의 포기·인낙설 : 탈퇴는 종전 당사자의 일방이 자기의 상대방과 참가인간의 소송결과에 전면적으로 승복할 것을 조건으로 소송에서 물러서는 것으로, 이에 의하여 참가인의 상대방에 대한 소송관계만이 남게 되고 본소와 참가인·탈퇴자간의 소송관계는 종료된다고 보는 입장이다.

2) 소송담당설 : 탈퇴자는 자기의 청구 또는 자기에 대한 청구에 관하여는 참가인과 잔존당사자간의 소송의 판결에 맡기는 것으로, 이것은 탈퇴자가 참가인과 잔존당사자에게 소송수행권을 부여 하는 것, 즉 임의적 소송담당이 있는 것으로 보는 것이다. 따라서 소송담당자인 잔존당사자와 참가인 사이의 판결의 효력이 탈퇴에게 미치는 것은 당연하다고 한다.

(2) 判例의 입장

최근 判例는 참가승계와 관련하여 소송탈퇴하면 종전 당사자의 소송관계가 종료된다는 입장을 취하여(대법 2011.04.28, 2010다103048), 조건부 청구의 포기·인낙설을 따른 듯하다.

(3) 검 토

생각건대 조건부 청구포기·인낙설에 의하면, 만약 탈퇴자에게 유리하게 된 경우에는 설명할 수 없는 약점이 있으므로 소송담당설이 타당하다고 본다.

4. 설문의 해결

소송탈퇴의 성질에 관해 소송담당설 입장에 의하면 甲의 수계신청은 적법하므로 법원은 본안판단을 할 것이나, 判例에 따르면 상고이유에 대하여 나아가 살펴볼 필요 없이 원심판결을 파기하되, 이 사건은 대법원이 직접 재판하기에 충분하므로 자판하기로 하는바, 이 사건 소송은 제1심 소송계속중 승계참가인의 승계참가신청취하로 소송관계가 모두 종료되었다고 할 것임에도, 제1심은 이를 간과한 채 원고의 소송수계인의 청구를 기각하는 판결을 선고하여 위법하므로 이를 취소하고 이 사건 소송수계신청을 기각하며 이 사건 소송에 대하여 소송종료선언을 하여야 한다(대법 2011.04.28, 2010다103048).

III. 피참가인과 참가인의 소송관계(22년 2차 모의쟁점)

> 甲은 乙을 상대로 공사대금채권 1억 원의 지급을 구하는 소를 제기하였다. 제1심 소송 진행 중 丙은 甲의 乙에 대한 공사대금채권 1억 원에 관하여 채권압류 및 전부명령을 신청하여 법원으로부터 결정을 받은 후 乙에 대하여 위 전부금의 지급을 구하면서 제1심 법원에 승계참가신청을 하였다. 甲은 丙의 승계 여부에 대하여 다투지 않았으나 乙을 상대로 한 공사대금 청구의 소를 취하하지 아니하였다. 甲은 제1심 소송 계속 중 공사대금 채권을 뒷받침할 수 있는 증거를 제출하였다. 반면 丙은 재판에 출석하기는 하였지만 공사대금 채권에 관한 아무런 증명을 하지 아니하였다.
>
> 제1심 소송에서의 甲의 증명은 丙에게 효력이 있는가? (15점) (채권압류 및 전부명령은 적법하고 유효함을 전제로 하고, 공동소송의 성격에 관한 판례변경 전후를 비교하여 설명할 것)

1. 문제점

丙의 참가승계 후 소를 취하하거나 탈퇴하지 않은 甲과의 공동소송형태를 검토하여, 甲이 제출한 증거가 丙에게 유리하게 활용될 수 있는지 살펴본다.

2. 甲과 丙의 공동소송 형태

참가승계라 함은 소송계속 중 소송의 목적인 권리·의무의 전부나 일부의 승계인이 스스로 종전의 소송에 참가하여 새로운 당사자가 되는 것을 말한다(제81조). 대법원은 2002년 민사소송법 개정 후 피참가인인 원고가 승계참가인의 승계 여부에 대하여 다투지 않고 그 소송절차에서 탈퇴하지도 않은 채 남아있는 경우 원고의 청구와 승계참가인의 청구가 통상공동소송 관계에 있다는 취지로 판단하였으나(대법 2009.12.24, 2009다65850), 승계로 인해 중첩된 원고와 승계참가인의 청구 사이에는 양립불가능한 관계에 있으므로 필수적 공동소송에 관한 민사소송법 제67조가 적용되는 것으로 변경되었다(대법 2019.10.23, 2012다46170).

3. 필수적 공동소송에서 소송자료의 통일

종래의 통상공동소송으로 보면 공동소송인 독립의 원칙상 증거공통원칙을 인정하지 않는 것이 판례의 입장으로 보여, 甲이 제출한 증거가 丙에게 유리한 효력을 줄 수 없으나, 변경된 필수적 공동소송 입장에 의하면 공동소송인 중 한 사람의 소송행위는 전원의 이익을 위해서만 효력을 가지므로(제67조 제1항), 상대방의 주장사실을 다투거나 증거를 제출하면 공동소송인 모두에게 효력이 있다. 따라서 甲의 증명은 丙에게도 효력이 있다.

69 | 인수승계

I. 인수승계의 요건과 참칭승계인에 대한 조치(17년 3차 모의쟁점)

> 甲은 乙에게 1억 원의 대여금반환을 구하는 소를 제기하였다. 소송계속 중 甲은 丙이 乙의 채무를 면책적으로 인수하였음을 주장하며 교환적 인수승계를 신청하였다.
>
> 인수승계 신청에 대한 법원의 조치를 설명하고, 본안에 관한 심리 결과 丙이 乙로부터 채무를 인수하지 않은 것으로 밝혀졌다면 어떠한 재판을 하여야 하는가?

1. 문제점

甲의 인수승계신청에 대한 법원의 결정과, 승계후 참칭 승계인임이 밝혀진 경우 법원의 판단을 검토한다.

2. 인수승계의 의의와 요건

(1) 의 의

인수승계라 함은 소송계속 중 소송의 목적인 권리·의무의 전부나 일부의 승계가 있는 경우에 종전 당사자의 인수신청에 의하여 승계인인 제3자를 새로운 당사자로 끌어들이는 것을 말한다(제82조).

(2) 요 건

1) 타인간 소송계속 중일 것 : 사실심의 변론종결 후의 승계인은 제218조에 의하여 기판력이 확장되므로 상고심에서는 소송승계를 굳이 인정할 실익이 없다.

2) 소송의 목적인 권리·의무의 승계

① 소송물 자체의 양수인 : 채무의 면책적 인수인, 이행청구의 소송 중 채권양수인, 소유권확인소송 계속 중에 소유권 양수인 등이 그 예이다. 이때에는 소송물의 성질이 물권적인지 아니면 채권적인지를 불문하고 승계인에 해당한다.

② 계쟁물의 양수인 : 계쟁물의 양도에 있어서 승계인의 범위는 특정적인 권리관계의 변동에 의하여 종전당사자가 당사자적격을 잃고 신당사자가 당사자적격을 취득하는 당사자적격의 이전이므로, 제81조와 제82조의 소송승계인은 제218조의 변론종결한 뒤의 승계인에 준하여 취급하여야 한다는 것이 判例·통설이다. 따라서 채권적 청구권에 기한 소송 중 계쟁물을 취득한 자는 여기의 승계인에 포함되지 아니한다고 보고, 물권적 청구권에 기한 소송 중 계쟁물을 양수한 자는 승계인에 포함시키고 있다.

(3) 소 결

설문의 丙은 소송물인 의무를 승계한 자로서 제82조 승계인에 해당한다.

3. 甲의 승계신청에 대한 결정

(1) 인수승계의 신청

종전 당사자가 인수인에 대해 서면 또는 구술로 신청한다(제161조). 제82조가 단순히 '당사자'라고만 규정하고 있으므로 여기서 소송인수를 신청할 수 있는 당사자에게 전주의 상대방뿐만 아니라 전주 자신도 포함된다.

(2) 법원의 재판

소송인수신청이 있는 경우에는 법원은 신청인과 제3자를 심문하고 결정으로 그 허부를 재판한다(제82조 제2항). 승계요건에 흠결이 있으면 인수신청을 각하하고, 심문결과 승계사실이 인정되지 않으면 인수신청을 기각하나, 법원은 신청의 이유로서 주장하는 사실관계 자체에서 그 승계적격의 흠이 명백하지 않는 한 결정으로 그 신청을 인용하여야 한다.

(3) 소 결

설문에서 주장 자체에 의해 승계적격의 흠결이 명백한 것은 아니므로 법원은 결정으로 甲의 인수승계신청을 인용한다.

4. 참칭 승계인으로 밝혀진 경우

(1) 견해의 대립

① 인수결정이 행해졌고 인수인 丙이 당사자 지위로 연결되어 본안에 관한 심리도 행해졌으므로 본안문제로 취급하여 기각하자는 견해, ② 인수승계는 당사자적격의 문제이므로 인수인으로 된 丙에게 당사자적격이 없는 것이 판명된 것이어서 본안판결이 아닌 소각하판결을 하여야 한다는 견해, ③ 본안의 선결문제로 보아 인수의 원인인 권리·의무의 승계가 없는 것이 판명되었으므로 인수신청 자체를 각하하자는 견해의 대립이 있다.

(2) 判例의 입장

判例는 "승계인에 해당하는지 여부는 피인수신청인에 대한 청구의 당부와 관련하여 판단할 사항으로 심리한 결과 승계사실이 인정되지 않으면 청구기각의 본안판결하면 되는 것이지, 인수참가신청 자체가 부적법하게 되는 것은 아니다"라고 판시하고 있다(대법 2005.10.27, 2003다66691).

4. 결 론

생각건대 승계인이라는 사실은 승계인에 관한 청구의 '청구원인'에 속하는 것으로서 본안심리의 결과에 따라 확정되므로 청구기각설이 타당하다고 본다.

Ⅱ. 추가적 인수승계 가부(14년 1차, 15년 1차 모의쟁점 / 3차·5차 기출)

> 甲은 자기 소유 토지위에 乙이 무단히 건물을 건축하였음을 이유로 건물철거 및 토지반환을 구하는 소를 제기하였다. 소송계속 중 乙이 丙에게 건물의 소유권을 넘기자, 甲은 丙에게 말소등기를 구하는 인수승계를 신청하였다.
>
> 甲의 인수승계 신청에 대해 법원은 어떠한 판단을 하여야 하는가?

1. 인수승계의 의의와 요건

(1) 의 의

(2) 요 건

1) 타인간 소송계속 중일 것
2) 소송의 목적인 권리·의무의 승계

2. 구청구와 신청구의 동일성여부(추가적 인수의 인정여부)

(1) 교환적 인수

예컨대 피고의 채무를 제3자가 면책적으로 인수한 경우와 같이 소송의 목적인 권리·의무와 동일한 권리·의무를 제3자가 승계한 경우를 교환적 인수라 하며, 원칙적으로 이러한 교환적 인수가 이루어지는 경우에 인수승계가 허용된다.

(2) 추가적 인수의 인정여부

① 判例는 "원고의 건물철거청구소송 계속 중에 피고가 제3자 앞으로 그 건물의 소유권 이전등기를 경료해 준 경우에 제3자 명의의 등기말소의무의 이행을 구하기 위한 소송인수신청은 허용될 수 없다"고 판시하여 추가적 인수에 대해 부정적인 입장을 취하고 있다(대법 1971.07.06, 71다726). ② 그러나 이를 불허하여 별도의 소를 제기하게 하는 불경제를 막고 관련분쟁의 1회적 해결을 위하여 이때에도 인수시킴이 다수설이다.

3. 결 론

判例에 의하면 이러한 추가적 인수승계는 부적법하므로 각하결정을 내린다.

70 | 묵시적 일부청구와 상소이익
(14년 2차, 18년 1차 모의쟁점)

> 甲은 乙에 대하여 2008. 4. 1.을 변제기로 하는 10억 원의 공사대금채권을 가지고 있다. 변제기가 도래한 이후에도 乙이 위 대금을 지급하지 않자, 甲은 2011. 3. 2.에 7억 원의 지급을 구하는 소를 제기하였다. 7억원의 공사대금지급청구에 대해서 1심법원은 청구를 전부인용하는 판결을 선고하였다.
>
> 甲이 10억원의 공사대금 전부를 지급받기 위해서 1심판결에 대해 항소하는 것은 적법한가?

1. 문제점

제1심에서 전부승소한 당사자는 청구취지확장만을 위해 상소하는 것은 상소이익이 없어 원칙적으로 금지된다. 그러나 묵시적 일부청구의 경우처럼 기판력에 의하여 뒤에 별소의 소가 금지되는 경우 상소이익이 인정될지 문제된다.

2. 상소의 이익

(1) 의 의

상소의 이익이란 하급심의 종국판결에 대하여 불복신청함으로써 그 취소를 구하는 것이 가능한 당사자의 법적 지위를 말한다. 무익한 상소권행사를 견제하기 위한 것이다.

(2) 견해의 대립

항소이익의 판단기준에 대해서 ① 원심에 있어서의 당사자의 신청과 주문을 비교하여 결정한다는 형식적 불복설, ② 실체법상 더 유리한 판결을 받을 가능성을 그 기준으로 한다는 실질적 불복설, ③ 원고는 형식적 불복설에 의하되 피고는 실질적 불복설을 적용하여야 한다는 절충설, ④ 원판결이 그대로 확정되면 기판력 기타 판결의 효력에 있어서 불이익을 입게 되는가를 기준으로 하는 신실질적 불복설이 대립한다.

(3) 判例의 태도

大法院은 통설인 형식적 불복설과 마찬가지로 전부승소한 판결에 대해 소의 변경을 하게 되면 제1심보다도 유리한 판결을 받을 수 있다는 것만으로는 항소의 이익이 없다고 하나, 예외적으로 소의 변경을 하지 않는다면 별소에서의 청구가 불가능한 경우에는 전부승소한 판결에 대해서도 항소의 이익을 인정하여 예외를 인정하는 형식적 불복설과 같은 입장을 취하고 있다(대법 1997.10.24, 96다12276).

(4) 검 토

생각건대 실질적 불복설은 그 기준이 불명확하고 항소심을 복심구조화할 염려가 있으며, 절충설은 당사자평등주의에 반하고, 신실질적불복설은 형식적 불복설과 내용상의 차이가 없다. 따라서 원칙적으로 판결의 주문을 기준으로 불이익여부를 판단하되, 예외적으로 기판력 등 때문에 별소제기가 허용될 수 없는 경우 실질적 불복설에 의해야 할 것이다.

3. 결 론

일부청구의 소송물에 대한 多數說·判例의 입장인 명시설에 의하면 명시적 일부청구의 경우에는 잔부청구의 후소가 허용되므로 항소이익이 없으나, 묵시적 일부청구의 경우 잔부청구의 후소가 일부청구에 대한 전소판결의 기판력에 의하여 차단되므로 이 같은 경우는 전소에서 전부승소한 경우라도 추가청구를 위한 상소를 인정해야 한다.

71 | 위자료에 대한 상소시 재산적 손해 청구확장
(16년 1차 모의쟁점)

> 횡단보도상에서 과속으로 달리던 乙의 자동차에 치어 부상을 당한 甲은 乙에 대해 재산상 손해 2000만 원, 위자료 500만 원의 지급을 구하는 손해배상청구소송을 제기하였는데, 1심에서 재산상 손해에 대한 청구에서는 전부 승소하였으나 위자료청구는 그 일부인 300만 원만 인용되었다. 이에 甲은 위자료 청구가 일부기각된 것에 대해 항소를 제기하였고, 항소심계속 중 甲은 재산상 손해 중 일실이익을 잘못 계산하여 누락된 500만 원을 추가로 청구하고자 한다.
>
> 이러한 청구취지 확장은 가능한가?

I. 문제의 소재

항소심에서의 500만원의 청구취지 확장이 가능한지와 관련하여 <u>우선 청구취지 확장은 소변경에 해당하는바, 소변경 요건을 구비했는지 문제되고, 다음으로 소송요건과 관련하여 전부승소한 재산상 손해청구부분에 대해 상소이익이 있는지 문제된다.</u> 이것을 검토하기에 앞서 甲의 불법행위로 인한 손해배상청구소송의 소송물이 복수인지 여부를 살펴본다.

II. 생명·신체 손해를 이유로 한 손해배상청구소송의 소송물

1. 손해배상청구소송에서의 소송물

(1) 복수의 소송물로 보는 입장

각 항목별로 별개의 소송물이 성립한다는 견해이다. 이에는 <u>권리내용과 근거법조가 다르다고 보아 재산적 손해와 비재산적 손해로 대별하는 이분설과, 재산상의 손해를 보다 세분화하여 손해산정의 과정에서 증거에 의한 엄밀한 인정이 요구되는 적극적 손해와 예측에 의한 평가적 요소가 강한 소극적 손해로 나누는 3분설</u>이 있다.

(2) 단일한 소송물로 보는 입장

손해의 각 항목은 손해액 산출의 내역에 불과하여, 소송물은 손해의 총액으로 특정되어 하나의 소송물이라고 보는 견해이다. <u>이는 손해의 총액이 피해자의 주된 관심사이자 분쟁의 핵심이라는 점을 근거로 소송물이 하나라는 견해이다.</u>

2. 判例의 입장

<u>判例</u>는 신체상해로 말미암은 손해배상청구소송에서 소송물은 적극적 손해, 소극적 손해 및 정신적 손해의 세 가지로 나누어진다는 손해 3분설을 취해 왔으나(대법 1976.10.12, 76다1313), <u>"재산적 손해로 말</u>

미암은 배상청구, 정신적 손해로 말미암은 배상청구는 각각 소송물을 달리하는 별개의 청구이므로 소송당사자로서는 각기 그 금액을 특정하여 청구하여야 한다."고 하여 2분설의 경향을 보이는 것도 있다 (대법 1994.06.28, 94다3063).

3. 검 토

생각건대 손해에 성질상의 차이가 있고, 위자료청구권의 조정적 기능에 주목하여 각각을 별개의 소송물로 보는 손해3분설이 타당하다고 본다.

III. 항소심에서 재산적 손해부분이 심판대상인지 여부

1. 상소의 효력

(1) 확정차단의 효력

상소가 제기되면 그에 의하여 재판의 확정을 막아 차단되게 되고 상소기간이 경과되어도 원판결은 확정되지 않는다(제498조).

(2) 이심의 효력

상소가 제기되면 그 소송사건 전체가 원법원을 떠나 상소심으로 이전하여 계속되게 된다. 이를 이심의 효력이라 한다. 상소의 제기에 의한 확정차단의 효력과 이심의 효력은 원칙적으로 상소인의 불복신청의 범위에 관계 없이 원판결의 전부에 대하여 불가분으로 발생한다. 이를 상소불가분의 원칙이라 한다.

(3) 상소심의 심판범위

원판결의 전부에 대해 확정차단 및 이심의 효력이 생긴다 하여 전부가 곧 심판의 범위에 포함되는 것은 아니다. 상소심의 심판은 원판결 중 불복신청의 범위에 국한하므로 확정차단·이심의 범위와 심판의 범위와는 일치하지 않을 수 있다.

2. 사안의 경우

사안에서 甲은 위자료 청구부분이 일부기각된 것에 대하여 항소하였다. 이러한 항소의 효력은 재산적 손해부분에도 미쳐 확정차단 및 이심의 효력이 생기나, 심판의 범위는 위자료 부분에 국한된다.

IV. 전부승소부분의 청구취지 변경가부

1. 청구변경 적법여부

(1) 청구변경의 요건

설문의 청구취지 확장은 청구변경에 해당한다. 그 요건으로 ① 청구기초의 동일성이 인정될 것, ② 소송절차를 현저히 지연시키지 않을 것, ③ 사실심에 계속되고 변론종결 전일 것, ④ 소병합의 일반요건으로서 신·구 청구가 동종의 소송절차에 의해 심판될 수 있을 것이 요구된다.

(2) 사안의 경우

사안은 청구원인은 동일한데 청구취지만을 변경하는 경우로서 청구기초의 동일성이 인정되며 설문상 그 밖의 요건도 문제되지 않는바, 甲의 청구취지 확장에 따른 소변경의 요건을 갖춘 것으로 보인다.

2. 재산적 손해부분의 청구취지 확장가부

(1) 문제점

전부승소한 원고라도 ① 묵시적 일부청구의 경우 청구취지 확장을 위한 상소는 허용되고, ② 상대방의 항소에 편승한 부대항소로 심판범위를 확장하는 것은 가능하다. 그러나 사안은 甲이 항소를 제기한 경우이므로 부대항소가 아니고, 청구취지 확장을 위한 상소도 아니다. 따라서 전부승소한 재산적 손해에 대한 청구취지 확장이 가능한지 문제된다.

(2) 判例의 입장

大法院은 상소인은 자기에게 불이익한 재판에 대해서만 상소를 제기할 수 있고 재판이 상소인에게 불이익한지 여부는 재판 주문을 표준으로 결정되는 것이라 하여 형식적 불복설 입장이나 설문과 같은 사안에서 『재산상 손해에 관한 부분에 대해 상소이익을 인정하지 않으면 원고는 판결이 확정되기도 전에 나머지 부분을 청구할 기회를 절대적으로 박탈당하게 되어 부당하므로 상소이익을 긍정해야 한다』고 판시하여 그 예외를 인정하고 있다(대법 1994.06.28, 94다3063).

(3) 검 토

생각건대 判例와 같이 복수의 소송물로 보게 되면 甲은 재산상 손해에 대한 묵시적 일부청구임을 이유로 상소한 것이 아니고, 乙의 항소에 대한 부대항소도 아니므로 청구취지 확장이 불가능해 보인다. 그러나 사안의 소송물을 단일한 것으로 보면 甲은 일부승소한 자로서 항소심에서 청구취지 확장이 별 문제가 없다. 결국 甲의 재산적 손해부분에 청구취지의 확장을 허용한 判例의 입장은 손해3분설 입장에 대한 예외적인 판시로 보인다.

V. 사안의 해결

判例와 같이 소송물이 복수라는 입장에서는 甲의 청구는 병합청구의 형태가 되고 이에 대한 전부판결의 일부에 대해서만 항소한 경우라도 전부 확정이 차단되고 이심된다는 입장이므로 甲이 불복하지 않았던 재산상 손해배상청구 부분도 항소심에 이심된다. 다만 재산상 손해배상 청구에 대해 甲은 전부승소 하였으나 별소제기가 불허되는 경우로서 손해배상3분설 입장에 대한 예외로 심판대상이 된다고 보아 법 제262조에 따른 청구취지확장을 허용할 것이다.

72 | 불이익변경금지원칙(18년 3차 모의)

甲은 乙에게 1억 원을 대여하였다고 주장하면서, 乙을 상대로 위 1억 원의 반환을 구하는 소송을 제기하였다. 이에 대하여 乙은 甲으로부터 위 1억 원을 차용한 사실이 없고, 설령 차용하였다고 하더라도 甲에 대한 1억 원 손해배상채권으로 甲의 위 대여금 채권과 상계한다고 주장하였다.

1. 제1심 법원은 甲이 청구한 대여금 채권의 발생을 인정하면서도 乙이 한 상계항변을 전부 받아들여 甲의 청구를 기각하였다. 이와 관련하여 다음 각 경우 항소심 법원은 어떠한 판결을 선고하여야 할 것인가? (아래 설문 가.와 설문 나.는 상호 무관함) (설문 가와 나를 합하여 20점)
　가. 제1심 판결에 대해 甲이 항소하고, 乙은 항소심 변론종결 시까지 부대항소를 제기하지 아니하였는데, 항소심 법원이 심리한 결과 甲의 대여금 채권이 인정되지 않는다고 판단한 경우
　나. 제1심 판결에 대해 乙이 항소하고, 甲은 항소심 변론종결 시까지 부대항소를 제기하지 아니하였는데, 항소심 법원이 심리한 결과 甲의 대여금 채권은 인정되고, 乙의 손해배상채권은 인정되지 않는다고 판단한 경우
2. 제1심 법원은 甲의 대여금 채권이 인정되지 않는다는 이유로 청구기각 판결을 선고하였다. 이에 대하여 甲이 항소를 제기하고 乙은 부대항소를 제기하지 않았는데, 항소심 법원은 甲이 주장하는 대여금 채권의 발생은 인정되지만 乙의 상계항변도 이유 있다고 판단하였다. 항소심 법원은 어떤 판결을 선고하여야 할 것인가? (10점)

I. 설문 1. : 상계항변과 불이익변경금지

1. 문제점

1심에서 인정된 소구채권이나 반대채권이 항소심에서 심리해 본 결과 부존재 한다면, 항소심은 원칙적으로 원판결을 취소하여야 할 것이다. 그러나 항소심에서의 심판범위와 관련하여 지켜야 할 준칙이 있는데, 이것이 불이익변경금지원칙이다. 이하 불이익변경금지원칙을 검토하여 각 설문을 답한다.

2. 불이익변경금지원칙에 대하여

(1) 의 의

제415조는 "제1심 판결은 그 불복의 한도안에서 바꿀 수 있다. 다만, 상계에 관한 주장을 인정한 때에는 그러하지 아니하다."고 규정하여, ① 당사자의 불복신청의 범위를 넘어서 제1심판결보다도 유리한 판결을 할 수 없으며, ② 상대방으로부터 항소나 부대항소가 없는 한 항소인에게 제1심판결보다도 더 불리하게 변경할 수 없고, 최악의 경우에 항소기각되는 위험만 있다는 불이익변경금지의 원칙을 그

내용으로 한다.

(2) 유리·불리의 기준

1) 원 칙 : 불이익변경의 금지에서 유리·불리의 판결은 기판력의 범위를 그 기준으로 한다. 따라서 기판력이 미치는 판결의 주문에 영향을 미치는 경우에만 위 원칙이 작용하고 기판력이 생기지 않는 판결이유 등의 판단에는 불이익변경금지의 원칙이 적용되지 않는다.

2) 예 외 : 상계의 항변은 판결이유 중의 판단이지만 예외적으로 기판력이 생기기 때문에(제216조 제2항) 불이익변경의 문제가 일어난다.

3. 설문 가 : 소구채권이 부존재하는 경우 甲의 항소에 대한 판단

이 경우에 항소심법원은 ① 항소인용하여 제1심판결을 취소하여 자판 후 청구기각 판결을 할 수 없고, ② 소구채권의 부존재를 이유로 항소기각을 할 수도 없으며, ③ 제1심판결과 똑같은 이유로 항소기각 판결을 하여야 한다. 왜냐하면 상계의 항변을 인정하여 청구기각판결을 한 제1심판결은 반대채권의 부존재에 기판력이 있지만, 소구채권의 부존재에 의한 청구기각의 항소심판결은 반대채권에 대하여 심리하지 않았으므로 반대채권부존재에는 기판력이 미치지 않는다. 따라서 원고로서는 상계에 제공된 반대채권 소멸의 이익을 잃게 되어 제1심판결보다 불리해지기 때문이다(대법 2010.12.23, 2010다6725).

4. 설문 나 : 반대채권이 부존재하는 경우 乙의 항소에 대한 판단

이 경우에 피고는 전부승소한 자라도 항소의 이익은 있다(대법 1993.12.28, 93다47189). 이 경우에 항소심법원은 ① 제1심판결을 취소하여 청구인용 판결을 할 수 없고, ② 반대채권의 부존재를 이유로 항소기각 할 수도 없으며, ③ 제1심판결과 같은 이유로 항소기각판결을 해야 한다. 즉 상계에 의한 청구기각의 원판결을 유지해야 한다(대법 1995.09.29, 94다18911).

II. 설문 2. : 예비적 상계항변이 이유 있는 경우 항소기각 가부

1. 문제점

항소가 이유 없다는 항소기각은 제1심판결이 정당하거나 또는 그 이유는 부당하다고 하여도 다른 이유로 정당하다고 인정할 때에 한다(제414조). 즉 기판력은 판결이유중의 판단에는 생기지 않기 때문에 항소심의 변론종결시를 기준으로 하여 결론적으로 원판결의 주문과 일치한다고 판단되는 경우이다. 이하 상계항변에 기판력이 발생하는지 살펴 이러한 항소기각판결이 가능한지 검토한다.

2. 청구기각 판결에 원고 항소시 피고의 예비적 상계항변이 이유 있는 경우

(1) 상계항변과 기판력

판결이유 속에서 판단되는 피고의 항변에 대해서는 그것이 판결의 기초가 되었다 하여도 기판력이 생기지 않지만, 제216조 제2항에서 상계로써 대항한 수액의 한도내에서 기판력이 발생하는 것으로 규정하고 있다. 따라서 상계항변을 배척한 경우에는 반대채권의 부존재에 대하여 기판력이 발생하고, 상계항변인용시 원고의 소구채권과 피고의 반대채권이 모두 존재하고 그것이 상계에 의해 소멸하였다고 한 판단에 기판력이 미친다.

(2) 항소기각 가부

제1심이 원고의 소구채권이 인정되지 않는다는 이유로 청구기각 판결을 선고하였고, 이에 대한 원고의 항소가 있어 항소심 법원이 소구채권의 존재를 인정한다면 당연히 피고의 상계항변에 대하여서도 판단하여야 한다. 그 결과 상계항변이 이유 있다고 판단되면 제414조 2항에 따라 항소기각할 수 있는지 문제되는데, 1심과 2심의 기판력의 범위가 다르므로 항소기각 판결을 선고하는 것은 잘못이다.

3. 설문의 해결

항소심이 제1심 판결과 동일한 결론에 이르게 되더라도 피고의 예비적 상계항변을 받아들여 원고청구를 기각하는 경우에는 같은 청구기각이라도 기판력의 객관적 범위가 달라지기 때문에 제1심 판결을 취소하고 다시 청구기각판결을 하여야 한다.

Ⅲ. 소각하판결에 대한 항소시 청구기각 가부 (21년 2차 모의쟁점)

> 甲은 乙 명의의 대지 위에 건물을 건축하여 점유하고 있다. 甲은 丙이 위 대지를 시효취득하였으며 자신은 丙으로부터 이를 매입하였다고 주장하면서, 丙을 대위하여 乙을 상대로 위 대지에 대한 소유권이전등기를 구하는 소를 제기하였다. 그러나 제1심법원은 丙이 위 대지를 甲에게 매도한 사실이 없다고 판단하여, 甲의 당사자적격의 흠결을 이유로 甲의 소를 각하하는 판결을 하였다. 甲은 제1심판결에 대해 항소하였다. 항소심에서 乙은 계속하여 丙이 위 대지를 시효취득하지 못하였다고 주장하였고, 이에 대해 甲은 丙의 시효취득을 주장하였다. 항소법원은 甲과 丙의 매매계약의 존재를 인정하였지만, 乙의 주장을 받아들여 丙이 위 대지를 시효취득하지 못하였다는 판단을 하고 있다. 이 경우 항소법원은 어떠한 판결을 하여야 하는지 결론과 논거를 서술하라.

1. 결 론

判例는 甲의 항소를 기각하여야 한다는 입장이나, 학설은 항소를 인용하여 원판결을 취소하고 甲의 대위청구를 기각하는 자판을 하여야 한다는 입장이다.

2. 논 거

(1) 문제점

甲의 丙에 대한 피보전채권이 부존재하다는 이유로 소를 각하한 제1심 판결에 대하여 원고가 항소를 제기한 경우에 항소법원이 소 자체는 적법하지만 청구가 이유 없어 어차피 본안에서 청구기각될 사안이라고 판단한 경우에 어떠한 조치를 취할 것인지가 불이익변경금지의 원칙과 관련하여 문제된다. 항소심 법원이 청구기각판결을 하는 경우 이는 소각하판결보다 원고에게 불리한 판결이라고 볼 여지가 있기 때문이다.

(2) 견해의 대립

1) 환송설 청구기각을 하면 불이익변경금지에 저촉되고, 항소기각설은 법원의 판단과 판결의 효력 사이에 괴리가 생기므로, 법 제418조 본문에 따라 소각하의 제1심판결을 취소하고, 제1심으로 환송해야 한다는 견해이다.

2) 청구기각설 소각하판결로서는 원고에게 어떤 이익이 생긴 것이 아니므로 청구기각판결을 해도 불이익변경금지의원칙에 저촉되지 않고, 소각하판결에 대해 원고가 상소하는 것은 본안판결을 요구하는 것이니, 항소법원은 제418조 단서의 요건이 갖추어지면 제1심판결을 취소하고 청구기각을 할 수 있다는 입장이다.

3) 항소기각설 청구를 기각하면 소각하보다 불이익변경이 되므로, 항소 법원은 최소한 원판결을 유지해야 한다는 견해이다.

(3) 判例의 태도

大法院은 "확정 판결의 기판력을 이유로 원고의 청구를 기각하여야 할 것인데도 원고의 소가 부적법하다고 각하한 원심판결에 대하여 원고만이 상고한 경우 불이익변경금지의 원칙상 원고에게 더 불리한 청구기각의 판결을 선고할 수 없으므로 원고의 상고를 기각할 수밖에 없다"고 하여 항소기각설의 입장이다(대법 2001.09.07, 99다50392).

(4) 검 토

항소기각설은 잘못된 1심판결을 확정하는 문제가 있으며, 환송설과 절충설은 소송경제에 반한다는 점에서 문제가 있다. 생각건대 불이익변경금지의 원칙은 원판결이 상소인에게 인정한 실체법상의 지위를 빼앗지 못하도록 하는 원칙으로 이해하여, 원판결이 소송판결인 경우에는 이 원칙이 적용되지 않아 청구기각이 가능하다고 하는 청구기각설이 타당하다고 본다. 사안에서 항소심 법원은 甲의 청구는 피대위권리의 흠결로 이유가 없으므로 제418조 단서에 의해 피고의 동의도 예상되므로 청구기각판결을 할 수 있다고 본다. 下級審 判例이지만 제1심법원이 원고가 제기한 소가 부제소 약정을 위반하여 부적법하다는 이유로 이를 각하하자 이에 대하여 원고만이 항소한 사안에서, 위 부제소 약정은 권한 없는 대리인에 의하여 체결된 것으로 원고에게 효력이 없으므로 위 소는 적법하다고 하면서, 제1심판결을 취소하여 민사소송법 제418조 본문에 따라 제1심법원에 환송하지 않고, 제1심에서 본안판결을 할 수 있을 정도로 심리가 되었음을 인정하여 민사소송법 제418조 단서에 따라 직접 본안심리를 한 다음 원고의 청구를 이유 없다고 기각한 사례가 있다(서울고법 2011.03.23, 2010나63173).

73 | 환송판결의 기속력(22년 2차 모의)

> 甲(종중)은 1980. 2. 1. 종중원인 乙에게 X 토지를 명의신탁하여 乙 명의로 소유권이전등기를 하였는데, 丙이 2015. 3. 3. 乙로부터 위 토지를 매수하였음을 원인으로 丙 명의로 소유권이전등기를 마쳤다. 이후 甲은 2020. 8. 25. 명의신탁 해지를 원인으로 乙을 대위하여 丙을 상대로 소유권이전등기 말소등기청구의 소를 제기하였다. 제1심 법원은, 甲이 乙에게 X 토지를 명의신탁한 사실을 인정하고, 그 후 丙이 乙로부터 위 토지를 매수하였다는 점에 관해서는 乙과 丙 사이의 위 2015. 3. 3.자 매매계약이 통정허위표시에 기한 것으로 무효라고 판단하여, 2021. 2. 25. 甲의 청구를 인용하는 판결을 선고하였다. 이에 대하여 丙이 항소하였으나 항소심 법원도 2021. 8. 25. 제1심과 같은 이유로 丙의 항소를 기각하였다. 이에 대하여 피고 丙이 상고하였는데, 대법원에서는 乙과 丙 사이의 위 2015. 3. 3.자 매매계약이 유효하다고 판단하여 2022. 2. 1. 위 항소심 판결을 파기 환송하였다. 그런데 환송 후 항소심에서는 甲이 X 토지를 乙에게 명의신탁하였음을 인정할 증거가 없다는 이유로 2022. 6. 3. 甲의 소를 각하하는 판결을 선고하였고, 이에 대하여 甲이 상고를 제기하였다.
>
> 이에 대해 대법원은 어떤 판결을 선고해야 하는가? (20점) (상고 각하, 상고 기각, 파기 환송, 파기 자판(자판 시 자판 내용 포함) 등 결론을 기재하고 그 이유를 적을 것)

I. 결 론

불이익변경금지 원칙상 甲의 상고를 기각한다.

II. 이 유

1. 환송판결의 위법성

(1) 환송판결 기속력의 의의

환송을 받은 법원이 다시 심판을 하는 경우에는 상고법원이 파기의 이유로 삼은 사실상 및 법률상 판단에 기속된다(제436조 2항 후문). 그 근거로 상고심의 법령해석·적용의 통일을 위해 인정된다는 견해도 있으나, 항소심판결에도 인정되는 효력임을 감안하면, 통설처럼 종국적인 분쟁해결과 법적 안정성 및 소송경제의 관점에서 심급제도의 본질에서 유래하는 특수한 효력으로 볼 것이다.

(2) 기속력의 객관적 범위

민사소송법 제436조 제2항에 의하여 환송받은 법원이 기속되는 "상고법원이 파기이유로 한 법률상의 판단"에는 상고법원이 명시적으로 설시한 법률상의 판단뿐 아니라 명시적으로 설시하지 아니하였더라도 파기이유로 한 부분과 논리적·필연적 관계가 있어서 상고법원이 파기이유의 전제로서 당연히 판단하였다고 볼 수 있는 법률상의 판단도 포함되는 것으로 보아야 한다(대법 2012.03.29, 2011다106136).

(3) 환송심의 위법성

사안에서 환송판결이 乙과 丙 사이의 위 2015. 3. 3.자 매매계약이 유효한지 여부에 대해서만 판단하였다고 하더라도, 그 판단은 甲이 乙에 대하여 명의신탁 해지에 따른 이전등기청구권을 가지고 이를 피보전채권으로 하여 乙을 대위할 수 있어 소송요건을 구비하였다는 판단을 당연한 논리적 전제로 하고 있다 할 것이므로, 환송판결의 기속력은 원고 甲의 이 사건 청구가 그와 같이 소송요건을 구비한 적법한 것이라는 판단에 대하여도 미친다. 그럼에도 환송 후 원심이, 甲의 丙에 대한 소유권이전등기 말소등기 청구가 소송요건을 구비하지 못한 부적법한 소라고 판단한 것은 환송판결의 기속력에 반하는 것으로서 위법하다.

2. 재상고심의 판단

환송판결의 기속력에 의하면, 甲의 청구는 기각되어야 하는데, 소각하판결을 하였다. 이에 재상고시 판단과 관련하여 환송설, 청구기각설 등이 있으나, 判例는 원고의 이 사건 소를 모두 각하한 원심판결은 결론에 있어서 영향이 없거나 원심판결을 파기한다 하더라도 어차피 청구가 기각될 운명에 있어 원고만이 상고한 이 사건에 있어서 원고에게 더욱 불리한 재판을 할 수 없으므로 원심판결을 유지하기로 한다고 하여 상소기각설의 입장이다(대법 2019.01.17, 2018다24349). 이 경우 잘못된 원심판결이 유지되는 문제점이 있으나, 甲의 상소를 인용하여 청구를 기각하는 것은 불이익변경에 해당하므로 상소기각설이 타당하다고 본다. 따라서 대법원은 원고 甲의 상고를 기각해야 한다.

판례색인

대법 1953.02.19, 4285민상27 ·········· 20
대법 1955.07.21, 4288민상59 ·········· 17
대법 1959.02.19, 4291민항231 ·········· 238
대법 1962.01.31, 4294민상310 ·········· 218
대법 1962.04.26, 4294민상1071 ·········· 143
대법 1962.05.10, 4294민상1510 ·········· 107
대법 1963.05.30, 63다123 ·········· 37
대법 1964.12.29, 64다1054 ·········· 27
대법 1965.04.06, 65다170 ·········· 205, 218
대법 1966.05.31, 66다561 ·········· 116
대법 1966.07.26, 66다933 ·········· 208
대법 1967.03.21, 66다2154 ·········· 77
대법 1967.05.16, 67다372 ·········· 192
대법 1967.08.29, 67다1179 ·········· 160
대법 1968.11.26, 68다1886 ·········· 224
대법 1969.12.09, 69다1232 ·········· 2
대법 1969.12.09, 69다1578 ·········· 274
대법 1969.12.23, 69다1053 ·········· 235
대법 1970.03.31, 70다55 ·········· 53
대법 1971.05.24, 71다519 ·········· 76
대법 1971.07.06, 71다726 ·········· 279
대법 1972.06.27, 72다555 ·········· 228
대법 1974.01.29, 73다351 ·········· 192
대법 1974.07.16, 73다1190 ·········· 25
대법 1975.05.13, 74다1644 ·········· 195
대법 1975.05.13, 74다1664 ·········· 191
대법 1975.05.13, 75다308 ·········· 72
대법 1976.06.22, 75다819 ·········· 98
대법 1976.09.28, 76다1145 · 1146 ·········· 65
대법 1976.10.12, 76다1313 ·········· 157, 282
대법 1976.12.14, 76다1488 ·········· 161, 167
대법 1976.12.14, 76다1999 ·········· 274
대법(전) 1978.05.09, 75다634 ·········· 198
대법 1978.08.22, 78다1205 ·········· 20, 25
대법 1978.10.31, 78다1242 ·········· 4

대법 1979.03.13, 76다688 ·········· 192
대법 1979.03.13, 78다2330 ·········· 177, 185
대법 1979.07.24, 79마173 ·········· 35
대법 1980.05.27, 80다735 ·········· 25
대법 1980.09.09, 80다1020 ·········· 161
대법 1980.09.26, 80마403 ·········· 7, 16
대법 1980.11.25, 80다2217 ·········· 188
대법 1981.07.07, 80다2751 ·········· 87, 93
대법 1981.07.14, 81다64 · 65 ·········· 154
대법 1982.03.09, 81다1312 ·········· 116
대법 1982.05.11, 80다916 ·········· 122
대법 1982.06.08, 81다817 ·········· 125
대법 1982.07.13, 81다카1120 ·········· 204
대법(전) 1982.09.14, 80다2425 ·········· 48
대법 1982.10.26, 82다108 ·········· 74
대법 1983.01.18, 82누473 ·········· 3
대법 1983.02.08, 81누420 ·········· 60
대법 1983.03.22, 80마283 ·········· 273
대법 1983.05.10, 81다548 ·········· 69
대법 1983.05.24, 82다카1919 ·········· 53
대법 1983.12.13, 83다카1489 ·········· 111, 112
대법 1983.12.27, 82다146 ·········· 24
대법 1984.02.14, 83다카1815 ·········· 43
대법 1984.05.22, 83다카1585 ·········· 148
대법 1984.05.29, 84다122 ·········· 142
대법 1984.07.24, 84다카572 ·········· 200
대법 1984.12.11, 84다카659 ·········· 256
대법 1985.04.09, 84다552 ·········· 79, 92
대법 1986.07.22, 85다카944 ·········· 141
대법 1986.09.23, 85다353 ·········· 80
대법 1987.02.24, 86누509 ·········· 128
대법 1987.03.10, 84다카2132 ·········· 155
대법 1987.03.10, 86다카2224 ·········· 132
대법 1987.03.24, 86다카1958 ·········· 179
대법 1987.04.14, 86다카981 ·········· 69

대법 1987.05.26, 85다카2203 ······· 232	대법(전) 1993.12.06, 93마524 ······· 19
대법 1987.09.22, 86다카2151 ······· 71	대법(전) 1993.12.21, 92다46226 ······· 175
대법 1987.11.10, 87다카1405 ······· 156	대법 1993.12.28, 93다47189 ······· 286
대법 1987.12.22, 87다카707 ······· 145	대법 1994.01.11, 93누9606 ······· 34
대법 1988.03.08, 86다148 ······· 261, 262	대법 1994.02.08, 93다53092 ······· 87
대법 1988.06.14, 87다카2753 ······· 50	대법 1994.04.15, 93다60120 ······· 108
대법 1988.11.22, 87다카2810 ······· 39	대법 1994.04.26, 93다31825 ······· 233
대법 1989.05.09, 87다카749 ······· 143	대법 1994.04.26, 93다51591 ······· 40
대법 1989.06.27, 87다카2478 ······· 79	대법 1994.04.29, 94다3629 ······· 256
대법 1989.10.10, 88다카18023 ······· 155	대법 1994.05.10, 93다47196 ······· 238
대법 1990.05.22, 89다카33944 ······· 180	대법 1994.06.28, 94다3063 ······· 283, 284
대법 1990.06.26, 89다카14240 ······· 144	대법 1994.08.09, 94재누94 ······· 2
대법 1990.10.26, 90다카21695 ······· 35	대법 1994.08.12, 92다23537 ······· 3
대법 1990.11.27, 90다카20548 ······· 144	대법 1994.08.12, 93다52808 ······· 236, 243
대법 1991.03.27, 91다1783·1790 ······· 227	대법 1994.09.27, 94다22897 ······· 144
대법 1991.05.28, 90누1120 ······· 210	대법 1994.10.21, 94다17109 ······· 49
대법 1991.05.28, 91다5730 ······· 155	대법 1994.10.25, 93다55012 ······· 67
대법 1991.06.25, 88다카6358 ······· 42	대법 1994.11.04, 93다31993 ······· 27
대법 1991.10.08, 91다17139 ······· 69, 71	대법 1994.11.25, 94다12517·12524 ······· 32
대법 1991.11.22, 91다30705 ······· 235	대법 1994.12.23, 94다44644 ······· 203
대법 1991.12.10, 91다15317 ······· 77	대법 1994.12.27, 93다32880·32897 ······· 228
대법(전) 1991.12.24, 90다12243 ······· 70	대법 1994.12.27, 94다4684 ······· 160
대법 1991.12.27, 91다23486 ······· 236, 243	대법 1995.03.28, 94므1447 ······· 75
대법 1991.12.27, 91마631 ······· 2	대법 1995.04.28, 94다16083 ······· 104
대법 1992.01.07, 91마692 ······· 6	대법 1995.05.09, 94다41010 ······· 198
대법 1992.02.11, 91누5877 ······· 136	대법(전) 1995.05.23, 94다28444 ······· 26, 30, 31
대법 1992.03.27, 91다40696 ······· 104, 105	대법 1995.06.29, 94다41430 ······· 199
대법 1992.05.22, 91다41187 ······· 87	대법 1995.06.30, 94다41324 ······· 146
대법 1992.07.14, 92다2455 ······· 131, 132	대법 1995.06.30, 94다58261 ······· 153
대법 1992.08.18, 90다9452 ······· 70	대법(전) 1995.07.11, 94다34265 ······· 102, 103
대법 1992.10.27, 92다10883 ······· 186	대법 1995.07.25, 94다62017 ······· 212
대법 1992.10.27, 92다18597 ······· 44	대법 1995.08.25, 94다27373 ······· 255
대법 1992.11.05, 91마342 결정 ······· 28	대법 1995.09.29, 94다18911 ······· 286
대법 1992.11.10, 92다30016 ······· 50, 192	대법 1995.12.05, 95다21808 ······· 199
대법 1992.11.10, 92다4680 ······· 67	대법 1995.12.08, 94다35039·35046 ······· 162
대법 1993.02.12, 92다25151 ······· 163, 177, 186	대법 1995.12.12, 94후487 ······· 273
대법 1993.02.23, 92다49218 ······· 228	대법 1995.12.26, 95다42195 ······· 169
대법 1993.03.09, 91다46717 ······· 69, 71	대법 1996.01.12, 95그59 ······· 19
대법 1993.04.23, 92누17297 ······· 243	대법 1996.02.09, 94다50274 ······· 211, 212
대법 1993.05.14, 92다21760 ······· 116, 117	대법 1996.02.09, 94다61649 ······· 31, 161
대법 1993.09.28, 93다32095 ······· 229	대법 1996.03.22, 94다61243 ······· 22, 33
대법 1993.10.26, 93다19542 ······· 125	대법 1996.03.26, 95다20041 ······· 53

대법 1996.05.31, 94다55774 ·· 130
대법 1996.11.12, 96다33938 ·· 101
대법 1996.12.19, 94다22927 ·· 104
대법 1996.12.20, 95다26773 ·· 23
대법 1997.04.22, 95다10204 ·· 144
대법 1997.06.13, 96재다462 ··· 145
대법 1997.06.24, 97다8809 ·· 237
대법 1997.07.11, 96므1380 ·· 128
대법 1997.10.10, 96다35484 ·· 119
대법 1997.10.10, 97다7264 ·· 227
대법 1997.10.17, 97마1632 ·· 270
대법 1997.10.24, 95다11740 ·· 120
대법 1997.10.24, 96다12276 ·· 280
대법 1998.02.19, 95다52710 ·· 57
대법 1998.03.13, 95다48599 · 48605 ···························· 154
대법 1998.05.26, 98다9908 ·· 168
대법 1998.07.10, 98다6763 ·· 143
대법 1998.07.24, 96다27988 ·· 70
대법 1998.07.24, 96다99 ································· 206, 209
대법 1999.02.26, 98다47290 ·· 198
대법 1999.04.13, 98다50722 ·· 20
대법 1999.06.08, 99다17401 · 17418 ···························· 222
대법 1999.06.11, 98다22963 ·· 67
대법 1999.06.11, 99다9622 ·· 132
대법 1999.07.09, 99다12796 ·· 254
대법 2000.01.21, 97다1013 ·· 150
대법 2000.01.31, 99마6205 ·· 55
대법 2000.04.11, 2000다5640 ·························· 45, 46, 47
대법 2000.04.11, 99다23888 ·································· 51, 94
대법 2000.06.09, 99다37009 ································ 147, 148
대법 2000.10.25, 2000마5110 ··· 70
대법 2000.10.27, 2000다33775 ······································· 25
대법 2000.11.16, 98다22253 ·· 212
대법 2001.01.16, 2000다41349 ···································· 160
대법 2001.01.30, 2000다42939 · 42946 ················ 121, 144
대법 2001.04.24, 2001다5654 ································ 140, 149
대법 2001.06.26, 2000다24207 ···································· 230
대법 2001.07.10, 99다31124 ································· 25, 271
대법 2001.08.31, 2001마3790 ····································· 136
대법 2001.09.07, 99다50392 ·· 288
대법 2001.09.14, 2000다66340 ···································· 143
대법 2001.10.26, 2001다37514 ···································· 121
대법 2001.11.13, 99두2017 ·· 21
대법 2001.12.14, 2001다53714 ······································· 77
대법 2002.01.25, 99다62838 ·· 43
대법 2002.02.08, 2001다17633 ···································· 211
대법 2002.04.26, 2001다59033 ································ 65, 66
대법 2002.05.10, 2000다55171 ···································· 193
대법 2002.06.14, 2000다37517 ······································· 71
대법 2002.07.26, 2001다60491 ···································· 126
대법 2002.08.23, 2001다58870 ······································· 20
대법 2002.09.04, 98다17145 ···················· 207, 211, 212, 213
대법 2002.09.24, 2002다11847 ······························ 180, 259
대법 2002.10.25, 2002다23598 ···································· 211
대법 2002.11.08, 2002다38361 ···································· 104
대법 2002.11.08, 2002다38361 · 38378 ······················· 110
대법 2002.12.06, 2000다4210 ·· 54
대법 2002.12.26, 2002므852 ·· 214
대법 2003.03.28, 2000다24856 ···································· 163
대법 2003.05.27, 2001다13532 ···································· 219
대법 2003.07.11, 2003다19558 ································ 88, 89
대법 2003.12.12, 2003다44615 ···································· 243
대법 2004.05.14, 2003다57697 ···································· 107
대법 2004.06.11, 2004다13533 ···································· 144
대법 2004.08.30, 2004다21923 ······································· 53
대법 2004.10.14, 2004다30583 ······································· 97
대법 2005.05.27, 2004다43824 ···································· 158
대법 2005.05.27, 2004다67806 ······································· 89
대법 2005.07.22, 2004다17207 ································ 182, 183
대법(전) 2005.09.15, 2004다44971 ······························· 40
대법 2005.10.27, 2003다66691 ···································· 278
대법 2006.03.02, 2005마902 ··· 12
대법 2006.06.29, 2006다19061 · 19078 ······················· 223
대법 2006.07.04, 2005마425 ··· 24
대법 2006.08.24, 2004다23110 ···································· 266
대법 2006.10.13, 2004다16280 ···································· 138
대법 2006.10.27, 2004다69581 ···································· 126
대법 2006.12.07, 2004다54978 ································ 61, 62
대법 2007.04.12, 2005다1407 ······································· 53
대법 2007.04.13, 2005다40709 ···································· 220
대법 2007.04.13, 2006다78640 ···································· 173
대법 2007.06.14, 2005다29290 · 29306 ······················· 78
대법 2007.06.15, 2006다80322 · 80339 ····················· 264
대법 2007.06.26, 2007마515 ···························· 245, 246, 251

대법 2007.08.23, 2005다43081·43098 ········· 266	대법 2011.03.10, 2010다99040 ················· 24
대법 2007.08.24, 2006다40980 ····················· 243	대법 2011.04.28, 2010다103048 ················ 275
대법 2007.09.06, 2007다41966 ····················· 255	대법 2011.05.13, 2009다94384 ··················· 161
대법 2007.12.14, 2007다37776·37783 ········· 265	대법 2011.08.25, 2011다24814 ··················· 182
대법 2008.02.28, 2007다41560 ····················· 130	대법 2011.09.29, 2011마62 ·························· 8
대법 2008.03.13, 2006다68209 ······················ 13	대법 2011.10.13, 2009다102452 ················ 173
대법 2008.03.27, 2005다49430 ·············· 245, 250	대법(전) 2012.02.16, 2010다82530 ············ 232
대법 2008.05.08, 2008다2890 ······················ 126	대법 2012.03.29, 2010다28338·28345 ········ 218
대법 2008.07.10, 2006다57872 ············· 245, 248	대법 2012.03.29, 2011다106136 ················ 290
대법 2008.07.11, 2008마615 ························ 47	대법 2012.05.10, 2010다2558 ····················· 190
대법 2008.07.24, 2008다25510 ···················· 192	대법 2012.06.14, 2010다105310 ············ 25, 271
대법 2008.12.11, 2005다51495 ···················· 202	대법 2012.06.14, 2010다86112 ··················· 121
대법 2008.12.16, 2007마1328 ······················ 15	대법 2012.07.05, 2010다80503 ··············· 88, 219
대법 2009.03.12, 2008다65839 ····················· 87	대법 2012.08.30, 2010다39918 ···················· 51
대법 2009.03.26, 2006다47677 ··················· 246	대법 2012.09.13, 2009다23160 ··················· 246
대법 2009.06.25, 2008후3384 ····················· 105	대법 2012.09.27, 2011다76747 ··················· 246
대법 2009.08.20, 2008다51120·51137·51144·51151 ··· 97	대법 2013.01.10, 2010다75044 ··················· 132
	대법 2013.01.10, 2011다64607 ····················· 51
대법 2009.09.10, 2009다37138·37145 ········· 138	대법 2013.03.28, 2011다3329 ····················· 123
대법 2009.09.24, 2008다92312 ···················· 259	대법 2013.03.28, 2011두13729 ··················· 243
대법 2009.09.24, 2009다37831 ···················· 152	대법 2013.07.12, 2006다17539 ····················· 13
대법 2009.10.15, 2006다43903 ·············· 45, 46, 47	대법 2013.08.22, 2011다100923 ············ 147, 148
대법 2009.10.15, 2009다48633 ················ 75, 76	대법 2013.08.22, 2012다68279 ····················· 20
대법 2009.10.15, 2009다49964 ····················· 24	대법 2013.08.23, 2012다17585 ····················· 74
대법 2009.11.12, 2009다56665 ···················· 174	대법 2013.09.09, 2013마1273 ······················ 82
대법 2009.11.13, 2009마1482 ······················ 15	대법 2013.09.13, 2012다36661 ····················· 70
대법 2009.12.24, 2009다65850 ···················· 276	대법 2013.11.28, 2011다80449 ·············· 118, 234
대법 2010.01.14, 2009그196 ················ 177, 185	대법(전) 2013.12.18, 2013다202120 ········ 94, 137
대법 2010.02.11, 2009다78467 ······················· 4	대법 2014.01.23, 2011다108095 ················ 196
대법 2010.02.11, 2009다84288·84295 ·········· 144	대법 2014.01.29, 2013다78556 ·············· 271, 272
대법 2010.05.13, 2009다102254 ······················ 1	대법 2014.05.29, 2013다96868 ············· 202, 215
대법 2010.05.13, 2010다8365 ·············· 205, 206	대법 2014.06.12, 2012다47548 ··················· 267
대법 2010.08.26, 2010마818 ························ 70	대법 2014.08.20, 2014다28114 ····················· 89
대법 2010.10.14, 2010다36407 ····················· 75	대법 2014.10.30, 2013다53939 ··················· 187
대법 2010.11.11, 2010다43597 ··················· 194	대법 2015.01.29, 2014다34041 ················ 32, 131
대법 2010.11.11, 2010다56616 ··················· 150	대법 2015.03.20, 2014다75202 ··················· 246
대법 2010.11.25, 2010다64877 ····················· 52	대법 2015.05.28, 2012다78184 ··················· 258
대법 2010.12.23, 2007다22859 ····················· 28	대법 2015.06.11, 2014다232913 ················ 252
대법 2010.12.23, 2010다56067 ············ 51, 94, 137	대법 2015.08.13, 2015다209002 ··················· 35
대법 2010.12.23, 2010다6725 ····················· 286	대법 2015.09.24, 2014다74919 ··················· 195
대법 2011.01.27, 2008다27615 ····················· 21	대법 2015.12.10, 2014다87878 ····················· 47
대법 2011.02.24, 2009다43355 ·············· 245, 250	대법 2016.03.10, 2013다99409 ················ 99, 100

대법 2016.03.10, 2015다243996 ·········· 176
대법 2016.04.02, 2014다210449 ········ 36, 37
대법(전) 2016.05.19, 2009다66549 ········ 207
대법 2016.06.28, 2014다31721 ········ 177, 178
대법 2016.08.29, 2015다236547 ·········· 64
대법 2016.08.30, 2016다222149 ·········· 171
대법 2016.11.10, 2014다54366 ············ 136
대법 2017.04.07, 2016다204783 ·········· 197
대법 2017.07.18, 2016다35789 ·············· 95
대법 2017.09.21, 2017다233931 ·········· 243
대법 2017.12.05, 2015다240645 ············ 46
대법 2018.05.04, 2018무513 ·············· 134
대법 2019.01.17, 2018다24349 ········ 63, 290
대법 2019.01.31, 2017다228618 ·········· 195
대법 2019.02.14, 2015다244432 ······· 69, 71
대법 2019.03.14, 2018다277785 ············ 59
대법 2019.03.14, 2018다277785·277792 ·········· 226

대법 2019.05.30, 2015다47105 ············ 47
대법 2019.10.23, 2012다46170 ············ 276
대법 2020.10.29, 2016다35390 ············ 184
대법 2021.03.11, 2020므11658 ············ 134
대법 2021.05.07, 2020다292411 ·········· 208
대법 2021.07.15, 2018다298744 ·········· 208
대법 2022.02.17, 2021다275741 ······· 90, 91
대법 2022.06.30, 2022다217506 ·········· 243

서울고법 2005.04.20, 2004라693 ············ 24
대전고법 2006.10.19, 2005나11617·2005나11624 ····· 264
부산고법 2007.02.08, 2005나17334 ············ 28
서울중앙지법 2008.11.18, 2008가합63302 ········ 174
서울고법 2010.09.10, 2009재나440 ·········· 121
서울고법 2011.03.23, 2010나63173 ·········· 288
서울고법 2013.11.15, 2013나13421 ·········· 100
서울중앙지법 2016.04.29, 2015나69135 ········ 170

지은이 **이종훈**

[약 력]
- 특허청 지식재산연수원 민사소송법 겸임교수
- 베리타스법학원 민사소송법 전임
- 메가공무원 민사소송법 전임
- 법무법인 우리 자문위원
- 경북대, 고려대, 동아대, 충북대, 한양대 로스쿨 특강강사

[주요저서]
- 작은 민사소송법(학연, 2018)
- 법원직시험대비 이종훈 민사소송법 기출문제 해설(학연, 2020)
- 도표로 정리한 민사소송법(학연, 2021)
- 이종훈 민사소송법 기출지문 OX 문제집(학연, 2021)
- 수험 민사소송법 입문(학연, 2022)
- 이종훈 민사소송법(학연, 2022)
- 최근5년 민사소송법판례 OX(학연, 2022)
- Rainbow 변시 모의해설 민사법 사례형(학연, 2023)
- Rainbow 변시 모의해설 민사법 선택형(학연, 2023)
- Rainbow 변시 기출해설 민사법 사례형(학연, 2023)
- Rainbow 핵심OX 민사소송법(학연, 2023)
- Rainbow 변시 기출·모의해설 민사소송법 선택형(학연, 2023)
- Rainbow 변시 기출해설 민사법 선택형(학연, 2023)
- 진도별 변시·사시기출 민사소송법 사례연습(학연, 2023)

민사소송법 Blackbox

발행일 : 2023년 03월 27일(제6판)
저 자 : 이 종 훈
발행인 : 이 인 규
발행처 : 도서출판 (주)학연
주 소 : 서울시 관악구 호암로 602, 7층
전 화 : 02-887-4203 팩 스 : 02-6008-1800
출판등록 : 2012.02.06. 제2012-13호
www.baracademy.co.kr / e-mail : baracademy@naver.com

저자와 협의하여 인지를 생략함

정가 : 25,000원   ISBN : 979-11-5824-878-9(93360)

* 파본은 구입하신 서점에서 바꿔드립니다
* 본 서는 저작권법에 의하여 보호를 받는 저작물이므로 무단 전재와 복제를 금합니다.